东北财经大学国家级一流本科专业建设系列教材·财务管理专业

国家级精品课程

国家级精品资源共享课

首批国家级一流本科专业建设点

U0791632

Corporate Finance

公司理财

◉ 陈克兢 主编

东北财经大学出版社
Dongbei University of Finance & Economics Press
大连

图书在版编目（CIP）数据

公司理财 / 陈克兢主编. —大连 ：东北财经大学出版社，2023.9
（东北财经大学国家级一流本科专业建设系列教材 · 财务管理专业）
ISBN 978-7-5654-4857-7

Ⅰ.公… Ⅱ.陈… Ⅲ.公司-财务管理-高等学校-教材 Ⅳ.F276.6

中国国家版本馆CIP数据核字（2023）第176942号

东北财经大学出版社出版
（大连市黑石礁尖山街217号 邮政编码 116025）
网 址：http://www.dufep.cn
读者信箱：dufep@dufe.edu.cn
大连天骄彩色印刷有限公司印刷 东北财经大学出版社发行

幅面尺寸：185mm×260mm 字数：388千字 印张：16.25 插页：1
2023年9月第1版 2023年9月第1次印刷

责任编辑：王 丽 责任校对：王芃南
封面设计：原 皓 版式设计：原 皓

定价：41.00元

教学支持 售后服务 联系电话：（0411）84710309

如有印装质量问题，请联系营销部：（0411）84710711

东北财经大学国家级一流本科专业建设系列教材编审委员会

总序

近年来，“人工智能”“大数据”和不断变化的国际政治经济格局，都对财务管理理论、财务管理实践和财务管理人才培养提出了更高的要求。“人工智能”和“大数据”的引入，从根本上改变了企业财务环境，对于财务管理实践产生了根本性的影响，也对财务管理人才培养提出了更高要求。经济社会环境的剧烈变化，既向财务管理人才培养提出了挑战，又提供了前所未有的机遇。

东北财经大学首套财务管理系列教材出版于2005年，由东北财经大学会计学院财务管理系组织骨干师资力量，由本团队资深教授担纲，包括《财务管理基础》《企业财务管理》《高级财务管理》《投资管理》《资产评估》等五部教材，并多次进行修订再版。财务管理专业首套系列教材自第一版以来，得到了广大读者的厚爱，为许多高等院校所广泛选用，并针对本套教材的体系结构、知识组合和内容界定提出了许多富有建设性的意见。这也坚定了我们进一步完善财务管理专业系列教材的信心与决心。同时，根据学科发展的需要和专业设置调整的要求，“财务管理”专业下设的“资产评估专门化”方向已经于2013年独立成为“资产评估”专业。对于财务管理系列教材进行全面的修订，及时地吸纳最新的学术研究成果，充分地体现财务管理实践的中国特色，已经成为财务管理人才培养亟待解决的问题。

基于此，我们对原有的财务管理专业系列教材进行了全面修订，并以新版的形式呈现在读者面前，包括《财务管理基础》《财务管理》《公司理财》《高级财务管理》《证券投资》等五部教材；同时，新编了《国际财务管理》和《风险管理》两部教材，并将《财务分析》吸纳入教材体系。与现有财务管理专业系列教材相比，本套教材呈现以下几个特点：

1.强化课程思政对于人才培养的引领。“坚定学生理想信念，教育学生爱党、爱国、爱社会主义、爱人民、爱集体”是本次教材修订的主线，每部教材都设置了“课程思政”教学资源，注重价值塑造、知识传授与能力培养相统一，将思政教育有机融入课程教学，通过教材内容引导学生建立核心价值取向，以达到润物无声的育人效果。确保学生既能掌握专业技能，又能树立看待问题的正确角度。

2.体现新技术对于财务管理教学的影响。为了适应教学环境的变化，本次修订过程通过“二维码”等新技术，丰富教材资源的使用手段，从而拓展教材的应用场景。利用新技术能够摆脱传统的课堂教学对于教学空间和教学条件的约束，在更为广阔的空间内开展教学活动。同时，新技术的引入也提升了教材资源体系的更新速度和更新频率，通过及时更新配套的网络教学资源，避免教材与实务的脱节，实现教学与实践更为紧密的结合。

3.更加突出财务管理实践的中国特色。财务管理专业的实践性较强，大部分本科生均走向社会从事实务工作。本次修订继承了原有教材重视案例的传统，进一步加大了本土案例的比重，以增强财务管理专业学生对于中国国情和实践的了解，从而更为有效地利用专业技能解决中国问题。

4.教材体系更加合理。一方面，本套教材根据专业方向的调整，将《资产评估》《企业价值评估》《资产评估原理》《房地产评估》等教材剥离，作为“资产评估专业系列教材”单独出版；另一方面，根据财务管理人才培养的需求，增加《国际财务管理》和《风险管理》，并吸纳引入《财务分析》，从而提升财务管理系列教材的完整性和针对性。

5.体例更加完善。每一部教材不仅列出了本章学习目标、学习要点和主要概念，归纳和总结了主要知识点之间的相互联系，而且大幅度地更新习题与案例，供教师教学和学生自学使用。

东北财经大学财务管理专业系列教材是国家级教学团队——东北财经大学会计学院财务管理系全体教师共同劳动的结晶，尤其凝聚了众多资深教授和专家多年的经验和心血。当然，由于我们的经验与人力有限，教材中难免存在不足乃至缺陷，恳请广大读者批评指正。

我们的工作尚处于一个开端处，本次推出的教材仅仅是一个新的起点，而不是终点。随着社会的进步、经济的发展和环境的变化，我们将不断修订，使东北财经大学财务管理专业系列教材不断与时俱进，及时跟踪反映学科的最新进展。

东北财经大学国家级一流本科专业建设系列教材编审委员会

前 言

随着中国经济的快速发展和经济体制改革的不断深化，公司理财作为一门独立而重要的学科逐渐崭露头角。公司理财是指企业通过对资金、资源和项目的合理配置和管理，以实现财务目标和最大化股东权益的过程。

党的二十大报告指出，“未来五年是全面建设社会主义现代化国家开局起步的关键时期”，其中主要目标任务之一是“经济高质量发展取得新突破，科技自立自强能力显著提升，构建新发展格局和建设现代化经济体系取得重大进展”。党的二十大报告强调，要推动经济高质量发展，加快构建现代化经济体系。在这个过程中，公司理财发挥着重要作用。通过科学有效的财务管理和资本配置，公司可以提高利润率、降低风险，并为企业的创新、研发、扩大生产等提供必要的资金支持，从而促进企业的可持续发展。本书旨在结合党的二十大精神，将理论与实践相结合，为读者提供一本理论严谨、内容全面、应用广泛的公司理财指南。

公司理财涵盖广泛的原理和内容，包括货币时间价值、风险与收益、证券投资、项目投资、公司并购、资本成本、杠杆效应与资本结构等诸多方面。通过深入学习这些原理，读者可以更好地理解企业财务活动的本质和内在规律，从而做出更明智的决策。此外，作为财务管理的重要组成部分，公司理财既涉及财务决策、投资决策和融资决策，又与会计学、金融学、经济学等多个学科领域具有密切联系。会计学提供了对企业财务状况和业绩评价的数据基础；金融学为公司融资和投资提供了理论和实践指导；经济学揭示了市场环境和宏观经济因素对公司理财的影响。综合运用这些学科知识，可以更全面地理解和应对公司理财中的各种挑战和问题。

学习公司理财的意义不仅体现在个人职业发展上，更重要的是对企业和社会的影响。首先，公司理财的深入应用可以提升企业的经营效益和竞争力，推动企业实现可持续发展，准确把握财务决策和投资决策对企业发展的影响，有助于优化资源配置，提高资本利用效率，降低财务风险。其次，公司理财的研究和实践也能够为金融市场的稳定和健康发展提供理论指导和实践经验，合理的融资安排、投资决策和股利分配有助于提升市场透明度和投资者信心，促进资本市场的良性循环。希望广大读者能够通过学习本书，不断提升自己的理论素养和实践能力，为推动我国企业的发展和经济的繁荣做出积极贡献。

本书特色主要体现在以下方面：

1.课程思政：本书在内容呈现的过程中，融入了党的二十大精神的要求和理念。通过案例分析、政策解读等方式，将党的二十大报告中关于企业发展、经济管理等方面的要求和理念融入财务管理的实践中，让读者能够更好地理解和应用党的指导思想，将理论与实践相结合。

2.内容框架：本书全面而系统地介绍了公司理财的核心内容，涵盖了财务决策、投资管理、资本结构、风险管理等方面的知识。书中既有理论框架的介绍，又有实践案例的分析，能够帮助读者理解和应用财务管理的概念、原理和方法，从而提升对公司理财的理解和应用能力。

3.配套资源：本书提供了丰富的配套资源，包括拓展阅读材料、自测题及答案、Excel计算演示视频等。这些资源可以帮助读者进一步拓宽知识面，检验自身的学习成果，并通过实际操作和计算加深对财务管理概念和方法的理解。这种综合性的配套资源能够使读者更好地应用所学知识，提高解决实际问题的能力。

这些特色使得本书成为一本具有思政教育意义、内容丰富全面并具备实践性的教材。

本书由东北财经大学会计学院陈克兢副教授担任主编，具体写作分工如下：第一章、第六章、第十一章由陈克兢副教授撰写；第二章、第四章由罗菲副教授撰写；第三章、第九章由宋淑琴教授撰写；第五章由熊伟副教授撰写；第七章、第八章、第十章由张晓东教授撰写；第十二章由任翠玉教授撰写。最后由陈克兢副教授对全书进行修改和总纂。

本书适合会计学、金融学、经济学和工商管理等专业作教材使用，对企业财务管理和金融决策感兴趣的学生都可以从中获得相关知识和实践经验。本书还适合广大从事企业经营管理、财务管理、投资决策以及相关学科研究的读者使用，包括企业高管、财务主管、投资者、金融从业人员和研究人员等。无论是企业内部决策者还是外部从业人员，都可以通过学习公司理财的原理和实践经验，提升自己的理论水平和实践能力，更好地应对日益复杂的市场环境和经济挑战。

祝愿每一位读者在学习公司理财的过程中都取得丰硕的成果，将所学应用于实践，共同助力中国经济的腾飞！

编 者

2023年5月

目录

第1章

公司理财概述

【学习目标】

1. 理解公司的基本概念及分类；
2. 熟悉公司理财的内容和目标；
3. 掌握委托代理问题产生的原因和影响；
4. 了解公司理财环境对公司理财的影响。

【本章主要内容导图】

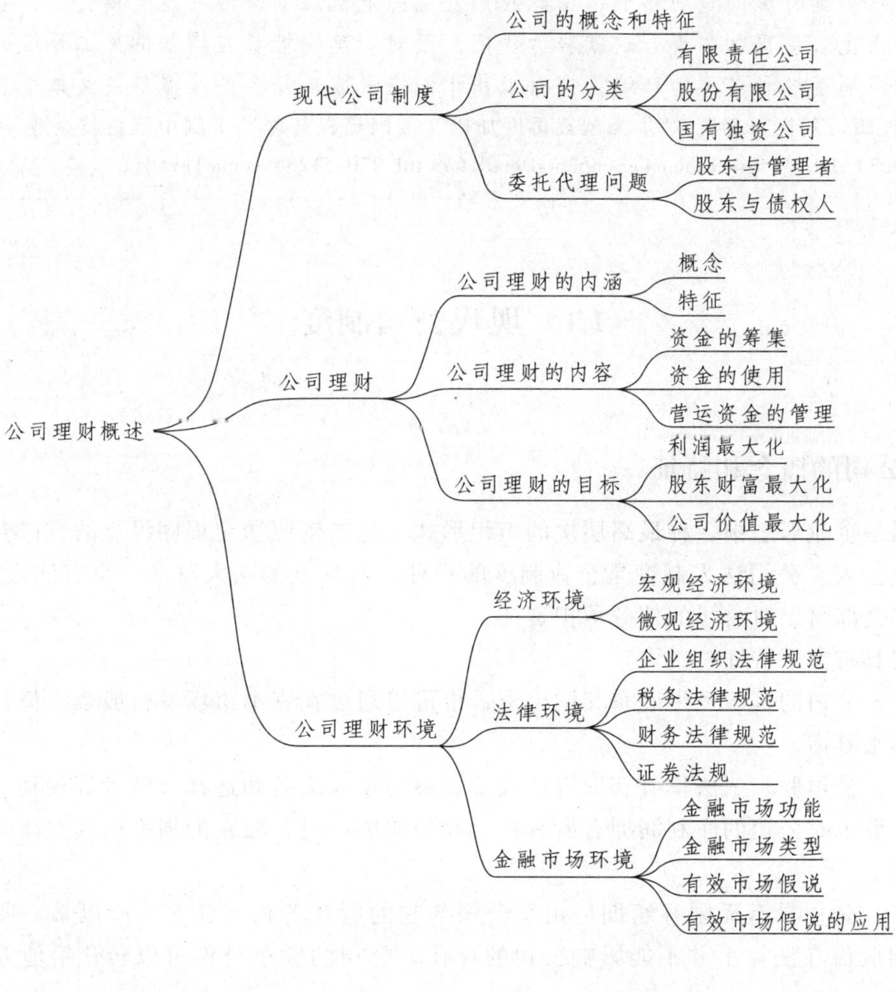

【引导案例】

华为，中国的科技巨擘，世界闻名的通信设备制造商和智能手机生产商，以自主研发的前沿技术在5G、芯片以及云计算领域领先全球。自2019年，美国多次对华为进行打压，华为迅速在运营、财务和战略等层面采取措施来应对这场危机，以维持发展势头并保持竞争力。在形势严峻的2021年，华为以持续创新应对打压，研发投入达1 427亿元人民币，创下历史新高，占全年收入的22.4%。面向企业市场，华为同样挖掘出了更大潜力，整合横向资源，聚焦纵向企业市场，分三批成立了20个军团，如煤炭军团等行业军团、智能光伏等产业军团、数据中心等产品组合军团。历经磨难，华为走出了最困难的时期。面对挑战时企业只有不断增强科技创新实力，敏捷应对各种挑战，才能给发展带来最大的“安全感”。

孟晚舟归国时说：“个人命运、企业命运和国家的命运是十指相连，祖国是我们最坚强的后盾”。华为能继续反制裁的博弈，离不开祖国的多方面支持，美国政府针对华为出台打压政策后，国家先后多次出台税收优惠政策、发放5G商用牌照，推动5G基站建设，以此来对冲美国打压的负面影响。由此我们发现：危机后的华为并没有被打倒，在国家的支持下反而比过去更加强大。这就告诉我们，面对不确定性日益增加的外部环境，企业只有充分适应周围各种各样的环境，理财工作才能取得成功，企业才能够长久地走下去。

资料来源：刘艳，都芃.对华为制裁再度加码，美国霸权“绊”不倒中国科技企业［EB/OL］.（2023-02-23）.https：//www.thepaper.cn/newsDetail_forward_22045125？commTag=true.

1.1 现代公司制度

1.1.1 公司的概念和特征

公司是企业形态中一种最高层次的组织形式，是指依照法定程序设立的，以营利为目的的企业法人。公司法人制度是企业制度的一种，有独立的法人财产，享有法人财产权。公司以其全部财产对公司的债务承担责任。

公司具有如下特征：

第一，公司的资本可由股东共同出资，也可以通过在资本市场发行股票、债券等各种有价证券来筹措。

第二，公司股东依法享有获取资产收益、参与重大决策和选择管理者等权利。在公司盈利时，股东对公司的净利润拥有所有权。在公司破产时，股东的损失以其在该公司的出资额为限。

第三，公司具有无限存续期。由于公司与它的所有者相互独立，所以某一所有者死亡或撤出股份在法律上并不能影响公司的存在，公司的股东身份可以转让给他人。公司股份也具有无限存续期，公司股份代表着对公司的所有权，可以随时转让给新的所有者。

第四，公司需要双重纳税。对于股份公司来说，由于具有自然人属性，所得利润应履行纳税义务；而对于股东来说，所得红利归属于个人收益。因此公司在取得收入时需要缴纳企业所得税，在将利润分配给股东时需要缴纳个人所得税。

第五，公司的所有权与经营权相分离。随着公司规模的扩大和业务的拓展，出于对公司和自身的考量，很多投资者会选择将管理者的角色剥离给高薪聘请的职业管理人。管理者受投资者委托，并对其负责，由此出现了信息不对称、目标不相同等委托代理问题。

这些特征使得企业更加容易筹集资金、延长经营周期等，有利于资本市场的繁荣发展。

1.1.2　公司的分类

1）有限责任公司

有限责任公司是指由50个以下的股东共同出资，每个股东以其所认缴的出资额对公司承担有限责任，公司以其全部资产对公司债务承担责任的企业法人。

公司向股东签发出资证明书，不发行股票，不能公开募集股份，公司的股本由股东认缴的出资额构成，股东可以用货币出资，也可以用实物、知识产权、土地使用权等作价出资。无论出资多少，每一位股东都有一票表决权。有限责任公司的资本不表现为等额股份，不能向公众募集股款，不发行股票。

有限责任公司的优势主要包括：第一，公司设立的经办手续简单，成本较低，效率较高。第二，股东数量少，有利于股东之间协商，有利于股东对公司的管理，维护股东利益。第三，公司的规模较小，便于实行直线领导，有利于进行统一的管理和协调。同时，有限责任公司还存在一些劣势，例如：发起设立相较于募集设立来说，有限责任公司的资金规模受到发起人的限制；股本转让较为困难；有限责任公司不需要公开发布财务报告，因此公司的信誉程度不高。

2）股份有限公司

股份有限公司是指由2人以上200人以下发起，采取募集方式或发起方式设立的，股东以其所认购股份对公司承担有限责任和义务，并享受相应的权利，公司以其全部资产对公司债务承担责任的企业法人。

股份有限公司是股份公司最基本的组织形式。其全部资产分为等额股份，股东以其持有的股份为限承担有限责任，每股拥有一票表决权，股票可以交易或转让，但不得退股。每个财政年度结束时，公司必须依法公布财务年度报告，并出具审计报告。

股份有限公司的优势主要包括：第一，便于募集资金。公司受相关监管较严格，信息公开较全面，社会公信力较强，更易于向社会募集资金。同时，募集资金的形式便于吸收闲散小资本，汇成大资本。第二，股东投资风险较小，享有平等权利。股票可以自由转让，股东的责任以其所持股份为限。同时，股东依照所持股份，享有平等权利。根据《中华人民共和国公司法》（以下简称《公司法》），股东有权查阅公司章程、股东名册、公司债券存根、股东大会会议记录、董事会会议决议、监事会会议决议、财务会计报告，对公司的经营提出建议或者质询。同时，股份有限公司还存在一些劣势，例如：存在大小股东之间的委托代理问题，小股东获取信息较少，决策权容易被大股东垄断；公司成立的成本较高，设立程序复杂；公司组织结构复杂，管理难度高。

3）国有独资公司

国有独资公司是指按照《公司法》的规定，国家单独出资、由国务院或者地方人民政府授权本级人民政府国有资产监督管理机构履行出资人职责的有限责任公司。一般地，国务院确定的生产特殊产品的公司或者属于特定行业的公司，应采取国有独资公司形式。如被国务院国有资产监督管理委员会完全控股的中国石油天然气集团有限公司、中国储备粮管理集团有限公司、国家电网有限公司等。

《公司法》规定，国有独资公司不设股东会，由国有资产监督管理机构行使股东会职权。国有资产监督管理机构可以授权公司董事会行使股东会的部分职权，决定公司的重大事项，但公司的合并、分立、解散、增加或者减少注册资本和发行公司债券，必须由国有资产监督管理机构决定；其中，重要的国有独资公司合并、分立、解散、申请破产的，应当由国有资产监督管理机构审核后，报本级人民政府批准。国有独资公司的设立，改变了国家作为出资人对企业债务担负无限责任的局面，要求公司以其全部财产对其债务承担责任，为实现政企分开，建立现代企业制度创造了条件。

【学思践悟】 粮食安全的保卫军——中储粮

党中央、国务院历来高度重视粮食安全问题。新中国成立之初就提出建立由政府掌握、应对灾荒和各种意外的粮食储备的设想。2000年，中国储备粮管理总公司正式组建，对中央储备粮实行垂直管理，标志着储备粮管理进入一个新的发展阶段。公司由国资委百分之百持股，由政府将我国的粮袋子牢牢攥在手里。

党的二十大报告中指出："全方位夯实粮食安全根基，全面落实粮食安全党政同责，牢牢守住十八亿亩耕地红线，逐步把永久基本农田全部建成高标准农田，深入实施种业振兴行动，强化农业科技和装备支撑，健全种粮农民收益保障机制和主产区利益补偿机制，确保中国人的饭碗牢牢端在自己手中。"

"备者，国之大命也"。中储粮具体负责中央储备粮的经营管理，始终坚持国家利益至上，做国家粮食宏观调控的忠实执行者，做服务国家粮食安全的最可靠力量。面对复杂多变的国家粮食安全新形势，中储粮不断完善三级架构垂直管理体系功能，全面落实国家下达的粮食调控任务，认真执行国家有关政策，搞好储备轮换吞吐调节，促进粮食供求基本平衡和价格基本稳定，不断提升服务国家粮食安全的能力和水平。多年实践证明，中储粮在国家粮食宏观调控中的主力军作用不可替代。

1.1.3 委托代理问题

公司委托-代理问题最早是由詹森和麦克林（M.C.Jensen & W.H.Meckling）在《企业理论：管理行为、代理成本和所有权结构》中提出的一个重要概念。而此问题的核心在于委托人应通过何种激励方式来促使代理人关注并致力于提高委托人的利益。

此问题的产生基于两个假设前提，即利益冲突与信息不对称。委托人和代理人产生利益冲突的情况有很多，比如在进行一个新项目的投资决策时，代理人可能会为了防止失去工作而选择风险较低但回报较少的项目，委托人则可能会考虑项目为企业带来的价值进行选择。但是由于代理人针对该项目获取的信息更多，出于利益考量可能会对委托人进行隐瞒，从而使得企业失去有价值的投资机会。

从公司财务的角度分析，这种委托-代理关系也可以看作公司财务活动形成的财务关系，具体如图1-1所示。

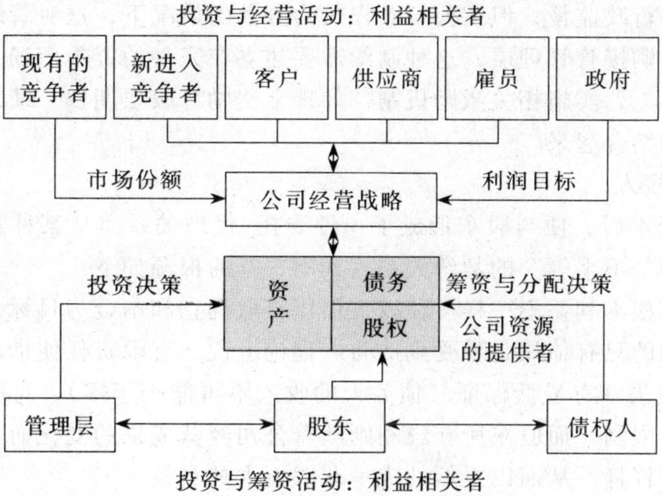

图1-1 委托-代理关系

在图1-1中，企业的经营成果受竞争者、客户、供应商、雇员和政府的影响，通过利润表来反映；而企业的财务状况则取决于管理层、股东和债权人，通过资产负债表来反映。管理者负责公司的经营管理。股东和债权人作为资源的提供者，在参与公司经营和获取利润的方式两个方面有着显著的区别：股东所持股票具有投票权，可以监督公司的重大决策，通过股票红利在企业破产清算时，对公司的利益只有剩余索取权；债权人没有投票权，只有固定索取权，但是在公司破产清算时有优先求偿权。

代理问题中主要包含两种代理关系：一是股东与管理者；二是股东与债权人。

1）股东与管理者

股东与管理者之间委托-代理关系产生的主要原因是资本的所有权与经营权分离，但代理关系并不必然导致代理问题。另一个产生代理问题的原因是管理者和股东的目标有所不同，管理者倾向于寻求自身财富最大化而不是股东财富最大化。如果代理人的目标函数与委托人的目标函数完全一致，则不会引发代理问题，但在两权分离的情况下，这一假设是很难满足的。

拥有公司所有权的股东具有剩余索取权，他们追求的目标是资本的保值、增值，最大限度地提高资本收益，增加股东价值，集中表现为货币性收益目标；拥有公司经营权的管理者作为所有者的代理人，除了追求货币性收益目标（高工资、高奖励）外，还追求一些非货币性收益目标，如优越的办公条件、个人声誉、社会地位等。在投资决策中，如果管理者报酬与短期业绩相关，管理者在进行决策时会倾向于强调短期收益。在融资决策中，管理者也更倾向于投资风险较低但融资成本较高的权益融资，而股东则相反，权益融资不仅会增加资本成本，还可能稀释现有股东的股权，损害股东的利益。

除此之外，代理人作为“经济人”同样存在所谓的“机会主义倾向”，在代理过程中会产生职务怠慢、损害或侵蚀委托人利益等“道德风险”。由于委托人与代理人之间存在严重的信息不对称，因此，委托人对代理人努力程度的大小、有无机会主义行为较难察觉。管理者与股东目标间发生的偏离以及由此产生的代理成本（如签约成本、监督成本等）可能最终都由股东来承担。

协调股东与管理者之间的代理关系可以从以下三个方面来解决：第一，实施监督机制，如审计监督和行政监督，但在公司股权较为分散的情况下，这对管理层的制约效果不大。第二，通过收购接管管理层，这种制约需要建立在完善的资本市场和企业收购市场环境的基础之上。第三，实施相关激励机制，如现金奖励、股票期权、绩效股份等，将代理人报酬和企业利润结合起来。

2）股东与债权人

债权人借出资本后，便与股东形成了一种委托-代理关系。从某种意义上说，股东与债权人之间是一种“不平等”的契约关系，其不平等的根源如下：

第一，两者的根本利益不一样。债权人仅以获取利息和本金为目标，不能获取公司产生的收益，其关注的只有债权是否受到威胁。理论上说，有限责任使借款人对极端不利事态（如破产）的损失享有最低保证（债务人的收入不可能小于零），对极端有利事态所获得的收益却有最高限制。而股东所获红利则随着公司经营成果的变化而变化，股东支持通过举债，增加财务杠杆，从而以更低的成本获取更大的利益。

第二，由于在借贷活动中存在以债务人占有私有信息为特征的信息不对称现象，即债务人比处于公司外部的债权人更了解公司的状况。他们利用私有信息选择有利于增进自身效用而不利于债权人的各种行为，如债务人违反借款协议私下改变资本用途，或从事高风险投资、转移资本、弃债、逃债等。而债权人既不能亲自监督债务人的行为选择过程，也无法证实债务人已经选择的行为是违背契约的。

债权人可以通过两种方式维护自己的利益。第一，确保公司的资产大于其债权。由于债权人具有优先求偿权，当公司破产清算时，债权人可以通过变卖公司资产收回资金。第二，使用限制性条款进行监督，这些条款包括限制生产或投资条款、限制股利支付条款、限制筹资条款和约束条款等。

委托代理问题典型案例

【学思践悟】 从代理问题的角度来看国企改革

国有企业的委托人是中国政府，而中国政府代表的是全体人民的利益，一般认为其代理人是国有企业的总经理，两者由于信息不对称和利益冲突的问题产生的委托-代理问题，对我国经济和人民群体的利益会产生重大影响。

在国有企业中，通过实现“双向进入”，党委书记在董事会任职，可以避免党委工作和企业工作“两张皮”的情况出现，推动党的工作与企业管理有机融合，减少信息不对称，从而缓解委托-代理问题。该项措施可以防止基层党委流于形式，有利于国有企业的发展。国有企业改革是中央布置的重要战略，推进国有企业改革有利于促进国有资产保值增值，提高国有经济的竞争力。

1.2　公司理财

1.2.1　公司理财的内涵

1）公司理财的概念

公司理财是公司经营必不可少的一个重要环节，它是公司财务运作的一项重要内容。公司理财是指企业按照资金的运行规律，预测、计划、控制、核算、分析和决策公司的资金运作，以保证企业经营活动的正常进行，进而提高资金运作的效率，实现资产的保值增值。

公司理财在企业管理中所发挥的作用，经历了从核算型财务到管理型财务，再到战略型财务，最终到价值型财务的演化过程。核算型财务是将财务等同于会计，以编制报表为主要工作，但外部市场环境不断复杂化，使得核算型财务的功能无法满足企业的经营管理需求，因此核算型财务逐渐向管理型财务转变。管理型财务在公司的财务工作中加入了对公司的管理与控制，财务部门也由会计部转变为管理部门。在管理型财务的基础上，企业开始从战略的角度解读公司理财的功能定位，设定战略目标，通过优化财务资源配置做出合理的经营决策，从而实现所制定的战略目标，而财务部门可以通过公司目前的经营情况、公司结构来判断所做的决策能否实现战略目标，从而更好地管理公司的业务、优化资本结构、完善债务政策等，战略型财务便由此发展而来。价值型财务是战略型财务的升华，在当前市场经济条件下，战略和财务势必不可能独立存在，二者融合后，形成了价值型财务。价值型财务围绕价值创造展开，从公司全局的角度整合公司的财务资源，规划企业的生产经营活动，形成一套系统的公司理财管理体系，为公司创造最大的价值并获得持续的竞争优势。

2）公司理财的特征

公司理财是对企业现金流量的管理，它具有以下三个特点：

（1）开放性。现代市场经济以金融市场为主体，金融市场是公司资金融通的重要场所，是连接企业资金供需的桥梁，更是企业融资活动的重要环节。正是开放的金融市场制度，决定了公司理财工作具有开放性。

（2）动态性。公司理财是以企业的资金运动为对象对企业的财务进行管理，资金运动作为企业再生产运行过程的全面再现，随着市场的客观环境、公司的财务活动等情况的改变而不断变化。因此，围绕资金管理而展开的公司理财活动是一个动态管理系统。

（3）综合性。公司理财围绕资金运动展开，企业的生产经营活动可以通过资金运动来体现，而资金运动又具有最大的综合性，因此围绕资金运动展开的公司理财也具有综合性。除此之外，随着市场经济的变化，企业所面临的环境以及企业从事的工作都在不断变得复杂，对企业的管理不能再像从前一样靠单一的管理方式，要综合各个方面建立一套综合性的管理方法，这也体现出了公司理财的综合性。

1.2.2 公司理财的内容

公司理财对公司生产经营活动中资金筹集、使用和分配进行研究。

1）资金的筹集

公司创立与经营所必需的资金要通过金融市场利用不同的方式进行筹集。

资金筹集即筹资，是指企业根据生产、投资的需要，判断企业所需要的资金，再通过筹资渠道和资本市场，采用不同的筹资方式，有效、及时地筹集企业生产经营所需要的资金。资金是企业赖以生存和发展的基础，企业的资金状况会决定企业的生产经营状况，甚至关乎企业的存亡。因此资金的筹集是企业财务活动的起点，也是公司理财工作的起点。

企业的资金主要来源于两个方面，分别是投资者投入的资金和借入的资金。投资者投入的资金又分为国家资本金、法人资本金、个人资本金以及外商资本金。企业可以通过国家投资、各方面集资或发行股票等方式筹集资金，投资者可以用现金、实物、无形资产等财产向企业投资。

不管是哪一种筹资渠道和筹资方法，都要按计划和规定的程序进行。及时筹资是实现战略目标、保证公司生产经营活动平稳发展的必要条件，是财务部门的一项重要工作。公司筹资要按照使用资金的时间以及资金所需数额，在筹资成本最低的情况下，按时、足额地筹集到相应的资金。

公司筹集资金要遵循以下原则：

(1) 规模适当。筹集资金前，企业要对自身情况做出评估，挖掘企业现有资金的潜力，合理预测每次筹资时资金的需要量，防止产生多筹资金无法偿还，少筹资金无法满足企业资金需求量的情况。

(2) 筹措及时。由于市场环境的不断变化，在不同筹资时间，筹资的数量和筹资成本并不是一成不变的，因此企业要找到合适的时间及时筹措资金，避免因筹措数量不足或者筹资不及时影响企业的正常生产经营活动。

(3) 合法合规。企业所筹集资金的来源、渠道和程序等，要符合国家相关的法律法规。

(4) 考虑筹资成本。在筹集资金时，筹资方式不同，其约束条件、风险、收益等自然也不同，公司理财工作者必须对不同筹资方式的风险、成本、收益进行权衡，在满足公司资金需求的基础上，尽可能地降低筹资成本，合理安排资金来源结构。

2）资金的使用

在企业筹集到足够的资金后，可以对所筹集到的资金进行使用，即进行投资。

投资是指经济主体为了在未来可预见的时期内获得收益或是资金增值，在一定时期内向某一或某些领域投放一定数额的资金或货币等价物的经济行为，即投资者当期投入一定数额的资金而期望在未来获得回报。

公司主要有内部投资和外部投资两类投资活动。内部投资又称为“对内投资”，是指在公司面临新的发展机会或投资机会时，将资金投向企业内部的生产经营活动，从而增加企业固定资产、无形资产等经济资源。外部投资又称为“对外投资”，是指公司以现金、现金等价物、实物等方式购买股票、债券等有价证券来向其他单位进行投资。企业通过外部投资可以获得一定的收益，也可以对其他企业实施控制。外部投资主要是间接投资，少量是直接投资。

投资的目的在于在未来期间获取收益，但公司的投资收益率是不确定的，即投资是有风险的。正如“高风险高收益”，风险高的投资项目可能获得高收益，但同时也存在遭受巨大损失的可能性，而风险低的项目获得的收益率虽然较低，但相对来说遭受损失的可能性也是较小的。公司在进行投资时要量力而行，根据可能筹集到的资金数量决定投资的规模。同时要对不同投资项目的风险和收益进行分析比较，选择投资收益高而风险低的项目。

3）营运资金的管理

营运资金是流动资产减去流动负债后的净额，为了有效地管理企业的营运资金，必须掌握营运资金的特点，以便对营运资金实施具有针对性的管理。营运资金一般具有以下四个特点：（1）周转时间短；（2）非现金形态，变现容易；（3）数量具有波动性；（4）来源具有多样性。

营运资金管理是对企业流动资产及流动负债的管理。适量的营运资金是企业维持正常运转的必要条件，因此营运资金管理也是公司理财的重要组成部分。要做好营运资金管理，必须解决好流动资产和流动负债两个方面的问题：（1）企业应该投资多少在流动资产上？即资金运用的管理。（2）企业应该怎样来进行流动资产的融资？即资金筹措的管理。这是营运资金管理的核心内容，由此也可以看出营运资金管理是与筹资和投资息息相关的。

进行营运资金管理时，要在规避风险的基础上增加营运资金的使用价值、提高营运资金的管理效率。公司理财工作者要对公司生产经营状况认真分析，确定一段时期内公司营运资金的需要量；在保证了足够的营运资金后，根据公司生产经营活动的需要，尽可能节约使用营运资金；运用营运资金时，为了改善资金使用效果，要提高营运资金的周转率。除此之外，营运资金的管理也要注重流动资产与流动负债的比例，安排合适的资本结构，确保企业有足够的短期偿债能力来偿还负债。

1.2.3　公司理财的目标

公司理财目标是一切财务活动的出发点和归宿，是财务决策的准绳，同时也是公司财务管理活动是否合理的基本标准。制定公司理财目标是公司理财工作成功的前提，只有明确了合理的公司理财目标，公司理财工作才有明确的方向。因此，企业应根据自身的实际情况和市场经济体制的要求，科学合理地选择、确定公司理财目标。公司理财目标具有以下四个作用：（1）导向作用。公司理财是一项组织企业财务活动，协调企业同各方面财务关系的管理工作。有了公司理财目标，企业的财务活动便有了方向。（2）激励作用。目标是激励企业工作人员的力量源泉，每个职工只有明确了企业的目标才能调动起工作的积极性，发挥其潜在能力，为企业创造最大财富。（3）凝聚作用。企业是一个组织，是一个整体协作系统，只有增强全体成员的凝聚力，才能发挥企业最大的潜力，通过制定公司理财目标可以确保员工们努力的方向是一致的，员工朝着一个目标共同努力，凝聚力自然会提高。（4）考核作用。目标是企业绩效和各级部门工作业绩的考核标准，根据事先制定好的公司理财目标可以考核和评定员工绩效。

关于公司理财目标，最具有代表性的观点有以下三种：

1）利润最大化

布劳提出的利润最大化目标是经济学界的传统观点，这一观点认为：利润代表了企业新创造的财富，利润越多则企业的财富增加得越多。利润最大化是指企业在进行生产经营活动时的目标是获得最大的经济利润，即收入与成本的差额最大。以追逐利润最大化作为公司理财目标的原因有以下三个方面：（1）人类进行生产经营活动的目的是创造更多的剩余产品，在商品经济条件下，剩余产品的多少可以用利润这个价值指标来衡量；（2）在自由竞争的资本市场中，资本的使用权最终属于获利最多的公司；（3）只有每个公司都最大限度地获得利润，整个社会的财富才可能实现最大化，从而带来社会的进步和发展。

以利润最大化作为公司理财目标有其合理的一面：在市场经济条件下，利润的高低很大程度上体现了企业经济效益的高低，如果企业长期亏损，势必会导致企业资不抵债，陷入破产的境地。追求利润最大化会要求企业尽可能地降低成本，增加收入，对企业发展有较大作用。此外，采用利润最大化这一目标容易被人理解，操作性也很强。

但是，在实践中，利润最大化目标依然存在一些难以解决的问题：（1）忽略了货币的时间价值，利润最大化观点中的利润是指公司一定时期内的利润总额。（2）没有体现创造的利润与投入的资本之间的关系，即使创造了相同的利润，但如果所投入的资本不同，那么也无法通过利润最大化观点来评估是否实现了公司理财目标，因而这一观点不利于不同资本规模的公司间或同一公司不同期间的比较。（3）没有考虑风险因素。如果公司一味地追求高额利润，那么就要承担较高的风险。（4）可能导致公司片面地追求短期效益从而影响公司的长期发展。（5）利润是会计体系的产物，会受到会计政策的影响，并且容易被调整。由于利润是会计处理的结果，管理者很容易通过会计处理手段调整利润，因此计算出来的利润指标无法准确地反映公司的经营状况。这种例子在市场经济的发展过程中屡见不鲜，最为著名的如美国世界通信公司、安然公司，以及我国的银广夏、东方电子等。

2）股东财富最大化

股东财富最大化这一观点认为：公司要通过财务上的合理经营，为股东带来最多的财富。如果公司无法为股东创造最大的财富，那么就无法得到股东的支持。如果缺少了股东的支持，公司也将面临破产危机。股东对公司收益具有剩余要求权，这种剩余要求权赋予股东的权利、义务、风险、收益都大于公司的债权人、经营者和其他员工。因此，在确定公司理财目标时，应从股东的利益出发，选择股东财富最大化。在市场经济条件下，股东财富是由其持有的股票数量和股票市场价格两方面决定的，在股票数量一定的前提下，股票价格越高，股东财富越大。因此，股东财富最大化也可表示为股票价格最大化。

将股东财富最大化作为公司理财目标具有积极意义，可以弥补利润最大化的缺点，主要表现在：（1）股票的内在价值是按照风险调整折现率折现后的现值，因此，股东财富这一指标能够考虑取得收益的时间因素和风险因素。（2）股东财富最大化这一目标在一定程度上可以避免公司在追求利润上的短期行为，为公司的长期稳定、健康发展提供保障。（3）股东财富最大化能够充分体现公司所有者对资本保值与增值的要求。

股东财富最大化也存在一些缺点：（1）由于股东财富通过股票价格来体现，因此股东财富最大化只适用于上市公司，对非上市公司则很难适用。（2）股票价格不是仅受公司内部生产经营活动的影响，而是受内、外部环境等诸多因素的影响，因而股票价格的高低实际上不能完全反映股东财富或价值的大小。（3）股东财富最大化目标在实际工作中可能导致公司所有者与其他利益主体之间产生矛盾与冲突。由于股票的分散和信息不对称，经理人员为实现自身利益最大化，有可能以损害股东的利益为代价做出逆向选择。

以股东财富最大化作为公司理财目标，其隐含的假设是：金融市场是有效的，信息可以通过公司管理者及时、准确地传递到金融市场中。

3）公司价值最大化

公司价值最大化就是企业在进行财务决策时，要采用最佳的财务策略，充分发挥资本的时间价值、风险与回报之间的关系，确保公司长远、持续发展，并在公司的价值增长中兼顾各方的利益，以实现公司的整体价值最大化。

以公司价值最大化作为公司理财目标可以激发公司潜在的获利能力。公司价值指的是公司全部资产的市场价值，即公司资产未来预期现金流量的现值。

以公司价值最大化作为公司理财目标，同股东财富最大化一样可以弥补利润最大化的一部分缺点：（1）考虑了货币时间价值。（2）反映了对公司资产保值增值的要求。（3）考虑了风险与报酬之间的关系，有利于克服管理上的片面性和短期行为。除此之外，公司价值最大化还有利于社会资源合理配置，由于社会资本通常流向公司价值最大的公司或行业，因此可以通过实现公司价值最大化这一目标来实现社会效益最大化。

但是，以公司价值最大化作为公司理财目标也存在一些问题，特别是对于非上市公司，这一目标值不能依靠股票价格做出评判，而需通过资产评估方式进行，受评估标准和评估方式的影响，这种估价不一定客观和准确。此外，受到多种不可控因素的影响，公司价值这一数值难以具体地估量，可操作性不强。

公司价值最大化把公司看成一个整体，强调公司全体利益相关者价值最大化，这一目标实现的前提条件是公司管理者的目标与股东的目标一致，公司经营不产生无法追踪的社会成本。

【学思践悟】　由中国航天科技集团有限公司谈公司理财目标

目前，公司价值最大化的观念正在逐渐被越来越多的公司认同，传统的利润最大化观念正在逐渐转变，把公司价值最大化作为公司理财目标会使得企业更重视社会效益。

中国航天科技集团有限公司是在中国战略高技术领域拥有自主知识产权和著名品牌，创新能力突出、核心竞争力强的国有特大型高科技企业。其前身源于1956年成立的中国国防部第五研究院，曾历经第七机械工业部、航天工业部、航空航天工业部和中国航天工业总公司的历史沿革。中国航天科技集团有限公司拥有11个国防科技重点试验室、1个国家工程实验室、5个国家级工程研究中心。公司以掌握具有自主知识产权的关键核心技术为目标，制定航天核心技术计划，取得数百项标志性成果，有力推动了以载人航天和月球探测工程为代表的国家重大航天科技专项的立项研制。长期以来，中国航天科技集团有限公司为国家经济社会发展、国防现代化建设和科学技术进步做出了卓越贡献，极大地提升了社会效益。

作为财务工作者，我们不能被短期的经济效益蒙蔽，要根据国家的发展需求及时对公司的战略目标进行更新，为推动经济高质量发展积极贡献力量。

1.3 公司理财环境

公司理财是在一定的环境中进行的。理财环境是指对公司财务活动产生影响的公司内部和外部各种因素的集合，它是公司从事财务活动的客观条件。研究理财环境，有助于提高企业对环境的适应能力，实现企业理财目标，提高理财效率。

企业在许多方面与生物体一样，遵循“适者生存”的规则。如果企业不能适应周围的环境也就不能生存。公司理财工作要取得成功，必须充分认识其所面临的内外部环境。本章着重讨论对公司理财有直接影响的三种环境：经济环境、法律环境和金融市场环境。

1.3.1 经济环境

经济环境是指企业在进行财务活动时所面临的宏观经济状况。经济环境的好坏对公司的筹资、投资、股利分配等所有重要财务决策都会产生重要影响。它又可分为宏观经济环境和微观经济环境两部分。

1）宏观经济环境

宏观经济环境是指影响公司理财的各项宏观经济因素，如经济体制、经济周期、经济发展水平、社会通货膨胀水平及宏观经济政策等。企业经营的好坏，在很大程度上取决于宏观经济状况。在社会经济繁荣发展时，大多数企业都兴旺发达；而当经济低迷时，大量企业会陷入比较困难的境地，甚至亏损、破产。

（1）经济周期

经济周期也称商业周期，经济周期一般是指经济活动沿着经济发展的总体趋势所经历的有规律的扩张和收缩，是国民总产出、总收入和总就业的波动，是国民收入或总体经济活动扩张与紧缩的交替或周期性波动变化。经济的发展总是呈现出一定的周期性，沿着复苏、繁荣、衰退和萧条这四个阶段周而复始地循环。经济的周期性波动对公司理财有重要影响。例如，在经济萧条时期，由于整个宏观环境不景气，需求减少，投资锐减，企业处于紧缩状态，产量和销量下降，有时资金紧缺，有时资金又闲置；在繁荣时期，市场需求旺盛，购销活跃，销售大幅度上升，企业为了扩大生产，就需要大量地筹资和投资。

（2）通货膨胀

通货膨胀意指整体物价水平持续性上升，一般性通货膨胀为货币贬值或购买力下降。价格不断上涨，不仅对消费者极其不利，而且会严重影响企业的财务活动。企业本身对通货膨胀无能为力，只有政府才能控制通货膨胀速度。大规模的通货膨胀会引起资金占用的迅速增加；通货膨胀还会引起利息率的上升，增加企业的筹资成本；通货膨胀会引起利润虚增，造成企业资金流失。

（3）经济政策

经济政策是国家或政府为了达到充分就业、价格水平稳定、经济快速增长、国际收支平衡等宏观经济政策的目标，为增进经济福利而制定的解决经济问题的指导原则和措施，是政府进行宏观调控的重要手段。在一定时期，政府为了协调经济发展，往往通过计划、财税、金融等手段对国民经济总体运行机制及其各个子系统提出一些具体的政策措施。这些宏观经济调控政策对企业财务管理的影响是直接的。例如，当国家采取紧缩的经济政策时，会导致企业的现金流入减少、现金流出增加、资金紧张、投资压缩；反之，当国家采取宽松的经济政策时，企业现金流出减少，筹资相对容易，就可能会扩大投资，现金流入增加，从而利润上升。

2）微观经济环境

微观经济环境是指来自企业内部对公司理财产生影响的各种经济因素的总和，主要包括企业所处的市场环境、采购环境、生产环境等。在现代商品经济条件下，企业所面对的是日益复杂的市场体系，企业的一切经营活动和经营决策都受到微观经济环境的影响和制约。

(1) 市场环境

市场环境又称为销售环境，是指企业的商品和劳务在市场上销售时的竞争关系构成的组合，大体上反映了市场竞争的程度。

企业所处的市场环境主要分为四种：完全垄断市场、完全竞争市场、不完全竞争市场和寡头垄断市场。

不同的市场环境对公司理财有着不同的影响。处于完全垄断市场的企业，销售一般不会有大问题，价格波动不大，利润稳中有升，经营风险较小，企业可利用较多的债务资金。处于完全竞争市场的企业，卖者和买者对于商品或劳务的价格均不能控制，产品价格只能随供求关系而定，企业利润随价格波动而波动，企业不宜过多地采用负债方式去筹集资金。处于不完全竞争市场和寡头垄断市场的企业，关键是要使产品具有优势、特色，具有品牌效应，这就要求在研究与开发上投入大量资金，研发出新的优质产品，并做好广告宣传，搞好售后服务，给予优惠的信用条件。由此要求企业筹集充足的资金，以便用于投入研究与开发和支付各种产品促销活动所发生的费用。

(2) 采购环境

如果企业处于稳定的采购环境中，可以少储备存货，减少存货占用的资金。反之，如果企业处于波动的采购环境中，则必须增加存货的保险储备，以防因存货不足而影响生产经营活动，这时，企业将把大量的资金投资于存货的保险储备上。在价格上涨的情况下，企业应该尽量提前进货，以防因物价上涨而遭受损失，这时企业会在存货上投放更多的资金。反之，如果物价下跌，则应推迟进货，以便从价格下降中获得好处，也可在存货上少投入资金。

(3) 生产环境

生产环境是指由生产所需要的人力资源、技术资源和时间资源所构成的组合。不同行业的企业有着不同的生产环境。生产环境也会对公司理财行为产生重要的影响。例如，如果一个企业是技术密集型的，那它一定拥有比较多的固定资产。这时，公司理财的任务就是筹集到足够的长期资金以满足固定资产的投资需要。反之，如果一个企业属于劳动密集型的，则公司理财的任务在于更多地筹措日常经营所需要的资金。

1.3.2 法律环境

法律环境是指国家在一定时期内所出台的各项法律法规。市场经济从一定意义上讲也是法治经济。改革开放以来，特别是党中央确立建立社会主义市场经济体制以来，我国明显加快了法治建设的步伐，其中经济立法更为突出。对于我国而言，打造以法治为基础的现代市场经济体系，推进经济高质量发展，不仅是一项长期而重大的历史任务，也是一场广泛而深刻的革命。

企业的理财活动，无论是筹资、投资还是利润分配，都要与企业外部发生经济关系。在处理这些经济关系时，应当遵守有关部门法律规范。

1）企业组织法律规范

企业组织必须依法成立，组建不同企业，要依照不同的法律规范。它们包括《中华人民共和国公司法》《中华人民共和国中外合资经营企业法》《中华人民共和国合作经营企业法》《中华人民共和国个人独资企业法》《中华人民共和国合伙企业法》等。这些法律的规范既是企业的组织法，又是企业的行为法。

例如，《中华人民共和国公司法》对公司企业的设立条件、设立程序、组织机构、组织变更和终止的条件和程序都作了规定，包括股东人数、法定资本最低限额、资本的筹集方式等。只有按其规定的条件和程序建立的企业，才能称为“公司”。

2）税务法律规范

任何企业都有法定的纳税义务。有关税收的立法分为三类：所得税的法规、流转税的法规、其他地方税的法规。

税负是企业的一种费用，会增加企业的现金流出，对公司理财有重要影响。企业无不希望在不违反税法的前提下降低税务负担。税负的降低，只能靠精心安排和筹划投资、筹资和利润分配等财务决策，而不允许在纳税行为已经发生时去偷税漏税。精通税法，对财务主管人员有重要意义。

3）财务法律规范

财务法律规范主要是企业财务通则和行业财务制度，包括《中华人民共和国会计法》《中华人民共和国审计法》《中华人民共和国注册会计师法》《中华人民共和国中国人民银行法》《中华人民共和国公司法》《中华人民共和国预算法》《中华人民共和国合伙企业法》《中华人民共和国票据法》等。

《企业财务通则》是各类企业进行财务活动、实施理财活动的基本规范。经国务院批准由财政部发布的《企业财务通则》，于1994年7月1日起施行。它对以下问题做出了规定：建立基本资金制度、固定资产的折旧、成本的开支范围、利润分配。

行业财务制度是根据《企业财务通则》的规定，为适应不同行业的特点和管理要求，由财政部制定的行业规范。

除了上述法律规范外，与公司理财有关的其他财务法律规范还有许多，财务人员要熟悉这些法律规范，在守法的前提下完成理财的职能，实现公司理财目标。

4）证券法规

证券法规是规范证券市场的一系列法律法规，主要有《中华人民共和国证券法》（以下简称《证券法》）、《中华人民共和国公司法》（以下简称《公司法》）、《首次公开发行股票并上市管理办法》和《企业债券管理条例》等。

1.3.3　金融市场环境

1）金融市场功能

金融市场，又称资金市场，是金融资产易手的场所。金融市场有广义和狭义之分，广义的金融市场将一切金融机构以存款货币等金融资产进行的交易均归于金融市场的范畴，而狭义的金融市场则仅将以有价证券为交易对象的金融活动归于金融市场。金融市场的构成要素包括参与者、内在机制、金融资产组织形式和管理方式四个基本要素。在现代经济系统中，金融市场是引导资本流向，沟通资本由盈余部门向短缺部门转移的市场。

2）金融市场类型

在实务中，金融市场通常以金融工具大类为标准进行分类，即把金融市场分为六个市场：股票市场、债券市场、货币市场、外汇市场、期货市场、期权市场。在这六大市场中，前三个市场又称有价证券市场，这三个市场的金融工具主要发挥筹措资本、投放资本的功能。外汇市场的交易工具主要是外国货币，这个市场具有买卖外国通货和保值投机的双重功能。期货市场和期权市场的辅助性质更为突出，它们既不能筹措资本用于生产，也不能投放资本以获得利息。对于具有筹资和投资目的的金融市场参与者来说，这两个市场主要是用来防止市场价格和市场利率剧烈波动给筹资、投资活动造成巨大损失的保护性机制。因此，这两个市场又称为保值市场。这六个市场之间的关系如图1-2所示。

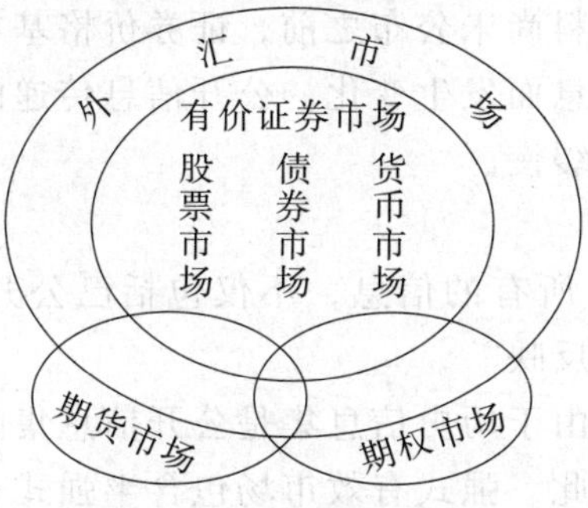

图1-2　金融市场关系图

3）有效市场假说

有效市场假说（efficient markets hypothesis，EMH）是由美国著名经济学家尤金·法玛（Eugene Fama）于1970年提出并深化的。“有效市场假说”起源于20世纪初。有效市场假说认为，在法律健全、功能良好、透明度高、竞争充分的股票市场，一切有价值的信息已经及时、准确、充分地反映在股价走势当中，其中包括企业当前和未来的价值，除非存在市场操纵，否则投资者不可能通过分析以往价格获得高于市场平均水平的超额利润。有效市场假说是现代经济学中理性预期理论在金融学中的发展。理性预期的思想表明，如果金融市场是有效的，那么市场预期就是基于所有可能信息的最优预测。在高度发达的金融市场中，已经发展出大量相互竞争的投资中介机构（包括商业银行、共同基金、保险公司等），这些投资中介机构高薪聘请专家，收集市场信息，包括国内外的政治、经济动态，行业发展状况，公司的财务状况、经营成果以及发展前景等。同时，他们还采取各种各样的方法迅速地处理这些信息，从而比较准确地判断有关证券的价位、收益率和风险程度。

在金融市场上，不同信息对价格的影响程度不同，从而有效市场假说将资本市场的有效性分为弱式有效市场、半强式有效市场和强式有效市场三种。

（1）弱式有效市场

弱式有效市场的假说认为在弱势有效的情况下，所有历史证券价格信息，不仅包括股票的成交价格和成交量，还包括融资的资金和卖空的金额等，都已经在当前的市场价格中反映出来了。

在一个弱式有效市场中，所有包含过去证券价格变动的资料和信息（价格、交易量等历史资料）都已完全反映在证券的现行市价中；证券价格的过去变化和未来变化是不相关的，即所有证券价格的变化都是相互独立的。由于有关证券的历史信息已经充分披露、均匀分布和完全使用，因此，任何投资者均不能通过任何方法来分析这些历史信息以获取超额收益。反之，如果有关证券的历史资料对证券价格仍有影响，说明证券市场尚未达到弱式有效。

（2）半强式有效市场

半强式有效市场假说认为，所有已公开的相关公司信息，不仅包括成交价格、成交量、盈利预测值，还包括公司的管理状况和已经公开披露的公司财务信息等，都已经在当前的市场价格中反映出来了。这一假说是指证券价格中不仅包含过去价格的信息，而且包含所有已公开的其他信息，如经济和政治形势的变化、收入情况、股票分割以及其他有关公司经营情况等重大信息。在一个半强式有效市场中，投资者无法利用已公开的信息获得超额利润。这是因为在新的资料尚未公布之前，证券价格基本上处于均衡状态。一旦新的信息出现，价格将根据新的信息而发生变化。公开信息传递的速度越快、越均匀，证券价格调整就越迅速；反之，就越缓慢。

（3）强式有效市场

强式有效市场假说认为，所有的信息，不仅包括已公开的信息，还包括未公开的信息，都在当前市场价格中有所反映。

在上述三种有效市场中，由于历史信息集是公开信息集的一个子集，而公开信息集又是所有信息集的一个子集，因此，强式有效市场包含半强式有效市场，半强式有效市场包含弱式有效市场。

4）有效市场假说的应用

目前中国股市依然信息高度不对称，依然有内幕消息，因此，可以说中国股市还属于弱式有效市场。在弱式有效市场上，证券的价格反映了过去的价格和交易信息。如果市场是弱式有效的，即存在信息高度不对称，提前掌握大量消息或内部消息的投资人就可以比别人更准确地识别证券的价值，并在价格与价值有较大偏离的情况下通过买或卖的交易，获取超常利润。在这种市场环境下，设法得到第一手的正确信息，确定价格被高估或者低估的证券，就显得十分重要。

2020年7月10日，广发证券收到了来自广东证监局的《行政监管措施事先告知书》并进行了信息披露。此前，在康美药业众多融资项目当中，广发证券未勤勉尽责，未按规定履行持续督导与受托管理义务。因此，广发证券被采取责令改正、暂停保荐机构资格6个月、暂不受理债券承销业务有关文件12个月、责令限制高级管理人员权利的监管措施。该处罚对广发证券负面影响极大，属于重大利空消息。根据相关数据得到广发证券的预期收益率，与上述事件发生后的实际收益率比较，发现其实际收益率并未产生明显的“应声而跌”，该结果与我国弱式有效市场的市场情况相符合。

【本章小结】

1.公司是依法定程序设立，以营利为目的的社团法人。现有市场中的公司主要分为有限责任公司、股份有限公司和国有独资公司。

2.委托-代理问题有两种类型，包括股东与管理者之间的矛盾和股东与债权人之间的矛盾。委托-代理问题产生的主要原因是所有权和经营权的分离。

3.公司理财主要是根据资金的运动规律，对公司生产经营活动中资金的筹集、使用和分配进行预测、计划、控制、核算、分析和决策，确保生产经营活动顺利进行，从而提高资金运用效果，实现资本保值增值的管理工作。

4.公司理财具有开放性、动态性、综合性三个特征。

5.公司在进行筹资时要做到规模适当、筹措及时、合法合规、考虑筹资成本。

6.公司理财目标是一切财务活动的出发点和归宿。一般而言，最具有代表性的公司理财目标有利润最大化、股东财富最大化、公司价值最大化。

7.经济环境又可分为宏观经济环境和微观经济环境两部分。宏观经济环境是指影响公司理财的各项宏观经济因素，如经济周期、通货膨胀、经济政策等。微观经济环境主要包括企业所处的市场环境、采购环境、生产环境等。

8.公司理财的法律环境是指企业和外部发生经济关系时所应遵守的各种法律、法规和规章，具体可分为企业组织法律规范、税务法律规范、财务法律规范和证券法规四部分。

9.在金融市场上，不同的信息对价格的影响程度不同，因而金融市场效率程度因信息种类不同分为弱式有效、半强式有效和强式有效三种。

【复习思考】

1.什么是公司？它的主要特征是什么？

2.公司理财的目标有哪些？它们之间有何联系和差别？

3.公司理财环境包括哪些方面？它们如何影响公司的理财活动？

4.什么是委托代理问题？它对公司的理财活动有什么影响？

5.经济、法律、金融市场等环境对公司理财的影响有哪些方面？如何应对？

第1章自测题

第2章

货币时间价值

【学习目标】

1. 理解货币时间价值的基本含义；
2. 熟悉货币时间价值的表示方法；
3. 掌握货币时间价值的计算和利率的构成；
4. 了解利率的期限结构；
5. 熟悉利用Excel计算货币时间价值的财务函数。

【本章主要内容导图】

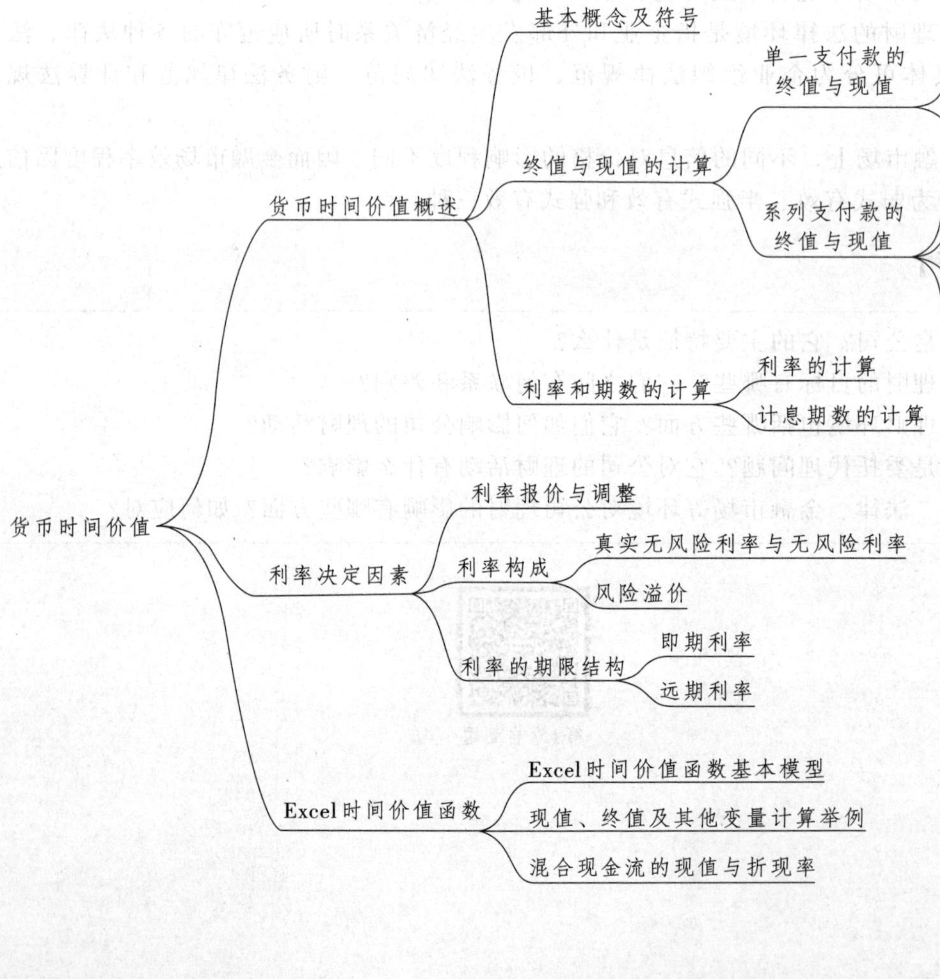

【引导案例】

公元1797年，拿破仑参观卢森堡第一国立小学的时候，向该校赠送了一束价值3个金路易的玫瑰花。拿破仑宣称，玫瑰花是两国友谊的象征，为了表示法兰西共和国爱好和平的诚意，只要法兰西共和国存在一天，他将每年向该校赠送一束同样价值的玫瑰花。当然，由于连年征战，拿破仑并没有履行他的诺言。但历史前进的脚步一刻也不曾停歇，转眼间已经过了近一个世纪的时光。公元1894年，卢森堡王国郑重向法国政府致函：要求法国政府在拿破仑的声誉和1 375 596法郎中，选择其一进行赔偿。这就是著名的“玫瑰花悬案”。而这高达百万法郎的巨款，就是3个金路易的本金（当时，1个金路易约等于20法郎），以5%的年利率，在97年的货币时间价值作用下的产物。当然，最后法国政府站在了诚信一边，保证“法国将始终不渝地对卢森堡大公国的中小学教育事业予以支持和赞助，来兑现我们的拿破仑将军那一诺千金的‘玫瑰花’的信誓”。

2.1 货币时间价值概述

2.1.1 基本概念及符号

首先要明确与货币时间价值有关的基本概念和符号表示方法。

1）时间轴

时间轴就是能够表示各个时间点的数轴。严格来讲，时间轴并不是货币时间价值的基本概念，而是货币时间价值中非常有用的一种工具。在解决货币时间价值的问题，甚至在解决整个公司理财中遇到的各种财务问题时，建立时间轴总是第一个步骤。

由于在不同时间点上发生的现金流不能够直接进行比较，那么在比较现金数量的时候，就必须同时强调现金发生的时点。如图2-1所示，时间轴上的各个数字代表的就是各个不同的时点，一般用字母t表示。

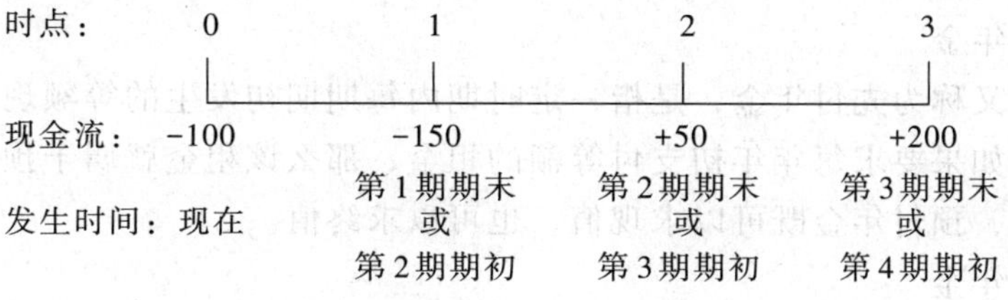

图2-1 货币时间价值时间轴

这里需要注意两点：(1) 除0点以外，每个时点数字代表的都是两个含义，即当期的期末和下一期的期初，如时点t=1表示第1期期末和第2期期初。(2) 现金流数字前面的正负号表示现金流入或现金流出，其中正号表示的数值是从公司外部流入公司内部的现金，如收回的销售收入、固定资产的残值收入等，而负号表示的数值则是指从公司内部流到外部的现金，如初始投资或其他现金投资等。

为了简化，本章以后的现金流都做如下假设，即现金流入量均发生在每期期末，现金流出量均发生在每期期初。除非特别说明，决策所处的时点均为时点 t=0，即“现在”。

2）单利和复利

单利和复利是两种不同的利息计算体系。在单利（simple interest）情况下，只有本金计算利息，利息不计算利息；而在复利（compound interest）情况下，除本金计算利息之外，每经过一个计息期所得到的利息也要计算利息，逐期滚算，俗称“利滚利”。

如果期限较短，单利和复利差别不大。但期限越长，二者之间的差别就越大。以100元人民币进行复利投资和单利投资为例，假设利率为10%，投资1年，二者终值完全相同；投资2年，单利终值为120元（100+100×2×10%），复利终值为121元（100×1.1^2），二者差别为1元；而投资100年，二者差别为1 376 961元。除非特别说明，本书中货币的时间价值一般都按复利计算。

3）现值和终值

现值即现在（t=0）的价值，是一个或多个发生在未来的现金流相当于现在时刻的价值，用PV（present value）表示。终值即未来值（如t=n时的价值），是一个或多个现在发生或未来发生的现金流相当于未来时刻的价值，用FV（future value）表示。

4）单一支付款项和系列支付款项

单一支付款项是指在某一特定时间内只发生一次的简单现金流量，如投资于到期一次偿还本息的公司债券就是单一支付款项的问题。

系列支付款项是指在n期内多次发生现金流入或现金流出。年金是系列支付款项的特殊形式，是在一定时期内每隔相同时间（如一年）发生相同金额的现金流量，如折旧、租金、利息、保险金等通常都采用年金的形式。年金用A（annuity）表示，可以分为普通年金、预付年金、递延年金和永续年金等形式。

（1）普通年金

普通年金又称为后付年金，是指在一定时期内每期期末发生的等额现金流量。例如，从所投资的每年支付一次利息、到期一次还本的公司债券中每年得到的利息就是普通年金的形式。普通年金，既可以求现值，也可以求终值。

（2）预付年金

预付年金又称为先付年金，是指一定时期内每期期初发生的等额现金流量。例如，对租入的设备，如果要求每年年初支付等额的租金，那么该租金就属于预付年金的形式。与普通年金相同，预付年金既可以求现值，也可以求终值。

（3）递延年金

递延年金又称为延期年金，是指第一次现金流量发生在第2期、第3期、第4期等时点的等额现金流量。一般情况下，假设递延年金也是发生在每期期末的年金，因此，递延年金也可以简单地归纳为：第一笔现金流量不是发生在第1期的普通年金，都属于递延年金。对于递延年金，既可以求现值，也可以求终值。

（4）永续年金

永续年金是指无限期支付的年金，即永续年金的支付期n趋近于无穷大。由于永续年金没有终止的时间，因此只能计算现值，不能计算终值。

2.1.2 终值和现值的计算

货币时间价值中最常用的是终值FV和现值PV的计算。

1）单一支付款项的终值和现值

单一支付款项的终值和现值一般简称为复利终值和复利现值。以下计算中，我们以r表示利率或折现率（计算终值时一般称为利率，而计算现值时常被称为折现率，二者并没有本质上的差别），以n表示计算期间。

（1）复利终值（已知现值PV，求终值FV）

复利终值是指一项现金流按复利计算的一段时期后的价值，其计算公式为：

$$FV=PV(1+r)^n \tag{2.1}$$

式中：$(1+r)^n$通常称为“复利终值系数”，记作（F/P，r，n），可直接查阅书后的附表“复利终值系数表”取值。

【例2-1】

假设某公司向银行借款100万元，年利率为10%，借款期为5年，那么5年后该公司应向银行偿还的本利和是多少？

根据公式（2.1），5年后该公司应向银行偿还的本利和为：

$FV=PV(1+r)^n=100\times(1+10\%)^5=100\times(F/P,10\%,5)=100\times1.6105=161.05$（万元）

复利终值与时间和利率正相关。在其他条件一定的情况下，现金流量的终值与利率和时间呈同方向变动，现金流量时间间隔越长，利率越高，终值越大。

【视频演示】复利终值的计算

（2）复利现值（已知终值FV，求现值PV）

计算现值的过程通常称为折现，是指将未来预期发生的现金流按折现率调整为现在的现金流的过程。对于单一支付款项来说，现值和终值是互为逆运算的。现值的计算公式为：

$$PV=FV(1+r)^{-n} \tag{2.2}$$

式中：$(1+r)^{-n}$通常称为“复利现值系数”，记作（P/F，r，n），可直接查阅书后的附表“复利现值系数表”取值。

【例2-2】

假设某投资项目预计5年后可获得收益800万元，按年折现率12%计算，问这笔收益的现在价值是多少？

根据公式（2.2），该笔收益的现值计算如下：

$PV=FV(1+r)^{-n}=800\times(1+12\%)^{-5}=800\times(P/F,12\%,5)=800\times0.5674=453.92$（万元）

上述计算表明，在折现率为12%的条件下，5年后的800万元与现在的453.92万元在价值量上是相等的。

【视频演示】复利现值的计算

复利现值系数与时间和利率负相关。在其他条件不变的情况下，现金流量的现值与折现率和时间呈反向变动，现金流量间隔的时间越长，折现率越高，现值越小。

2）系列收付款项的终值和现值

由于系列收付款项可以分为普通年金、预付年金、递延年金和永续年金等形式，因此计算终值和现值时要区别对待。

（1）普通年金终值（已知普通年金A，求终值FV）

年金终值犹如零存整取的本利和，它是一定时期内每期期末现金流量的复利终值之和。本书中凡涉及年金问题，如不作特殊说明均指普通年金。

设每年的支付金额为A，利率为r，期数为n，则普通年金终值的计算公式为：

$$FV=A+A(1+r)+A(1+r)^2+A(1+r)^3+\cdots+A(1+r)^{n-1} \tag{2.3}$$

等式两边同乘（1+r），则

$$FV(1+r)=A(1+r)+A(1+r)^2+A(1+r)^3+\cdots+A(1+r)^n \tag{2.4}$$

用式（2.4）减式（2.3），可得：

$$FV(1+r)-FV=A(1+r)^n-A$$

即：

$$FV=A\left[\frac{(1+r)^n-1}{r}\right] \tag{2.5}$$

式中方括号内的数值称作“年金终值系数”，记作（F/A，r，n），可直接查阅书后的附表“年金终值系数表”取值。

因此，该公式也可以写成：

$$FV=A(F/A,\ r,\ n) \tag{2.6}$$

【例2-3】

假设某项目在3年建设期内每年年末向银行借款100万元，借款年利率为10%，问项目竣工（即第3年年末）时应该支付给银行的本利和总额是多少？

$$FV=A\left[\frac{(1+r)^n-1}{r}\right]=A(F/A,\ r,\ n)$$

$$=100\times\left[\frac{(1+10\%)^3-1}{10\%}\right]=100\times(F/A,\ 10\%,\ 3)$$

$$=100\times3.3100=331(\text{万元})$$

【视频演示】年金终值的计算

在实际工作中，公司可根据要求在贷款期内建立偿债基金，以保证在期满时有足够的现金偿还贷款的本金或兑现债券。此时的债务实际上等于年金终值FV，每年提取的偿债基金等于分次付款的年金A。也可以说，年偿债基金的计算实际上是年金终值的逆运算。其计算公式为：

$$A=FV\left[\frac{r}{(1+r)^n-1}\right] \tag{2.7}$$

式中方括号内的数值称作“偿债基金系数”，记作（A/F，r，n），可通过年金终值系数的倒数来推算。

【例2-4】

假设某公司有一笔4年后到期的借款，数额为1 000万元，为此设置偿债基金，年利率为10%，到期一次还清借款，问每年年末应存入的金额是多少？

$$A = 1\,000 \times \left[\frac{10\%}{(1+10\%)^4 - 1}\right] = 1\,000 \times \left[\frac{1}{(F/A,\ 10\%,\ 4)}\right]$$

$$\approx 1\,000 \times 0.215 \approx 215\ (万元)$$

（2）普通年金现值（已知普通年金A，求现值PV）

普通年金现值是指一定时期内每期期末现金流量的现值之和。年金现值的一般计算公式为：

$$PV = A(1+r)^{-1} + A(1+r)^{-2} + \cdots + A(1+r)^{-n} \tag{2.8}$$

【视频演示】偿债基金的计算

等式两边同乘（1+r）可得到：

$$PV(1+r) = A + A(1+r)^{-1} + A(1+r)^{-2} + \cdots + A(1+r)^{-(n-1)} \tag{2.9}$$

公式（2.9）减公式（2.8）可得到：

$$PV(1+r) - PV = A - A(1+r)^{-n}$$

$$PV = A\left[\frac{1-(1+r)^{-n}}{r}\right] \tag{2.10}$$

式中方括号内的数值称作“年金现值系数”，记作（P/A，r，n），可直接查阅书后的附表“年金现值系数表”取值。

因此公式（2.10）也可以写作：$PV = A(P/A,\ r,\ n)$。

【例2-5】

假设公司租入A设备，租期3年，要求每年年末支付租金100元，在年折现率为10%的情况下，该公司3年租金的现值是多少？

$$PV = 100 \times \left[\frac{1-(1+10\%)^{-3}}{10\%}\right] = 100 \times (P/A,\ 10\%,\ 3)$$

$$= 100 \times 2.4869 = 248.69\ (元)$$

年金现值的逆运算是年资本回收额的计算。资本回收额是指在给定的年限内等额回收初始投入的资本或清偿所欠债务的金额。年资本回收额的计算公式为：

$$A = PV\left[\frac{r}{1-(1+r)^{-n}}\right] \tag{2.11}$$

式中方括号内的数值称作“资本回收系数”，记作（A/P，r，n），可利用年金现值系数的倒数求得。

【视频演示】年金现值的计算

【例2-6】

假设某公司现在借到1 000万元的贷款，要按年利率12%在10年内均匀偿还，那么该公司每年应支付的金额是多少？

$$A = 1\,000 \times \left[\frac{12\%}{1-(1+12\%)^{-10}}\right] = 1\,000 \times \left[\frac{1}{(P/A,\ 12\%,\ 10)}\right]$$

$$\approx 1\,000 \times 0.177 \approx 177\ (万元)$$

【视频演示】资本回收额的计算

(3) 预付年金终值（已知预付年金A，求预付年金终值FV）

预付年金与普通年金的差别仅在于现金流量的发生时间不同。由于年金终值系数表和年金现值系数表是按常见的普通年金编制的，在利用普通年金系数表计算预付年金的终值和现值时，可在计算普通年金的基础上加以适当调整。

预付年金终值的一般计算公式为：

$$FV = A\left[\frac{(1+r)^{n+1}-1}{r}-1\right] \tag{2.12}$$

式中方括号内的数值称作"预付年金终值系数"，它和普通年金终值系数$\left[\frac{(1+r)^{n}-1}{r}\right]$相比，期数加1，系数减1，可记作［（F/A，r，n+1）−1］。

因此，公式（2.12）也可以写成：

$$FV = A\left[(F/A,\ r,\ n+1)-1\right]$$

或 $FV = A(F/A,\ r,\ n)(1+r)$

(4) 预付年金现值（已知预付年金A，求预付年金现值PV）

预付年金的现值可以在普通年金现值的基础上加以调整，其计算公式为：

$$PV = A\left[\frac{1-(1+r)^{-(n-1)}}{r}+1\right] \tag{2.13}$$

式中方括号内的数值称作"预付年金现值系数"，它和普通年金现值系数$\left[\frac{1-(1+r)^{-n}}{r}\right]$相比，期数减1，系数加1，可记作［（P/A，r，n−1）+1］。

因此，公式（2.13）也可以写成：

$$PV = A\left[(P/A,\ r,\ n-1)+1\right]$$

或 $PV = A(P/A,\ r,\ n)(1+r)$

(5) 递延年金终值（已知递延年金A，求递延年金终值FV）

递延年金的第一次现金流并不是发生在第一期的，但如果将发生递延年金的第一期设为时点1，则用时间轴表示的递延年金与普通年金完全相同，因此，递延年金终值的计算方法与普通年金终值的计算基本相同，只是发生的期间n是发生递延年金的实际期限。

(6) 递延年金现值（已知递延年金A，求递延年金现值PV）

递延年金现值的计算有两种方法：

①分段法，其基本思路是将递延年金分段计算。先求出正常发生普通年金期间的递延期末的现值，然后再将该现值按单一支付款项的复利现值计算方法，折算为第一期期初的现值。

假设递延期为m（m<n），即先求出m期后的（n−m）期普通年金现值，然后再将此现值折算到第一期期初的现值。其计算公式为：

$$PV = A(P/A,\ r,\ n-m)(P/F,\ r,\ m) \tag{2.14}$$

②扣除法，其基本思路是假定递延期内也进行收付，先将递延年金视为正常的普通年金，计算普通年金现值，然后再扣除递延期内未发生的普通年金，其结果即为递延年金的现值。其计算公式为：

$$PV = A\left[(P/A,\ r,\ n)-(P/A,\ r,\ m)\right] \tag{2.15}$$

【例2-7】

假设某公司打算在年初存入一笔资金，从第4年起每年年末取出200万元，至第9年年末取完，在年利率为10%的情况下，问该公司最初一次应该存入多少？

该递延年金现值的计算如下：

$$PV = 200 \times (P/A，10\%，9-3) \times (P/F，10\%，3)$$
$$= 200 \times 4.3553 \times 0.7513 \approx 654（万元）$$

或 $$P = 200 \times [(P/A，10\%，9) - (P/A，10\%，3)]$$
$$= 200 \times (5.7590 - 2.4869) \approx 654（万元）$$

（7）永续年金现值（已知永续年金A，求永续年金现值PV）

【视频演示】递延年金现值的计算

永续年金的现值可以通过普通年金现值的计算公式推导得出。根据公式（2.10）：

$$PV = A\left[\frac{1-(1+r)^{-n}}{r}\right]$$

当n→∞时，$(1+r)^{-n}$的极限为零，故上式可写成：

$$PV = A \times \frac{1}{r} \tag{2.16}$$

【例2-8】

假设某公司拟建立一项永久性的奖学金，每年计划颁发10 000元奖金资助某大学生。如果利率为10%，那么该公司现在应该存入多少？

$$PV = \frac{10\,000}{10\%} = 100\,000（元）$$

（8）增长型永续年金现值（已知第0期现金流量C_0，每年增长率为g，求现值PV）

【视频演示】永续年金现值的计算

增长型永续年金是指无限期收付的，但每年呈固定比率增长的各期现金流量。它与永续年金的区别在于，永续年金每期发生的金额都是固定的，而增长型永续年金的各期现金流量是以固定比率每期增长的。在现实生活中，增长型永续年金的典型例子是普通股股利，因此，在普通股估价中经常会使用增长型永续年金的现值计算公式。

设C_0为第0期的现金流量，g表示现金流量每年预计增长率，则第1~n期及以后的增长型永续年金的发生额分别为：$C_1=C_0(1+g)$，$C_2=C_0(1+g)^2$，$C_3=C_0(1+g)^3$，…，$C_n=C_0(1+g)^n$，其现值计算公式可表示为：

$$PV = \frac{C_1}{1+r} + \frac{C_2}{(1+r)^2} + \frac{C_3}{(1+r)^3} + \cdots + \frac{C_n}{(1+r)^n} + \cdots$$
$$= \frac{C_0(1+g)}{1+r} + \frac{C_0(1+g)^2}{(1+r)^2} + \frac{C_0(1+g)^3}{(1+r)^3} + \cdots + \frac{C_0(1+g)^n}{(1+r)^n} + \cdots$$

上式是对几何级数求和，对此我们有一个简单的公式①：当增长率g＜折现率r时，该增长型永续年金现值的计算公式可简化为：

① 该公式为推导后得出的结果，推导过程略。

$$PV=\frac{C_0(1+g)}{r-g}=\frac{C_1}{r-g} \tag{2.17}$$

2.1.3 利率与计算期数的计算

影响现金流时间价值的因素有四个：现值、终值、利率（折现率）和计息期数。只要知道了其中任意三个因素就可求出第四个因素。在以上计算中都是假定利率（折现率）、计息期数、现值（或终值）是已知的，求解终值（或现值）。但在某些情况下，也可以根据计息期数、终值或现值求解利率（折现率），或根据利率（折现率）、终值或现值求解计息期数。

1）利率r的计算

计算利率r时，可以首先列出终值或现值的计算公式，然后通过求解方程式的方法将未知数r求出来。首先根据已知的条件计算出终值或现值的换算系数：

$$(F/P,\ r,\ n)=\frac{FV}{PV}\quad;\quad(P/F,\ r,\ n)=\frac{PV}{FV}$$

$$(F/A,\ r,\ n)=\frac{FV}{A}\quad;\quad(P/A,\ r,\ n)=\frac{PV}{A}$$

求出换算系数后，可从有关系数表中的n期各系数中找到最接近的系数。这个最接近的系数所属的r，就是要求的利率或折现率的近似值。

如果要使利率或折现率计算得相对准确，可采用插值法或利用Excel软件进行计算。

【例2-9】

假设你现在在银行存入10 000元，问折现率为多少时才能保证在以后的10年中每年年末都能够从银行取出2 000元？

$$(P/A,\ r,\ 10)=\frac{10\,000}{2\,000}=5$$

从年金现值系数表中可以看出，在n=10的各系数中，当r=14%时，系数是5.2161，当r=16%时，系数是4.8332，可见利率应在14%~16%之间。

设x为超过14%的部分，则可用插值法计算x值如下：

$$\frac{x}{2\%}=\frac{5.2161-5}{5.2161-4.8332}$$

$$r=14\%+x=14\%+2\%\times\frac{0.2161}{0.3829}$$

$$=14\%+1.13\%=15.13\%$$

【视频演示】
折现率的计算

2）计息期数n的计算

在已知终值、现值、利率的情况下，即可求出计息期数n，其基本方法与利率（折现率）的确定方法相同。在实务中通常利用Excel软件进行计算。

【学思践悟】 远离“高利贷”

“高利贷”，为什么叫“高利”贷？为什么有很多人会因为借“高利贷”而倾家荡产？“高利贷”，顾名思义，是利息能够在短期内上涨迅速的贷款。“高利贷”的资金价格一般是指1元钱一个月的月息。比如，某人借“高利贷”本金10万元，利息6分，也就是月利率为6%，则一年后的本利和将高达20.12万元（$10\times(1+6\%)^{12}$），相当于一年的利息比本金还要多。为什么会出现这样的结果？最主要的原因就是复利计算利息，即俗称的“利滚利”“驴打滚”“滚雪球”。

党的二十大报告指出：“深化金融体制改革，建设现代中央银行制度，加强和完善现代金融监管，强化金融稳定保障体系，依法将各类金融活动全部纳入监管，守住不发生系统性风险底线”。“高利贷”是违法的，不利于金融稳定，请大家远离“高利贷”，以及具有“高利贷”性质的“校园贷”“求职贷”“培训贷”“创业贷”“美丽贷”等。

2.2　利率决定因素

2.2.1　利率报价与调整

到目前为止，我们一直假设现金流是发生在每年年末的，且每年计息一次。在实务中，大多数公司的债券是每年付息一次的，如法国和德国，但在美国和英国，债券大多是半年付息一次的，而在我国，每年付息一次和半年付息一次的债券都比较常见。如果是半年付息一次，那么这些债券的投资者获得的第一笔利息就能获得额外6个月期的利息，也就是说，利率10%、半年付息一次的100元债券投资，6个月后将变成105元，到年底就是110.25元（$1.05^2 \times 100$）。换句话说，利率10%、半年付息一次就等同于利率10.25%、每年付息一次。

在实务中，金融机构提供的利率报价为名义的年利率，通常记作APR（annual percentage rate）。如果年复利期数大于1，如每半年、每季度或每月复利一次，则按不同计息期计算的现值或终值就会发生很大差别。通常将以年为基础计算的利率称为名义年利率（APR），将名义年利率按不同计息期调整后的利率称为有效利率EAR（effective annual rate）。

设1年复利次数为m次，名义年利率APR为r_{nom}，则有效利率EAR的调整公式为：

$$EAR = \left(1 + \frac{r_{nom}}{m}\right)^m - 1 \tag{2.18}$$

以APR为6%为例，不同复利次数的EAR见表2-1。

表2-1　不同复利次数的EAR

频率	m（次）	$\frac{r_{nom}}{m}$	EAR
按年计算	1	6.000%	6.00%
按半年计算	2	3.000%	6.09%
按季计算	4	1.500%	6.14%
按月计算	12	0.500%	6.17%
按周计算	52	0.115%	6.18%
按日计算	365	0.016%	6.18%
连续计算	∞	0	6.18%

表2-1表明，如果每年复利一次，APR和EAR相等；随着复利次数的增加，EAR逐渐趋于一个定值。从理论上说，复利次数可以为无限大的值，当复利间隔趋于零时即为连续复利（continuous compounding），此时：

$$EAR=\lim_{m\to\infty}\left[\left(1+\frac{r_{nom}}{m}\right)^m-1\right]=e^{r_{nom}}-1 \tag{2.19}$$

【例2-10】

假设你刚刚从银行取得了250 000元的房屋抵押贷款，年利率12%，贷款期为30年。银行给你提供了两种还款建议：（1）在未来30年内按年利率12%等额偿还；（2）在未来30年内按月利率1%等额偿还。

银行工作人员建议你选择第（2）种还款方式，理由是薪金按月支付，这样贷款偿还额可以每月直接从银行账户扣除，而且第（2）种还款方式成本更低。

（1）如果按年偿还，则每年偿还额×（P/A，12%，30）=250 000=PV，其中，（P/A，12%，30）$=\frac{1-(1+12\%)^{-30}}{12\%}=8.0552$，即每年偿还额为31 036元（250 000÷8.0552）。

（2）如果按月偿还，月利率为1%，共有360个月（30×12），则每月偿还额×（P/A，1%，360）=250 000=PV，其中，（P/A，1%，360）$=\frac{1-(1+1\%)^{-360}}{1\%}=97.2183$，即每月偿还额为2 572元（250 000÷97.2183）。

也就是说，使用第（2）种偿还方式可使每年偿还额降低172元（31 036−12×2 572）。

但是，上述分析忽略了货币的时间价值。尽管按月偿还的总金额是减少的，但支付的时间提前了。将货币时间价值因素纳入考虑范围，则按月偿还的本利总额就会高于按年偿还的本利总额。

从有效利率的调整计算中也可以得出相同的结论，根据公式（2.18）：

$$EAR=\left(1+\frac{r_{nom}}{m}\right)^m-1=\left(1+\frac{12\%}{12}\right)^{12}-1=12.68\%$$

即如果选择按月利率1%支付，那么有效利率不是12%，而是12.68%，每年的利息支出高出了0.68个百分点。

在货币时间价值的现值或终值计算中，可以首先将APR调整为计息期（如月或半年）的利率，然后按实际计息期数计算；也可以首先将APR调整为EAR，然后按每年计息计算。二者将得到相同的结果。

在上例中，如果按月计息，本利和应为：250 000×（1+1%）^{360}=8 987 410（元）；如果按年计息，本利和应为：250 000×（1+12.68%）^{30}=8 981 423（元）[①]。而如果采用第（1）种还款方式，则到期本利和仅为：250 000×（1+12%）^{30}=7 489 980（元），比按月偿还少很多。

【视频演示】
房屋抵押贷款
还款额的计算

2.2.2 利率构成

一般情况下，利率由以下三大主要因素构成，即真实无风险利率RRFR（real risk-free

① 理论上二者应该是相等的，但此处相差了5 987元（8 987 410−8 981 423），原因是12.68%是四舍五入后的数值，因此出现了5 987元的累计误差。

rate)、预期通货膨胀率I（inflation）及风险溢价RP（risk premium），用公式可以表示为：

利率r=真实无风险利率+预期通货膨胀率+风险溢价　(2.20)

公式（2.20）中真实无风险利率（RRFR）和预期通货膨胀率（I）构成基准利率BIR（benchmark interest rate）。因此公式（2.20）还可以写成：

利率r=基准利率+风险溢价　(2.21)

1）真实无风险利率与名义无风险利率

真实无风险利率是指无通货膨胀、无风险时的均衡利率，即货币的时间价值，反映了投资者延期消费要求的补偿。影响这一利率的主观因素是个人对其收入进行消费的时间偏好。影响真实无风险利率的客观因素是经济中存在的投资机会，这种投资机会取决于经济的长期真实增长率。经济的快速增长使资本有更多和更好的投资机会，并使投资产生正的收益率。通常，经济的真实增长率和RRFR之间存在着一种正向关系。

名义无风险利率（nominal risk-free rate，NRFR）是指无违约风险、无再投资风险的收益率。在实务中，名义无风险利率就是与所分析的现金流期限相同的零息政府债券利率。影响名义无风险利率的因素主要是资本市场条件和预期通货膨胀率。在投资中，如果投资者预期在其投资期内价格水平升高，他们就会要求收益率包含对预期通货膨胀率的补偿。假设你对一项无风险投资要求4%的真实收益率，但预期在投资期内价格会上升3%。在这种情况下，投资的必要收益率应达到7%（1.04×1.03−1）左右的水平。如果不增加必要收益率，年末你只能获得1%的真实收益率。因此，对一项无风险投资而言，一个投资者的名义无风险利率为：

名义无风险利率=（1+真实无风险利率）×（1+预期通货膨胀率）−1　(2.22)

根据上式，一项投资的真实无风险利率如下：

$$\text{真实无风险利率} = \frac{1+\text{名义无风险利率}}{1+\text{预期通货膨胀率}} - 1 \qquad (2.23)$$

假设在一个特定年份短期国库券的名义收益率为9%，该年预期通货膨胀率为5%，则短期国库券的真实无风险利率为3.8%。

2）风险溢价

基准利率与有效利率之间的利差不是经济因素造成的，而是由产生不同风险溢价的不同资产的基本特征引起的。以债券为例，风险溢价可从5个方面进行分析：债券信用质量、债券流动性风险、债券期限风险、税收和债券契约条款、外国债券特别风险。在这5个因素中，债券信用质量和到期期限对公司债券风险溢价的影响最大。

（1）债券信用质量。债券信用质量反映了发行者偿付未清偿债务的能力。在实务中，它一般是根据公司的信用等级来确定的，且可以根据财务比率度量债券发行主体的违约风险。常用的财务比率包括利息保障倍数、经营现金净流量与负债总额比及投资收益率等。

（2）债券流动性风险。流动性风险（liquidity risk）是指某项资产迅速转化为现金的可能性。衡量流动性的标准有两个：资产出售时可实现的价格和变现时所需要的时间长短。其判断基础是，在价格没有明显损失的条件下，在短期内大量出售的能力。资产的流动性越低，为吸引投资者所需要的收益率就越高。

（3）债券期限风险。期限风险是指因到期期限长短不同而形成的利率变化的风险。例如，在流动性和违约风险相同的情况下，五年期国库券利率比三年期国库券利率要高，差别在于到期时间不同。一般来说，证券期限越长，其市场价值波动的风险越高。因此，为鼓励对长期证券的投资，必须给予投资者必要的风险补偿。

（4）税收和债券契约条款。税收和债券契约条款也会影响债券利率的高低。通常，政府会对债券和银行存款投资获得的债息和利息征收一定的所得税，但对国库券利息则免征所得税。因此，国库券比其他由公司或银行发行的债务工具更具优势。

（5）外国债券特别风险。如外汇风险和国家风险等。外汇风险（exchange rate risk）是指投资者购买不以本国货币标价的证券而产生的收益的不确定性。国家风险（country risk）也称政治风险，是指一个国家的政治或经济环境发生重大变化所导致的收益不确定性。这种由外汇汇率波动或政治因素导致的风险越大，投资者要求的风险溢价也就越大。

2.2.3 利率的期限结构

不同期限债券与利率之间的关系，称为利率的期限结构（the term structure of interest rate）。在市场均衡情况下，借款者的利率与贷款者的收益率是一致的，因此，利率的期限结构也可以说是收益率的期限结构①。

1）即期利率

假设有一笔在时点1支付1元的简单贷款，则这笔贷款的现值为：

$$PV = \frac{1}{1 + r_1}$$

这里是用一个1年期贷款的适当利率水平r_1来对现金流进行折现，这一利率通常被称为当前的1年期即期利率（spot rate）。使用即期利率表示，可以假设有一笔贷款，要求必须在时点1和时点2分别支付1美元，则其现值应为：

$$PV = \frac{1}{1 + r_1} + \frac{1}{(1 + r_2)^2}$$

即第1个期间的现金流是用当前的1年期即期利率折现，而第2个期间的现金流要用当前的2年期即期利率折现。而一系列的即期利率r_1、r_2等正是利率期限结构（term structure）的一种表示方法。

给定期限的零息债券（zero coupon bond）的收益率就是该期限内的即期利率。由于一种期限的即期利率是单一的，即期利率可以准确地反映货币的时间价值。在任何一个时点，资本需求和资本供给共同决定了每个期限的即期利率，这个即期利率可以用来为各种未来现金流量估价。

理解这一问题的方法是把附息债券（国库券）看作一组零息债券②的组合，各期收到的利息就是到期价值与所付价值间的差额。例如，面值1 000元、息票率5%、5年期的附息国库券，可以看成5张零息债券：第一张的到期价值为50元，1年后到期；第二张的到期价值为50元，2年后到期……最后一张的到期价值为1 050元，5年后到期。显然，对于

---

① 利率的期限结构有两个限制条件：一是它只与债务性证券有关，因为只有债务性证券才有固定的偿还期限范畴；二是利率的期限结构仅指其他条件（如风险、税收、变现力等）相同而只是期限不同的债务利率之间的关系。

② 零息债券是指不支付利息但却以低于面值折价出售给投资者的债券，它提供给持有者的报酬不是利息收入，而是资本增值。

每种有息债券，它的价值等于其组成的零息债券的价值之和。假设有一张不能提前赎回的2年期债券，面值为1 000元，息票率为5%，目前市场报价为914.06元，则债券的现值可写为：

$$PV_d=\frac{50}{1+r_1}+\frac{1\,050}{(1+r_2)^2}=914.06\text{（元）}$$

上述计算结果可以看作两张零息债券的现值之和，式中的r_1、r_2是零息债券的收益率，或称即期利率。最短期的即期利率可从市场上观察到，然后依次计算各期的即期利率。假设r_1=8%，则2年期零息债券的利率为：

$$PV_d=\frac{50}{1+8\%}+\frac{1\,050}{(1+r_2)^2}=914.06\text{（元）}$$

这个方程解出的即期利率或零息债券收益率为10%，高于第1期的即期利率。在这种情况下，用横轴代表期限、纵轴代表利率水平画出的收益率曲线是向上倾斜的，即期限越长，收益率越高。这一方式连续进行，就可以求出各期零息债券利率或不同期限的即期利率。

2）远期利率

即期利率适用于贷款等现在投资而以后偿还的债务合约，而远期利率则是现在签订合约在未来借贷一定期限资金时使用的利率。因此，在任何一个时点上可以有一个1年后发放1年期贷款的远期利率，有另一个2年后发放1年期贷款的远期利率，也可以有一个1年或1年后发放的2年期贷款的远期利率。即期利率与远期利率之间的关系如下：

$$f_n=\frac{(1+r_n)^n}{(1+r_{n-1})^{n-1}}-1 \tag{2.24}$$

式中：f_n表示n年后的远期利率；r_n表示n年的即期利率；r_{n-1}表示n−1年的即期利率。

假设投资者面临两种可选择的投资策略：（1）投资于一张面值为100元、年利率（折现率）为10%的2年期零息债券；（2）投资于一张面值为100元、年利率为8%的1年期债券，同时签订一个远期合约，以远期利率f_1在1年后再投资于一张1年期的零息债券。

对于第（1）种选择，面值为100元的2年期零息债券的现值为82.64元，也就是说，将82.64元投资2年，每年利率为10%，2年后可得到100元。事实上，一个2年期债券的支付可以看成以两个潜在的不同利率投资2年的结果。这样，在第（2）种选择中，开始投入的82.64元在第1年年末为82.64×（1+r_1），在第2年年末为82.64×（1+r_1）×（1+f_2）。如果第1年的利率为8%，2年后的投资所得是100元，则远期利率f_2的计算如下：

$$82.64\times(1+0.08)\times(1+f_2)=100$$

或　$(1+0.1)^2=(1+0.08)\times(1+f_2)$

计算得：$f_2=12.04\%$

上式计算结果表明，1年后再进行一个1年期的投资，其隐含的利率是12.04%。如果利率f_1高于12.04%，投资者可以选择第（2）种方案；如果利率f_1低于12.04%，投资者可以借入1年期现金，同时卖出一个1年的远期利率合约，并以2年的即期利率进行投资，以获得无风险收益。

即期利率与远期利率的关系可用下式描述：

$$\left(1+r_n\right)^n=\left(1+f_1\right)\left(1+f_2\right)\cdots\left(1+f_n\right) \tag{2.25}$$

上式表明，即期利率是远期利率的几何平均数，而远期利率可以看成未来某一段时期借款或贷款的边际成本。

利率的期限结构可根据收益率曲线进行分析，图2-2描绘了4种假设国库券收益率曲线的形状。

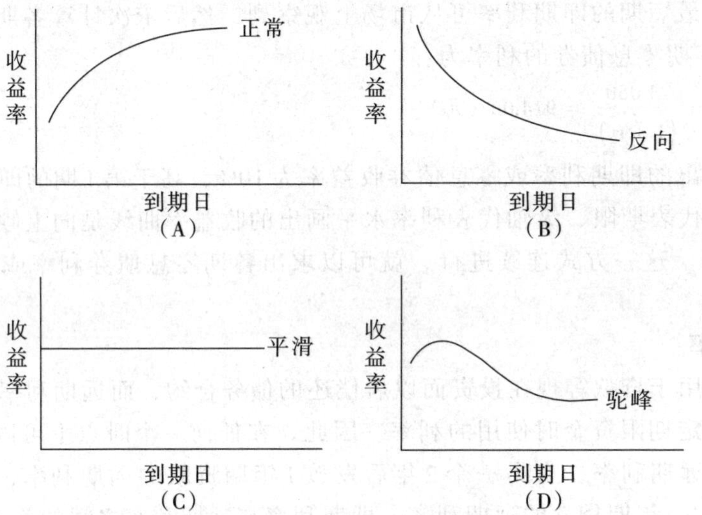

图2-2　国库券收益率曲线图

图2-2（A）中的收益率曲线自左下方向右上方延伸，这种形状的债券收益率曲线称为正收益率曲线（positive yield curve）。债券的正收益率曲线是在整个经济运行正常、不存在通货膨胀压力和经济衰退条件下出现的。它表示在其他条件一定的情况下，长期债券的即期利率高于短期债券的即期利率。或者说，未来债务合约的开始时间越远，远期利率越高。

图2-2（B）中的收益率曲线从左上方向右下方延伸，这种形状的收益率曲线称为反收益率曲线（inverse yield curve）。负斜率的收益率曲线意味着未来债务合约的开始日越远，远期利率越低。在市场供求关系支配下，当人们过度追求长期债券的高收益时，必然造成长期资本供大于求，引起长期利率下降而短期利率上升，最后导致短期利率高于长期利率的反收益率曲线现象。反收益率曲线通常不会仅仅靠资本的供求关系影响而自动调整为正收益率曲线。在投资人恢复对长期债券的信心和兴趣以前，中央银行必须首先采取有效的货币政策措施来消除利率混乱，修正收益率曲线。

当人们过分追求短期利率而把资本投入期限较短的债券时，短期利率因资本供应过多而下降，长期利率却因资本供应不足而上升，反收益率曲线又开始向正收益率曲线恢复。在正、反收益率曲线相互替代的利率变化过程中，经常出现一种长、短期收益率趋于一致的过渡阶段。这时，债券的收益率曲线与坐标系中的横坐标趋于平行，这种形状的收益率曲线称为平收益率曲线（flat yield curve），如图2-2（C）所示。

收益率曲线还存在另一种形状，即在某期限之前债券的利率期限结构是正收益率曲线，而在该期限之后却变成了反收益率曲线，如图2-2（D）所示。这种形状的收益率曲线称为拱收益率曲线（humped yield curve），表示在某一时间限度内债券的期限越长，收益率越高，超过这一限度，期限越长，收益率越低。拱收益率曲线是短期利率急剧上升阶段所特有的利率期限结构现象。在西方经济极不稳定、市场利率起伏剧烈的20世纪70年代，拱收益率曲线成为美国债券市场和货币市场上一种最为常见的利率期限结构。

2.3　Excel时间价值函数

2.3.1　Excel时间价值函数基本模型

以上介绍了计算货币时间价值的基本方法：即从PV→FV，FV→PV，A→FV，FV→A，A→PV，PV→A等的互相转换公式。所谓互相转换，就是指在一个确定的投资过程中，当其利率与时间均已确定时，不同时点上的各种资本之间的等值关系。在计算机和各种软件出现之前，这种换算通常是借助于各种换算表格（见附录）进行计算的，原理虽然简单，但计算方法极其烦琐。目前，小型财务计算器和一些办公软件，如Excel软件的广泛应用，不仅能方便、快捷地计算各种复杂形态的现金流量的价值，而且能相当有效地进行敏感性分析。

在采用公式计算货币的时间价值时，每个公式都包含了4个变量，如简单现金流量的4个变量是：PV、FV、r、n；系列现金流量的变量是：PV或FV、A、r、n。只要知道其中3个变量，就可以求出第4个变量。

Excel电子表格程序通常包含5个变量：PV、FV、PMT（A）、RATE（r）、NPER（n）。这是因为计算机程序中被设计成：如果输入PMT（等额款项），PV或FV的值有一个为零时默认解决年金问题；输入PMT值为零时处理的是简单现金流问题。在这5个变量中，只要输入4个变量值，就可以计算出第5个变量。现以Microsoft Excel™为例进行简要说明，各个变量的求解公式见表2-2。

表2-2　电子表格程序输入公式

求解变量	输入函数
计算终值：FV	=FV(RATE,NPER,PMT,PV,TYPE)
计算现值：PV	=PV(RATE,NPER,PMT,FV,TYPE)
计算每期等额现金流量：PMT	=PMT(RATE,NPER,PV,FV,TYPE)
计算期数：n	= NPER(RATE,PMT,PV,FV,TYPE)
计算利率或折现率：r	=RATE(NPER,PMT,PV,FV,TYPE)

利用电子表格程序求解任何一个变量值，可按照表2-2中“输入函数”栏括号中的顺序输入3个已知变量的值，将第4个变量值设为0（求简单现金流量的现值或终值，将

PMT设为0；求年金终值，将PV设为0；求年金现值，将FV设为0）。如果现金流发生在每期期末，则“TYPE”项为0或忽略；如果现金流发生在每期期初，则“TYPE”项为1。

在变量输入过程中，需要注意以下5个问题：

第一，现金流的符号问题。在FV、PV和PMT这3个变量中，其中总有一个数值为0，因此，在每一组现金流中，总有两个异号的现金流。在Excel内置函数中，PV函数认定年金PMT和终值FV现金流的方向与计算出的现金流现值的方向相反，即如果年金PMT和终值FV是付款，计算出的现值为收款；反之亦然。为了使计算出的现值显示为正数，应在输入PMT和FV参数时加上负号。计算复利现值或终值时亦然。

第二，如果某一变量值为零，可直接输入“0”或省略。

第三，如果某一变量值（在输入公式两个变量之间）为0，也可以用“,”代替。

第四，在使用函数时，函数名与其后的括号“(”之间不能有空格；当有多个参数时，参数之间要用逗号“,”分隔；参数可以是数值、文本、逻辑值、单元格地址或单元格区域地址，也可以是各种表达式或函数；函数中的逗号、引号等都是半角字符，而不是全角字符。

第五，如果对表2-2中列示的各种输入公式不熟悉，可在Microsoft Excel™电子表格中，单击菜单栏中的“fx”项，在“粘贴变量”对话框中单击“财务”，在“变量名”中单击需要计算的变量，如FV（终值）、PV（现值）等，单击“确定”按钮后，即可根据对话框中的提示进行操作，求解变量值。

2.3.2 现值、终值及其他变量计算举例

现以第一节中的例题来说明如何利用Excel财务函数求解货币的时间价值。

【例2-11】

根据【例2-2】，假设某投资项目预计5年后可获得收益800万元，按年折现率12%计算，问这笔收益的现在价值是多少？

采用Excel内置函数计算见表2-3。

表2-3 **复利现值计算举例**

	RATE	NPER	PMT	FV	TYPE	PV	Excel函数公式
已知	0.12	5	0	-800	0		
求PV						453.94①	=PV（0.12，5，0，-800，0）

【例2-12】

根据【例2-3】，假设某项目在3年建设期内每年年末向银行借款100万元，借款年利率为10%，问项目竣工（即第3年年末）时应该支付给银行的本利和总额是多少？

采用Excel内置函数计算见表2-4。

① 由于【例2-2】中的复利终值系数经过四舍五入仅保留了四位小数，因此计算结果与表2-3相比略有差异。本书后文计算结果差异产生的原因相同，不再一一注释。

表2-4　**年金终值计算举例**

	RATE	NPER	PMT	PV	TYPE	FV	Excel函数公式
已知	0.1	3	-100	0	0		
求FV						331	=FV（0.1，3，-100，0，0）

【例2-13】

根据【例2-9】，假设你现在向银行存入10 000元，问折现率为多少时，才能保证在以后的10年中每年年末都能够从银行取出2 000元？

采用Excel财务函数计算见表2-5。

表2-5　**利息率计算举例**

	NPER	PMT	PV	FV	TYPE	RATE	Excel函数公式
已知	10	2 000	-10 000	0	0		
求RATE						15.1%	=RATE（10，2000，-10000，0，0）

以上例题不一一赘述。只要在输入数据时，关注上面提到的输入变量所需注意的问题，用Excel财务函数计算现值和终值是非常简单的。

2.3.3　混合现金流的现值与折现率

Excel中的函数符号与财务类教材通用的符号所代表的含义不完全相同。NPV在财务中表示净现值（现金流入量现值-现金流出量现值），在Excel中表示现值①，在计算净现值时，应将项目未来现金流用NPV函数求出的现值再减去该项目初始投资的现值，NPV函数输入方式：

=NPV（rate，value1，value2，…）

式中：value1，value2…分别代表第1、2…笔支出或收入参数值，时间均匀分布并出现在每期期末。

【例2-14】

某投资项目在未来4年的年末分别产生90元、100元、110元、80元确定的现金流量，初始投资300元，折现率为8%。求该项目的净现值NPV。

采用Excel财务函数计算见表2-6。

表2-6　**混合现金流现值计算举例**

	rate	value1	value2	value3	value4	NPV	Excel函数公式
已知	0.08	90	100	110	80		
求NPV						15.19	=NPV（0.08，90，100，110，80）-300

① 在Excel中，函数NPV假定投资现金流量（初始投资）发生在第1期期末（value1），而在我们的分析中，通常假设投资发生在第0期。

当各期现金流量不相等时，可使用IRR函数计算折现率，IRR函数的功能是返回由数值代表的一组现金流量的内部收益率，这些现金流量不一定必须为均衡的，但它们必须按固定的间隔发生（按月或年），其输入方式为：

=IRR（values，guess）

式中：values为数组或单元格，包含用来计算内部收益率的数字。values必须包含至少一个正值和一个负值。函数IRR根据数值的顺序来解释现金流量的顺序，因此应确定按需要的顺序输入数值。guess是对函数IRR计算结果的估计值，在大多数情况下，并不需要为函数IRR的计算提供guess值，如果省略guess，假设为0.1。

【例2-15】

某公司支付200万元购买一台设备，预计使用5年。设备投入使用后每年预计现金净流量分别为30万元、50万元、60万元、80万元、60万元。请计算该公司购买这一设备的内部收益率IRR。

采用Excel财务函数计算见表2-7。

表2-7 **混合现金流折现率计算举例**

	value1	value2	value3	value4	value5	value6	IRR	Excel函数公式
已知	-200	30	50	60	80	60		
求IRR							10.96%	=IRR（B2：G2）

【本章小结】

1.时间轴就是能够表示各个时间点的数轴；单利和复利是两种不同的利息计算体系。在单利情况下，只有本金计算利息，利息不计算利息；而在复利情况下，除本金计算利息之外，每经过一个计息期所得到的利息也要计算利息，逐期滚算，俗称“利滚利”。

2.现值是一个或多个发生在未来的现金流相当于现在时刻的价值，用PV表示；终值是一个或多个现在发生或未来发生的现金流相当于未来时刻的价值，用FV表示。

3.单一支付款项是指在某一特定时间内只发生一次的简单现金流；系列支付款项是指在n期内多次发生现金流入或现金流出。年金是系列支付款项的特殊形式，是在一定时期内每隔相同时间（如一年）发生相同金额的现金流，可以分为普通年金、预付年金、递延年金和永续年金等形式。

4.货币时间价值中最常用的是终值F和现值P的计算，但在某些情况下，也可以根据计息期数、终值或现值求解利率（折现率），或根据利率（折现率）、终值或现值求解计息期数。

5.金融机构提供的利率报价有可能和我们使用的利率有不同的时间间隔，如按月、半年计息等，所以有必要对利率进行调整，以使其与现金流发生的时期相匹配。

6.在实务中，金融机构提供的利率报价为名义的年利率，通常记作APR。如果年复利期数大于1，如每半年、每季度或每月复利一次，则按不同计息期计算的现值或终值就会发生很大差别。通常将以年为基础计算的利率称为名义年利率（APR），将名义年利率按不同计息期调整后的利率称为有效利率（EAR）。

7.一般情况下，利率由以下三大主要因素构成，即真实无风险利率（RRFR）、预期通货膨胀率（I）及风险溢价（RP）。以债券为例，风险溢价可从5个方面进行分析：债券信用质量、债券流动性风险、债券期限风险、税收和债券契约条款、外国债券特别风险。

8.不同期限债券与利率之间的关系，称为利率的期限结构。在市场均衡情况下，借款者的利率与贷款者的收益率是一致的，因此，利率的期限结构也可以说是收益率的期限结构。利率的期限结构可根据收益率曲线进行分析。

9.Excel电子表格程序通常包含5个变量：PV、FV、PMT（A）、RATE（r）、NPER（n）。在这5个变量中，只要输入4个变量值，就可以计算出第5个变量。

10.在变量输入过程中，需要注意以下5个问题：第一，现金流的符号问题；第二，如果某一变量值为零，可直接输入“0”或省略；第三，如果某一变量值（在输入公式的两个变量之间）为零，也可以用“，”代替；第四，在使用函数时，变量的输入格式问题；第五，可以使用Microsoft Excel™电子表格中财务函数的“变量名”帮助求解变量值。

【复习思考】

1.什么是货币时间价值？为什么说货币具有时间价值？

2.现值和终值分别是什么？如何计算？

3.利率是如何影响货币的时间价值的？计算期数和利率之间的关系是什么？

4.利率的决定因素有哪些？如何理解利率的构成？

5.什么是利率的期限结构？不同期限的利率如何相互影响？

6.Excel中的时间价值函数有哪些？如何使用这些函数进行现值、终值和其他变量的计算？

7.混合现金流的现值如何计算？如何确定折现率？

8.如何进行利率的报价和调整？利率的变化对于债券价格有什么影响？

第2章自测题　　第2章计算业务题　　第2章上机练习题

第3章

风险与收益

【学习目标】

1. 理解并掌握收益与风险的概念和种类；
2. 掌握历史预期收益率与风险的衡量方法；
3. 掌握预期收益率与风险、收益的衡量方法；
4. 熟悉投资组合收益与风险的衡量方法、投资组合风险分散效应；
5. 了解资本市场线、证券市场线的特点；
6. 熟悉资本资产定价模型的影响因素与确定方法。

【本章主要内容导图】

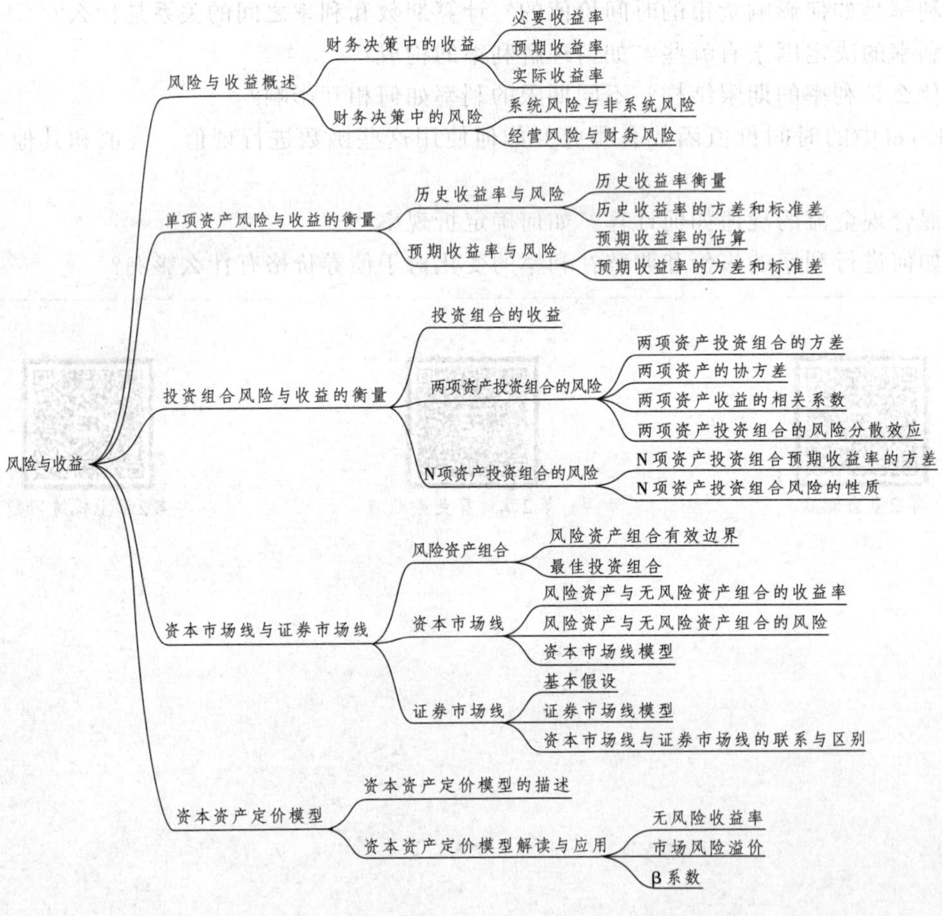

【引导案例】

上市公司的投资者做出投资决策主要考虑的是股票的预期收益率与风险的关系。对于股票投资者来说，风险可以分为系统风险与非系统风险。系统风险为不可分散风险；而非系统风险是上市公司自身的风险，投资者可以通过分散投资、建立投资组合等方式分散风险。投资者运用工具权衡某只股票的预期收益率与风险的关系来做出投资决策显得非常重要，资本资产定价模型正是作为这样的工具被广泛运用的。

中国高科证券代码为600730，由全国排名靠前的北京大学、清华大学、复旦大学、上海交通大学等大学于1992年发起创立，并于1996年7月26日在上海证券交易所上市，目前最大流通股东为北大方正集团有限公司，实际控制人为教育部。选用2013年7月至2018年10月以来上证综合指数每月涨跌幅度与中国高科同期股价的月收益率，运用资本资产定价模型对中国高科集团股份有限公司上市公司股票收益与风险进行分析，测算出中国高科的β值为1.41，大于1，说明中国高科的股票收益率与整个市场回报率高度敏感，也就是说，如果上海证券交易所整个市场回报率上升，中国高科的预期收益率会有更高的涨幅，如果上海证券交易所整个市场回报率下降，中国高科预期收益率会有比较大的跌幅。根据上述资料，如何利用资本资产定价模型测算上市公司的β值呢？

3.1 风险与收益概述

3.1.1 财务决策中的收益

收益一般是指初始投资的价值增量，一般用相对数来表示，即收益率。在财务决策中有三种非常重要的收益率，分别为：必要收益率、预期收益率和实际收益率。清晰地认识三者的联系和区别对于进行财务决策是非常重要的。

1）必要收益率

必要收益率是指投资者进行投资要求得到的最低收益率。为了能够更好地理解必要收益率，需要抓住它的特征：第一，现时的。投资决策的时间点发生变化，投资者要求的收益率也会发生变化，即必要收益率是投资者面向未来投资现在要求的最低收益率。第二，要求的。必要报酬率是投资者自己要求的收益率，不是别人强加于投资者的，也不是别人给投资者的报价。第三，最低的。必要收益率是投资者对该项目收益的最低要求，只有项目收益率大于必要收益率，投资者才会进行投资。第四，主观的。必要收益率是投资者内心要求的，不同的投资者对于同一个投资项目要求的收益率是存在差异的，因此必要收益率是投资者主观的收益要求，会随着人的意志而转移。第五，决策的。必要收益率是投资者判断是否投资该项目的决策性变量，不需要对外披露。

因为投资者在投资中让渡了资本使用权，并且承担了风险，所以必要收益率通常由无风险收益率和风险溢价两部分构成，前者反映了货币时间价值，其大小取决于零息政府债券利率。后者反映了投资者因为承担风险而要求的补偿，其大小取决于投资者的风险偏好程度和风险大小。越厌恶风险的投资者承担一定的风险所要求的风险溢价越高，风险越大，投资者要求的风险溢价越高。

在财务决策中，必要收益率如何取值呢？我们可以从情景模拟中去理解这个问题。首先，如果某个投资者有一笔资金拟投资一个项目，当他没有其他投资项目可选，而且项目也不具有可复制性的时候，若不投资这个项目，他会用来进行银行理财产品投资，那么他要求的必要收益率的参考值可以用市场利率来衡量。其次，如果该投资者想要用一笔资金投资某只股票，可供选择的投资目标股票有M和N，那么投资M股票的必要报酬率的参考值就是N股票能够给投资者带来的收益率。最后，如果投资者需要融资来投资一个项目，融资需要付出代价，产生资本成本，比如借款利息，如果项目的收益率小于融资的资本成本，那么投资该项目不会给投资者带来剩余收益，此时，投资者的必要收益率可以用资本成本作为参考值。通过上面的情景分析我们可以得出，必要收益率的取值可以是市场利率、备选方案的收益率、资本成本，从经济学角度看，它们都是投资者的机会成本，只是所处的场景不同其表现形式不同罢了。

2）预期收益率

预期收益率是在不确定的条件下，投资者根据现有信息预测的某项资产未来可能实现的平均收益率。为了能够更好地理解预期收益率，需要抓住它的特征：第一，未来的。预期收益率反映的是未来能够实现的收益水平。第二，预测的。预期收益率是基于未来可能出现的情景状况预测的收益率，不是真实收益率。第三，平均的。预期收益率是投资项目在未来不同经营情景下收益水平的平均值，由于未来实现的收益率只能是一种经营情景下的结果，所以未来实现的收益率可能高于也可能低于预期收益率。第四，客观的。预期收益率不会随着人的意志而转移，同一个投资项目未来能够给所有投资者带来的平均收益率都是一样的，因为大家购买该项资产的当前市场价格水平是一样的。第五，报价的。预期收益率往往是资产出售方对外报价的收益率，比如银行理财产品对外报价的收益率就是预期收益率，所以需要对外披露。

3）实际收益率

实际收益率或历史收益率是在特定时期实际获得的收益率，它是已经发生的、不可能通过投资决策改变的收益率。它的特征有：第一，历史的。实际收益率是过去已经发生的投资期间实现的收益率。第二，实际的。由于是过去发生的收益率，所以该收益率是实际发生的。第三，可计算的。实际收益率是根据历史数据计算出来的，所以实际收益率是可计算的。第四，真实的。如果投资过程中产生的现金流都能够按照实际收益率进行再投资，那么实际收益率是可以实现的真实收益率。

从必要收益率、预期收益率和实际收益率的概念来看，在财务决策中，三者存在必然的联系（如图3-1所示）。首先，必要收益率和预期收益率的大小关系为投资决策提供了依据。若预期收益率大于必要收益率，投资可行；若预期收益率小于必要收益率，投资不可行。这个结论适用于证券投资、项目投资等所有投资决策。其次，预期收益率与未来实际收益率的一致程度是判断投资是否存在风险的依据。若预期收益率一定等于未来的实际收益率，那么这项投资没有风险；若预期收益率与未来实际收益率相比会产生偏差，那么这项投资存在风险。

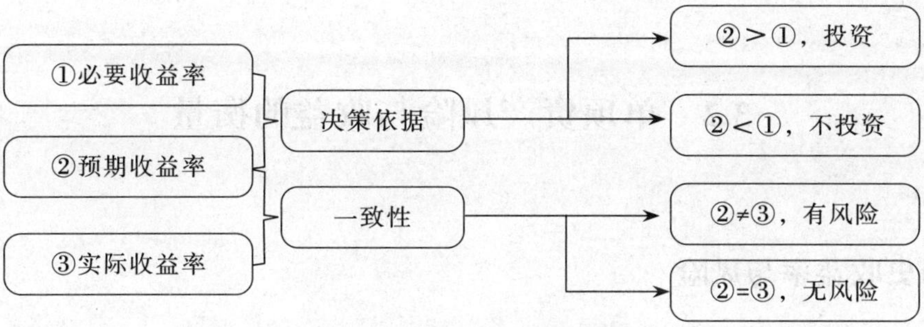

图3-1　收益率之间的关系

3.1.2　财务决策中的风险

从财务学的角度来说，风险是指资产未来实际收益相对预期收益变动的可能性和变动幅度，变动的可能性越大，风险越大，变动的幅度越大，风险越大。未来实际收益率可能高于预期收益率，也可能低于预期收益率，所以风险既可能给投资者带来额外的收益，也可能给投资者带来意想不到的损失。风险是客观存在的，是不随人的意志而转移的。风险能够体现出未来实际收益的不确定性，但风险不等于不确定性，因为风险是可以识别和度量的。

在风险管理中，一般根据风险的不同特征对风险进行分类。按风险能否分散，分为系统风险和非系统风险；按风险形成的来源，分为经营风险和财务风险。

1）系统风险与非系统风险

系统风险（市场风险、不可分散风险）是指由政治、经济及社会环境等公司外部因素的不确定性产生的风险，如通货膨胀、利率和汇率的波动、国家宏观经济政策变化、战争、政权更迭、所有制改造等。系统风险是由综合因素导致的，这些因素是个别公司或投资者无法通过多样化投资予以分散的。

非系统风险（公司特有风险、可分散风险）是指受经营失误、劳资纠纷、新产品试制失败等因素影响所产生的个别公司的风险。非系统风险是由单个的特殊因素所引起的，由于这些因素的发生是随机的，因此可以通过多样化投资来分散。

2）经营风险与财务风险

经营风险是指经营行为（生产经营和投资活动）给公司收益带来的不确定性。通常采用息税前利润的变动程度描述经营风险的大小。这种风险是公司商业活动中固有的风险，主要来自客观经济环境的不确定性，如经济形势和经营环境的变化、市场供求和价格的变化、税收政策和金融政策的调整等外部因素，以及公司自身技术装备、产品结构、成本水平、研发能力等因素的变化等。

财务风险一般是指举债经营给股东收益带来的不确定性。通常用净资产收益率（ROE）或每股收益（EPS）的变动描述财务风险的大小。这种风险主要来源于利率、汇率变化的不确定性以及公司负债比重的大小。如果公司的经营收入不足以偿付到期利息和本金，就会使公司陷入财务危机，甚至导致公司破产。

不同种类的风险不是相互独立的，它们之间相互影响。首先，系统风险由不可分散的经营风险和财务风险构成，同样的，非系统风险由可分散的经营风险和财务风险构成。经营风险和财务风险有一部分是可分散的，有一部分是不可分散的。其次，经营风险可以放大财务风险，财务风险也可以放大经营风险。

3.2 单项资产风险与收益的衡量

3.2.1 历史收益率与风险

1）历史收益率衡量

历史收益率（或实际收益率）是投资者在一定期间实现的收益率，其大小取决于持有期间投资者获得的现金流量。历史收益率的计算需要使用历史数据，基于历史数据的可获得性，我们以股票为例，讲授历史收益率的计算。

假设投资者在第t-1期期末购买股票，在第t期期末出售该股票，假设第t期支付股利为D_t，则第t期股票投资的收益由两部分构成，一是持有期间获得的股利现金流入，二是买卖价差的现金净流量。因此股票投资收益率可按下列公式计算：

$$r_t = \frac{D_t + (P_t - P_{t-1})}{P_{t-1}} = \frac{D_t}{P_{t-1}} + \frac{P_t - P_{t-1}}{P_{t-1}} \tag{3.1}$$

式中：r_t表示第t期股票投资收益率；P_t和P_{t-1}分别表示第t期和第t-1期股票收盘价格；D_t表示第t期股利。公式（3.1）等号后第一项为股利收益率，第二项为资本利得率。

公式（3.1）是计算单项投资在单一年份的持有期收益率（holding period return, HPR），在一个多年期的个别投资中，还需要计算一个总体指标，集中反映该项投资的业绩。给定某单项投资各年度的持有期收益率，可以采用两个指标来衡量收益率：算术平均收益率和几何平均收益率，其计算公式分别为：

$$\bar{r}_{AM} = \frac{\sum_{i=1}^{n} r_i}{n} \tag{3.2}$$

$$\bar{r}_{GM} = [(1 + r_1)(1 + r_2)\cdots(1 + r_n)]^{1/n} - 1 \tag{3.3}$$

式中：$\bar{r}_{AM}$、$\bar{r}_{GM}$分别表示算术平均收益率和几何平均收益率；r_i代表收益率数据系列r_1，r_2，…，r_n（其中n是序列观测值的数目）。

假设股票X第1年至第3年的收益率分别为15%、-6%、3%，持有3期的收益率为12%，按算术平均数计算的收益率为：

$$\bar{r}_{AM} = \frac{15\% - 6\% + 3\%}{3} = 4\%$$

几何平均数是指n期观察值连乘积的n次方根。当比较不同投资工具时，几何平均数是一个相对较好的衡量长期收益率的指标。上例中，按几何平均数计算的收益率为：

$$\bar{r}_{GM} = \sqrt[3]{(1 + 15\%) \times (1 - 6\%) \times (1 + 3\%)} - 1 = 3.65\%$$

采用算术平均数衡量一项资产的长期收益，其结果总是高于几何平均数。对于波动性大的资产，这一点更为明显。例如，某证券价格第一年从50元上升到100元，第二年又跌回到50元，按算术平均数计算，持有期间的收益率为：（100%-50%）÷2 = 25%。其实，这项投资没有带来任何财富的变化，收益应当为0。如果按几何平均数计算，持有期的收益率为0，这个结果准确地反映了该项投资没产生任何财富的事实。

$$持有期收益率 = \sqrt{(1 + 100\%) \times (1 - 50\%)} - 1 = 0$$

2）历史收益率的方差和标准差

收益率的方差和标准差是描述风险或不确定性的两种统计量。方差（variance）是收益率与其均值之差的平方的平均值，标准差（standard deviation）是方差的平方根。方差或标准差越大，表明收益率围绕其均值变化的幅度越大，风险越大。

根据股票历史收盘价计算出收益率后，收益率方差（Var）和标准差（Std）的计算公式为：

$$\mathrm{Var}(r) = \frac{1}{N-1}\sum_{i=1}^{N}(r_i - \bar{r})^2 \tag{3.4}$$

$$\mathrm{Std}(r) = \sqrt{\mathrm{Var}(r)} \tag{3.5}$$

需要说明的是，如果历史数据来源于总体中的一部分样本，公式（3.4）除以“N-1”是为了剔除自由度，保持标准偏差的无偏性。如果历史数据来源于总体，那么公式（3.4）就不是除以“N-1”而是除以“N”。Excel表格中的统计函数VAR是除以N-1而非N。

【例3-1】

比亚迪（002594）2021年1月至2022年1月各月股票收盘价、收益率见表3-1，据此计算比亚迪股票在此期间的收益率、方差和标准差。①

表3-1 比亚迪股票收益率、方差和标准差

（2021年1月至2022年1月）

日期	收盘价（元）	派息（元）	收益率（r_i）	$r_i - \bar{r}_{AM}$	$(r_i - \bar{r}_{AM})^2$
2021/1/29	247.00	0			
2021/2/26	197.27	0	−20.13%	−20.82%	4.3358%
2021/3/31	164.51	0	−16.61%	−17.30%	2.9914%
2021/4/30	158.57	0	−3.61%	−4.30%	0.1849%
2021/5/31	178.70	0	12.69%	12.01%	1.4414%
2021/6/30	251.00	0	40.46%	39.77%	15.8164%
2021/7/30	264.71	0	5.46%	4.77%	0.2278%
2021/8/31	277.00	0.148	4.70%	4.01%	0.1608%
2021/9/30	249.51	0	−9.92%	−10.61%	1.1264%
2021/10/29	311.31	0	24.77%	24.08%	5.7982%
2021/11/30	304.70	0	−2.12%	−2.81%	0.0791%
2021/12/31	268.12	0	−12.01%	−12.69%	1.6114%
2022/1/28	226.80	0	−15.41%	−16.10%	2.5921%
合计	—	—	8.27%	—	36.3658%
平均值	—	—	0.69%	—	3.3060%

数据来源：收益率根据在搜狐股票（sohu.com）下载的比亚迪收盘价和派息计算。

表3-1中的数据是根据股票月末收盘价计算的月收益率，它假设投资者在t-1月末购

① 在这里，选取了13个月的数据，仅仅是为了计算方便，并不能充分反映该只股票的收益和风险，也不能说明这只股票是否值得投资。

买股票又在下一个月末出售该股票所获得的收益，为简化，月收益率没有考虑在此期间公司派发的股利。

根据表3-1的数据，计算比亚迪在此期间的算术平均收益率、方差、标准差如下：

$$\bar{r}_{AM} = 8.27\% \div 12 = 0.69\%$$

$$Var(r_{月}) = 36.3658\% \div (12 - 1) = 3.3060\%$$

$$Var(r_{年}) = 3.3060\% \times 12 = 39.6717\%$$

$$Std(r_{月}) = \sqrt{3.3060\%} = 18.18\%$$

$$Std(r_{年}) = \sqrt{39.6717\%} = 62.99\%$$

【视频演示】
收益率、方差、标准差的计算

本例中的收益率、方差和标准差可根据Excel内置函数计算。如果不熟悉可扫描二维码，查看Excel关于基本统计的内置函数。

3.2.2 预期收益率与风险

1）预期收益率的估算

预期收益率是某种资产所有可能的未来收益水平的平均值。当资产未来收益的变化与历史上实际收益的概率分布大致相同时，可以某项资产收益率历史数据的样本均值作为估计数。这种方法估算预期收益率计算简单，但前提条件要求苛刻，因此这种方法很少被使用。通常情况下，利用情景分析法，根据未来影响收益的各种可能结果及其概率分布估计预期收益率。

表3-2展示了情景分析法的描述状况，首先需要对未来经济环境进行分类并预测发生的概率，然后预测不同经济环境下每种资产的投资收益率。政府债券的投资收益是确定的，即不论经济环境如何，它都有4%的收益率，因此，政府债券为零风险投资。但其他三种投资方案在不同经济环境下预测的收益率不相同，因而被定为风险投资。

表3-2 **四种证券收益率均值及标准差**

经济环境	发生概率	投资收益率			
		政府债券	公司债券B	股票X	股票Y
萧条	0.2	4%	10%	-3%	-3%
一般	0.5	4%	8%	11%	12%
繁荣	0.3	4%	5%	18%	16%
合计	1				
预期收益率		4.00%	7.50%	10.30%	10.20%
方差		0	0.0325%	0.5341%	0.4656%
标准差		0	1.80%	7.31%	6.82%
标准离差率		0	24.04%	70.95%	66.90%

在这里，每种证券收益水平的概率分布都是投资者主观评价的产物。根据证券未来收益水平的概率分布确定其预期收益率，是一种最基本的衡量方法。对于单项投资来说，预期收益率就是各种可能情况下收益率的加权平均数，权数为各种可能结果出现的概率。计算公式为：

$$E(r)=\sum_{i=1}^{n} r_i P_i \tag{3.6}$$

式中：E(r)表示预期收益率；r_i表示在第i种情景下的收益率；P_i表示第i种情景出现的概率；n表示情况分类的个数。

表3-2中列示了各种证券预期收益率和标准差等计算结果，以股票X为例，其预期收益率计算如下：

$$E(r)=(-3\%)\times 0.2+11\%\times 0.5+18\%\times 0.3=10.30\%$$

2）预期收益率的方差和标准差

预期收益率的计算过程说明了投资风险的存在，但并没有说明这种风险有多大。从数学的角度分析，投资风险可以用未来可能收益水平的离散程度表示，即采用方差和标准差衡量预期收益率的风险，其计算公式分别为：

$$Var(r)=\sum_{i=1}^{n}\left[r_i-E(r)\right]^2 P_i \tag{3.7}$$

$$Std(r)=\sqrt{\sum_{i=1}^{n}\left[r_i-E(r)\right]^2 P_i} \tag{3.8}$$

根据表3-2的资料，投资于股票X的预期收益率的方差和标准差计算如下：

$$Var(r)=(-3\%-10.30\%)^2\times 0.2+(11\%-10.30\%)^2\times 0.5+(18\%-10.30\%)^2\times 0.3=0.5341\%$$

$$Std(r)=\sqrt{0.5341\%}=7.31\%$$

表3-2中的四个备选方案，基本上反映了证券投资风险与收益的关系，随着收益率的提高，反映收益风险的标准差也在提高。那么投资者如何根据风险和收益进行投资方案决策呢？为了说明标准差在度量预期收益率不同的投资项目风险时的确切含义，应将标准差标准化，以度量单位收益的风险，这一目的可借助于标准离差率（CV）来实现。标准离差率是指标准差与预期收益率之比，其计算公式为：

$$CV=\frac{Std(r)}{E(r)}\times 100\% \tag{3.9}$$

表3-2中股票X的标准离差率为：

$$CV=7.31\%\div 10.30\%=70.95\%$$

从表3-2的标准离差率可以看出，股票X的标准离差率最高，获得 个单位收益时承担的风险最大，因此可以将该方案淘汰。其他方案如何取舍，还应当以投资者对风险的态度为标准，例如，如果投资者不愿出现任何亏损，那么投资者可以选择政府债券和公司债券，因为股票Y有亏损的可能。如果投资者连一点风险都不想承担，那么投资政府债券可能是比较稳健的选择。

3.3 投资组合风险与收益的衡量

3.3.1 投资组合的收益

当投资者将资本投资于两种或两种以上单项资产时，就构成一个投资组合。投资组合能够通过资产多样化效应降低投资风险。对于投资组合来说，预期收益率是投资组合中单项资产预期收益率的加权平均数，权数是单项资产在总投资价值中所占的比重。

$$E(r_p)=\sum_{i=1}^{n}w_iE(r_i) \tag{3.10}$$

式中：$E(r_p)$表示投资组合的预期收益率；w_i表示第i种资产在投资组合总价值中所占的比重；$E(r_i)$表示第i种资产的预期收益率；n表示投资组合中资产的个数。

3.3.2 两项资产投资组合的风险

投资组合中含有的资产种类至少有两种，两项资产的投资组合是最简单的投资组合，我们先从简单的投资组合讲解投资组合的风险。投资组合的风险也用方差和标准差来衡量。

1）两项资产投资组合的方差

两项资产投资组合收益率的方差是各种资产收益率方差的加权平均数，加上各种资产收益率的协方差。两项资产投资组合收益率的方差可按下式计算：

$$Var(r_p)=w_1^2Var(r_1)+w_2^2Var(r_2)+2w_1w_2COV(r_1,\ r_2) \tag{3.11}$$

式中：w_1、w_2分别表示资产1和资产2在投资组合总体中所占的比重；$Var(r_1)$、$Var(r_2)$分别表示组合中两种资产各自的预期收益率的方差；$Cov(r_1,\ r_2)$表示两种资产预期收益率的协方差。

2）两项资产的协方差

协方差是两个变量（资产收益率）离差之积的预期值，资产1和资产2收益率的协方差$Cov(r_1,\ r_2)$可按下式计算：

$$Cov(r_1,\ r_2)=\sum_{i=1}^{n}[r_{1i}-E(r_1)][r_{2i}-E(r_2)]P_i \tag{3.12}$$

式中：$[r_{1i}-E(r_1)]$表示资产1的收益率在第i种经济环境下对其预期值的离差；$[r_{2i}-E(r_2)]$表示资产2的收益率在第i种经济环境下对其预期值的离差；P_i表示第i种经济环境发生的概率。

协方差反映了两种资产受同一因素影响收益率发生偏离的协同效应。如果两个变量（资产1收益率和资产2收益率）的变化趋势一致，或者说如果其中一个大于（或小于）自身的期望值，另外一个也大于（或小于）自身的期望值，那么两个变量之间的协方差为正值；如果两个变量的变化趋势相反，即一个大于自身的期望值，另一个却小于自身的期望值，那么两个变量之间的协方差为负值；如果两个变量在统计上是独立的，那么两者之间的协方差等于零。一般来说，两种资产的不确定性越大，其标准差和协方差也越大；反之亦然。

采用历史数据预测两项资产的协方差时，计算公式为：

$$Cov(r_1,\ r_2)=\frac{1}{N-1}\sum_{i=1}^{n}[r_{1i}-E(r_1)][r_{2i}-E(r_2)] \tag{3.13}$$

同样的，公式（3.13）中如果历史数据来源于总体，那么就不是除以N-1而是除以N。

根据表3-2中各项资产收益率数据，公司债券B与股票X的协方差计算如下：

$$\begin{aligned}Cov(r_B, r_X) &= (10\% - 7.50\%) \times (-3\% - 10.30\%) \times 0.2 + (8\% - 7.50\%) \times (11\% - 10.30\%) \times 0.5 \\ &+ (5\% - 7.50\%) \times (18\% - 10.30\%) \times 0.3 \\ &= -0.00123\end{aligned}$$

同理，可以算出其他两种资产的协方差为：

$Cov(r_B, r_Y) = -0.00138$，$Cov(r_X, r_Y) = 0.00648$

由于政府债券的收益率恒为4%，标准差为0，则它与其他任何证券之间的协方差必定为0，这表明无风险证券与风险证券之间的收益不存在线性关系，彼此独立。公司债券B与股票X的协方差为负数，表示这两种证券的收益率变动方向相反；公司债券B与股票Y的协方差为负数，表明这两种证券的收益率变动方向相反；股票X与股票Y的协方差为正数，表明它们的收益率变动方向相同。上述结论与表3-2的收益率描述状况相同。

3）两项资产收益的相关系数

协方差能够衡量两种资产收益率相对变动的方向，但不能反映两种资产收益率相对变动的程度。衡量资产收益率相关程度的另一个指标是相关系数，通常以Corr表示。两项资产（资产1和资产2）收益率的相关系数可按下式计算：

$$Corr(r_1, r_2) = \frac{Cov(r_1, r_2)}{Std(r_1) \times Std(r_2)} \tag{3.14}$$

相关系数与协方差的关系可用下式描述：

$$Cov(r_1, r_2) = Corr(r_1, r_2) \times Std(r_1) \times Std(r_2) \tag{3.15}$$

根据表3-2的资料，公司债券B和股票X的相关系数计算如下：

$$Corr(r_B, r_X) = \frac{-0.00123}{1.80\% \times 7.31\%} = -0.9298$$

这说明，公司债券B和股票X之间为负相关。由此可以计算三种风险证券之间的相关系数分为别：

$Corr(r_B, r_Y) = -0.8462$；$Corr(r_X, r_Y) = 0.9829$

协方差给出的是两个变量相互关系的绝对值，而相关系数是度量两个变量相互关系的相对数。相关系数是标准化的协方差，其取值范围在±1之间。

如果两种资产（如A和B）收益率的相关系数等于+1，表明它们之间完全正相关，即两种资产收益率的变动方向相同，说明A资产收益变动一个单位，B资产收益同方向也变动一个单位。

如果两种资产收益率的相关系数等于-1，表明两种资产之间完全负相关，即两种资产收益率的变动方向相反，说明A资产收益变动一个单位，B资产收益反方向也变动一个单位。

如果两种资产收益率的相关系数等于零，表明它们之间线性零相关或相互独立，A资产收益不随着B资产收益的变动而变动 。

【例3-2】

已知比亚迪（002594）和格力电器（000651）两家公司股票在2021年1月至2022年1月的价格，根据各月（12个月末）股票价格，计算月平均收益率、标准差、协方差、相关系数见表3-3。

表 3-3 **比亚迪与格力电器收益率的协方差和相关系数**

时间	收益率		收益率-均值			(收益率-均值)²	
	比亚迪 r_B	格力 r_G	比亚迪	格力	乘积	比亚迪	格力
2021/2/26	-20.13%	4.80%	-0.2082	0.0733	-0.0153	0.0434	0.0054
2021/3/31	-16.61%	6.27%	-0.1730	0.0880	-0.0152	0.0299	0.0078
2021/4/30	-3.61%	-4.45%	-0.0430	-0.0192	0.0008	0.0018	0.0004
2021/5/31	12.69%	-6.03%	0.1201	-0.0349	-0.0042	0.0144	0.0012
2021/6/30	40.46%	-7.46%	0.3977	-0.0493	-0.0196	0.1582	0.0024
2021/7/30	5.46%	-8.83%	0.0477	-0.0630	-0.0030	0.0023	0.0040
2021/8/31	4.70%	-7.16%	0.0401	-0.0463	-0.0019	0.0016	0.0021
2021/9/30	-9.92%	-5.72%	-0.1061	-0.0319	0.0034	0.0113	0.0010
2021/10/29	24.77%	-5.42%	0.2408	-0.0289	-0.0070	0.0580	0.0008
2021/11/30	-2.12%	-5.70%	-0.0281	-0.0317	0.0009	0.0008	0.0010
2021/12/31	-12.01%	7.15%	-0.1269	0.0968	-0.0123	0.0161	0.0094
2022/1/28	-15.41%	2.16%	-0.1610	0.0469	-0.0076	0.0259	0.0022
合计	8.27%	-30.39%			-0.0808	0.3637	0.0377
平均收益率	0.69%	-2.53%					
方差						0.0331	0.0034
标准差						0.1818	0.0585
协方差					-0.0073		
相关系数					-0.6864		

数据来源：收益率根据在搜狐股票（sohu.com）下载的比亚迪和格力电器的收盘价和派息计算①。

表3-3中的协方差、相关系数均是根据公式计算的，计算如下：

$$\mathrm{Cov}(r_B,\ r_G) = \frac{-0.0808}{12-1} = -0.0073$$

$$\mathrm{Corr}(r_B,\ r_G) = \frac{-0.0073}{0.1818 \times 0.0585} = -0.6864$$

两项资产收益率的协方差和相关系数也可以根据Excel内置的数组函数COVAR（array1，array2）、CORREL（array1，array2）计算。②

① 表格里的数值（除协方差、相关系数外）均是利用Excel表格计算得到的，与手工计算有差异，这是手工计算小数点后保留4位的缘故。

② 需要注意的是，Excel采用Varp表示总体方差（除以N），采用Var表示样本方差（除以N-1），以及总体和样本的标准差（分别为Stdevp和Stdev），但Excel并没有在协方差函数（Covar）作此区分，不论总体或样本，Excel数组函数的程序设定除以N，而不是N-1。

4）两种资产投资组合的风险分散效应

【视频演示】协方差、相关系数的计算

讲解了协方差、相关系数后，结合两项资产投资组合的方差计算公式，我们来理解一下投资组合的风险分散效应。如果投资组合的风险小于各单项资产风险的加权平均数，则投资组合具有风险分散效应。按照这个依据，将公式（3.15）代入公式（3.11）可以得到：

$$\mathrm{Var}(r_p)=w_1^2\mathrm{Std}(r_1)^2+w_2^2\mathrm{Std}(r_2)^2+2w_1w_2\mathrm{Corr}(r_1,\ r_2)\times\mathrm{Std}(r_1)\times\mathrm{Std}(r_2)$$

当 $\mathrm{Corr}(r_1,\ r_2)=1$ 时，上式可以写成：

$$\mathrm{Var}(r_p)=[w_1\mathrm{Std}(r_1)+w_2\mathrm{Std}(r_2)]^2$$

两边开平方可以得到：

$$\mathrm{Std}(r_p)=w_1\mathrm{Std}(r_1)+w_2\mathrm{Std}(r_2)$$

由此可以得出，当 $\mathrm{Corr}(r_1,\ r_2)=1$ 时，两种资产投资组合不具有风险分散效应。当 $\mathrm{Corr}(r_1,\ r_2)<1$ 时，$\mathrm{Std}(r_p)<w_1\mathrm{Std}(r_1)+w_2\mathrm{Std}(r_2)$，投资组合具有风险分散效应，而且 $\mathrm{Corr}(r_1,\ r_2)$ 越小，投资组合风险分散效应越大。当 $\mathrm{Corr}(r_1,\ r_2)=-1$ 时，两种资产投资组合的风险分散效应最大，此时投资组合风险最小，可以由下列式子表示：

$$\mathrm{Std}(r_p)=w_1\mathrm{Std}(r_1)-w_2\mathrm{Std}(r_2)$$

在现实中很难找到相关系数完全正相关和完全负相关的两种资产，所以，两种资产的组合都可以分散风险，但不能完全分散非系统风险。因此，投资组合风险分散理论说明，只要是投资于两种或两种以上资产就能起到风险分散效应，其风险分散程度取于资产收益的相关程度，相关系数越小，风险分散效应越大。

3.3.3　N项资产投资组合的风险

1）N项资产投资组合预期收益率的方差

两项资产的投资组合是最简单的投资组合，N项资产投资组合是更为普遍意义的组合，N项资产预期收益率方差的计算原理与两项资产预期收益率方差的计算类似，也不受各单项资产收益率方差和每两项资产协方差的影响。N项资产投资组合预期收益率的方差可按下式计算：

$$\mathrm{Var}(r_p)=\sum_{i=1}^{n}w_i^2\,\mathrm{Var}(r_i)+\sum_{i=1}^{n}\sum_{j=1}^{n}w_iw_j\,\mathrm{Cov}(r_i,\ r_j)\quad(i\neq j)\tag{3.16}$$

公式（3.16）等号右侧第一项为各项资产的方差，反映了它们各自的风险状况；第二项为各项资产之间的协方差，反映了每两项资产收益的风险状况。从公式（3.16）可知，当投资组合是由N项资产组成时，组合总体的方差是由N个方差和N（N–1）个协方差组成的。例如，当投资组合包含3项资产时，组合总体的方差由9项构成：3个方差和6个协方差。

2）N项资产投资组合风险的性质

随着投资组合包含资产个数的增加，单项资产的方差对投资组合总体方差形成的影响会越来越小；而资产与资产之间的协方差形成的影响会越来越大。当投资组合中包含的资产数目非常大时，单项资产的方差对投资组合总体方差造成的影响几乎可以忽略不计。

假设投资组合中包含了N项资产，每项资产在投资组合总体中所占的份额都相等（$w_i=\frac{1}{N}$）。假设每项资产的方差都等于Var（r），并以$Cov\left(r_i, r_j\right)$代表平均的协方差，则公式（3.16）可用下列简化公式表示：

$$Var(r_p)=\sum_{i=1}^{n}\left(\frac{1}{N}\right)^2 Var(r)+\sum_{i=1}^{n}\sum_{j=1}^{n}\left(\frac{1}{N}\right)^2 Cov(r_i, r_j) \quad (i\neq j)$$

$$=\left(\frac{1}{N^2}\right)N\cdot Var(r)+\left(\frac{1}{N^2}\right)N(N-1)Cov(r_i, r_j)$$

$$=\frac{1}{N}Var(r)+\left(1-\frac{1}{N}\right)Cov(r_i, r_j)$$

当$N\to\infty$，$\frac{1}{N}Var(r)\to 0$，这表明当投资组合中资产个数增加时，$\frac{1}{N}Var(r)$将逐渐消失；而（$1-\frac{1}{N}$）$Cov\left(r_i, r_j\right)$趋近于$Cov\left(r_i, r_j\right)$，即协方差在投资资产个数增加时并不完全消失，而是趋于平均值，即投资组合风险将趋于各项资产之间的平均协方差。这个平均值是所有投资活动的共同运动趋势，反映了系统风险。

3.4 资本市场线与证券市场线

按照是否存在风险，资产可以分为风险资产和无风险资产。资本市场中的资产既包括风险资产又包括无风险资产，那么，风险资产和无风险资产如何影响资本市场的风险和收益的呢？下面我们先介绍风险资产投资的有效性分析。

3.4.1 风险资产组合

风险资产的标准差大于0，根据风险投资组合理论，在两项资产投资组合的情况下，投资的可行集是一条直线或曲线，当股票种类增多时，可行集为一个平面。那么这些风险资产投资都是有效的投资吗？如何判断风险资产投资是否有效呢？

1）风险资产组合有效边界

假设资本市场上有A、B、C、D、E五项资产或组合，$Std\left(r_A\right)=Std\left(r_C\right)$，$r_A>r_C$，那么投资者会选择投资A而放弃C，因此投资C就是无效投资。那么投资A就是有效投资吗？如果在资本市场上能够找到与A风险相同但收益更高的资产（或组合），显然投资A也不是有效投资。按照这个思路，$Std\left(r_B\right)=Std\left(r_F\right)$，$r_F>r_B$，而且在资本市场上如果找不到比F收益率更高的资产，那么投资F为有效投资。

根据上述分析，我们可以总结出，有效投资组合是指风险相同时收益最高，或收益相同时风险最小的投资组合。我们把有效投资组合的点连接起来，就会描绘出一条曲线，如图3-2所示，E点的风险最小，为最小方差点。E点下方曲线上的点不满足有效投资组合的界定，因此，有效投资边界是指有效投资组合曲线中，最小方差点到最大收益率部分的曲线。曲线下方的投资组合均为无效投资组合。

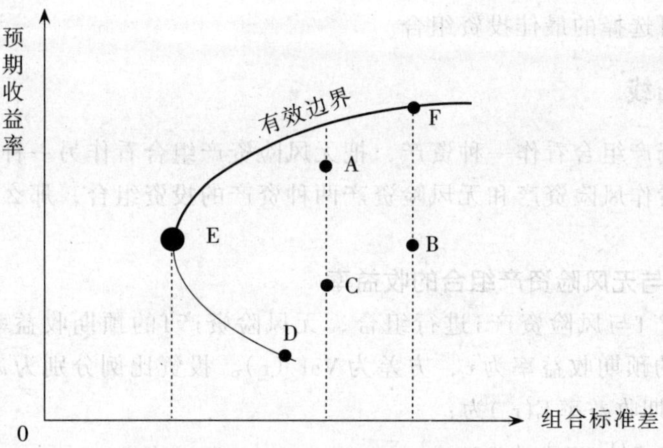

图3-2　风险资产构成的投资组合集

2）最佳投资组合

即使在有效投资边界上也包括无数个可能的投资组合，其范围从最小风险和最小预期收益的投资组合到最大风险和最大预期收益的投资组合，每一点都代表一种不同的风险与收益的选择：预期收益越高，承担的风险也越大，没有一种投资组合先验地比其他组合优越。每一个投资者的最佳投资组合都可由有效投资组合曲线与该投资者的无差异曲线①图中任一曲线的切点求得，该点表示投资者可获得的最大效用，如图3-3所示。

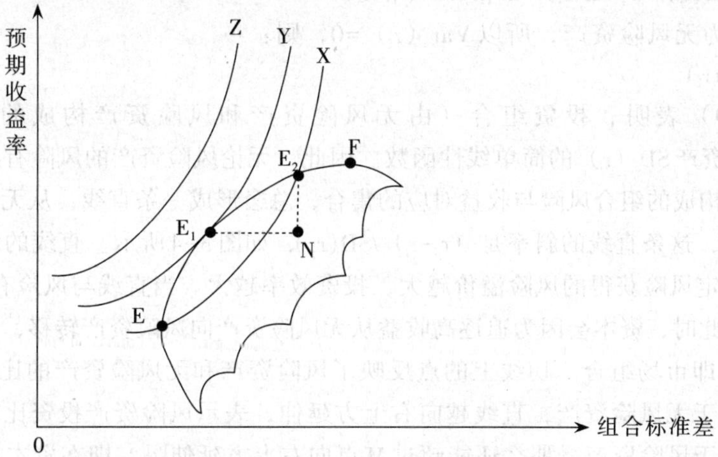

图3-3　无差异曲线与有效投资组合

图3-3中，投资者的效用程度以X、Y和Z三条无差异曲线表示，投资组合有效边界线为EF。其中，Z的效用期望值最大，但未能与有效边界线相切，不能形成任何投资组合；无差异曲线X、Y都与投资有效边界相接触，接触点是E、E_1和E_2三点，但在E、E_2点上，无差异曲线与有效边界相交叉，只有E_1点是两线相切之点，它代表的证券组合为最佳证券组合。也就是说，只有有效边界线与一条无差异曲线相切时，该切点才表示投资

① 无差异曲线是对一个特定的投资者而言，任意给定一个资产组合，根据他对预期收益率和风险的偏好程度，按照预期收益率对风险补偿的要求，可以得到的一系列效用程度相同的（无差异）资产组合。所有这些组合在均值方差（或标准差）坐标系中形成一条曲线，这条曲线就称为该投资者的一条无差异曲线。同一条无差异曲线上的组合效用程度相同；无差异曲线位置越高，该曲线上的组合的效用程度越高。有效边界上位于最靠上的无差异曲线上的资产组合便是所有有效组合中该投资者认为最满意的组合，即在该投资者看来最优的组合，这一组合事实上就是无差异曲线族与有效边界相切的点所对应的组合。

者在既定条件下可选择的最佳投资组合。

3.4.2 资本市场线

如果把风险资产组合看作一种资产，把无风险资产组合看作另一种资产，那么资本市场上的资产可以看作风险资产和无风险资产两种资产的投资组合，那么该组合的风险和收益如何衡量呢？

1）风险资产与无风险资产组合的收益率

设无风险资产f与风险资产i进行组合，无风险资产f的预期收益率为r_f，方差为Var（r_f）；风险资产i的预期收益率为r_i，方差为Var（r_i）。投资比例分别为w_f和w_i，且$w_f + w_i = 1$，则投资组合预期收益率$E(r_p)$为：

$$\begin{aligned} E(r_p) &= w_f r_f + w_i r_i = (1 - w_i) r_f + w_i r_i \\ &= r_f + w_i (r_i - r_f) \end{aligned} \tag{3.17}$$

公式（3.17）表示投资组合的预期收益率等于无风险资产预期收益率与风险资产预期收益率的加权平均数，或者说，投资组合的预期收益率等于无风险收益率加上按投资风险资产比重计算的风险溢价（$r_i - r_f$）。

2）风险资产与无风险资产组合的风险

投资组合的风险Var（r_p）为：

$$Var(r_p) = w_f^2 Var(r_f) + w_i^2 Var(r_i) + 2 w_f w_i COV(r_f, r_i) \tag{3.18}$$

由于证券f为无风险资产，所以Var（r_f）=0，则：

$$SD(r_p) = w_i SD(r_i) \tag{3.19}$$

公式（3.19）表明，投资组合（由无风险资产和风险资产构成的组合）的风险SD（r_p）是风险资产SD（r_i）的简单线性函数。因此，无论风险资产的风险有多大，由无风险资产和风险资产构成的组合风险与收益对应的集合，总会形成一条直线，从无风险资产伸向所选定的风险资产，这条直线的斜率是（$r_p - r_f$）/$SD(r_p)$，如图3-4所示。直线的斜率越大，说明投资组合承担一定风险获得的风险溢价越大，投资效率越大。当直线与风险有效边界相切时，直线斜率最大。此时，资本会因为追逐高收益从无风险资产向风险资产转移，M点是资本市场最佳投资组合，即市场组合。切线上的点反映了风险资产和无风险资产的比例关系，r_f点表示资本全部投资于无风险资产，直线越向右上方延伸，表示风险资产投资比重越大，M点表示全部资本投资于风险资产，那么还能超过M点向右上方延伸吗？即在资本市场上还有比投资市场组合更高收益高风险的投资组合吗？由下面的资本市场线来解释这个问题。

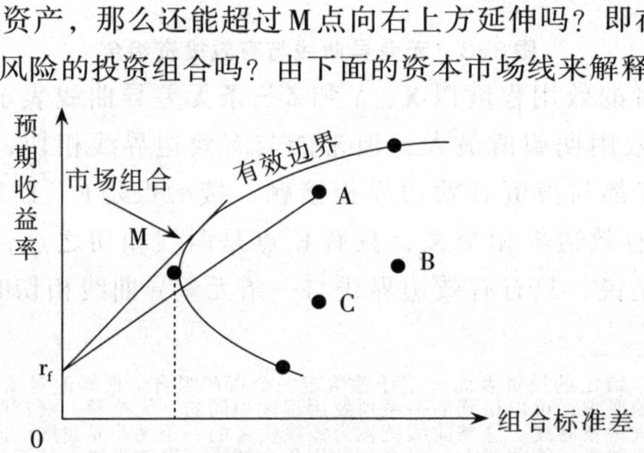

图3-4 风险资产与无风险资产构成的投资组合

3）资本市场线模型

假设投资者是用自己的资本进行投资。如果市场是完善的，投资者可以相同的利率自由借入或贷出资本（不考虑借贷交易成本），因此投资者可通过无风险利率借入资本，再加上其自有资本，增加对M点这个组合的投资。这时，所有可能投资组合的连线会超过M点，并以相同的斜率继续上升，如图3-5所示。

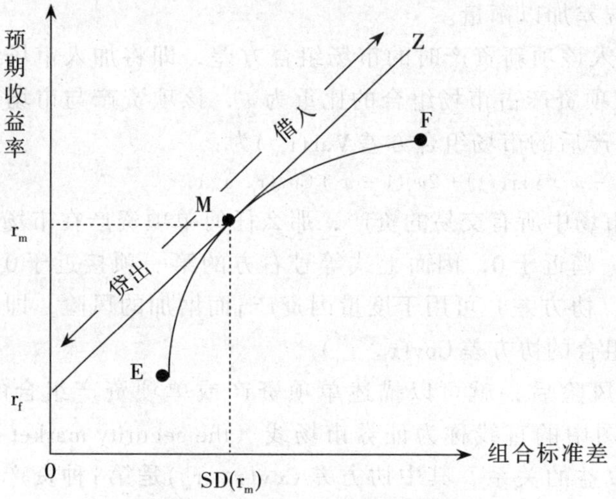

图3-5 资本市场线

在图3-5中，r_f点和M点之间的直线表示投资者的自有资本一部分投资于无风险资产、一部分投资于风险资产，r_f与M之间的组合称为"贷出投资组合"，表示风险回避程度较高的投资者通过资本市场将拥有的部分资本贷给风险回避程度较低者。M点表示全部进行风险资产投资，M与Z之间的组合称为"借入投资组合"，表示风险回避程度较低的投资者除将自己的全部资本投资于M点外，还以成本r_f借入一定量的资本再投资于M点。实际上，直线r_fMZ上的任意一点，都可以看成r_f与M的一种组合。

直线r_fMZ就是资本市场线，它反映了在完美资本市场上，所有资本从无风险资产向风险资产有效组合转移或从风险资产有效组合向无风险资产转移所带来的风险和收益的关系。比如，当股票市场活跃的时候，资本会从银行存款转向股票市场投资，资本的风险和收益会沿着资本市场线由左下方向右上方滑动，反之亦然。

3.4.3 证券市场线

资本市场线反映了资本市场所有投资组合的风险和收益之间的关系，那么，资本市场中单项资产（或资产组合）的风险和收益存在着什么关系呢？我们可以通过证券市场线来了解单项资产风险与收益的关系。

1）基本假设

首先，证券市场线的提出有如下假设：（1）所有的投资者都追求单期最终财富的效用最大化，他们根据投资组合预期收益率和标准差来选择优化投资组合；（2）所有的投资者都能以给定的无风险利率借入或贷出资本，其数额不受任何限制，市场上对卖空行为无任何约束；（3）所有的投资者对每一项资产收益的均值、方差的估计相同，即投资者对未来的展望相同；（4）所有的资产都可完全细分，并可完全变现（即可按市价卖出，且不发生任何交易费用)；（5）无任何税收；（6）所有的投资者都是价格的接受者，即所有的投资者各自的买卖活动不影响市场价格。

2）证券市场线模型

根据假设条件，在投资者只持有无风险资产和市场投资组合的情况下，任何一项资产的风险就是它进入资本市场后使市场组合风险增加的部分，这一增加的风险通常用这项资产与市场组合之间的协方差加以衡量。

假设$Var(r_m)$是未加入该项新资产时的市场组合方差，即将加入市场组合的单项新资产j的方差为$Var(r_j)$，该项资产占市场组合的比重为w_j，该项资产与市场组合的协方差为$Cov(r_j, r_m)$，则加入新资产后的市场组合方差$Var(r_{m'})$为：

$$Var(r_{m'}) = w_j^2 Var(r_j) + (1 - w_j)^2 Var(r_m) + 2w_j(1 - w_j) Cov(r_j, r_m)$$

由于市场组合包含市场中所有交易的资产，那么任何单项资产在市场组合的市场价值中的比重都是很小的，w_j趋近于0，因而上式等号右方的第一项接近于0，第二项接近于$Var(r_m)$，剩下的第三项（协方差）可用于度量因资产j而增加的风险，即单项资产风险的衡量应是该资产与市场组合的协方差$Cov(r_j, r_m)$。

确定了单项资产的风险后，就可以描述单项资产或单项资产组合的风险与收益的关系，如图3-6所示。图中的直线称为证券市场线（the security market line，SML），描述了第j种资产风险与收益的关系，其中协方差$Cov(r_j, r_m)$是第j种资产风险的衡量值。

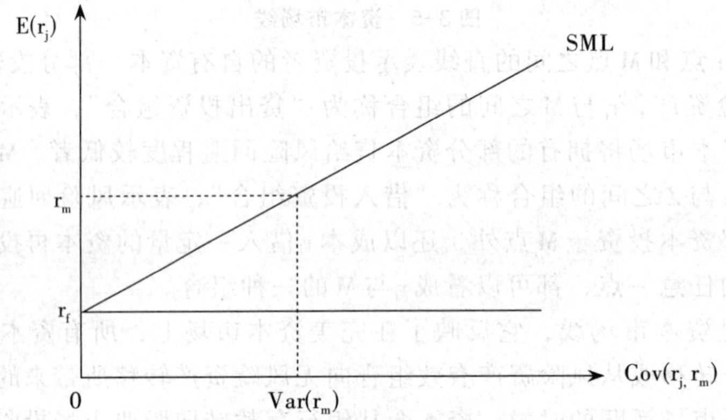

图3-6 证券市场线（1）

市场组合也是单项资产组合的一种，因此在SML上可以找到市场组合的收益率r_m与其自身的风险对应的点，市场组合与自身的协方差等于市场组合收益率的方差：$Cov(r_m, r_m) = Var(r_m)$，因此，可以得出SML的斜率为$\frac{r_m - r_f}{Var(r_m)}$，SML的方程为：

$$E(r_j) = r_f + \frac{r_m - r_f}{Var(r_m)} Cov(r_j, r_m) = r_f + \frac{Cov(r_j, r_m)}{Var(r_m)}(r_m - r_f) \tag{3.20}$$

3）资本市场线与证券市场线的联系与区别

（1）测度内容

资本市场线测度的是由风险资产和无风险资产构成组合的预期收益与风险的关系。证券市场线测度的是市场均衡条件下单项或组合资产的期望收益与系统风险的关系。

（2）风险度量单位

资本市场线的度量单位是标准差，代表总风险（系统风险+非系统风险）。证券市场线的度量单位是β系数，代表系统风险。

虽然资本市场线的横坐标是标准差，但实质上非系统风险在经过充分的投资组合后基本已被完全分散掉，剩余的仅有系统风险（即市场风险），故资本市场线实质上也是反映系统风险与预期收益之间的对应关系。

（3）适用范围

“资本市场线”揭示的是“持有不同比例的无风险资产和市场组合情况下”风险和收益的权衡关系；“证券市场线”揭示的是“证券本身的风险和收益”之间的对应关系。所以，二者适用范围不同，资本市场线揭示了有效组合的收益与风险的关系，只适用于投资组合，而且必须适用于有效组合。而证券市场线揭示了任意证券或组合的收益风险的关系，既适用于单个证券，也适用于投资组合；既适用于有效组合，也适用于无效组合。

（4）直线斜率

资本市场线和证券市场线的斜率都表示风险价格，但是含义不同，前者表示的是总风险的风险价格，后者表示的是系统风险的风险价格。计算公式也不同：

资本市场线的斜率=（风险组合的预期收益率-无风险收益率）÷风险组合的标准差

证券市场线的斜率=（市场组合要求的收益率-无风险收益率）÷市场组合的标准差

资本市场线反映每单位总风险的超额收益，即风险的价格，其斜率不受投资者对待风险态度的影响，偏好风险的投资者可以借入资金，厌恶风险的投资者可以贷出资金，但无论如何，都是在资本市场线上做选择，不会影响直线斜率。

证券市场线反映单个证券或证券组合每单位系统风险的超额收益，其斜率取决于全体投资者对待风险的态度，如果投资者都愿意承担风险，意味着风险越不值钱，风险程度较小，风险溢价越低，斜率越小；如果投资者都不愿意承担风险，一旦有人承担了风险，市场势必要多给他补偿，故风险溢价越高，斜率越大。

（5）内涵

资本市场线表示的是“预期收益率”，即投资“后”预期可以获得的收益率；而证券市场线表示的是“要求收益率”，即投资“前”要求得到的最低收益率。

（6）作用

证券市场线的作用在于根据“必要收益率”确定资本成本，然后计算内在价值，比如利用股票估价模型计算股票的内在价值；而资本市场线的作用在于确定投资组合的比例。

3.5 资本资产定价模型

美国学者威廉·夏普（William Sharp）等在20世纪60年代提出的资本资产定价模型（capital assets pricing model，CAPM），揭示了在市场均衡条件下，单项资产或资产组合（无论是否有效）的预期收益率与风险存在的关系。资本资产定价模型是基于证券市场线推导出来的，因此先了解证券市场线有利于深入了解资本资产定价模型。

3.5.1 资本资产定价模型的描述

将单项资产与市场组合的协方差除以市场组合方差用β系数表示，就推导出了资本资产定价模型，即：

$$E(r_j) = r_f + \beta_j(r_m - r_f) \tag{3.21}$$

式中：$E(r_j)$表示第j种资产或组合的必要收益率，或根据系统风险评估的预期收益率；r_f表示无风险收益率；β_j表示第j种资产的贝塔系数，用于衡量系统风险；r_m表示市场投资组合收益率；$(r_m - r_f)$表示市场风险溢价；$\beta_j(r_m - r_f)$表示第j种资产或投资组合的风险溢价。

3.5.2 资本资产定价模型解读与应用

根据CAPM，影响第j种股票预期收益率(r_j)的因素主要是无风险收益率(r_f)、市场风险溢价$(r_m - r_f)$，以及股票β系数，现简要说明各参数及其确定方法。

1）无风险收益率

无风险资产是指实际收益率等于预期收益率的资产，无风险投资必须满足以下两个条件：第一，不存在违约风险；第二，不存在再投资风险。从证券投资看，前者意味着该证券必须是政府债券；后者意味着该证券必须是零息债券。在短期投资分析中，可采用短期国债利率作为无风险收益率；在长期投资分析中，可采用与分析期限相同的长期政府债券利率。在实践中，如果为公司或长期项目估价，通常采用流动性较强的长期政府债券利率作为无风险收益率。

确定无风险收益率时需要注意两个问题：第一，以国债利率作为无风险收益率是假设政府没有违约风险，但在一些新兴的市场，曾经出现过政府无法偿付到期债务的现象，因此，需要根据实际情况进行调整。第二，如果存在以外币计量的投资或筹资活动，还需要计算外汇风险对一国国债利率的影响。

2）市场风险溢价

风险溢价是指投资者将资本从无风险投资转移到风险投资时要求得到的“额外收益”。在实务中，主要根据历史风险溢价和国家风险溢价估计风险溢价的大小。

（1）历史风险溢价

在CAPM中，预测风险溢价最常用的方法就是历史数据分析法，其基本步骤为：第一，确定代表市场指数的市场组合，如S&P500、上证综指（000001）、深证成指（399001）等；第二，确定抽样期间，实务中抽样期间往往为5年、10年或更长；第三，计算这个期间市场组合或股票指数（如S&P500、上证综指）的平均收益率r_m，以及无风险资产的平均收益率r_f；第四，确定风险溢价，即市场组合收益率与无风险资产收益率之间的差额$(r_m - r_f)$。[①]

风险溢价的历史数据会因所选择的方法（算术平均或几何平均）不同而不同，也会因时间起算点的不同而不同，还会因无风险收益率的选择（短期政府债券利率还是长期政府

① 采用历史数据分析法，实际上假设：（1）投资者的风险偏好在这段期间内没有系统性变化（风险偏好可能会逐年变化，但始终没有偏离历史平均水平）；（2）在这段期间内，“风险性”市场投资组合的平均风险程度没有系统性变化。

债券利率）而变化。在公司或项目估价中，如果无风险收益率采用长期政府债券利率，与之相匹配的市场风险溢价应采用股票收益率与长期政府债券利率之差。

（2）国家风险溢价

一个国家的市场风险不仅受股票市场发育程度的影响，还受这个国家的宏观经济波动程度、政治风险和市场结构等国家风险的影响。达摩达兰用长期债券违约率来评估国家风险。因此，可以以无国家风险的国家的资本市场风险溢价为基础，加上该国的国家风险溢价。

市场风险溢价=无国家风险的市场风险溢价+该国国家风险溢价

达摩达兰每年都会对部分国家或地区进行风险评估，可以利用达摩达兰网站http://pages.stern.nyu.edu/~adamodar/的数据获取我国的市场风险溢价，具体风险溢价情况见表3-4。

表3-4　**部分国家或地区风险溢价（2022年1月）**

国家或地区	Moody's 评级	违约风险溢价	股票风险溢价	国家（或地区）风险溢价
澳大利亚	Aaa	0.00%	4.24%	0.00%
巴西	Ba2	2.56%	7.21%	2.97%
中国内地	A1	0.60%	4.94%	0.70%
法国	Aa2	0.42%	4.73%	0.49%
德国	Aaa	0.00%	4.24%	0.00%
中国香港	Aa3	0.51%	4.84%	0.60%
印度	Baa3	1.87%	6.42%	2.18%
意大利	Baa3	1.87%	6.42%	2.18%
日本	A1	0.60%	4.94%	0.70%
俄罗斯	Baa3	1.87%	6.42%	2.18%
美国	Aaa	0.00%	4.24%	0.00%

资料来源：http://pages.stern.nyu.edu/~adamodar/，数据截至2022年1月。为简化，本表只列示了部分国家或地区的风险溢价。

3）β系数

（1）β系数的含义

根据资本资产定价模型的推导过程，可以得到第j种证券的β系数是该证券与市场组合的协方差与市场组合方差的比值，证券与市场组合协方差衡量的是单个证券的系统风险，所以β系数反映了单项资产系统风险相当于整个市场系统风险的倍数，也就是说，当系统风险因素出现时，单项资产收益率波动相当于市场组合收益率波动的倍数。

根据协方差和相关系数的关系，β系数可以写成：

$$\beta_j = \frac{Cov(r_j,\ r_m)}{Var(r_m)} = \frac{Corr(r_j,\ r_m) \times Std(r_j) \times Std(r_m)}{Var(r_m)} = \frac{Std(r_j) \times Corr(r_j,\ r_m)}{Std(r_m)} \tag{3.22}$$

据此可以得出市场组合的β系数等于1，即：

$$\beta_m = \frac{Std(r_m) \times Corr(r_m,\ r_m)}{Std(r_m)} = 1$$

由于无风险投资的收益率是确定性收益，波动率等于0，与市场组合不相关，$Corr(r_f,\ r_m) = 0$，根据公式（3.22）可得无风险资产的β系数等于0，即：

$$\beta_f = \frac{Std(r_f) \times Corr(r_f,\ r_m)}{Std(r_m)} = 0$$

【视频演示】
β系数的计算

如果以β系数衡量某项资产的系统风险，则证券市场线横轴可用β系数度量，注意证券市场线的斜率不是β系数，而是市场风险溢价，即$(r_m - r_f)$，如图3-7所示。

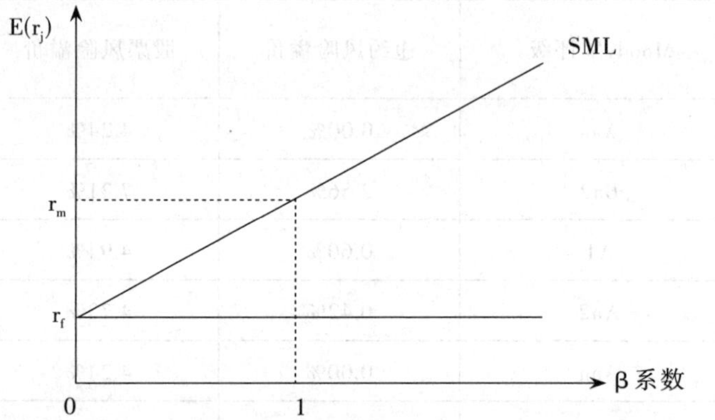

图3-7 证券市场线（2）

假设当前无风险收益率为6%，市场投资组合收益率为15%，市场投资组合收益的标准差为16%；ABC公司股票收益率的标准差为48%，ABC股票收益率与市场投资组合收益率的相关系数为0.665，则ABC股票的β系数和预期收益率计算如下：

$$\beta_{ABC} = \frac{Std(r_j) \times Corr(r_j,\ r_m)}{Std(r_m)} = \frac{48\% \times 0.665}{16\%} = 2.0$$

$$r_{ABC} = 6\% + 2 \times (15\% - 6\%) = 24\%$$

上述计算结果表明，市场投资组合的预期收益率每变动1%，ABC股票的收益率会变动2%。由于ABC股票的系统风险大于市场风险，要求的收益率为24%，即无风险收益率6%加上股票的风险溢价18%（2×（15%-6%））。

如果某项风险资产的β系数等于0，说明该项资产的风险完全由非系统风险组成，其风险可通过分散化投资加以消除，因而此项投资只能获得无风险收益率。

如果风险资产的β系数等于1，说明在该项资产的总风险中，系统风险与市场组合风险在量上完全相等，此时投资者对该风险资产投资要求的收益率等于市场组合可以提供的预期收益率。

如果风险资产的β系数大于1，表明该项资产的系统风险大于市场组合的风险，因此投资者对该项风险投资要求的收益率大于市场组合提供的预期收益率。

如果风险资产的β系数小于0，表明在该资产的总风险中，相应的系统风险与市场组合风险呈反向变化，此时投资者要求该风险投资所提供的预期收益率小于无风险收益率。

（2）β系数的计算

在CAPM中，无风险收益率和市场风险溢价对所有公司都是相同的，只有β_j随公司不同而变化。β_j一般是根据第j只股票的收益率r_j和市场组合收益率r_m之间的线性关系确定的，反映第j种股票的市场风险。

①单个股票β系数的计算

在实务中，一般根据第j只股票和市场组合收益的历史相关系数和标准差估计β系数，如果第j只股票的β系数在一段时间内相对稳定，那么这一方法就是合理的。对资本资产定价模型进行变型，可以得到下面式子：

$$\begin{aligned} E(r_j) &= r_f + \beta_j(r_m - r_f) \\ &= (1-\beta_j)r_f + \beta_j r_m \end{aligned} \tag{3.23}$$

由公式（3.23）可见，第j只股票和市场组合收益率呈线性关系，可以采用历史数据利用回归计算β_j。首先，建立回归模型：

$$r_j = \alpha_j + \beta_j \times r_m + \varepsilon_j \tag{3.24}$$

式中：r_j代表股票j的收益率；α_j代表回归截距；β_j代表回归线斜率；r_m代表市场组合收益率；ε_j代表随机误差，反映某给定期间实际收益率与回归预测收益率之间的差异，误差项的均值为零，在CAPM中，误差项对应的是可分散风险，与市场风险无关。

公式（3.24）中的参数α_j和β_j可通过Excel或回归分析软件确定。

回归方程的斜率为β系数，反映某只股票或投资组合的市场风险。

回归过程中输出的数据R^2称为拟合系数，测量了由一个或几个自变量解释的因变量的变异性比率，其统计意义在于它提供了回归适宜度的衡量指标。R^2的财务意义就在于它提供了一家公司的风险（方差）中市场风险所占比例的估计，$(1-R^2)$则代表了公司特有风险。

【例3-3】

表3-5列示了比亚迪（002594）在2017年1月—2022年1月按月末收盘价作为当月价格，采用历史数据计算的月收益率；以深证成指（399001）代表市场组合，以同一时期深证成指收盘点位作为基础，采用Excel内置函数计算股票的截距、斜率（β系数）、拟合系数R^2。

表3-5 **比亚迪和深证成指各月收益率数据**

（2017年1月—2022年1月）

日期	比亚迪		深证成指 收盘价	比亚迪 收益率	深证成指 收益率
	收盘价	派息			
2017/1/26	48.68	0	10 052.05		
2017/2/28	50.11	0	10 391.34	0.02938	0.03375
2017/3/31	48.03	0	10 427.74	−0.04151	0.00350
2017/4/28	51.88	0	10 234.65	0.08016	−0.01852
2017/5/31	49.85	0	9 864.85	−0.03913	−0.03613
2017/6/30	49.95	0	10 529.61	0.00201	0.06739

续表

日期	比亚迪		深证成指	比亚迪	深证成指
	收盘价	派息	收盘价	收益率	收益率
2017/7/31	49.00	0	10 505.04	−0.01902	−0.00233
2017/8/31	48.49	0.178	10 816.64	−0.00678	0.02966
2017/9/29	68.30	0	11 087.19	0.40854	0.02501
⋮	⋮	⋮	⋮	⋮	⋮
2021/6/30	251.00	0	15 161.70	0.40459	0.01102
2021/7/30	264.71	0	14 473.21	0.05462	−0.04541
2021/8/31	277.00	0.148	14 328.38	0.04699	−0.01001
2021/9/30	249.51	0	14 309.01	−0.09924	−0.00135
2021/10/29	311.31	0	14 451.38	0.24769	0.00995
2021/11/30	304.70	0	14 795.73	−0.02123	0.02383
2021/12/31	268.12	0	14 857.35	−0.12005	0.00416
2022/1/28	226.80	0	13 328.06	−0.15411	−0.10293

资料来源：按各月收盘价计算收益率（为简化，中间部分数据未列示）。

在Excel表格中按照“选项→加载项→分析工具库→回归”的步骤，利用回归计算β系数。在计算过程中，比亚迪收益率是“Y”值，深证成指收益率是“X”值，回归结果如图3-8所示。

SUMMARY OUTPUT

回归统计	
Multiple R	0.366155
R Square	0.13407
Adjusted R	0.11914
标准误差	0.136948
观测值	60

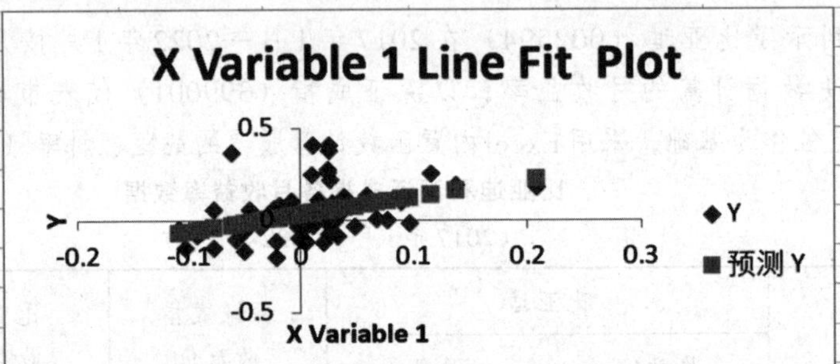

方差分析

	df	SS	MS	F	ignificance F
回归分析	1	0.168418	0.168418	8.979998	0.004012
残差	58	1.087775	0.018755		
总计	59	1.256193			

	Coefficients	标准误差	t Stat	P-value	Lower 95%	Upper 95%	下限 95.0%	上限 95.0%
Intercept	0.029763	0.017789	1.67315	0.099684	-0.00584	0.065372	-0.00584	0.065372
X Variable	0.940971	0.314006	2.996664	0.004012	0.31242	1.569523	0.31242	1.569523

图3-8 回归结果和散点图

从回归结果可以看出，X的系数为0.940971，P值为0.004012，小于5%，说明回归结果具有可信性，此时β系数为0.940971。

根据历史数据回归计算某一只股票的β系数时，要注意以下三个问题：

第一，估计期的期限。大部分数据提供商使用5年的数据估计β系数，也有的采用2年的数据。较长的估计期可以提供更多的数据，但公司的风险特征在这一期间也会发生变化。

第二，估计收益时间间隔期距。对不同时段的数据进行回归或对同一时段但以不同的间隔（每年、每月、每周或每天）进行回归，就会得到不同的β系数。

第三，估计中采用的市场指数。大多数β系数估计机构会使用该股票的市场指数估计该公司的β系数。例如，估计中国上市公司股票的β系数一般使用上海证券交易所股价指数或深圳证券交易所股价指数等。

②投资组合β系数的计算

投资组合的β系数β_p，是每只股票β系数β_j的加权平均数，权数w_j为各种证券在投资组合中所占的比重，其计算公式为：

$$\beta_p = \sum_{j=1}^{n} w_j \beta_j \tag{3.25}$$

③非上市公司β系数的计算

上市公司股票有历史交易数据，能够通过回归计算β系数。而非上市公司没有股票交易的历史数据，如何计算β系数呢？无负债公司的β系数是由公司经营的业务类型和经营风险水平决定的；负债公司的β系数是由经营风险和财务风险共同决定的。

非上市公司β系数可以用可比公司法来计算。首先，选择非上市公司的可比公司，可比公司具有以下两个特征：第一，与非上市公司属于同一行业的上市公司；第二，与非上市公司的经营风险相同。一个公司的β系数不但与经营风险有关，而且与公司的财务风险有关。那么非上市公司与可比公司唯一的差别是财务风险不同，财务杠杆可以反映财务风险的大小。

如果公司所有的风险来源于股东（债务β系数为零），并存在税收优惠，那么负债公司的β系数β_L和无负债公司的β系数β_U之间的关系可用下式表示：

$$\beta_L = \beta_U\left[1 + (1 - T)\frac{D}{E}\right] \tag{3.26}$$

式中：β_L、β_U分别表示负债公司和无负债公司的β系数；T表示企业所得税税率；$\frac{D}{E}$表示负债资本与股权资本的比率（或称财务杠杆）。

然后，利用历史数据回归计算可比公司的β系数β_L，根据公式（3.26）计算可比公司的无负债β系数β_U。如果可比公司不止一个，可以用可比公司β_U的平均值作为无负债β系数的经验值。

最后，以可比公司β_U为基础，根据非上市公司的财务杠杆（$\frac{D}{E}$）和所得税税率（T），利用公式（3.26），计算非上市公司的β_L。

【例3-4】

假设H是一家纺织品制造业非上市公司，该公司的负债/股权比率为40%，所得税税率为20%。与该公司生产同样类型纺织品的上市公司有4家，这4家上市公司的β系数见表3-6中第二栏，各上市公司的所得税税率平均为25%。要求计算H公司有负债时的β系数。

表3-6 **非上市公司无负债β系数计算**

公司	β系数	负债总额（D）（万元）	股权市场价值（E）（万元）	负债/股权（D/E）	无负债β系数
A	1.1	2 000	3 000	66.67%	0.7333
B	0.8	800	2 000	40.00%	0.6154
C	1.3	500	2 500	20.00%	1.1304
D	0.9	1 000	4 000	25.00%	0.7579
平均无负债β系数					0.8093

表3-6中最后一列无负债β系数是根据公式（3.26）计算得来的，以A公司为例：

$$\beta_U = \frac{\beta_L}{1+(1-T)\frac{D}{E}} = \frac{1.1}{1+(1-25\%)\times 66.67\%} = 0.7333$$

按照同样的计算方法，能够得到B、C、D的无负债β系数分别为0.6154、1.1304、0.7579，然后计算这三家公司的无负债β系数的平均值：

（0.7333+0.6154+1.1304+0.7579）÷4=0.8093

以三家公司的无负债β系数的平均值作为H公司无负债β系数的替代变量，然后根据H公司的负债/股权比率，计算H公司含负债的β系数：

$$\beta_L = \beta_U\left[1+(1-T)\frac{D}{E}\right] = 0.8093\times\left[1+(1-20\%)\times 40\%\right] = 1.0683$$

所以，H公司的β系数为1.0683。

【学思践悟】 郭树清：推动金融供给侧结构性改革

2019年政府工作报告中提到了“坚持结构性去杠杆”。郭树清向记者表示，结构性去杠杆的目标是要把企业的杠杆率明显降下来，同时要把居民家庭的杠杆率稳住。他说，目前家庭部门个人贷款比较多，可能与买房、炒房有关系，就此问题政府部门已经在控制增量，化解存量。他明确，下一阶段房地产金融政策的总方针不会改变。

着力缓解企业融资难融资贵问题，是政府工作报告部署的工作任务之一。郭树清表示，要缓解民营企业和小微企业融资难融资贵问题，与金融供给侧结构性改革密切相关，这需要金融从机构体系、市场体系、产品体系进行一些调整。

除银行外，郭树清认为证券业和保险业也可以在解决小微企业融资难题上有所作为。他指出，目前保险业资金运用余额有16万亿元，可以投资到民营企业和小微企业，要改善管理方法，调整结构。

“在证券方面，特别是股票市场、债券市场等直接融资方面需要做更多的工作，建立一个更强大的资本市场，更好地支持创新企业的发展。”郭树清称，特别是应该发展多层次资本市场，包括大型交易所、区域性股权市场、私募基金、风险投资基金等。在国外，上述渠道已经被证明是很好的融资渠道，可以更好地支持风险比较大、创新能力强的企业和产品。

郭树清指出，金融供给侧结构性改革需要在银行、保险和证券领域大胆创新，没有创新不可能做好金融业的服务，不可能解决小微企业融资难融资贵这一世界性难题。

此次党的二十大报告也强调了这一问题："深化金融体制改革，建设现代中央银行制度，加强和完善现代金融监管，强化金融稳定保障体系，依法将各类金融活动全部纳入监管，守住不发生系统性风险底线"，党的二十大报告对于金融业的发展提出了明确的方向和要求，为金融机构在银行、保险和证券领域进行创新提供了指导，以更好地服务实体经济和解决融资难题。

【本章小结】

1.在财务决策中有非常重要的三种收益率，分别为：必要收益率、预期收益率和实际收益率。必要收益率是指投资者进行投资要求得到的最低收益率。预期收益率是在不确定的条件下，投资者根据现有信息预测的某项资产未来可能实现的平均收益率。实际收益率或历史收益率是在特定时期实际获得的收益率，它是已经发生的、不可能通过投资决策改变的收益率。

2.风险是指资产未来实际收益相对预期收益变动的可能性和变动幅度，变动的可能性越大，风险越大，变动的幅度越大，风险越大。按风险能否分散，分为系统风险和非系统风险；按风险形成的来源，分为经营风险和财务风险。

3.投资组合的收益率是单项资产预期收益率的加权平均数，权数为投资组合价值中投资于每种资产的比重。投资组合的风险（收益率标准差）主要取决于任意两种资产收益率的协方差或相关系数，投资组合的风险并不是各种资产标准差的简单加权平均。

4.投资组合风险分散理论说明，只要投资于两种或两种以上资产就能产生风险分散效应，其风险分散程度取于资产收益的相关程度，相关系数越小，风险分散效应越大。

5.有效投资组合是指风险相同时收益最高，或收益相同时风险最小的投资组合，是有效投资组合曲线中，最小方差点到最大收益率部分的曲线。曲线下方的投资组合均为无效投资组合。

6.资本市场线是表示有效组合预期收益率和风险之间的一种简单线性关系的一条射线。它是沿着投资组合的有效边界，由风险资产和无风险资产构成的投资组合。位于资本市场线上的每一点都代表有效投资组合。证券市场线是资本资产定价模型的图示形式，用以反映证券收益率与系统风险（β系数）之间的关系，说明相对于市场组合而言特定资产的系统风险是多少。

7.资本市场线反映了在完美资本市场上，所有资本从无风险资产向风险资产有效组合转移或从风险资产有效组合向无风险资产转移所带来的风险和收益的关系。市场组合的左下方是"贷出投资组合"，右上方是"借入投资组合"。

8.资本资产定价模型从本质上揭示了投资收益率的内涵。这一模型认为，市场投资组合的预期收益率减去无风险收益率$(r_m - r_f)$就是市场对投资者承担的每一单位的风险而支付给他的必要（额外）收益率。

9. 某证券的β系数是该证券与市场组合的协方差与市场组合方差的比值，证券与市场组合协方差衡量的是单个证券的系统风险，所以β系数反映了单项资产系统风险相当于整个市场系统风险的倍数，也就是说，当系统风险因素出现时，单项资产收益率波动相当于市场组合收益率波动的倍数。

10. 投资组合的β系数β_p，是每只股票β系数β_j的加权平均数，权数w_j为各种证券在投资组合中所占的比重。非上市公司β系数可以用可比公司法来计算。

【复习思考】

1. 收益和风险在财务决策中的作用是什么？为什么要在决策中考虑收益和风险？

2. 如何衡量单项资产的风险和收益？历史收益率和预期收益率分别如何计算？它们与风险的关系是什么？

3. 如何衡量投资组合的风险和收益？两项资产和N项资产投资组合的风险如何计算？

4. 什么是风险资产组合的有效边界？资本市场线和证券市场线分别是什么？它们有何作用？

5. 什么是资本资产定价模型？如何描述它的基本思想和假设条件？

6. 如何解读和应用资本资产定价模型？它如何帮助投资者进行风险管理和资产配置决策？

第3章自测题

第3章计算业务题

第4章

证券投资

【学习目标】

1. 掌握债券价值评估的方法；
2. 了解影响债券价值的基本因素及变动方向；
3. 掌握普通股价值评估的方法；
4. 熟悉股权自由现金流量、公司自由现金流量的确定方法；
5. 掌握价格/收益乘数估价方法。

【本章主要内容导图】

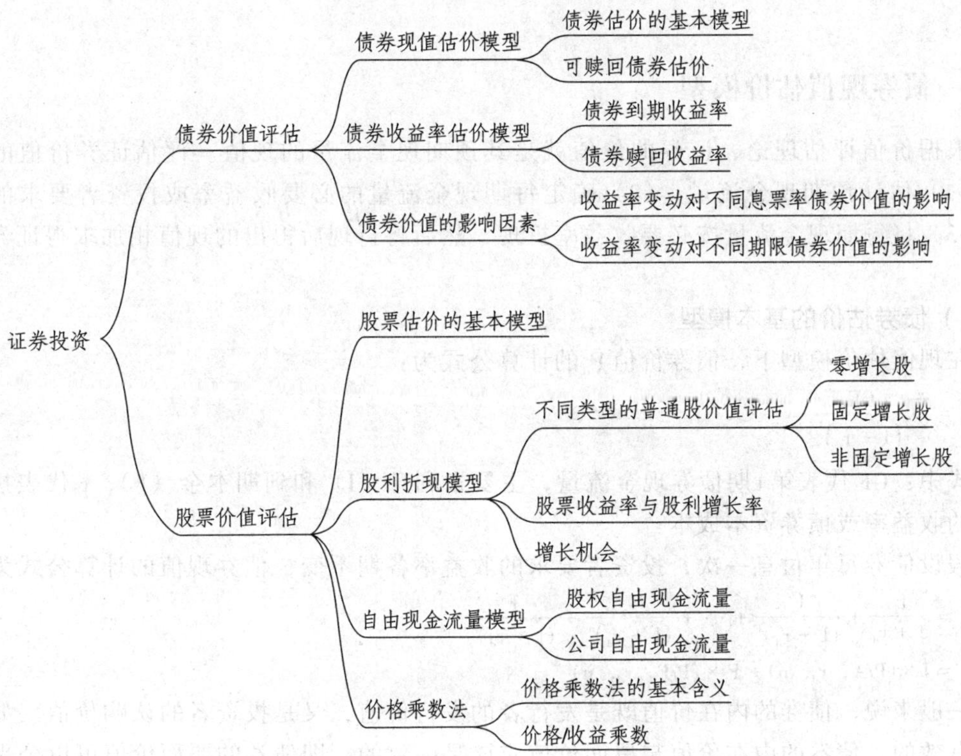

【引导案例】

早前，某互联网公司员工在网络平台爆料，公司每个月都发放100股本公司股票作为奖励，虽然公司随后发文表示，该股票奖励只限于部分有特殊贡献的员工，但也有员工表示，这次连入职不到一年的员工也被授予了100股。截止到2022年6月，按照最新的股票价格，该公司100股股票价值在6万元左右。那么，股票的价格是由哪些因素决定的？股票的内在价值又是由哪些因素决定的？股票的市场价格与内在价值应该有什么关系？本章将区分债券和股票两种不同类型的证券，具体探讨如何评估证券内在价值，并决定是否进行证券投资的问题。

资料来源：佚名. 腾讯股票价值评估案例分析［EB/OL］.（2022-06-01）. https://www.gtjafl.com/analysis_643734.

4.1 债券价值评估

4.1.1 债券现值估价模型

根据价值评估理论，证券的价值就是其预期现金流量的现值。评估证券价值的步骤为：（1）估计预期现金流量；（2）确定每期现金流量的必要收益率或投资者要求的收益率；（3）将每期现金流量按必要收益率折现，然后将折现后得出的现值相加求得证券的总价值。

1）债券估价的基本模型

在现值估价模型下，债券价值P_d的计算公式为：

$$P_d = \sum_{t=1}^{n} \frac{CF_t}{(1 + r_d)^t} \tag{4.1}$$

式中：CF_t代表第t期债券现金流量，主要指利息（I）和到期本金（F）；r_d代表投资者要求的收益率或债券资本成本。

假设债券每年付息一次，投资者要求的收益率各期不变，债券现值的计算公式为：

$$\begin{aligned} P_d &= \frac{I_1}{1 + r_d} + \frac{I_2}{(1 + r_d)^2} + \cdots + \frac{I_n}{(1 + r_d)^n} + \frac{F}{(1 + r_d)^n} \\ &= I \times (P/A,\ r_d,\ n) + F \times (P/F,\ r_d,\ n) \end{aligned} \tag{4.2}$$

一般来说，债券的内在价值既是发行者的发行价值，又是投资者的认购价值。如果市场是有效的，债券的内在价值与票面价值应该是一致的，即债券的票面价值可以公平地反映债券的真实价值。但债券的价值不是一成不变的，债券发行后，虽然债券的面值、息票率和债券期限一般会依据债券契约保持不变，但必要收益率会随市场状况的变化而变化，由此引起债券的价值（未来现金流量序列的现值）也随之变化。

【例4-1】

2022年5月，德国政府发行了面值为100欧元，利率为1.23%，2052年5月到期的长期国债。如果投资者要求的收益率为0.9%，则根据上述债券现值计算公式，该德国国债的价值应为：

$$P_d = 100 \times 1.23\% \times (P/A,\ 0.9\%,\ 30) + 100 \times (P/F,\ 0.9\%,\ 30)$$
$$= 100 \times 1.23\% \times \frac{1-(1+0.9\%)^{-30}}{0.9\%} + 100 \times \frac{1}{(1+0.9\%)^{30}}$$
$$= 32.212 + 76.43$$
$$= 108.642(\text{欧元})$$

这里需要注意的是，【例4-1】中债券的利息是按复利计算的。其他国家的债券大多也采用复利计算，如美国（但美国通常为半年付息一次）等。而在我国，债券的利息通常是按单利计算的，此时计算债券的价值要对公式稍作调整。比如，计算我国2022年5月1日发行的3年期凭证式国债的价值。该国债票面年利率为3.35%，从购买之日开始计息，到期一次还本付息，不计复利，逾期兑付不加计利息。如果市场平均收益率为4.5%，则根据公式（4.2），债券的现值或内在价值可以计算如下：

【视频演示】债券价值的计算

$$P_d = \frac{100 \times 3.35\% \times 3 + 100}{1.045^3} = 96.44\ (\text{元})$$

上述计算表明，该国债提供的息票率3.35%小于市场收益率4.5%，使得其价值96.44元小于其面值100元。

2）可赎回债券估价

如果债券契约中载明允许发行公司在到期日前将债券从持有者手中赎回的条款，则当市场利率下降时，公司会发行利率较低的新债券，并以所筹措的资金赎回高利率的旧债券。在这种情况下，可赎回债券持有者的现金流量包括两部分：赎回前正常的利息收入和赎回价格（面值+赎回溢价）。

【视频演示】可赎回债券价值的计算

【例4-2】

某公司拟发行债券融资，债券面值为1 000元，息票率为12%，期限为20年，每年付息一次，到期偿还本金。债券契约规定，5年后公司可以1 120元的价格赎回。目前同类债券的利率为10%，分别计算债券被赎回和未被赎回的价值。

如果债券被赎回，债券价值计算如下：

$$P_d=1\,000\times12\%\times(P/A,\ 10\%,\ 5)+1\,120\times(P/F,\ 10\%,\ 5)$$
$$=120\times3.7908+1\,120\times0.6209$$
$$=1\,150.30\ (\text{元})$$

如果债券未被赎回，持有债券至到期日时债券的价值为：

$$P_d=1\,000\times12\%\times(P/A,\ 10\%,\ 20)+1\,000\times(P/F,\ 10\%,\ 20)$$
$$=120\times8.5136+1\,000\times0.1486$$
$$=1\,170.23\ (\text{元})$$

在上述计算结果中，1 150.30元表示如果债券被赎回，该公司承诺的现金流量的现值；1 170.23元表示如果债券未被赎回，该公司承诺的现金流量的现值。这两者之间的差额表示如果债券被赎回该公司将节约的数额。如果5年后利率下跌，债券被赎回的可能性很大，因此与投资者相关的最可能价格是1 150.30元。

4.1.2 债券收益率估价模型

采用上述估价模型时，假设折现率已知，通过对债券的现金流量进行折现计算债券价值。在收益率模型中，假设折现率未知，用债券当前的市场价格代替公式（4.1）中债券的内在价值（P_d），从而计算折现率或预期收益率。其决策标准是，如果计算出来的收益率等于或大于必要收益率，则应购买该债券；反之，则应放弃。

债券收益率估价模型中的收益率可以分为两大类：到期收益率和赎回收益率。

1）债券到期收益率

债券到期收益率（yield to maturity，YTM）是指债券按当前市场价格购买并持有至到期日所产生的预期收益率。如果同时满足以下两个假设条件，债券到期收益率就等于投资者实现的收益率：第一，假设投资者持有债券至到期日；第二，假设所有期间的现金流量（利息支付额）都以计算出的YTM进行再投资。具体来说，到期收益率是指债券预期利息和到期本金（面值）的现值与债券现行市场价格相等时的折现率。其计算公式为：

$$P_d = \sum_{t=1}^{n} \frac{CF_t}{(1 + YTM)^t} \tag{4.3}$$

到期收益率一般根据Excel内置函数“RATE”来完成。一些网站列示了我国国债、企业债券的到期收益率，如中国债券信息网http://www.chinabond.com.cn。

【例4-3】

假设你可以以1 050元的价值购进15年后到期、票面利率12%、面值1 000元、每年付息1次、到期一次还本的某公司债券，如果你购进后一直持有该债券至到期日，则该债券到期收益率的计算如下：

P_d=1 000×12%×（P/A，YTM，15）+1 000×（P/F，YTM，15）=1 050

根据Excel内置函数“RATE”求解债券到期收益率YTM，可得结果11.29%（见表4-1）。

表4-1 **债券到期收益率YTM的计算**

	NPER	PMT	PV	FV	TYPE	RATE	Excel函数公式
已知	15	120	−1 050	1 000	0		
求RATE						11.29%	=RATE（15，120，−1050，1000）

2）债券赎回收益率

【视频演示】债券到期收益率的计算

如果债券被赎回，投资者应根据债券赎回收益率（yield to call，YTC）而不是到期收益率YTM来估算债券的预期收益率。在【例4-2】中，假设债券按面值发行，如果5年后市场利率下降到8%，债券一定会被赎回，那么债券赎回时的收益率计算如下：

P_d=1 000×12%×（P/A，YTC，5）+1 120×（P/F，YTC，5）=1 000

根据Excel内置函数“RATE”求解债券赎回收益率YTC，可得结果13.82%。

上式计算得出的赎回收益率YTC为13.82%，表面上看投资者似乎从债券赎回中得到了好处，其实不然。每年从每张债券收到120元的投资者，现在将收到一笔1 120元的新款项，假设将这笔款项按目前市场利率（8%）进行15期的债券投资，每年的现金流量就会从120元降到89.6元（1 120×8%），即投资者在以后15年中每年收入减少了30.4元（120-89.6）。尽管现在投资者可以在赎回日收到1 120元，但由于投资者减少的收入现值约为260元（30.4×（P/A，8%，15）），超出了赎回溢价120元（1 120-1 000），因此债券赎回会使投资者蒙受损失。

从投资收益率看，虽然债券赎回可使投资者得到13.82%的高收益率，但仅仅是在5年期间，在其后的几年里收益率就下降到8%。20年期、利率12%的债券收益率将优于前5年收益率为13.82%、后15年收益率为8%的债券。假设债券在5年后被赎回，并且投资者把得到的1 120元按8%的利率进行再投资，则此时20年期债券的预期收益率为：

$$1\ 000=\sum_{t=1}^{5}\frac{120}{(1+\mathrm{YTC})^{t}}+\sum_{t=1}^{15}\frac{89.6}{(1+\mathrm{YTC})^{t}}\times\frac{1}{(1+\mathrm{YTC})^{5}}+\frac{1\ 120}{(1+\mathrm{YTC})^{20}}$$

利用Excel内置函数“RATE”求出预期收益率为10.54%。这表明，如果债券被赎回，债券投资者的预期收益率就会下降。

4.1.3　债券价值的影响因素

债券价值主要由息票率、期限和收益率（市场利率）三个因素决定。它们对债券价值的影响主要表现在：（1）对于给定的到期时间和市场收益率，息票率越低，债券价值变动的幅度就越大；（2）对于给定的息票率和市场收益率，期限越长，债券价值变动的幅度就越大，但价值变动的相对幅度随期限的延长而缩小；（3）对同一债券，市场收益率下降一定幅度引起的债券价值上升幅度要高于由于市场收益率上升同一幅度引起的债券价值下跌的幅度。

1）收益率变动对不同息票率债券价值的影响

假设有X和Y两种债券，面值均为1 000元，期限为5年，息票率分别为5%和9%，如果初始收益率均为9%，则收益率变化对两种债券价值的影响见表4-2。

表4-2　**收益率变动对不同息票率债券价值的影响**

收益率（%）	收益率变动（%）	X债券的价值（5年期，5%）（元）	Y债券的价值（5年期，9%）（元）
6.0	-33.33	957.88	1 126.37
7.0	-22.22	918.00	1 082.00
8.0	-11.11	880.22	1 039.93
9.0	0.00	844.41	1 000.00
10.0	11.11	810.46	962.09
11.0	22.22	778.25	926.08
12.0	33.33	747.67	891.86

续表

债券价值变动百分比			
收益率	收益率变动（%）	X债券（5年期，5%）（%）	Y债券（5年期，9%）（%）
6.0	−33.33	13.44	12.64
7.0	−22.22	8.71	8.20
8.0	−11.11	4.24	3.99
9.0	0.00	0.00	0.00
10.0	11.11	−4.02	−3.79
11.0	22.22	−7.84	7.39
12.0	33.33	−11.46	−10.81

从表4-2可以看出，当债券收益率为9%时，X、Y债券的价值分别为844.41元和1 000元。如果收益率下降至6%，X债券的市场价值为957.88元，上升了13.44%；Y债券的市场价值为1 126.37元，上升了12.64%。如果收益率上升至12%，X债券的市场价值为747.67元，下降了11.46%；Y债券的市场价值为891.86元，下降了10.81%。这表明息票率为5%的债券价值变动幅度大于息票率为9%的债券价值变动幅度；而且，对同一债券，收益率下降一定幅度引起的债券价值上升幅度要大于收益率上升同一幅度引起的债券价值下降幅度。

2）收益率变动对不同期限债券价值的影响

假设债券面值为1 000元，息票率为9%，债券期限分别为5年、10年和15年，如果以9%的债券收益率作为定价基础，则收益率变动对不同期限债券价值的影响见表4-3。

表4-3　**收益率变动对不同期限债券价值的影响**

收益率（%）	收益率变动（%）	5年（元）	10年（元）	15年（元）
6.0	−33.33	1 126.37	1 220.80	1 291.37
7.0	−22.22	1 082.00	1 140.47	1 182.16
8.0	−11.11	1 039.93	1 067.10	1 085.59
9.0	0.00	1 000.00	1 000.00	1 000.00
10.0	11.11	962.09	938.55	923.94
11.0	22.22	926.08	882.22	856.18
12.0	33.33	891.86	830.49	795.67
债券价值变动百分比				
收益率（%）	收益率变动（%）	5年（%）	10年（%）	15年（%）
6.0	−33.33	12.64	22.08	29.14
7.0	−22.22	8.20	14.05	18.22
8.0	−11.11	3.99	6.71	8.56
9.0	0.00	0.00	0.00	0.00
10.0	11.11	−3.79	−6.14	−7.61
11.0	22.22	−7.39	−11.78	−14.38
12.0	33.33	−10.81	−16.95	−20.43

从表4-3可以看出，债券期限越长，价值变动的幅度就越大。如果收益率从9%下降到6%，则5年期、10年期和15年期债券价值分别上升了12.64%、22.08%和29.14%，其中，10年期和5年期债券的价值变动率相差9.44%，15年期和10年期债券的价值变动率相差7.06%。如果收益率从9%上升到12%，则不同期限债券价值分别下降了10.81%、16.95%和20.43%，其中，10年期和5年期债券的价值变动率相差6.14%，15年期和10年期债券的价值变动率相差3.48%。

4.2 股票价值评估

4.2.1 股票估价的基本模型

与债券价值评估类似，对普通股进行价值评估一般可以采用现金流量折现法（discounted cash flow，DCF），其一般模型为：

$$P_0 = \sum_{t=1}^{\infty} \frac{CF_t}{(1+r_e)^t} \tag{4.4}$$

式中：P_0为股票价值；r_e为折现率（投资者的必要收益率或股权资本成本）；CF_t为第t期预计现金流量。

由于模型中的预计现金流量可以分为股利或股权自由现金流量两种，因此，普通股价值评估模型也可以分为两大类：股利折现模型和自由现金流量折现模型。

4.2.2 股利折现模型

股利折现模型中的现金流量包括两部分：（1）每期的预期股利；（2）股票出售时的预期价格。利用股利折现模型对普通股进行价值评估的一般模型如下：

$$P_0 = \frac{Div_1}{1+r_e} + \frac{Div_2}{(1+r_e)^2} + \cdots + \frac{Div_n}{(1+r_e)^n} + \frac{P_n}{(1+r_e)^n} \tag{4.5}$$

式中：Div_t代表未来各期的普通股股利或红利（t=1，2，…，n，…）；r_e代表普通股投资的必要收益率；P_n代表普通股在第n期的预期售价；P_0代表普通股未来预期现金流量的现值。

从表面上看，公式（4.5）与债券价值评估模型很相似，因为它们都遵循了相同的估值概念：证券的价值等于期望未来现金流量的现值。但普通股的估值比债券价值评估要难得多。原因主要有两个方面：一是普通股投资期限是无限的，公司永远不必将它们收回，因此，从理论上说，普通股的价值决定于持续到永远的未来期望现金流量；二是普通股未来现金流量不像债券那样可以明确约定，未来现金流量必须以对公司未来的盈利和股利政策的预期为基础进行估计。

公式（4.5）假设在第n期期末卖出股票。对于在第n期期末买入，其后再持有m期的第二个持有者来说，这一股票的价值可以用同样的方式确定。第n期股票的价值P_n可以表示为：

$$P_n=\frac{Div_{n+1}}{1+r_e}+\frac{Div_{n+2}}{(1+r_e)^2}+\cdots+\frac{Div_{n+m}}{(1+r_e)^m}+\frac{P_{n+m}}{(1+r_e)^m}$$

把P_n的这一表达式代入公式（4.5），P_0可以写成：

$$P_0=\frac{Div_1}{1+r_e}+\frac{Div_2}{(1+r_e)^2}+\cdots+\frac{Div_{n+m}}{(1+r_e)^{n+m}}+\frac{P_{n+m}}{(1+r_e)^{n+m}}$$

当然，这仅仅是在比第一种情况更长的时间段（第n+m期）出售股票。如果将上述代入过程一直进行下去，即将这一概念用于所有的未来股票持有者，当持有期限趋于无穷大时（n→∞），其结果是：股票的公平价格可以被表示成用期望未来现金股利付款的无限流量的现值。公式（4.5）可写成：

$$P_0=\frac{Div_1}{1+r_e}+\frac{Div_2}{(1+r_e)^2}+\cdots=\sum_{t=1}^{\infty}\frac{Div_t}{(1+r_e)^t} \tag{4.6}$$

根据公式（4.6），股票价值可根据未来预期股利和必要收益率求得。那么如何评价一种从未支付过股利的股票的价值呢？在实务中，许多盈利公司很少支付现金股利，而是将所有的收益用于再投资。公司股东虽然未得到股利，但可通过出售股票（股价上涨时）获得资本利得。当有利的投资机会缩小，公司持有的资本超过投资需要时，公司就会开始支付股利（或回购其股份）。通常，公司通过扩大投资所赢得的收益，至少和持股人接受股利所获得的收益相等。因此，在用公式（4.6）评估股票价值时，通常假设公司会在未来某一时候支付股利，或者说，当公司清算或被并购时会支付清算性股利或因回购股票而发生现金支付。

1）不同类型的普通股价值评估

在对普通股进行估价时，根据股利的变化情况，一般可以将股票分为三类：零增长股、固定增长股和非固定增长股。

（1）零增长股

如果公司每年均发放固定的股利给股东，即预期股利增长率为零，这种股票被称为零增长股。此时，各年股利Div均为一个固定常数，其股票价值可按永续年金折现公式计算：

$$P_0=\frac{Div}{r_e} \tag{4.7}$$

（2）固定增长股

如果某种股票的股利按照一个常数g增长，那么未来第t期的预期股利为：

$$Div_t=Div_0(1+g)^t$$

如果必要收益率r_e大于股利增长率g，则股票价值可按增长型永续年金折现公式计算：

$$P_0=\sum_{t=1}^{\infty}\frac{Div_0(1+g)^t}{(1+r_e)^t}=\frac{Div_1}{r_e-g} \tag{4.8}$$

尽管上式中假设g和r_e是常数（且$r_e>g$），这与现实不符，但它通常可以提供价值预测的近似值。从公式（4.8）可以看出，股票价值与预期股利、必要收益率和股利增长率三个因素的关系如下：每股股票的预期股利越高，股票价值越大；必要收益率越小，股票价值越大；股利增长率越大，股票价值越大。

【例4-4】

假设一个投资者正考虑购买X公司的股票。该股票将在从今天起的一年里按每股3元支付股利，该股利预计在可预见的将来以每年8%的比例增长，投资者基于对该公司的风险评估，要求投资的最低收益率为12%，那么，该公司股票价值计算如下：

$$P_0 = \frac{3}{12\% - 8\%} = 75\text{（元）}$$

(3) 非固定增长股

根据公司未来的增长情况，非固定增长股可分为两阶段模型或三阶段模型。现以两阶段模型为例加以说明。两阶段模型将增长分为两个阶段：股利高速增长阶段和随后的固定增长阶段。在这种情况下，公司价值由两部分构成：高速增长阶段（n）股利现值和固定增长阶段股票价值的现值。其计算公式为：

【视频演示】固定增长股票价值的计算

$$P_0 = \sum_{t=1}^{n} \frac{Div_t}{(1 + r_e)^t} + \frac{P_n}{(1 + r_e)^n} \tag{4.9}$$

其中：$P_n = \frac{Div_{n+1}}{r_{en} - g_n}$。

式中：P_n为第n期期末股票价值；r_{en}为第n期以后股票投资必要收益率；g_n为第n期以后股利稳定增长率。

【例4-5】

假设Y公司目前拥有一种引起公众注意的新产品，预计在未来的3年内，销售每年以50%的速度增长，其股利将以每年13%的速度增长，此后预计股利增长率为7%。如果投资者要求的必要收益率为15%，公司最近发放的现金股利为每股1.4元。那么Y公司的股票价值是多少？

根据资料，我们可以将该公司前3年作为高速增长阶段，第4年以后作为固定增长阶段。两个阶段股票价值计算如下：

$$P_{高速增长} = \frac{1.4 \times 1.13}{1 + 15\%} + \frac{1.4 \times 1.13^2}{(1 + 15\%)^2} + \frac{1.4 \times 1.13^3}{(1 + 15\%)^3}$$

$$=1.38+1.35+1.33=4.06\text{（元）}$$

$$P_{固定增长} = \frac{1.4 \times 1.13^3 \times 1.07}{15\% - 7\%} \times \frac{1}{(1 + 15\%)^3} = 17.76\text{（元）}$$

因此，Y公司普通股价值为4.06+17.76=21.82（元）。

如果股利的增长情况不限于高速增长阶段和固定增长阶段，则还可以继续划分为三阶段或多阶段，只要最后将各个阶段的现值相加即可。

2) 股票收益率与股利增长率

从以上论述可以看出，在普通股估价中，普通股投资的必要收益率是非常重要的。那么，如何确定普通股投资的必要收益率呢？在学术界有两种方

【视频演示】非固定增长股票价值的计算

法：一种是根据资本资产定价模型确定必要收益率；另一种是根据预期收益率确定必要收益率。本章只介绍第二种方法。

对于公开交易的股票来说，最近支付的价格是最易获得的价值估计。与债券价值评估模型一样，普通股价值评估模型提供了估计必要收益率的最好方法。如果已知股票市场价格、预期股利及股利增长率，根据公式（4.8）即可计算股票预期收益率：

$$r_e = \frac{Div_1}{P_0} + g \tag{4.10}$$

如果资本市场是有效的，必要收益率与期望收益率相等，因此，按公式（4.10）估计的期望收益率是必要收益率的一个较好的估计。在上式中，股票收益率来源于两个因素：一是预期股利收益 $\frac{Div_1}{P_0}$；二是资本利得收益（capital gains yield），它是预期的股票价格的年变化率。

假设在【例4-4】中，X公司股票的现时售价为75元，下一年的股利为每股3元，股利增长率为8%，则投资者的预期收益率为：

$$r_e = \frac{3}{75} + 8\% = 4\% + 8\% = 12\%$$

这一预期收益率包括4%的股利收益率和8%的资本利得收益率。如果下一年的预期股利为3.24元（3×1.08），将导致股票的预期价值 P_1 为：

$$P_1 = \frac{Div_2}{r_e - g} = \frac{3.24}{12\% - 8\%} = 81\ (\text{元})$$

此时，资本利得收益率为8%（（81−75）÷75）。这一例证说明了一个重要原理：在股利按常数增长的情况下，股票价格和股利预期按相同比率增加。

股利增长率是影响股票价值的重要因素，如果没有外来资本，股利增长的来源是留存收益和由该留存收益带来的报酬。对于公司收益，公司可以将其用于投资，以获得比上一年更多的收益，进而可以支付更多的股利。如果公司将收益全部用于支付股利，则留存收益为零，或再投资等于零。在这种情况下，通常假设用金额等于折旧的一笔资本投资来维持公司的收益（公司收益不变）。再投资中大于折旧的部分，只能来自留存收益。在股利固定增长的情况下，股利增长率可分解为两个部分：

$$\begin{aligned}\text{股利增长率} &= (1-\text{股利支付率}) \times \text{净资产收益率} \\ &= \text{留存收益比率} \times \text{净资产收益率}\end{aligned} \tag{4.11}$$

【例4-6】

假设Z公司近5年共获利1 000万元，同期共支付400万元的股利，股利支付率为40%。该公司预期明年的每股收益为4.5元，每股股利为1.8元。当前，Z公司的股票每股售价为36元。如果Z公司预期净资产收益率为15%，Z公司股票的必要收益率为多少？

根据公式（4.11）和公式（4.10）计算Z公司股利增长率和必要收益率分别为：

$$g = (1 - 40\%) \times 15\% = 9\%$$

$$r_e = \frac{1.8}{36} + 9\% = 14\%$$

计算结果表明，投资必要收益率为14%，小于Z公司未来投资机会的预期净资产收益率15%，因此，该项投资会增加公司价值。如果Z公司未来投资机会的预期收益率不是15%，而是10%，在其他资料相同的条件下，该公司的投资必要收益率为11%，超过了10%的预期收益率，这表明Z公司未来有净现值为负的投资项目。如果Z公司未来投资机会的预期收益率不是15%，而是12.5%，在其他资料相同的条件下，该公司投资必要收益率与预期收益率相同，这表明Z公司未来有净现值等于0的投资项目。以上从三个方面分析了未来投资期望收益率的各种假设对股票估计必要收益率的影响。实际上，股票只有一个必要收益率。

【视频演示】股票必要收益率的计算

3）增长机会

如果公司的收益不是全部用于股利支付，而是其中的一部分转化为新的净投资，追加新的净投资会创造出新的收益。因此，可以把现在股票的价值分解为两部分：公司现有资产预期创造的收益（EPS_1）的现值和公司未来投资机会收益的现值，后一种价值可称为“增长机会的现值”（present value of growth opportunities，PVGO）。在这种情况下，公司股票价格可表示为：

$$P_0 = \frac{EPS_1}{r_e} + PVGO \tag{4.12}$$

式中：第一项表示现存资产收益现值，即公司把所有的收益都分配给投资者时的股票价格；第二项表示增长机会的收益现值，即公司留存收益用于再投资所带来的新增价值。

为分析方便，假设根据股利支付率和新增投资收益率不同，将【例4-4】中的X公司分为三种不同情况：

第一，假设X公司为一家增长型公司，相关资料和【例4-4】相同，公司目前股票价格为75元。

第二，假设X公司为一家维持型公司，每年的投资仅用来更新已损耗的设备，即维持原有的生产能力不变，这样公司未来净投资为零，未来增长机会的净现值也为零。如果该公司以后各期股票的每股收益均为5元，且全部用于股利发放，假设投资必要收益率为12%，则公司目前股票价格应为：

$$P_0 = \frac{EPS_1}{r_e} = \frac{5}{12\%} = 41.67\text{（元）}$$

第三，假设X公司为一家收益型公司，虽然收益中的40%用于再投资，但新投资的期望收益率与原来公司的必要收益率（12%）相同，其他因素与前述相同。按照固定股利增长模型来估值，这时X公司的收益增长率（即股利增长率）为4.8%（40%×12%），则股票价格为：

$$P_0 = \frac{3}{12\% - 4.8\%} = 41.67\text{（元）}$$

上述分析结果表明，增长型公司股票价格为75元，维持型公司与收益型公司股票价格为41.67元，其间的差异（33.33元）即为未来增长机会的现值（PVGO）。

通常可以利用PVGO来区分成长股和绩优股股票。例如，以在美国证券交易所上市的中国公司为例，通常可以将新东方这样的综合性教育集团视为成长股，而把像中国移动这样的成熟公司视为绩优股。表4-4列示了2019年10月份在美上市的几家中国公司PVGO的估计值。

表4-4 几家公司预计PVGO计算 金额单位：美元

股票	股票价格 P (1)	EPS (1)	β系数 (1)	股权资本成本 r_e (2)	PVGO=P-EPS/r_e	PVGO占股票价格的百分比
绩优股：						
中国移动（CHL）	42.47	2.74	0.65	9.55%	13.78	32%
希捷科技（STX）	53.81	7.13	1.72	17.04%	11.97	22%
成长股：						
百度（BIDU）	104.66	5.86	1.65	16.55%	69.25	66%
新东方（EDU）	112.72	1.5	1.42	14.94%	102.68	91%

注：（1）股票价格P为2019年10月11日收盘价；EPS数值取自2019年中报数据，EPS被定义为维持型公司的平均利润，本例中用当前每股收益数据代替，具体数值取自2019年中报；β系数取自同花顺交易软件。

（2）股权资本成本是用资本资产定价模型估计的。本例使用的市场风险溢价为7%，无风险利率为5%。

【视频演示】股票PVGO的计算

在表4-4中，PVGO是根据各公司当前股票价格减去该公司现存资产收益的现值近似得出的。以中国移动为例，该公司现存资产每年创造EPS为2.74美元，则现存资产收益的现值为28.69美元（2.74÷9.55%），公司未来增长机会的现值为13.78美元（42.47-28.69），PVGO相当于股票价格的32%。其他公司计算方法相同。

表4-4表明，PVGO占成长公司股份价值的比重远远超过一半。投资者希望这些公司能够增大投资、迅速成长，从而能为他们带来远远超过资本成本的收益。

【学思践悟】 证监会会同公安机关查获一起重大操纵市场案件

据2020年1月7日中国证券监督管理委员会网站的报道：前期证监会监测发现，迪贝电气等多只小市值概念股价量连续多日异常。根据稽查程序，证监会立即启动执法协作机制，安排力量配合公安机关对有关线索进行了深入排查。经查，湖南东能集团实际控制人罗某东与场外配资中介人员龚某威等人共谋，筹集资金操纵迪贝电气等8只股票价格，获利达4亿余元。案件查办中，公安机关在证监会执法力量配合下一举将该团伙43名主要成员抓捕归案，捣毁12个非法操盘窝点。本案是近年来证监会与公安机关合力查办的一起操纵市场的重大典型案件。下一步，证监会将进一步优化行政与刑事执法协作机制，共同严厉打击各类证券期货违法犯罪，维护市场平稳运行。

此次党的二十大报告指出："推进多层次多领域依法治理，提升社会治理法治化水平"。报告中强调要加强全面依法治国建设，加强法治意识，完善法律法规，促进社会公平正义。在公司治理中，法律的制定和执行对于保障公司合法权益、维护市场秩序至关重要，强调依法治理为公司治理提供了坚实的法律基础。

资料来源：中国证券监督管理委员会．证监会会同公安机关查获一起重大操纵市场案件［EB/OL］．（2020-01-03）.http://www.csrc.gov.cn/csrc/c100200/c1000464/content.shtml.

4.2.3　自由现金流量模型

在股利折现法下，假设股利是股东收到的唯一现金流量。事实上，股利与净利润或现金流量在绝大多数情况下并不相等，按此种方法预测的结果往往不能真实反映股票价值。由于公司的股利政策受多种因素的影响，有的公司从不支付股利，有的公司虽然支付股利，但实际支付的金额与公司的支付能力出入很大（支付不足或支付超额）。在这种情况下，股权自由现金流量或公司自由现金流量就成为公司收益相对准确的替代指标。

1）股权自由现金流量

股权自由现金流量（free cash flow to equity，FCFE）是指归属于股东的剩余现金流量，即公司在履行了所有的财务责任（如债务的还本付息），并满足其本身再投资需要之后的“剩余现金流量”，如果有发行在外的优先股，还应扣除优先股股息。其估算公式如下：

$$FCFE_t = NI_t + NCC_t - \Delta W_t - F_t - d_t + \Delta P_t + \Delta D_t \tag{4.13}$$

式中：FCFE为股权自由现金流量；NI为净利润或税后利润；NCC为非现金支出净额(折旧或摊销)；ΔW为营运资本追加支出；F为资本性追加支出；d为优先股股息；ΔP为优先股净增加额；ΔD为债务净增加额（发行新债与偿还旧债之间的差额）。

公式中的股权自由现金流量是以利润表中的净利润（NI）为起点进行调整的，有关调整项目说明如下：

第一，调整非现金支出。非现金支出是指各种不引起当期经营现金流量变动的项目净额。在估价中，非现金支出主要有以下几项：

① 折旧、无形资产摊销以及资产减值类费用，已经从当期收益中扣除，但它们并没有实际支付现金，因此，应将其加回到经营活动现金流量中。

② 债券溢价（折价）摊销，通过减少（增加）财务费用影响净利润，但它们并未引起现金流量的变化，因此，应从经营活动现金流量中扣除（加回）。

③ 长期资产处置的收益（损失）之所以要扣除（加回），并不是因为处置行为不产生现金流量，而是因为资产重组的现金流量属于投资活动，而非经营活动。

④ 对于递延所得税来说，虽然从长期来看，应交所得税和所得税费用是一致的，但是，由于税法和会计对所得税确认的时间、口径不同，可能会产生递延所得税，因此，在进行调整时，必须用递延所得税将所得税费用还原到公司本期实际应交税金，即加回“递延所得税资产”的减少额和“递延所得税负债”的增加额，减掉“递延所得税资产”的增加额和“递延所得税负债”的减少额。

第二，调整资本性支出。资本性支出是指当年发生的固定资产投资、无形资产投资以及其他长期资产投资，如厂房的新建、改建和扩建，设备更新、购置和新产品试制、专利费用支出等。资本性支出的信息主要来源于公司资产负债表和现金流量表中的投资活动现金流量。不过，当公司不是通过现金购买的方式直接取得长期资产，而是通过发行债券或股票等非现金交易形式（重大非现金交易在现金流量表的附注中披露），或者在公司并购中一并接收了长期资产，应对公司今后资本性支出的金额做出合理的估计。

此外，根据现金流量表计算资本性支出时，对处置长期资产所得的现金流量要予以扣除。例如，2022年某公司在现金流量表的投资现金流量中披露，2022年公司以10万元的价格转让运输汽车一辆，那么这10万元就作为当年公司资本性支出的减项。此外，公司发生的研究开发费用和经营性租赁费用应进行资本化处理，以便正确衡量公司的资本性支出。

第三，调整其他项目。调整其他项目主要指派发优先股股息、偿还债务本金以及发行新债等引起的现金流量。

股权自由现金流量可以为正数，也可以为负数。在一般情况下，如果股权自由现金流量为负数，则公司将不得不通过发行新股来筹集股权资本；如果股权自由现金流量为正数，则公司就可能以股票现金红利的形式将剩余的现金流量派发给股权资本持有者。在实务中，股权自由现金流量是公司能否支付股利的一个指标，有的公司将其所有的股权自由现金流量作为股利支付给股东，但大多数公司都或多或少地保留部分股权自由现金流量。

以股权自由现金流量为基础预测股权价值，其计算方式与股利折现模型是一样的，差别仅在于将股利折现模型中的股利换成股权自由现金流量即可，因此一般形式可以表示为：

$$P_0 = \sum_{t=1}^{\infty} \frac{FCFE_t}{(1 + r_e)^t} \tag{4.14}$$

式中：P_0表示公司股票价值；$FCFE_t$表示第t年预期股权自由现金流量，r_e表示投资者要求的收益率或股本成本。

【例4-7】

假设XYZ公司拥有较强的市场销售渠道、一流的生产设施和品牌，预期在未来4年内一直保持高速增长。在这4年内，股本成本为12%；4年之后，公司进入固定增长阶段，销售收入、净利润增长率为5%，公司股本成本变为11%。公司预计的未来5年的有关资料见表4-5。

表4-5 XYZ公司预计未来5年的有关资料 单位：万元

项目	0	1	2	3	4	5
净利润		31.24	34.85	38.89	43.39	48.41
折旧、摊销		6.25	6.97	7.78	8.68	9.68
资产减值损失		0.65	0.72	0.81	0.90	1.00
递延所得税资产减少		8.03	8.96	10.00	11.16	12.45
营运资本追加支出		3.01	3.31	3.64	4.01	4.41
债务净增加		0.32	0.35	0.39	0.44	0.49

根据以上资料，估计XYZ公司股票价值的方法如下：

（1）计算高速增长阶段FCFE的现值，见表4-6。

表4-6　　XYZ公司高速增长阶段FCFE现值计算　　单位：万元

项目	0	1	2	3	4	5
净利润		31.24	34.85	38.89	43.39	48.41
折旧、摊销		6.25	6.97	7.78	8.68	9.68
资产减值损失		0.65	0.72	0.81	0.90	1.00
递延所得税资产减少		8.03	8.96	10.00	11.16	12.45
营运资本追加支出		−3.01	−3.31	−3.64	−4.01	−4.41
债务净增加		0.32	0.35	0.39	0.44	0.49
股权自由现金流量		43.48	48.54	54.23	60.56	67.62
FCFE现值（12%）	154.61	38.82	38.70	38.60	38.49	—

（2）计算固定增长阶段FCFE的现值。

高速增长阶段结束时，股票期末价值的现值为：

$$P_n = \frac{67.62}{11\% - 5\%} \times \frac{1}{(1 + 12\%)^4} = 716.23（万元）$$

（3）计算公司当前股票价值。

公司当前股票价值即高速增长阶段FCFE的现值154.61万元与固定增长阶段FCFE的现值716.23万元的合计数，为870.84万元。

FCFE模型可以看作股利折现模型的另一种表现形式。由于这两种模型有时会得出不同的估价结果，在增长率和折现率一定的情况下，可根据影响股利和FCFE的因素分析两者产生差别的原因。

【视频演示】股票价值的计算

2）公司自由现金流量

公司自由现金流量（free cash flow to firm，FCFF）是指公司在支付了经营费用和所得税之后，向公司权利要求者（普通股股东、公司债权人和优先股股东）支付现金之前的全部现金流量。公司自由现金流量等于股权自由现金流量、债权现金流量和优先股股权现金流量之和，用公式可以表示为：

$$\begin{aligned} FCFF_t &= (NI_t + NCC_t - \Delta W_t - F_t - d_t + \Delta P_t + \Delta D_t) + [I_t(1 - \tau_t) - \Delta D_t] + (d_t - \Delta P_t) \\ &= NI_t + NCC_t - \Delta W_t - F_t + I_t(1 - \tau_t) \\ &= EBIT_t(1 - \tau_t) + NCC_t - \Delta W_t - F_t \end{aligned} \tag{4.15}$$

式中：第一个等号右边的第一项为股权自由现金流量；第二项为归属于债权人的现金流量，主要由税后利息、本金偿还额和发行新债等因素构成；第三项为归属于优先股股东的现金流量。

应用公司自由现金流量是对整个公司而不是股权进行估价，但股权价值可以用公司价值减去发行在外债务的市场价值得到。由于公司自由现金流量是债务偿还前的现金流量，所以使用该估价方法的好处是不需要明确考虑与债务相关的现金流量，而估计股权自由现金流量时必须考虑这些与债务相关的现金流量。在预期财务杠杆将随时发生重大变化的情况下，这一特点有利于简化计算，但在确定折现率时需要负债比率和利率等信息来计算加权平均资本成本。

采用FCFF模型，公司价值是指公司预期自由现金流量的现值，其基本表现形式为：

$$公司价值 = \sum_{t=1}^{\infty}\frac{FCFF_t}{(1+r_w)^t} \tag{4.16}$$

$$股权价值 = \sum_{t=1}^{\infty}\frac{FCFF_t}{(1+r_w)^t} - MV_D \tag{4.17}$$

式中：$FCFF_t$表示第t期公司自由现金流量；r_w表示加权平均资本成本；MV_D表示公司负债的市场价值。

同样，利用自由现金流量方法时，也可以根据自由现金流量增长率的不同特点采用零增长模型、固定增长模型、二阶段或更多阶段的非固定增长模型等对普通股进行价值评估。

4.2.4 价格乘数法

1）价格乘数法的基本含义

价格乘数法又称作相对估价法，主要是通过拟估价公司的某一变量乘以价格乘数来进行价值评估。应用这种方法时，确定适当的变量和乘数是关键。在实务中，乘数是指股价与财务报表上某一指标的比值，常用的报表指标有每股收益、息税折旧摊销前收益、销售收入、账面价值和现金流量等，利用它们可以分别得到价格/收益乘数（P/E Ratio）、公司价值乘数（EV/EBITDA Ratio）、销售收入乘数（P/S Ratio）以及账面价值乘数（P/BV Ratio）等。只要估价变量与公司价值保持相对长期稳定的关系，就可以作为价格乘数的备选变量。这些比率或乘数只采用了财务报表的部分信息，计算方法简单易学，在实务中应用比较广泛。

根据Morgan Stanley的分析报告，在欧洲企业价值评估中，采用最多的方法是价格/收益乘数法（P/E），接下来分别是公司价值与EBITDA乘数法、剩余收益法（residual income）、公司价值/收益增长率（EV/EG）乘数法，而折现现金流量方法DCF位于第五位。下面主要以采用最多的价格/收益乘数法（P/E）为例进行说明，利用其他方法的基本原理大体相似，仅乘数的表现形式不同。

2）价格/收益乘数

价格/收益乘数（P/E）又称市盈率，是股票价格相对于当前会计收益的比值。自从20世纪20年代出现于华尔街以来，价格/收益乘数经Benjamin Graham在其1934年的名著《证券分析》中正式表述而得以流传，目前已成为股票价值评估最常用的类比估价模型。价格/收益乘数的数学意义为每1元年税后利润对应的股票价格；经济意义为购买公司1元税后利润支付的价格，或者按市场价格购买公司股票回收投资需要的年份，因此，又称为本益比。价格/收益乘数的投资意义是以一定的价格/收益乘数为基准，超过视为高估，低于视为低估。但这一投资实践意义并不明确，因为基准价格/收益乘数和高估或低估的数值界限很难确定。

价格/收益乘数把股价和公司盈利能力结合起来，在一般情况下可以真实地反映股票价格的高低。采用价格/收益乘数进行估价的一般公式为：

$$P_0=EPS_1\times P/E \tag{4.18}$$

应用公式（4.18）确定股票价值，主要取决于每股收益与价格/收益乘数两个因素。在确定每股收益时，应注意以下几个问题：（1）对于那些偶发事件导致的非正常收益，在计算EPS时应加以剔除；（2）对于受商业周期或行业周期影响较大的企业，应注意不同周期（如成长期和衰退期）对EPS的影响；（3）对于会计处理方法变更引起的EPS的差异，应进行相应的调整；（4）如果公司有发行在外的认股权证、股票期权、可转换优先股或可转换债券，应注意这些含有期权性的证券行权后对每股收益的影响，计算稀释后的EPS（diluted EPS）。

如果以b代替留存收益比率，则股利支付率为（1-b），在股利以固定比率增长的条件下，公式（4.18）可改写为：

$$P_0 = \frac{EPS_1(1-b)}{r_e - g} \tag{4.19}$$

等式两边同除以EPS_1，可以得到：

$$\frac{P_0}{EPS_1} = \frac{1-b}{r_e - g} \tag{4.20}$$

公式（4.20）表明，影响市盈率的因素主要是留存收益比率（或股利支付率）、股利增长率以及股权资本成本。应用公式（4.19）确定股票价值，关键在于对公司市盈率的分析和预测，而市盈率的高低与整个经济形势和市场景气状况有关。一般来说，经济前景良好、有发展潜力公司的股票市盈率会趋于上升；反之，公司发展机会不多、经营前景黯淡的公司，其股票市盈率会处于较低的水平。但在股票市场上，一个公司股票的市盈率可能会被非正常地抬高或压低，无法反映该公司的资产收益状况，从而很难正确地评估股票价值。

在【例4-4】中，假设留存收益率为40%，每股收益为5元，X公司的股票市盈率为：

$$\frac{P_0}{EPS_1} = \frac{1-b}{r_e - g} = \frac{1-40\%}{12\% - 8\%} = 15\text{（倍）}$$

按市盈率法，股票价格为：

$$P_0 = EPS_1 \times P/E = 5 \times 15 = 75\text{（元）}$$

上述计算结果表明，如果市场是有效的，市盈率法与现金流量折现法所得出的结论是一致的。这种方法简明易懂，计算简单，在实务中应用较多。

从理论上说，运用上述各种估值模型预测或分析股票价值一般都可以得到正确的结果，但其前提是估值所采用的各种参数必须是正确的，也就是说，普通股价值评估的质量最终取决于所获得的信息的质量。因为不论什么参数，都会得到某种答案。如果各种参数不真实，则对股票进行的价值评估就毫无用处，即通常所说的“垃圾进，垃圾出”（garbage in，garbage out）。利用价值评估模型需要注意的另一个问题就是获得信息的成本。任何答案的值必须与利用这一模型的成本相权衡。如果获得充分信息的成本太高，这个模型就毫无意义。

【本章小结】

1.债券（或任何其他资产）的内在价值等于其预期现金流量的现值，即等于预期收到的利息和本金的现值。可以分为一般情况下的债券估价和可赎回情况下的债券估价。

2.在收益率模型中，假设折现率未知，用债券当前的市场价格代替现值评估公式中债券的内在价值，从而计算折现率或预期收益率。其决策标准是，如果计算出来的收益率等于或大于必要收益率，则应购买该债券；反之，则应放弃。

3.债券收益率估价模型中的收益率可以分为两大类：到期收益率和赎回收益率。债券到期收益率（YTM）是指债券按当前市场价格购买并持有至到期日所产生的预期收益率。如果债券被赎回，投资者应根据债券赎回收益率（YTC）而不是到期收益率（YTM）来估算债券的预期收益率。

4.债券价值主要由息票率、期限和收益率（市场利率）三个因素决定。

5.债券价值与相关决定因素之间的关系可以归纳为：(1) 对于给定的到期时间和市场收益率，息票率越低，债券价值变动的幅度就越大；(2) 对于给定的息票率和市场收益率，期限越长，债券价值变动的幅度就越大，但价值变动的相对幅度随期限的延长而缩小；(3) 对同一债券，市场利率下降一定幅度引起的债券价值上升幅度要高于由于市场利率上升同一幅度引起的债券价值下跌的幅度。

6.与债券价值评估类似，对普通股进行价值评估一般可以采用现金流量折现法(DCF)，但其评估难度一般都比债券价值评估要大。

7.由于普通股价值评估模型中的预计现金流量可以分为两种：股利或股权自由现金流量，因此，普通股价值评估模型也可以分为两大类：股利折现模型和自由现金流量折现模型。

8.股利折现模型中的现金流量包括两部分：(1) 每期的预期股利；(2) 股票出售时的预期价格。根据股利的变化情况，一般可以将股票分为三类：零增长股、固定增长股和非固定增长股。在估价中，对股票收益率和股利增长率的确定是非常重要的。

9.普通股价值评估的第二种方法为自由现金流量法，分为股权自由现金流量法和公司自由现金流量法。

10.普通股价值评估的第三种方法为价格乘数法，是通过拟估价公司的某一变量乘以价格乘数来进行价值评估。其中，最常见的价格乘数是价格/收益乘数（P/E Ratio），即市盈率。

【复习思考】

1.什么是债券现值估价模型？它的计算公式是什么？

2.什么是债券收益率估价模型？它的计算公式是什么？

3.影响债券价值的因素有哪些？

4.股票估价的基本模型是什么？它假设了什么条件？

5.自由现金流量模型如何估算股票价值？它的计算公式是什么？

第4章自测题　第4章计算业务题　第4章上机练习题　第4章案例分析题

第5章

项目投资

【学习目标】

1. 熟悉投资项目现金流量预测的原则和预测方法；
2. 掌握投资项目的各种评价标准及其计算方法；
3. 应用净现值、内部收益率等主要评价指标进行独立项目和互斥项目的投资决策；
4. 掌握敏感性分析的基本方法；
5. 掌握投资项目风险调整折现率法和风险调整现金流量法。

【本章主要内容导图】

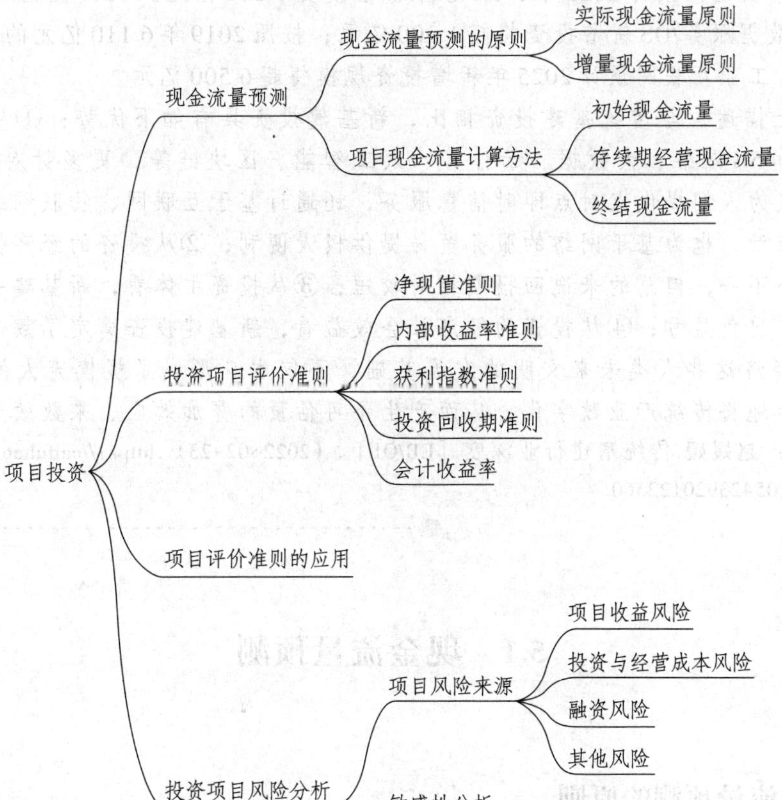

【引导案例】

新基建作为供给侧和需求侧管理的交汇点，成为基建增长和效能提高的新兴力量。传统的基建投资以交通运输、水利、公共设施以及电力热力和燃气的生产供应为主。然而经济新常态下，城镇化率逐步放缓，传统基建需求增长潜力受限，同时过去强刺激型财政政策副作用也越来越大，高投资、高杠杆、高房价积累的风险因素越来越多，产业结构转型压力加大，内需消费增长低迷，成为经济发展的严重阻碍。供给侧结构性改革的重点之一是调整总供给的结构，实现供给方面质和量的提高。新基建的投资集中在信息、融合以及创新等基础设施方面，对社会的技术水平提高和产业结构升级有着显著提振作用，从而有利于促进长期的经济发展。同时，新基建的运营与传统基建相比，市场化程度更高，属于成本压力小，但是政策效能高的政策抓手。新基建的直接投资情况预测如下：预计2025年，5G基站数量约为500万座，直接投资达2.5万亿元；目前处于在建和待核准的特高压工程共16条线路，特高压投资周期2~3年，到2025年预计总投资规模将超过5 000亿元；按照平均增加5 000千米计算，城际高铁和轨道交通预计到2025年投资规模4.5万亿元；按照每年公共和私人新能源汽车充电桩分别增长15万台和30万台，预计投资规模900亿元；人工智能领域，预计2025年，AI芯片新增投资1 000亿元，机器视觉等传感器及AI带来云平台/数据服务/OS新增投资将超1 200亿元；按照2019年6 110亿元的规模和13.3%的增速测算，工业互联网预计2025年新增投资规模将超6 500亿元。

根据以上描述，与传统基建投资相比，新基建投资具有如下优势：①从服务的对象看，新基建如5G网络、大数据、云计算、人工智能、区块链等，更多针对的是信息流、资金流，不仅为人们提供点对点即时信息服务，还通过基于互联网、物联网的金融支付工具便利资金流动，也为基于网络的服务贸易提供极大便利；②从投资的经济性看，新基建投资规模大小不一，但总的来说回报期相对较短；③从投资主体看，新基建一般由市场主体自主投资，自负盈亏；④从投资的经济社会效益看，新基建投资奠定了数字经济、智能经济、生命经济这些人类未来文明的发展基础，不仅本身形成了规模庞大的数字经济产业，还颠覆性地将传统产业数字化，从而产生不可估量的叠加效应、乘数效应。

资料来源：赵媛媛.传统基建行业深度［EB/OL］.（2022-02-23）.https://caifuhao.eastmoney.com/news/20220223105423920122360.

5.1 现金流量预测

5.1.1 现金流量预测的原则

投资决策是评价和选择投资项目，优化资源配置的一种经济活动。投资的目的是获得增加公司未来现金流量的长期资产，获得与风险相匹配的报酬。在市场经济条件下，公司能否把筹集到的资金投放到提高公司价值的项目上去，对公司的生存和发展十分重要。

投资项目现金流量是指在一定时期内，投资项目实际收到或付出的现金数。凡是由于该项投资而增加的现金收入或现金支出节约额都称为现金流入；凡是由于该项投资引起的现金支出称为现金流出；一定时期的现金流入量减去现金流出量的差额为现金净流量。

对于投资项目的决策者来说，其决策依据是投资方案的现金流量，主要基于以下几点原因：

第一，现金流量可以反映货币时间价值。

投资决策要求以收付实现制为记账基础。在权责发生制下，会计利润仅反映某一会计期间的“应计现金流量”，而不是实际的现金流量，没有考虑现金收支的实际时间。而收付实现制下的现金流量能明确每一笔预期收入、支出的具体时间。可见，要在投资决策中考虑时间价值的因素，就不能利用利润来衡量项目的优劣，而必须采用现金流量。

第二，现金流量使投资决策更具有客观性。

会计利润在一定程度上受营业收入确认时间、存货计价、间接费用分摊和折旧计提方式等的影响，而收入和费用的确认标准和计量方法具有较大的主观随意性，同时，若以未实际收到现金的收入作为收益，具有较大的风险，容易高估投资项目的经济效益，存在不科学、不合理的成分。所以，以现金流量作为长期投资的决策依据比较客观。

1）实际现金流量原则

实际现金流量原则是指计量投资项目的成本和收益时，采用现金流量而不是会计收益。因为会计收益的计算中包含了一些非现金因素，如折旧费及无形资产摊销在会计上作为一种费用抵减了当期的收益，但这种费用并没有发生实际的现金支出，只是账面记录而已，因此在现金流量分析中，折旧应加回到收益中。如果将折旧作为现金支出，就会出现固定资产投资支出的重复计算，一次是在期初购买固定资产时，一次是在每期计提折旧计入成本时。

实际现金流量原则的另一个含义是项目未来的现金流量必须用预计未来的价格和成本来计算，而不是用现在的价格和成本计算，如在通货膨胀时期应注意调整通货膨胀对现金流量的影响。

2）增量现金流量原则

预测现金流量要建立在增量或边际的概念基础上。只有增量现金流量才是与项目相关的现金流量。所谓增量现金流量，是根据“有无”的原则，确认有这项投资与没有这项投资现金流量之间的差额。判断增量现金流量，决策者会面临以下四个问题：

（1）附加效应。公司投资一个新的项目可能对其原来的项目或业务产生影响，这种影响可能是积极的，即新项目与原有项目之间存在互补关系，项目实施后将增加原有项目的收入；这种影响也可能是消极的，即新项目与原有项目之间存在替代关系，新项目实施后会冲击原有项目的收入或获利水平。例如，一种新产品问世后，客户对公司现有产品的需求可能会减少，在估计新项目现金流量时，必须从中扣除这部分减少的现金流量。

（2）沉没成本。沉没成本指过去已经发生、无法由现在或将来的任何决策所改变的成本。在投资决策中，沉没成本属于决策无关成本。例如，某投资项目前期工程投资70万元，要使工程全部完工，需追加50万元。如果工程完工后的收益现值为80万元，则应追加投资，完成这一项目。因为公司面临的不是投资120万元收回80万元的问题，而是投资50万元收回80万元的问题。此时，工程前期发生的70万元投资属于决策无关的沉没成本。如果决策者将沉没成本纳入投资成本总额中，则会使一个有利的项目变得无利可图，从而造成决策失误。一般来说，大多数沉没成本是与研究开发以及投资决策前进行市场调查有关的成本。[①]

（3）机会成本。机会成本是指在投资决策中，从多种方案中选取最优方案而放弃次优方案所丧失的收益。例如，某投资项目需在公司所有的一块土地上建设厂房，目前土地的市场价格为100万元。如果将这块土地用于项目投资，公司将损失土地出售收入。这部分丧失的收入即为投资的机会成本，虽然机会成本并未发生现金实体的交割或转让行为，但作为一种潜在的成本，必须加以认真对待，以便为既定资源寻求最佳使用途径。

机会成本与投资选择的多样性和资源的稀缺性相联系，当存在多种投资机会，而可供使用的资源受限的时候，机会成本就一定存在。当考虑机会成本时，往往会使某些看上去有利可图的投资实际上无利可图，甚至亏本。

（4）制造费用。在确定项目现金流量时，对于制造费用，要作进一步分析，只有那些确因本项目投资而引起的费用（如增加的管理人员、租金和动力支出等），才能计入投资的现金流量；与公司投资进行与否无关的费用，则不应计入投资现金流量中。

5.1.2 项目现金流量计算方法

一个投资项目的现金流量一般包括初始现金流量、存续期现金流量和终结现金流量三部分。

1）初始现金流量

初始现金流量是项目建设过程中发生的现金流量，主要包括以下四项：

（1）项目初始投资，主要指形成固定资产、无形资产和其他资产的投资。项目投资时直接形成固定资产的建设投资，如建筑工程费、设备购置费、安装工程费以及建设期利息[②]等。与项目相关的无形资产支出主要指技术转让费或技术使用费、商标权和商誉等。其他资产的费用主要指生产准备费、开办费、培训费、样品样机购置费等。[③]

（2）净营运资本的垫支。营运资本是指项目在投产前（或存续期间）投放于流动资产、用于周转使用的资本，净营运资本（NWC）是指流动资产与流动负债之间的差额。在项目存续期，各期处于周转使用的净营运资本追加额可按下式计算：

$$\Delta NWC_t = NWC_t - NWC_{t-1} \tag{5.1}$$

在项目存续期末，满足项目需要的流动资产不再需要，如无须购买新的存货，应收账款将被收回且不会产生新的应收账款，因而投放在项目上的营运资本在项目存续期末逐渐被收回。

XYZ公司投资项目预计净营运资本增加额（2023年至2028年）见表5-1。在表中，

① 尽管沉没成本不能作为投资决策考虑的因素，但一个公司必须在较长的时间里收回它所支付的沉没成本，才能为公司创造增量价值。

② 建设期利息是指举债筹资时在建设期内发生并按规定在投产后计入固定资产原值的利息，即资本化利息。

③ 需要说明的是，对于土地使用权，按规定，在尚未开发或建造自用项目前，土地使用权作为无形资产核算，房地产开发公司开发商品房时，将其账面价值转入开发成本；公司建造自用项目时将其账面价值转入在建工程成本。为了与以后折旧和摊销相协调，在项目投资估算时通常将土地使用权直接列入固定资产的其他费用中。

营运资本投资额随着销售收入的变化而变化，在项目生产期的第三年（2025年），前两期投入的营运资本逐渐被收回。

表5-1　　XYZ公司投资项目预计净营运资本增加额　　单位：万元

年份	2023年	2024年	2025年	2026年	2027年	2028年
销售收入	4 000	4 400	4 840	3 800	1 800	1 000
现金（销售收入的2%）	80	88	97	76	36	20
应收账款（销售收入的8%）	320	352	387	304	144	80
存货（销售收入的10%）	400	440	484	380	180	100
应付账款（销售收入的7%）	280	308	339	266	126	70
净营运资本	520	572	629	494	234	130
净营运资本增加额		52	57	−135	−260	−104

（3）原有固定资产的变价收入，是指固定资产重置、旧设备出售时的现金净流量。

（4）所得税效应，是指固定资产重置时变价收入的税负损益。按规定，出售资产（如旧设备）时，如果出售价高于原价或账面净值，应缴纳所得税，多缴的所得税构成现金流出量；出售资产时发生的损失（出售价低于账面净值）可以抵减当年所得税支出，少缴的所得税构成现金流入量。

（5）不可预见费用，如政治、经济等形势变化导致的设备价格的上涨，以及自然灾害等原因带来的投资前不能完全估计到但是又有可能发生的一系列费用。

2）存续期经营现金流量

存续期经营现金流量是指项目建成后，生产经营过程中发生的现金流量，这种现金流量一般是按年计算的，主要包括：（1）投资项目投产后增加的税后现金收入（或成本费用节约额）；（2）与投资项目有关的以现金支付的各种税后成本费用（即不包括固定资产折旧费以及无形资产摊销费等，也称付现成本）以及各种税金支出。经营现金流量可根据利润表等有关资料分析得出，其基本计算公式为：

现金净流量=销售收入−付现成本−所得税

=税后利润+折旧　　(5.2)

公式（5.2）中的所得税在某种程度上依赖于折旧的增量变动，为反映折旧变化对现金流量的影响，上式可变为：

现金净流量=（销售收入−付现成本）×（1−所得税税率）+折旧×所得税税率　　(5.3)

式中“折旧×所得税税率”称作税负节约，指折旧计入成本，冲减利润而少缴的所得税税额，这部分少缴的所得税形成投资项目的现金流入量。

在按上述公式估计经营现金流量时，如果项目在经营期内追加营运资本和固定资产投资，其增量投资额应从当年现金流量中扣除。因此，可将公式（5.2）改写成为：

现金净流量=销售收入−付现成本−所得税−净营运资本追加支出−资本支出　　(5.4)

3）终结现金流量

终结现金流量是指项目存续期末发生的现金流量，主要包括两部分：存续期经营现金流量和存续期末现金流量。其中存续期末现金流量主要包括：第一，固定资产残值变价收入以及出售时的税负损益。固定资产出售时税负损益的确定方法与初始投资时出售旧设备发生的税负损益相同。如果预计固定资产报废时残值收入大于税法规定的数额，就应上缴所得税，形成一项现金流出量；反之则可抵减所得税，形成现金流入量。第二，垫支营运资本的收回。这部分资本不受税收因素的影响，税法把它视为资本的内部转移，如同把存货和应收账款换成现金一样，因此，收回的营运资本仅仅是现金流量的增加。

在确定项目现金流量时，还需要注意以下两个问题：

第一，项目现金流量中不包括利息费用。通常，一个项目的价值是以项目的资本成本对其现金流量进行折现确定的。资本成本是债务资本成本、股权资本成本的加权平均数，反映了投资者（债权投资者和股权投资者）投资要求的最低收益率。采用折现现金流量法时，折现的过程还原了表示项目资本成本的现金流量。如果从项目的现金流量中扣除利息费用，然后再以资本成本进行折现，就等于双重计算融资费用。因此，在确定项目现金流量时不应该减去利息费用。

第二，估计通货膨胀对项目的现金流量和资本成本（折现率）的影响时，应遵循一致性的原则，如果预测的现金流量序列包括了通货膨胀的影响，折现率也应包括这一因素的影响；反之亦然。但是，在计算通货膨胀变化对各种现金流量，如销售价格、原材料成本、工资费用的影响时，应注意不同现金流量受通货膨胀的影响程度是各不相同的，不能简单地用一个统一的通货膨胀率来修正所有的现金流量。

5.2 投资项目评价准则

5.2.1 净现值准则

净现值（net present value，NPV）是反映投资项目在建设和生产服务年限内获利能力的指标。一个项目的净现值是指在整个建设和生产服务年限内各年现金净流量按一定的折现率计算的现值之和。其计算公式为：

$$NPV = \sum_{t=0}^{n} \frac{NCF_t}{(1 + r)^t} \tag{5.5}$$

式中：NCF_t为第t期现金净流量；r为折现率；n为项目周期。

在公式（5.5）中，折现率是指项目投资要求的必要收益率或资本成本。如果拟进行的投资项目与公司历史上的投资项目具有相同的风险，公司的财务政策不会因为新的投资活动而受到影响，则可以公司资本成本作为项目的资本成本。如果拟投资项目的风险与公司当前所有现存资产的风险不相同，那么就必须确定项目的资本成本。

项目周期包括项目建设期和生产期，一般可根据下列标准确定：（1）投资项目所使用的主要设备的平均物理寿命，但由于难以预测物理寿命期限内各期的现金流量，因此这一标准的经济意义不大。（2）项目产品的市场寿命（项目的经济寿命）。由于产品技术含量、实用性、市场竞争以及各方面的经验等因素，项目经济寿命的长短不宜准确地确定。(3) 现金流量预测期限，即估计销售量以及各类支出的期限，并假设在期限终了时投资项目的所有未来价值将包括在该项目的残值内。

【例5-1】

假设有A、B两个投资项目，各期现金流量均发生在每期期末，项目的折现率均为10%，有关数据和计算结果见表5-2。

表5-2　**A、B投资项目预期现金流量**　金额单位：万元

项目	NCF_0	NCF_1	NCF_2	NCF_3	NCF_4	NCF_5	NPV（10%）	IRR
A	-450 000	200 000	150 000	100 000	100 000	120 000	73 718	17.12%
B	-100 000	50 000	40 000	30 000	20 000	30 000	33 340	24.43%

根据表5-2的数据，项目A的净现值计算如下：

$$NPV = -450\,000 + \frac{200\,000}{1+10\%} + \frac{150\,000}{(1+10\%)^2} + \frac{100\,000}{(1+10\%)^3} + \frac{100\,000}{(1+10\%)^4} + \frac{120\,000}{(1+10\%)^5}$$

$$= -450\,000 + 523\,718 = 73\,718\text{（万元）}$$

采用净现值准则进行项目决策的标准是：在无资本约束的情况下，接受净现值大于等于零的项目，放弃净现值小于零的项目。当一个投资项目有多种方案可供选择时，选择净现值最大的方案，或是按净现值大小进行项目排队，对净现值大的项目优先考虑。在上例中，选择项目A可以为投资者（股东）带来更多的价值。

在项目评价中，如果项目的净现值大于零，表明该项目产生的现金流量可以向投资者提供超过他们要求之外的收益，这个收益的现值就是项目的NPV。此时，进行项目投资可以提高公司当前的市场价值。如果项目的净现值等于零，表明该项目产生的现金流量刚好满足投资者要求的收益率，项目投资不会改变公司当前的市场价值。如果项目的净现值小于零，意味着项目实施后会降低公司当前的市场价值。采用净现值准则进行项目评价具有以下特点：

第一，净现值具有可加性。假设表5-2中的A、B项目是相互独立的，对它们进行评价时，既可以将两个项目合并在一起，也可以分别评价这两个项目。根据价值可加性原则，合并或分别计算所得到的结果是一致的。

第二，净现值准则假定一个项目所产生的中间现金流量（即发生在项目初始和终止之间的现金流量）能够以最低可接受的收益率（通常指资本成本）进行再投资。

第三，NPV计算考虑了预期期限结构和利率的变化。例如，在上例计算中，假设项目的折现率保持不变，这可能与现实不相符。事实上，净现值可以用随时间变化的折现率进行计算，其公式为：

$$NPV = \sum_{t=1}^{n} \frac{NCF_t}{\prod_{j=1}^{j=t}(1+r_j)} - I_0 \tag{5.6}$$

式中：I_0为初始投资；Π为连乘号。

假设某投资项目第0年至第4年的现金流量分别为-1 500万元、300万元、400万元、

500万元、600万元，第1年至第4年的折现率分别为10%、11%、12%、13%，则项目的净现值计算如下：

$$\begin{aligned}NPV &= -1\,500 + \frac{300}{1.1} + \frac{400}{1.1 \times 1.11} + \frac{500}{1.1 \times 1.11 \times 1.12} + \frac{600}{1.1 \times 1.11 \times 1.12 \times 1.13} \\ &= -1\,500 + 272.7 + 327.6 + 365.6 + 388.3 \\ &= -145.8\text{（万元）}\end{aligned}$$

由于项目的现金流量是按名义现金流量计算的，因此在计算NPV时需将真实资本成本调整为名义资本成本，其调整公式为：

$$名义利率=（1+真实利率）\times（1+预期通货膨胀率）-1 \tag{5.7}$$

净现值准则考虑了项目周期各年现金流量的现时价值，反映了投资项目的收益，在理论上较为完善。但是，采用净现值准则进行投资决策隐含的假设是：以当前预测的现金流量和折现率进行项目投资与否的决策，无论是“现在就投资”（如果NPV大于零），还是“永远不投资”（如果NPV小于零），都是一种当期的决策，而与决策后可能出现的新信息无关，从而忽略了随着时间的流逝和更多信息的获得导致项目发生变化的各种因素，否认了决策的灵活性。

5.2.2 内部收益率准则

内部收益率（internal rate of return，IRR）是指项目净现值为零时的折现率或现金流入量现值与现金流出量现值相等时的折现率。内部收益率满足下面公式：

$$NPV = \sum_{t=0}^{n} NCF_t (1 + IRR)^{-t} = 0 \tag{5.8}$$

内部收益率的计算公式是一个n次方程，可采用试错法（trial and error）确定IRR。首先估计一个IRR代入上式，来计算项目的净现值。如果代入后的净现值大于零，说明项目本身的收益率大于折现率，就提高折现率进一步测试；如果代入后的净现值小于零，说明项目本身的收益率小于折现率，就降低折现率进一步测试。反复测试，找到净现值由正到负并且比较接近于零的两个折现率，再运用插值法计算出该项目的内部收益率。

应用插值法求解IRR的步骤：

步骤1：任取一个R_1，计算对应的NPV_1。

步骤2：若$NPV_1<0$，则取$R_2<R_1$；若$NPV_1>0$，则取$R_2>R_1$。

步骤3：计算R_2对应的NPV_2，若$NPV_2<0$，则取$R_1<R_2$；若$NPV_2>0$，则取$R_1>R_2$。

步骤4：继续步骤2，直到R_1和R_2所对应的NPV出现一正一负。

步骤5：检验$|R_2-R_1|\leq 5\%$是否成立，若成立，进行下一步；否则，继续步骤2。

步骤6：用下面的线性插值公式计算IRR：

$$IRR=R_1+\frac{NPV(R_1)}{NPV(R_1)-NPV(R_2)}\times(R_2-R_1)$$

还可以采用Excel中的IRR财务函数进行计算，回车后即可得到项目的内部收益率为17.12%。

利用IRR准则评价投资项目的标准是：如果IRR大于或等于项目资本成本或投资最低收益率，则接受该项目；反之，则放弃。在互斥项目决策时，选择内部收益率最高的项目。内部收益率准则可直接根据投资项目本身的参数（现金流量）计算其投资收益率，在一般情况下，能够正确反映项目本身的获利能力。

需要注意的是，投资项目的内部收益率与资本成本是不同的，IRR是根据项目本身的现金流量计算的，反映项目投资的预期收益率；资本成本是投资者进行项目投资要求的最低收益率。

如果投资项目的现金流量为传统型，即在投资有效期内只改变一次符号，如果项目各期采用相同的折现率，且以资本成本作为比较基础，那么采用内部收益率准则和净现值准则对项目投资评价的结论是一致的。对于项目A来说，如果折现率或资本成本（r）小于17.12%，净现值大于零，按IRR和NPV两种标准判断，均应接受该投资项目。如果折现率或资本成本大于17.12%，净现值小于零，按两种标准判断，均应放弃该投资项目。这表明，如果NPV大于零，IRR必然大于资本成本；如果NPV小于零，IRR必然小于资本成本。由此可知：如果净现值准则得到满足，内部收益率准则也必然得到满足；反之亦然。不论采取哪种决策准则，其结论是一致的。

但是，如果上述假设不同时成立，采用IRR准则和NPV准则所得出的结论可能会存在差异。与净现值准则相比，内部收益率准则存在一些缺陷，具体表现在以下四个方面：

第一，IRR假设再投资利率等于项目本身的IRR。如上例中，假设项目A各年产生的现金流按17.12%进行再投资，而项目B各年产生的现金流量按24.43%进行再投资。这种假设是以所要考虑的各个项目的现金流量为转移的，投资项目的IRR高，假设的再投资利率也高，反之亦然，这对未来的项目投资来说是不现实的。由于各项目的IRR不同，各项目的再投资利率也不同，这不仅影响评价标准的客观性，也不利于各项目间的比较。相对而言，NPV准则假设的再投资利率是资本成本，在市场均衡的条件下，它表明项目投资者要求的最低收益率。这种设想隐含在净现值中，且对所有的投资项目（现在或未来）来说再投资利率都是相同的。在没有其他更确切的信息时，净现值关于再投资利率的假设是一种较为客观、合理的预期。

第二，项目可能存在多个内部收益率或无收益率。采用IRR进行项目评价时，如果一个投资项目的现金流量是交错型的，如现金流量为− − + + +…− + +，即非传统型现金流量，则该投资项目可能会有几个IRR，其个数要视现金流量序列中正负号变动的次数来确定，在这种情况下，很难选择出哪一个用于评价最合适。假设某投资项目在第0年至第4年的现金流量分别为−1 000万元、800万元、1 000万元、1 300万元、−2 200万元，其内部收益率分别为6.6%和36.6%，如图5-1所示。

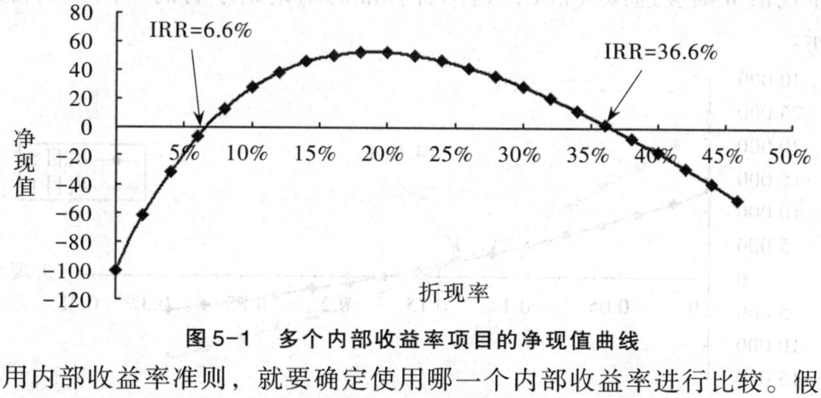

图5-1　多个内部收益率项目的净现值曲线

如果采用内部收益率准则，就要确定使用哪一个内部收益率进行比较。假设项目投资要求的最低收益率为12%，以6.6%作为内部收益率，项目是不可行的；以36.6%作为内部收益率，项目是可行的。如果采用NPV准则，在折现率为12%的条件下，只要项目的净现值大于零，就可以简单地判断这个项目是可行的。

与多个内部收益率不同，也可能会出现没有任何折现率能满足定义NPV=0，即IRR无解（如某项目的现金流量为-1、3、-2.5），这时无法找到评价投资项目的标准。

第三，内部收益率准则不能识别投资（资本贷放）和融资（资本借入）。在表5-3中，有两个项目，内部收益率均为50%，如果投资者要求的最低收益率为10%，两个项目都是可行的；如果按净现值准则评价，项目D的净现值小于零，应该放弃。造成决策差异的原因在于项目D是一个融资项目，IRR成为贷款方的预期收益率，此时IRR越高，公司（融资方）的融资成本越高。假设在借款融资中，公司向贷款方支付的最高成本为r，则融资项目的决策准则是，接受IRR≤r的项目，拒绝IRR>r的项目。这与传统意义上的IRR决策准则刚好相反。

表5-3 **投资与融资项目的NPV和IRR** 金额单位：万元

项目	0	1	IRR	NPV（10%）
项目C	-1 000	1 500	50%	364
项目D	1 000	-1 500	50%	-364

第四，互斥项目排序矛盾。在互斥项目的比较分析中，如果两个项目的投资规模不同，或两个项目的现金流量时间分布不同，采用NPV准则或IRR准则进行项目排序，有时会得出相反的结论。表5-4描述了两个规模不同项目的净现值和内部收益率。

表5-4 **投资项目S和L的现金流量** 金额单位：万元

项目	NCF_0	NCF_1	NCF_2	NCF_3	NCF_4	NPV（12%）	IRR（%）	PI
S	-26 900	10 000	10 000	10 000	10 000	3 473	18%	1.13
L	-55 960	20 000	20 000	20 000	20 000	4 787	16%	1.09
L-S	-29 060	10 000	10 000	10 000	10 000	1 314	14.13%	1.05

根据表中数据，S和L两个投资项目的内部收益率均大于资本成本（12%），净现值均大于零，如果可能两者都应接受。如果两个项目只能选取一个，按内部收益率准则应选择项目S；按净现值准则应选择项目L，这两种标准的结论是矛盾的。两个项目净现值曲线如图5-2所示。

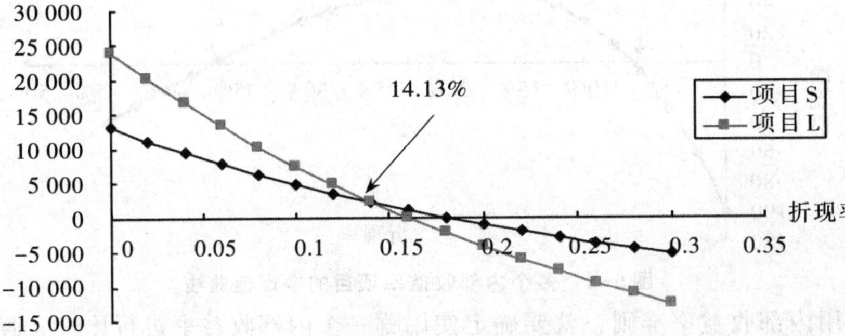

图5-2 项目S、L净现值曲线

在图5-2中，两个项目净现值曲线与横轴的交点分别代表各自的内部收益率，与纵轴的交点则表示r=0时各自的净现值。从图中可以看出，不论投资者要求的收益率或资本成本（r）为多少，按内部收益率排序，项目S总是优于项目L。而按净现值排序，结果与所选择的折现率有关，如果r<14.13%，项目L优于项目S；如果r>14.13%，项目S优于项目L；如果r = 14.13%，则两个项目的净现值相等，或者说14.13%代表了两个项目净现值相等时的收益率。如果投资者要求的收益率或资本成本等于或大于这一交点，按NPV或IRR两种标准排序的结论相一致；如果投资者要求的收益率或资本成本小于这一交点，则按NPV排序与按IRR排序的结论会发生冲突。

此外，如果两个投资项目投资额相同，但现金流量时间分布不同，也会引起两种标准在互斥项目选择上的不一致性。在表5-2中，按内部收益率排序，项目B大于项目A；按净现值排序，在折现率为10%的条件下，项目A大于项目B。造成这一差异的原因是两个投资项目现金流量时间分布不同。

采用NPV准则和IRR准则出现排序矛盾时，究竟以哪种准则作为项目评价标准，取决于公司是否存在资本约束，如果公司有能力获得足够的资本进行项目投资，净现值准则提供了正确的答案。在本例中，在资本成本为8%的条件下，项目L可以为公司创造更多的价值。如果公司存在资本限额，内部收益率准则是一种较好的标准。

5.2.3 获利指数准则

获利指数（profitability index，PI）又称现值指数，是指投资项目未来现金净流量（NCF）现值与初始投资额（I_0）的比率。其计算公式为：

$$PI = \frac{PV(NCF)}{I_0} \tag{5.9}$$

根据【例5-1】的资料，项目A的现值指数计算如下：

$$PI = \frac{523\ 718}{450\ 000} = 1.16$$

根据获利指数准则进行项目选择的标准是：接受获利指数大于或等于1的项目；放弃获利指数小于1的项目。

尽管从理论上说，NPV标准优于IRR或PI，但项目经理对IRR或PI有着强烈的偏好，其主要原因包括：（1）IRR标准不需事先确定资本成本，反映的是项目本身的获利能力；（2）IRR和PI是相对数指标，进行不同投资规模的比较和评价更为直观。NPV标准虽然是一个绝对数，但在分析时已考虑到投资的机会成本，只要净现值为正数，就可以为公司多创造价值。因此NPV标准与公司价值最大化这一目标相一致。综上所述，我们可以得出结论，若项目相互独立，依据NPV、IRR、PI标准可做出完全一致的接受或舍弃的决策，但在评估互斥项目时，则应以NPV标准为基准。

当存在资本约束，只能选择一个项目时，选择PI最大的项目。由于NPV与PI使用相同的信息评价投资项目，得出的结论常常是一致的，但在投资规模不同的互斥项目的选择中，则有可能得出不同的结论。如在表5-4中，按NPV准则，项目L优于项目S；按PI准则，项目S优于项目L。在这种情况下，项目选择的标准取决于公司是否存在资本约束，如果公司有能力获得足够的资本进行项目投资，净现值准则提供了正确的答案。如果公司存在资本限额，获利指数准则是一种较好的选择标准。

5.2.4 投资回收期准则

投资回收期（payback period，PP）是指通过项目的现金净流量来回收初始投资所需要的时间。假设T为项目各年累计现金净流量首次出现正值的年份，投资回收期可按下式计算：

$$PP = T - 1 + \frac{\text{第T} - 1\text{年累计现金净流量的绝对值}}{\text{第T年的现金净流量}} \tag{5.10}$$

根据【例5-1】的数据，按照项目A、项目B的累计现金净流量（见表5-5）计算的投资回收期如下：

表5-5 项目A、项目B累计现金净流量 单位：万元

年份	项目A		项目B	
	现金净流量	累计现金净流量	现金净流量	累计现金净流量
0	-450 000	-450 000	-100 000	-100 000
1	200 000	-250 000	50 000	-50 000
2	150 000	-100 000	40 000	-10 000
3	100 000	0	30 000	20 000
4	100 000	100 000	20 000	40 000
5	120 000	220 000	30 000	70 000

项目A的投资回收期为3年，项目B的投资回收期计算如下：

$$PP = (3 - 1) + \frac{10\,000}{30\,000} = 2.33\text{（年）}$$

采用投资回收期准则进行项目决策的标准是：如果投资回收期小于基准回收期（公司自行确定或根据行业标准确定），接受该项目；反之，则放弃该项目。在互斥项目比较分析时，应以回收期最短的方案作为中选方案。

投资回收期以收回初始投资所需时间长短作为判断是否接受某项投资的标准，方法简单，反映直观，被公司广泛采用。但这种方法也存在一定的缺陷，主要表现在：（1）投资回收期标准没有考虑货币的时间价值和投资的风险价值。在应用这个指标时，实际上是认定r=0，也就是假设在计算期内任何时点上的现金流量的价值都与它的现时价值相等，这显然是不科学的。（2）投资回收期标准只考虑回收期以前各期现金流量的贡献，而将回收以后的现金流量截断了，完全忽略了回收以后现金流量的经济效益，这样就忽略了不同方案的实际差异。例如在表5-6中，如果按净现值准则，应选择项目D，拒绝项目C；如果按投资回收期准则，则得出了与NPV准则相反的结论。从公司价值的角度分析，实施项目D可以增加公司财富，而实施项目C将减少公司的财富。

表5-6 投资项目净现值与回收期

年份	0	1	2	3	4	5	NPV（15%）	PP
项目C	-1 000	500	500	150	80	50	-17.92	2
项目D	-1 000	500	300	400	300	150	170.73	2.5

为了弥补投资回收期标准未考虑货币时间价值和投资风险价值这一缺陷，可采用折现投资回收期标准，这一标准是将未来各期现金流量用该项目的折现率进行折现，求得累计

净现值与初始投资现值相等时所需的时间（如根据表5-5的数据，项目B折现后的投资回收期为2.33年）。但这一标准仍未考虑投资项目回收以后各期现金流量的影响。

尽管投资回收期在项目评价中存在一些缺陷，但它确实告诉人们投入资本被项目占用了多长时间。在其他因素不变的情况下，项目回收期越短，项目的流动性就越大。而且由于远期现金流量的风险大于近期现金流量的风险，因此，投资回收期通常作为衡量项目风险的指标。

5.2.5 会计收益率

会计收益率（accounting rate of return，ARR）是指投资项目年平均净收益与该项目年平均投资额的比率。其计算公式为：

$$会计收益率 = \frac{年平均净收益}{年平均投资总额} \times 100\% \tag{5.11}$$

式中，“年平均净收益”可按项目投产后各年净收益总和简单平均计算；“年平均投资总额”是指固定资产投资账面价值的算术平均数。

利用会计收益率准则衡量投资项目的标准是：如果会计收益率大于基准会计收益率（通常由公司自行确定或根据行业标准确定），则应接受该项目，反之则放弃该项目。在有多个方案的互斥选择中，则应选择会计收益率最高的项目。

5.3 项目评价准则的应用

ABC公司正在对某项目做投资决策分析，目前公司研究开发出一种电子产品，其销售市场前景看好。为了解电子产品的潜在市场，公司支付了50 000元聘请咨询机构进行市场调查。调查结果表明，这一产品市场大约有15%～20%的市场份额有待开发。公司决定对该电子产品投资进行成本-效益分析。其有关预测资料如下：

（1）市场调研费50 000元为沉没成本，属于项目投资决策的无关成本。

（2）电子产品生产设备购置费为110 000元，使用年限为5年，设备残值为5 500元，按直线法计提折旧，每年折旧费20 900元；预计5年后不再生产该产品后可将设备出售，售价为30 000元。

（3）公司购买一处可以满足项目需要的厂房，价款为70 000元，根据税法规定厂房按20年计提折旧，假设5年后该厂房的市场价值为60 000元。

（4）预计电子产品各年的销售量依次为：500件、800件、1 200件、1 000件、600件；电子产品市场销售价格，第一年为每件200元，由于通货膨胀和竞争因素，售价每年将以2%的幅度增长；电子产品单位付现成本第一年100元，以后随着原材料价格的大幅度上升，单位付现成本每年将以10%的比率增长。

（5）生产电子产品需要垫支净营运资本，假设各期按下期销售收入的10%估计。第一年初净营运资本投资10 000元，第五年末净营运资本为零。

（6）企业所得税税率为25%，假设在整个经营期内保持不变。

根据上述（1）至（6）的相关数据，首先编制经营收入与付现成本预测表，然后编制项目现金流量表，分别见表5-7和表5-8。

表5-7 **经营收入与付现成本预测** 单位：元

年份	销售量	单价	销售收入	单位付现成本	付现成本总额
1	500	200.00	100 000	100.00	50 000
2	800	204.00	163 200	110.00	88 000
3	1 200	208.08	249 696	121.00	145 200
4	1 000	212.24	212 242	133.10	133 100
5	600	216.49	129 892	146.41	87 846

表5-8 **现金流量预测** 单位：元

项目	0	1	2	3	4	5
项目存续期经营现金流量：						
销售收入		100 000	163 200	249 696	212 242	129 892
付现成本		50 000	88 000	145 200	133 100	87 846
设备折旧		20 900	20 900	20 900	20 900	20 900
厂房折旧		3 500	3 500	3 500	3 500	3 500
息税前利润		25 600	50 800	80 096	54 742	17 646
所得税（25%）		6 400	12 700	20 024	13 686	4 412
净收益		19 200	38 100	60 072	41 056	13 234
折旧		24 400	24 400	24 400	24 400	24 400
经营现金流量		43 600	62 500	84 472	65 456	37 634
固定资产投资：						
设备投资	−110 000					23 875*
厂房	−70 000					58 125**
净营运资本：						
净营运资本（年末）	10 000	16 320	24 970	21 224	12 989	0
净营运资本增加值	−10 000	−6 320	−8 650	3 746	8 235	12 989
投资与净营运资本增加值	−190 000	−6 320	−8 650	3 746	8 235	94 989
现金净流量	−190 000	37 280	53 850	88 218	73 691	132 623
累计现金净流量	−190 000	−152 720	−98 870	−10 652	63 039	195 662

注：*设备投资中第5年为设备残值出售时的资本利得，根据预测设备5年后的售价为30 000元，而账面价值仅为5 500元，出售价超过账面价值的差额应缴纳所得税6 125元（（30 000−5 500）×0.25），出售设备税后净收入为23 875元（30 000−6 125）。

**根据预测第5年项目结束时，厂房的市场价值为60 000元，账面价值为52 500元，出售厂房税后收入为58 125元，计算方法与设备相同。

说明：表中数据是利用Excel电子表格完成的，与手工计算结果有一定的尾数差异。

【学思践悟】“十四五”时期投资空间拓展与投资结构优化

《中华人民共和国国民经济和社会发展第十四个五年规划和2035年远景目标纲要》（以下简称《“十四五”规划纲要》）从总体上对未来五年我国投资领域的发展与改革做出三方面部署：一是明确了“十四五”时期投资在国民经济中的功能定位和基本要求，指出了投资领域的重点发展方向。二是围绕新型基础设施、新型城镇化、交通水利、科技创新、民生保障等领域，规划设计了102项重大工程项目。三是提出要深化投融资体制改革，促进形成市场主导的投资内生增长机制。

拓展投资空间是《“十四五”规划纲要》对未来五年我国投资领域发展方向的整体概括。具体而言，“拓展投资空间”包含结构、效率、规模三个维度的基本要求：一是优化投资结构；二是提高投资效率；三是保持投资合理增长。这三点要求兼顾问题导向和目标导向，均具有非常强的针对性——既是对近年来我国投资领域存在的若干亟待解决的突出问题的回应，也是对我国经济由高速增长阶段转向高质量发展阶段之后新的目标任务在投资领域的明确。

提高投资效率，应该从以下三个方面入手：一是健全调研谋划、可行性论证、申报审批、落地推进、投后管理等各个环节的体制机制。加强政府层级之间、不同部门之间的衔接紧凑度，真正形成“谋划一批、在建一批、竣工投产一批”的动态良性循环。二是扎实做好项目前期工作。提高可行性论证的科学性和可靠性，防止过度投资和重复建设。做好项目储备库建设，既要避免为争取资金而匆忙立项，又要防止错失时机等情况发生。三是实行全流程集约化管理，在保障工程质量的前提下尽可能提升投入产出率，杜绝各类要素浪费尤其是资金跑冒滴漏。

资料来源：冯明.“十四五”时期投资空间拓展与投资结构优化［J］.银行家，2022（6）.

5.4 投资项目风险分析

5.4.1 项目风险来源

项目风险是指某一投资项目本身特有的风险，即不考虑与公司其他项目的组合风险效应，单纯反映特定项目未来收益（净现值或内部收益率）可能结果相对于预期值的离散程度。通常采用概率的方法，用项目标准差进行衡量。

投资项目风险一方面来源于项目特有因素或估计误差带来的风险，另一方面来自于各种外部因素引起的风险，其中具有普遍性且比较重要的因素如下：

（1）项目收益风险，是指影响项目收入的不确定性因素，如产品价格波动、市场状况、消费者偏好、意外事故等。项目收入比任何其他的经济分析所采用的参数都具有更大的不确定性，这种不确定性将给公司带来更大的投资风险。

（2）投资与经营成本风险，是指对各项费用估计不足的风险。例如，对厂房及机器设备的类型与数量、土地征用和拆迁安置费、机械使用费等建设投资估计不足，对材料费、工资费、各种管理费等经营成本估计不足，以及建设期的延长等对费用的影响估计不足等。

(3) 融资风险，是指项目资本来源、供应量与供应时间、利率、汇率变化对融资成本的影响。

(4) 其他风险，主要指社会、政治、经济的稳定程度，项目施工与经营管理的水平，技术进步与经济发展的状况，国家的投资及产业政策，投资决策部门的预测能力，项目设计质量和可靠性，通货膨胀和汇率等。

5.4.2 敏感性分析

敏感性分析是衡量不确定因素变化对项目评价标准（如NPV或IRR）的影响程度。如果某一因素在较小范围内发生变动，就会影响原定项目的盈利能力，即表明该因素的敏感性强；如果某一因素在较大范围内变动，才会影响原定项目的盈利能力，即表明该因素的敏感性弱。敏感性分析的目的是找出投资机会的“盈利能力”对哪些因素最敏感，从而为决策者提供重要的决策信息。

投资项目敏感性分析的具体步骤如下：

第一，确定敏感性分析对象。在进行敏感性分析时，可根据不同投资项目的特点，挑选出最能反映项目效益的指标作为分析对象，如净现值、内部收益率等，并根据投资项目现金流量中的收入、成本等基本数据，分别计算项目或几个对比项目的净现值、内部收益率等评价指标。

第二，选择不确定因素。投资项目不确定因素的内容，依项目的规模、类型的不同而不同。例如，对于一家工厂改建的评估，必须估计与总改建费用（包括机器）、劳动力成本、广告费用、原材料成本和销售收入有关的现金流量。此外，还需要有关折现率和项目寿命期的信息。显然，此过程中产生的各种评估数据都会受到不确定因素的影响。在评估中，通常不需要对全部可能出现的不确定因素逐个分析，只是分析那些在成本或收益构成中占比较大、对盈利能力有重大影响并在经济寿命周期中最有可能发生的因素。一般共同的不确定因素主要包括：市场规模、销售价格、市场增长率、市场份额、项目投资额、变动成本、固定成本、项目周期等。对选取的不确定因素，可按其发生变化时增加（减少）一定的百分比（±10%、±15%、±20%）分别计算这些因素变化对项目的净现值、内部收益率等评价指标的影响。

第三，调整现金流量。进行敏感性分析时，有可能一个敏感性因素的变化会使其他条件发生相应的变化。因此，在调整现金流量时，需注意以下几个问题：(1) 销售价格的变化，直接影响销售收入的变化，在调整时不要忽略与销售收入有关的税金的变化。(2) 原材料、燃料价格的变化，要调整变动成本。(3) 项目投产后，产量发生了变化，在相关范围内，只调整变动成本，固定成本不变。

在进行分析计算的过程中，先假定一个因素变化而其他因素不变，算出项目效益对这个变化的敏感程度，再假定第二个因素变化，算出项目效益对这个变化的敏感程度，这样一个一个地进行下去，直到把对投资项目的经济效益有影响的那些主要因素和它们相应的敏感度都算完为止。

当完成了上述各项步骤之后，即可将得到的数据按不同项目列入表内，彼此相互对照，并据以进行项目的取舍。现以电子产品投资项目为例加以说明，假设影响该项目收益变动的因素主要是销售量、单位付现成本以及资本成本，现以该项目的净现值（57 908元）为基数值，计算上述各因素围绕基数值分别增减10%、15%（每次只有一个因素变化）时新的净现值。表5-9和图5-3描述了销售量、单位付现成本和资本成本单独变动对净现值的影响程度。

表5-9　**各项因素变化对净现值的影响**　金额单位：元

因素变动百分比	销售量（件）	单位付现成本	资本成本
115%	84 136	19 901	43 788
110%	75 393	32 570	48 356
100%	57 908	57 908	57 908
90%	40 423	83 246	68 052
85%	31 680	95 915	73 360

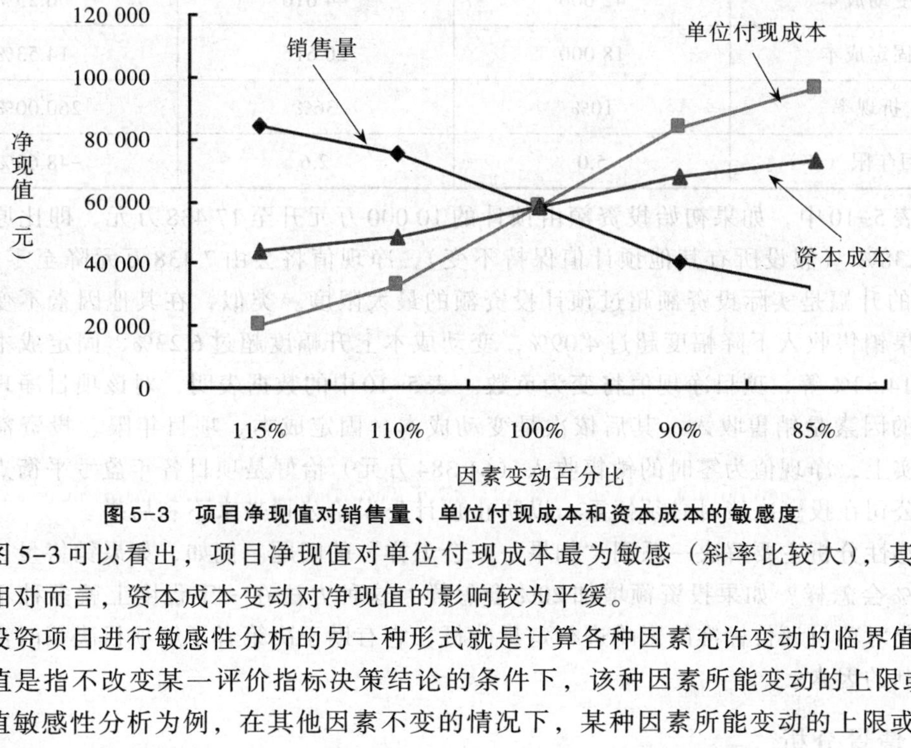

图5-3　项目净现值对销售量、单位付现成本和资本成本的敏感度

从图5-3可以看出，项目净现值对单位付现成本最为敏感（斜率比较大），其次为销售量，相对而言，资本成本变动对净现值的影响较为平缓。

对投资项目进行敏感性分析的另一种形式就是计算各种因素允许变动的临界值。这里的临界值是指不改变某一评价指标决策结论的条件下，该种因素所能变动的上限或下限。以净现值敏感性分析为例，在其他因素不变的情况下，某种因素所能变动的上限或下限可由其盈亏平衡方程导出。

【例5-2】

假设某公司正在考虑一项投资，初始投资额为10 000元，第1～5年每年的销售收入为64 000元，变动成本总额为42 000元，固定成本总额为18 000元，其中折旧费为1 600元，假设所得税税率为25%，折现率为10%，则该项投资各年经营现金净流量和净现值计算如下：

NCF_{1-5}=（64 000−42 000−18 000）×（1−25%）+1 600=4 600（元）

NPV=−10 000+4 600×（P/A，10%，5）=7 438（元）

【视频演示】
现金净流量和净现值的计算

从净现值评价指标看，这个项目值得投资。问题在于计算净现值所用数据仅仅是预计值，而实际现金流量可能与预计值大不相同。通过敏感性分析，可依次检验净现值计算中使用的每一个数据，从而确定预计值的变动对净现值的影响。根据【例5−2】中的数据，利用Excel软件中的单变量求解，依次检验每一项预计值并确定项目的净现值由正值变为零之前的变动程度，见表5−10。

表5−10　**净现值为零时各因素变动百分比**　金额单位：万元

项目	原预计现金流量	NPV=0的现金流量	现金流量变动上下限
投资额	10 000	17 438	74.38%
销售收入	64 000	61 384	−4.09%
变动成本	42 000	44 616	6.23%
固定成本	18 000	20 616	14.53%
折现率	10%	36%	260.00%
项目年限（年）	5.0	2.6	−48.60%

在表5−10中，如果初始投资额由预计的10 000万元升至17 438万元，即比原预计值上升74.38%（假设所有其他预计值保持不变），净现值将会由7 438万元降至零，因此，74.38%的升幅是实际投资额超过预计投资额的最大限度。类似，在其他因素不变的情况下，如果销售收入下降幅度超过4.09%，变动成本上升幅度超过6.23%，固定成本上升幅度超过14.53%等，项目净现值将变为负数。表5−10中的数据表明，对该项目净现值变动最敏感的因素是销售收入，其后依次是变动成本、固定成本、项目年限、投资额、折现率。事实上，净现值为零时的销售收入（61 384万元）恰好是项目各年盈亏平衡点的销售收入。公司在投资决策时必须慎重，以防止预计失误给公司带来不利后果。

敏感性分析主要解决一系列“如果……会怎样”的问题。例如，如果销售量比预期值下降10%会怎样？如果投资额增加20%会怎样？这种方法在一定程度上就多种不确定因素的变化对项目评价标准的影响进行定量分析，它有助于决策者了解项目决策时需重点分析与控制的因素。

5.4.3 情景分析

投资项目风险不仅取决于对各主要因素变动的敏感性，而且取决于各种因素变化的概率分布状况。敏感性分析只考虑了第一种情况，情景分析可以同时考虑这两种情况。在情景分析中，分析人员在各因素基数值的基础上，分别确定一组“差”的情况（销售量低、售价低、成本高等）和一组“好”的情况，然后计算“差”和“好”两种情况下的净现值，并将计算结果与基数净现值进行比较。

在【例5−2】中，预期项目的净现值为7 438元。在决定是否接受此项目之前，可将影响项目的关键因素，如投资额、销售收入、成本等方面的变化，分为最佳、最差、正常（预期值）三种情况，并计算不同情况的投资净现值。为分析方便，假设分析人员确信，除销售收入和变动成本以外，影响现金流量的其他因素都是确定的。据预测，销售收入最低为56 000元，最高为73 600元；变动成本则在38 640元至45 360元之间变动。不同情景下的项目净现值计算见表5-11。

表5-11 **情景分析** 单位：元

情景	概率	销售收入	变动成本	净现值
最差情况	0.3	56 000	38 640	−5 754
基础情况	0.5	64 000	42 000	7 438
最佳情况	0.2	73 600	45 360	25 179

表5-11表明，项目的净现值在−5 754元至25 179元之间波动，为了解项目的风险情况，还可以计算该项目期望净现值，以及不同情景下项目净现值与期望净现值离差。情景分析可以提供项目特有风险的有用信息，但这种方法只考虑项目的几个离散情况，其分析结果有时不能完全反映项目的风险状况。

5.4.4 项目风险调整

以净现值准则为基础进行风险调整，主要有风险调整折现率法和风险调整现金流量法。前者是调整净现值公式的分母，后者是调整净现值公式的分子。

在风险调整折现率法下，净现值公式可写成：

$$NPV = \sum_{t=0}^{n} \frac{NCF_t}{(1+r)^t} = \sum_{t=0}^{n} \frac{NCF_t}{(1+i+\theta)^t} \tag{5.12}$$

式中：i表示无风险利率；θ表示风险溢价。

采用风险调整折现率法时，通常根据同类项目的风险收益系数与反映特定项目风险程度的标准离差率估计风险溢价，然后再加上无风险利率，即为该项目的风险调整折现率。其计算公式为：

$$\text{风险调整折现率} = \text{无风险利率} + \text{同类项目风险收益系数} \times \text{特定项目的标准离差率} \tag{5.13}$$

采用风险调整折现率法时，对风险大的项目采用较高的折现率，对风险小的项目采用较低的折现率。这种方法简单明了，符合逻辑，在实际中运用较为普遍。但是这种方法把风险收益与时间价值混在一起，并依此进行现金流量的折现，不论第t年为哪一年，第t+1年的复利现值系数总是小于第t年的复利现值系数，这意味着风险必然随着时间的推移而被人为地逐年扩大。这样处理常常与实际情况相反，有的投资项目，往往对前几年的现金流量没有把握，而对以后的现金流量却较有把握，如果按风险调整折现率法，则将不能正确地反映项目的风险程度。

风险调整现金流量法又称确定等值法或肯定当量法，这一方法要求项目决策者首先确定与风险现金流量同等效用的无风险现金流量，然后用无风险利率折现，计算项目的净现值，以此作为决策的基础。在风险调整现金流量法下，风险项目的净现值可按下式计算：

$$NPV=\sum_{t=0}^{n}\frac{\alpha_t NCF_t}{(1+i)^t} \tag{5.14}$$

式中各年的α_t表示无风险现金流量和风险现金流量之间的等值系数，其计算公式为：

$$\alpha_t=\frac{确定现金流量}{风险现金流量}\quad \left(0\leqslant\alpha_t\leqslant1\right) \tag{5.15}$$

式中各年的α_t值反映了管理层对风险的态度，管理层的风险规避程度越高，确定等值系数就越小。对公司而言，如果项目的风险处于正常水平，且资本成本和无风险利率已知，则可以估计确定等值系数。假设某项目的寿命周期为1年，年末预期现金流量为6 000万元，投资者要求的收益率为12%，无风险利率为5%，假设不考虑项目的初始成本，项目的现值为：

$$PV=\frac{6\,000}{1+12\%}=5\,357\text{（万元）}$$

根据上述计算结果，采用无风险利率取代资本成本，就可以得到确定等值系数：

$$\frac{\alpha\times6\,000}{1+5\%}=5\,357\qquad \alpha=0.9375$$

计算结果表明，投资项目1年后收到的不确定现金流量6 000万元，还是确定现金流量5 625万元（6 000×0.9375），对项目投资价值的影响是一样的，即都可得到等值的项目现值。

在实践中，α_t可由经验丰富的分析人员凭主观判断确定，也可以根据各年现金流量不同的离散程度，即现金流量标准离差率确定。如将标准离差率划分为若干档次，并为每一档次规定一个相应的α_t值，标准离差率越低，风险越小，α_t值就越大；反之，则越小。标准离差率与确定等值系数之间并没有一致公认的客观标准。因此，标准离差率如何分档，各档的确定等值系数如何规定，均取决于投资决策者对风险的规避程度。

风险调整现金流量法是通过对现金流量的调整来反映各年的投资风险，并将风险因素与时间因素分开讨论，这在理论上是成立的。但是，确定等值系数α_t很难确定，每个人都会有不同的估算，数值差别很大。在更为复杂的情况下，确定等值系数反映的是股票持有者对风险的偏好，而不是公司管理当局的风险观。因此，风险调整现金流量法在决策应用中较少采用。

【学思践悟】 稳投资持续加力 新基建蕴含新机遇

投资，是拉动经济的“三驾马车”之一。2021年底的中央经济工作会议提出“适度超前开展基础设施投资”，2022年4月26日召开的中央财经委员会第十一次会议提出构建现代化基础设施体系，4月29日召开的中央政治局会议提出全面加强基础设施建设……一系列政策加力信号持续释放。各地各有关部门积极行动。截至2022年5月底，新增专项债已发行2.03万亿元，完成下达额度的59%，比去年同期增加1.4万亿元；新开工10 644个水利项目，投资规模4 144亿元，其中投资规模超过1亿元的项目609个；新开工120个高速公路和普通国省道项目，总投资1 820亿元……积极扩大有效投资，不是盲目铺摊子、上项目，更不是搞“大水漫灌”式的强刺激，而是聚焦经济社会发展的关键领域和薄弱环节，精准有序实施一批既利当前、又利长远的投资项目。新基建，是支撑新业态、新产业、新服务发展的战略性基石。我国5G基站建设加快推进，2022年前5个月新建基站

27.5万个，基站总数已达170万个。作为加快构建全国一体化大数据中心体系的重要一环，2022年“东数西算”工程正式全面启动，一个个数据中心项目加快落地，为数字经济发展开拓新空间。加快构建新发展格局，是党中央在复杂国内外形势下重塑中国经济新优势的深远谋划。扩大内需是构建新发展格局的战略基点，意味着进一步释放投资潜力。宽阔的伶仃洋上，国家重大工程深中通道正在稳步建设，隔海相望的中山市和深圳市将被连通。京津冀协同发展、长江经济带发展、粤港澳大湾区建设、长三角一体化发展、黄河流域生态保护和高质量发展……2022年以来，着眼服务和融入新发展格局，一个个相互支撑、优势互补的区域重大战略加快推进实施，更大的投资空间随之拓展。

以上举措无不说明我国高速铁路网、高速公路网，机场港口、水利、能源、信息等基础设施建设取得重大成就，此次党的二十大对我们提出了新的要求：“优化基础设施布局、结构、功能和系统集成，构建现代化基础设施体系”，新基建是现代化基础设施体系的重要组成部分，是实施创新驱动发展战略、推动经济社会高质量发展的重要支撑，因此明确新型基础设施的布局重点和建设次序，可以更好地支持和推动现代化基础设施体系的发展，实现经济社会高质量发展的目标。

资料来源：刘夏村，严赋憬，薛天，等.稳投资持续加力 新基建蕴含新机遇［N］.厦门日报，2022-07-07.

【本章小结】

1.影响项目评价的两个关键因素：一是项目预期现金流量；二是投资项目的必要收益率或资本成本。

2.净现值是按项目必要收益率对项目的现金流量进行折现后的价值，它是项目必要收益率的单调减函数。

3.利用IRR标准选择投资项目的基本原则是：若IRR大于或等于项目资本成本或投资最低收益率，则接受该项目；反之，则放弃。

4.净现值与内部收益率在互斥项目评价中发生差异的主要原因在于它们假设的再投资利率不同，前者假设的再投资利率是项目的资本成本，后者假设的再投资利率是项目本身的内部收益率。

5.如果NPV和IRR两种指标都采取共同的再投资利率进行计算，则排序矛盾便会消失。按同一再投资利率计算的内部收益率称为调整或修正内部收益率。

6.在其他因素不变的情况下，项目回收期越短，项目的流动性就越大。由于远期现金流量的风险大于近期现金流量的风险，因此，投资回收期通常作为衡量项目风险的指标。

7.投资项目现金流量应遵循实际现金流量原则、增量现金流量原则。在预测项目现金流量时，通常不包括与项目举债融资有关的现金流量，利息费用在项目的资本成本中考虑。

8.项目风险是指某一投资项目本身特有的风险，即不考虑与公司其他项目的组合风险效应，单纯反映特定项目未来收益（净现值或内部收益率）可能结果相对于预期值的离散程度。

9.敏感性分析方法在一定程度上就多种不确定因素的变化对项目评价标准的影响进行

定量分析，它有助于决策者了解项目决策需重点分析与控制的因素。

10.风险调整折现率法就是调整净现值公式的分母，项目的风险越大，折现率就越高，项目收益的现值就越小。风险调整现金流量法是效用理论在风险投资决策中的直接应用。这一方法要求项目决策者首先确定与其风险性现金流量带来同等效用的无风险现金流量，然后用无风险利率折现，计算项目的净现值，以此作为决策的基础。

【复习思考】

1.现金流量预测的原则是什么？它们有哪些作用？
2.什么是净现值准则？它如何衡量一个投资项目的价值？
3.什么是内部收益率准则？它如何帮助投资者做出决策？
4.获利指数准则与净现值准则有何不同？它们各自的优缺点是什么？
5.投资回收期准则的优缺点是什么？它在什么情况下适用？
6.会计收益率准则与其他投资项目评价准则有何不同？它有哪些局限性？
7.项目风险来源有哪些？如何进行敏感性分析？
8.情景分析与敏感性分析有何不同？它如何帮助评估一个投资项目的风险？
9.项目风险调整的方法有哪些？它们各自的适用情况是什么？

第5章自测题　　第5章计算业务题　　第5章案例分析题

第6章

公司并购

【学习目标】

1. 熟悉并购的概念、类型与风险；
2. 了解公司并购的动因；
3. 熟悉并购浪潮与中国上市公司并购特征；
4. 熟悉公司并购理论；
5. 掌握并购融资与对价方式；
6. 了解并购中的敌意收购与防御。

【本章主要内容导图】

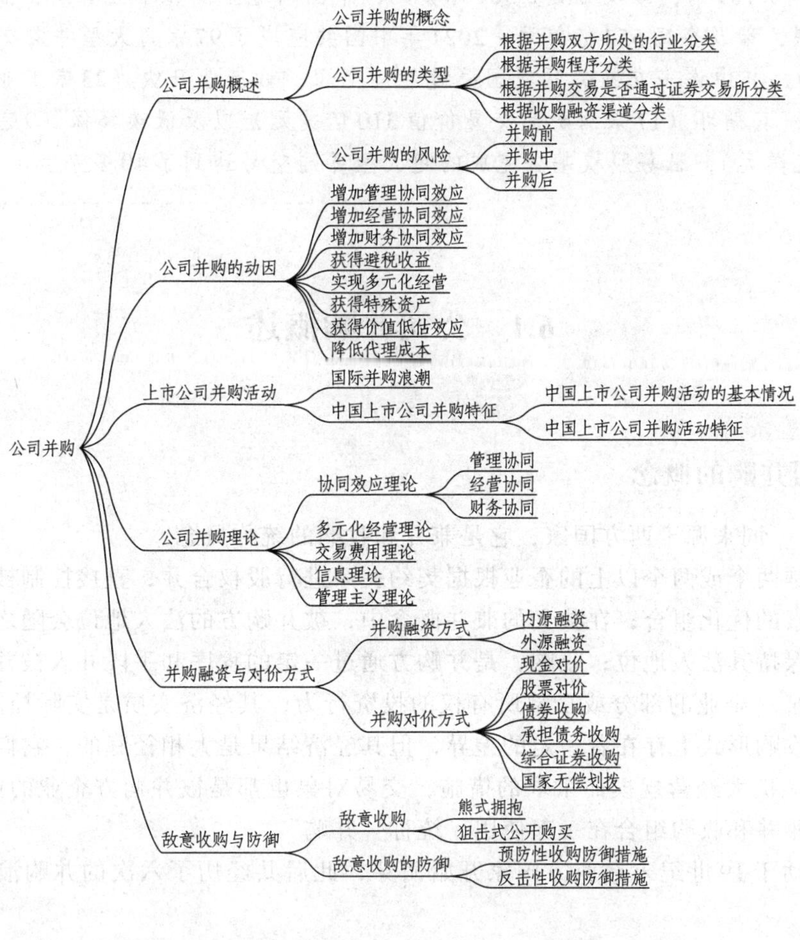

【引导案例】

2009年7月6日，中粮和蒙牛共同宣布，中粮集团携手私募股权公司厚朴基金，投资61亿港元现金收购蒙牛20.03%的股权，中粮集团成为蒙牛第一大股东。这场收购案开创了“国有资本+民营资本+战略合作”的新型合作模式。2008年的“三聚氰胺”事件给中国乳业带来了重创，蒙牛的销售增长率大幅下降，此时的蒙牛股权分散且市值缩水极易被收购。中粮集团作为中国最大的粮油食品企业，乳业恰好是其实现自身全产业链的发展战略中缺失的一环。同时，国家政策对国有企业提出推动行业健康有序发展的指导要求。此时中粮进军乳品行业可谓能实现“两全其美”。经过并购的中粮集团获得了乳业发展的绝佳平台，有助于其发挥全产业链优势，做大做强中国食品品牌，实现产业链前移而带来更大的成长空间。蒙牛则避免了被恶意收购的风险，其在行业中“单打独斗”的局面也将改善。注入国资的蒙牛也映射出国家对振兴中国奶业的意志，消费者信心也将逐渐重塑。

自20世纪80年代以来，并购日益成为企业以外部发展实现战略目标的重要方式，根据投中信息的统计数据，2021年中国并购市场再次创下历史新高。2021年中国企业并购的交易数量达到12 790宗，相较2020年增长了21%，涉及交易金额6 374亿美元，同比下降了19%。其中，战略投资者完成并购案例5 285宗，涉及金额2 816亿美元；财务投资者完成并购案例7 189宗，涉及金额3 361亿美元；中国内地企业、中国香港企业完成海外并购案例588宗，涉及金额554亿美元。2021年中国共完成了97宗超大型并购交易（单宗10亿美元以上），其中许多交易关联我国关键经济主题，如产业升级（23宗工业品交易价值560亿美元），双循环（17宗消费品交易价值310亿美元）以及低碳环保（9宗电力能源交易价值260亿美元），私募股权基金完成的超大型并购交易达到了40多宗。

6.1 公司并购概述

6.1.1 公司并购的概念

“并购”一词来源于西方国家，它是兼并和收购的统称概念。

兼并，是两个或两个以上的企业根据契约关系进行股权合并，直接控制被并购方，以实现生产要素的优化组合；在狭义的兼并概念中，被并购方的法人地位会随之消失，而并购方会继续保持其法人地位；收购，是并购方通过一定的程序和手段并入被并购方的法人资格，取得某一企业的部分或全部所有权的投资行为，其经济实质是实际控制权的转移。尽管兼并和收购形式上存在着一定的差异，但其经济结果是大相径庭的，它们都是为了提高企业实力、扩大经营规模而采取的措施，交易对象也都是被并购方企业的产权。因此，我们通常将兼并和收购组合在一起使用，统称“并购”。

并购活动于19世纪末在西方国家开始萌芽，此后共经历了六次的并购浪潮，也成为了西方发达国家企业的成长史。19世纪末20世纪初是第一次并购浪潮，主要以横向并购为主，并购完成后形成了一批规模较大、带有垄断性质的公司；20世纪20年代开始了第二次并购浪潮，主要以纵向并购为主，同时出现了产品扩展型混合并购、市场扩展型混合并购；20世纪60年代迎来了第三次并购浪潮，是主要以多元化经营和品牌重组为主要特征的混合并购；20世纪80年代，西方国家掀起了新一波的企业并购浪潮，杠杆并购应运而生；20世纪90年代以后是第五次并购浪潮，并购交易更是如火如荼，其波及范围、持续时间是前所未有的，主要以强强联合的并购、跨国横向并购为主；全球在经历了前五次的并购浪潮后，2004年的跨国并购再掀狂潮，跨国并购额在2004年增长了88%，达到7 160亿美元，交易数增长20%，达6 134起，此次并购浪潮中企业发生的很多大宗交易，其目的与前几次浪潮的目的大体相同。

我国的企业并购起步较晚，从20世纪80年代开始了属于我们国家的并购发展史。1993年《股票发行管理暂行条例》标志着上市公司并购相关的法规正式出台；1999年起《证券法》开始实施，明确规定了上市公司的股权转让可以以协议转让和二级市场收购两种形式；2002年实施的《上市公司收购管理办法》等文件，标志着我国上市公司并购的法律框架基本完成。随着我国股权市场分置改革的进行，并购在我国经济资源配置中的影响力越来越大。进入新时代以来，我国金融市场快速发展、经济水平飞快提高，我国企业并购的年度交易数量和涉及金额都在不断地增加，2021年并购交易量和交易额分别约占国际并购市场的20%和13%，在全球的并购市场中扮演着越来越重要的角色。根据“十四五”规划内容，未来我国并购行业将会重点向新能源、环保行业、5G数字基建、绿色金融、智慧城市、大数据等方向发展，再创历史新高！

6.1.2　公司并购的类型

根据不同的分类标准，可将并购分为不同类型。

1）根据并购双方所处的行业分类

按并购双方所处的行业进行分类，并购可以分为纵向并购、横向并购和混合并购三种。

纵向并购是指存在纵向协作关系的企业进行的并购，它们往往从事着同类产品的不同产销阶段，可以实现市场交易行为在企业内部解决，节省交易费用，提高企业效率。如中粮集团收购蒙牛企业。

横向并购是指同行业之间的并购行为，它们往往生产和销售相同或类似产品，可以减少同行之间的竞争，提高企业的市场份额，增加企业长期的盈利。如海尔并购红星电器。

混合并购是指并购企业与既不是同行业又没有纵向关系的企业之间的并购，通常是同它们原有产品相关联的经营领域，可以扩大并购企业的经营范围和规模。如美国在线并购时代华纳。

2）根据并购程序分类

按并购程序进行分类，并购可以分为善意并购和敌意并购。

善意并购是一种友好型的并购，是并购方与被并购方在自愿、合作、公开的前提下通过协商、谈判达成共识的并购，是并购方为了企业更长远的发展而进行的活动。

敌意收购是一种恶意型的收购，是并购方不顾被并购方的意愿采取非协商手段强行并购对方企业，通常采用隐蔽方式，在二级市场举牌并发出要约收购。

3）根据并购交易是否通过证券交易所分类

按并购交易是否通过证券交易所分类，并购可以分为要约收购和协议收购。

要约收购是指并购企业向被并购企业发出并购公告，待被并购上市企业确认后，方可实行收购行为。要约收购可以防止各种内幕交易，保障全体股东特别是中小股东的利益。

协议收购是指并购企业不通过证券交易场所直接与被并购企业就股票价格、数量等方面进行私下协商，达成共同协议，以期达到对目标公司的控股或兼并的目的。

4）根据收购融资渠道分类

按收购融资渠道分类，并购可以分为杠杆收购和非杠杆收购。

杠杆收购是并购方主要以借债方式购买被收购企业的产权，继而以被收购企业的资产或现金流来偿还债务的并购方式，即用被并购方的资产或现金流来偿还债务。杠杆收购可以增强财务杠杆的作用，给企业带来很高的股权回报率，同时还可以使企业获得税收优惠。

非杠杆收购是并购公司不用被收购公司自有资金及营运所得来支付或担保支付并购价金的收购方式，但这并不代表着并购公司无须举债就可以负担并购款项。在实践中，几乎所有企业都需要通过贷款融资，只是借贷的数额不同。早期并购风潮中的收购形式多属此类。

6.1.3 企业并购的风险

企业并购是一项十分复杂的资本运作行为，涉及了多项风险。谈及风险，严格意义来说，它有两层含义：一种强调积极的结果，即产生额外的收益，另一种强调消极的影响，即产生额外的成本和代价。在实际运用中，人们往往将风险与企业可能面临的损失紧密联系起来。并购风险存在于并购交易的整个过程中，下面我们把企业的并购行为大致分为三个阶段，分别从并购前的准备、并购中的交易执行、并购完成后的企业整合来分析企业并购存在的风险。

1）并购前

（1）战略风险：企业的并购行为始于战略并服务于战略。企业在制定并购决策之前，需要对企业的外部环境、自身的经营状况、财务状况、管理模式进行详细的自我考量，同时还需综合考虑并购是否与企业长远发展的战略目标相一致。然而，在实际并购案例中，不乏一些企业不能对自身状况进行理性、客观、谨慎的分析，盲目地乘着并购的扩张之风，为了并购而并购，忽略了并购对企业战略目标的影响，反而会给企业的运营、财务带来了沉重的压力，使企业蒙受巨大的损失。

（2）信息不对称风险：企业在并购前，会仔细考察被收购企业的实际运营状况、资产状况、现金流等信息，真实可靠的信息会大大提高并购的效率和成功率。然而，在实际的并购交易中，由于并购双方会存在着利益上的不对等，被并购企业的股东存在着欺瞒、粉饰自身企业的经营状况、财务状况等信息的潜在动机，这就不可避免地造成了双方之间的信息不对称。这种不对称的状态，会对企业制定并购决策产生一定的误导，诱使企业做出不恰当的决策，损害企业的利益，阻碍了并购交易的顺利完成。

2）并购中

（1）法律风险：企业在进行并购行为时，会依靠公司法、税法、证券法、劳动法、上市公司收购管理办法等法律规章作为指导进行具体操作，如果并购企业对法律知识不熟悉或者操作不当，就会给企业并购带来潜在的安全隐患，从而因违反相应的法律规章而并购失败。特别是在跨国并购中，由于中外法律差异较大，如果我国企业作为并购企业对外国法律很陌生，将会增加并购交易的风险，使企业陷入困境。

并购活动也面临着一定的劳工保障问题。并购完成后，企业主体将会发生实质性的改变，这种变化会波及企业多方主体的利益，在这其中，劳动者的利益是最容易被忽略和侵害的。尽管《中华人民共和国劳动合同法》为防止因企业并购而导致大规模的失业出现，规定了由并购完成后的新企业强制继受原劳动关系，劳动者自动成为新企业的员工。但在并购过程中，企业是不会将并购进度、并购细节通知到劳动者的，劳动者无法了解到相关的并购信息，更不可能参与到企业的并购计划当中。同时，被并购企业为了满足并购方的需求，会采取一些强制措施侵害劳动者的合法权益，如不支付补偿金、无理由强制裁员等，这必将引发一系列的劳工保障问题。

（2）支付风险：企业并购的支付方式主要包括现金支付、股票支付、混合支付手段。使用较大金额的现金支付会给并购方带来沉重的现金压力，也会给目标公司带来巨大的税务负担，一般适合并购规模较小的企业或者敌意并购；采用股票并购方式，会使并购方现有的股权结构发生变化，使老股东的原有收益被稀释，使每股净资产减少，对股价产生不利影响，同时收购成本的不确定性加大了并购交易中的风险，这会吸引大批的风险套利者，进一步增加了企业的收购成本；混合支付不仅采取现金、股票作为支付方式，还采取了企业债券、优先股、认股权证、可转换公司债券等多种形式的支付方式，每种支付手段都有着各自的优点与不足，选择哪种支付方式、怎样搭配使用会给企业带来不同程度的风险，也会对企业并购的成功有着重要的影响。

（3）融资风险：企业无论是使用自有资金支付还是发行债务筹资支付，并购过程中都会产生融资风险。倘若企业使用自有资金，会使得流动资产在短期内急剧下降，短期偿债能力大幅减弱，企业将面临着巨大的偿债压力，一旦市场发生变动，或有意外事件发生时，就可能引发企业的资产经营风险，造成企业因不能偿还到期债务而引发“黑字破产”；倘若企业采用对外融资的方式进行企业并购，可能会因为举债过度，债务资本成本较高，企业的资产结构发生变化，不能维持企业的良好经营秩序，企业无法按时偿还贷款本金和利息从而导致企业破产。

3）并购后

企业在并购完成后，最可能存在的风险就是整合风险，这里我们将从企业文化、战略目标、企业组织结构、税务四个方面进行剖析。

（1）企业文化：并购双方的企业文化能否互相得到认可并互相渗透是并购后整合的关键一步。企业在发展过程中，会因经营理念、经营内容、市场环境等因素的差异形成自己独特的企业文化和传统，而企业并购是将两个及两个以上的企业结合在一起，这必然会面临着文化认可和渗透融合的问题。通常整合的过程操作起来十分困难，存在着一定的风险，如同“七七定律”指出的那样，70%的并购没能实现预期的商业价值，而其中70%的失败是由于并购后文化的整合。特别是被并购方的劳动者难以适应全新的企业环境，且与新同事互不了解，极易造成文化冲突，工作效率低下，沟通不畅，企业的经营业绩也会因此而受到影响。

（2）战略目标：企业并购完成后会蜕变成一个全新的企业，其所面临的经济环境、客户群体、市场资源也会发生相应的变化，企业应根据这些变化及时进行自我评估，对企业的长期战略发展进行规划和调整。如果企业仍然以过去制定的战略为发展目标，就不能顺利度过并购后的过渡阶段，为企业并购成果带来很大的风险及不确定性。

（3）企业组织结构：并购后的企业在整体组织结构方面不能协调一致，需要进行适当的调整。企业可根据经营模式、经济环境、人力资源和战略目标等因素及时对企业组织架构和匹配的相关人员进行调整和分配，从而避免因并购导致的企业组织结构混乱、岗位冗余和空缺失衡，降低企业的工作效率和收益质量，影响企业并购的成果。

（4）税务：企业并购完成后，不再是单一的主体，内部结构会变得错综复杂，不同并购主体的纳税对象在做会计处理时，原则和计算方法也会不尽相同，因此，所带来的实际风险也会加大。特别是对于跨国并购来说，由于是不同国家之间的交易活动，会涉及两国（地区）及以上的税收规则，极可能引发税务风险。

6.2 公司并购的动因

6.2.1 增加管理协同效应

并购活动产生正效应的原因在于优势和劣势企业之间的管理效率存在差异，通过并购的方式来进行“管理的溢出”，使其管理资源得到充分利用，不仅使目标公司的管理水平达到同样标准，且其总体效益大于两个独立企业效益之和，即“1+1>2”。在该理论中，收购方一般具有目标公司所处行业所需的特殊经验并致力于改进目标公司的管理，同时使自己的管理资源得以充分利用。因此，管理协同效应理论适用于解释横向并购。

同时，该理论有两个基本假设：

（1）并购方的管理资源有剩余且具有不可分散性。如果并购方的管理资源没有剩余，已经得到充分利用，或是可以轻易地分割出来，那么并购活动将是没有必要的。

（2）对于目标公司而言，其管理效率低下可经由外部经理人的介入和增加管理资源的投入而得到改善。

6.2.2 增加经营协同效应

由于经济互补性、规模经济、范围经济的存在，两家或多家公司合并成一家公司后，会实现收入增加或成本下降的竞争优势。该理论的前提是行业中确实存在规模经济，且公司在合并前经营情况并未达到规模经济的水平。

规模经济效益具体表现在两个方面：

（1）生产规模经济。公司通过并购可调整其资源配置，使其达到最佳经济规模的要求，有效解决由专业化引起的生产流程的分离，从而获得稳定的原材料来源渠道，降低生产成本，扩大市场份额。

（2）企业规模经济。通过并购将多个工厂置于同一领导下，实现规模经济，将有效减少管理费用、营销费用和集中研发费用，扩大企业规模，增强企业抵御风险的能力。

该理论比较适用于解释纵向并购。例如，将同一产业的不同生产阶段或是不同发展阶段的企业合并起来，可以降低或避免讨价还价、通信联络等交易成本，从而提高企业的经营效率。

6.2.3　增加财务协同效应

（1）财务能力提高。一方面，在内外部资金分离的前提下，并购可以提供更多的内部融资从而降低资本成本，例如，一家公司能产生大量的现金流但缺乏投资机会，而另一家公司有很多投资增长机会但内部资金很少，需要大量外部融资，如果这两家公司合并，就会降低整体的融资成本，提高公司价值。另一方面，在一个税法完善的市场经济中，并购后企业的整体负债能力往往大于并购前各单个企业的负债能力之和，虽然合并后企业的规模显著增加，但其筹资成本和交易成本却不会同步扩大。

（2）预期效应。预期效应是指因并购使股票市场对企业股票评价发生改变而对股票价格的影响。由于预期效应的作用，公司并购往往伴随着强烈的股价波动，形成股票投机机会。投资者对投机利益的追求反过来又会刺激公司并购的发生。

6.2.4　获得避税收益[①]

许多公司出于税收最小化的考虑而进行并购。所获得的避税收益主要表现为以下几种：

（1）并购可以使公司获得减税待遇，由于税法中亏损递延条款规定，亏损公司当年的亏损可向以后年度递延抵销盈余[②]，那么如果并购公司盈利需支付大量所得税，而累积亏损的被并购公司，其亏损额可抵销当年应纳税所得额，以减少并购后公司的应纳税款。

（2）如果被并购公司享受税收减免优惠，那么并购后的公司同样享有纳税优惠待遇，比如并购一个高新技术产业。

（3）在一些并购中，会重新按照市场价值估算已计提折旧的资产，若这些资产的未来折旧额增加则应纳税所得额减少，从而减少纳税。

6.2.5　实现多元化经营

多元化经营是指企业向多个行业、多种产品方向扩张，以分散单一经营给企业管理者和员工带来的经营风险和财务风险，稳定收入来源，增加资金安全性。任何经营活动都存在着周期性波动，但不同行业波动周期不同，公司通过并购经营相关性较低的不同行业，除可以分散自身特有的风险外，也可以在一定程度上实现风险抵消，降低投资组合的风险，当某一行业投资失败时，还可从其他行业得到补偿，从而增加了资金安全性。

虽然内部积累也可以实现多元化经营，但时间往往是重要因素，并购是实现多元化经

① 获得避税收益也可以看作财务协同效应的一个方面。

② 如果目前亏损的公司将来能实现盈利，我国目前税法规定其亏损额可以向后5年延续弥补，未来5年内的税前利润可以在弥补以前年度亏损额后缴纳所得税。

营的捷径，并购可以使企业迅速进入新的投资领域，保持被并购企业的市场份额以及各种资源，获得竞争优势，以保证企业持续不断的盈利能力。

6.2.6 获得特殊资产

公司并购的重要动因之一便是为了获得某项特殊资产。特殊资产可能是一些对企业发展至关重要的专门资产。如土地是企业发展的重要资源，一些有实力、有前途的企业往往可能会被狭小偏僻的地理位置所限制，而一些亏损、岌岌可危的企业可能占据着较多的土地和优越的地理位置，此时优势企业将会并购劣势企业以获得其土地资源。另外，如果被并购企业的借贷能力未充分利用，那么并购后企业的债务融资能力将会提高，缓解融资压力并降低融资成本。还有，特殊资产还可能是企业的管理团队和研发团队等人才资源，并购便是为了提高管理效率和获得未来发展潜力，创造财富。

6.2.7 获得价值低估效应

价值低估理论认为目标公司的价值被低估是并购发生的主要原因。企业市值被低估的原因一般有以下三种：

（1）企业目前的经营管理水平低于其潜在的效率水平。

（2）并购企业拥有外部市场所没有的、有关目标公司真实价值的内部信息。

（3）通货膨胀造成资产的市场价值与重置成本之间的差异，从而出现公司价值被低估的现象。

通常采用托宾Q指标来衡量公司价值是否被低估，Q等于公司的股票市场价值与实物资产重置成本的比例，如果Q值小于1，说明企业的价值被低估了。例如，某公司Q值为0.7，即使收购成本为市值的1.2倍，其收购成本也只有资产重置成本的84%，那么收购该公司依然有利可图。

6.2.8 降低代理成本

现代企业的主要特点之一就是经营权与所有权分离，管理者是决策或控制的代理人，而股东成为承担风险的委托人，双方各自的利益取向不同，当管理者因为缺乏工作动力或进行额外的在职消费来满足自身的利益需求时，就会损害股东财富，而所有者难以有效监督，便产生了代理问题。通过企业的内部控制机制可以在一定程度上缓解代理问题，降低代理成本，但当这些机制都不足以控制代理问题时，并购作为外部控制机制，使得企业被接管、管理者被更换的威胁始终存在，从而有效缓解了代理问题，降低代理成本。

【学思践悟】 中粮集团入股蒙牛乳业

中粮集团是中国最大的粮油食品企业，也是中国领先的农产品、食品领域多元化产品和服务供应商。中粮集团始终坚持“守初心”，致力于打造从田间到餐桌的全产业链；坚持“凝匠心”，以“敬畏生命、客户和大自然”为核心，提出食品安全十大管理原则；坚持“提信心”，做营养健康理念的倡导者，带动传统行业标准提升，提高健康附加值。然而，乳制品行业一直是中粮集团产业链缺失的部分，为了更好地融入经济浪潮中、实现更高水平的发展，中粮集团将扩张的矛头指向了乳制品企业。

纵观我国乳制品市场，20世纪90年代以来，我国乳制品产业迅速崛起，成为增长最快的产业之一。发展乳制品产业，对于优化农村产业结构、丰富城乡市场、提高人民生活水平有很大的推动作用。但在迅猛发展的同时也出现了较多问题，如产业布局不合理、消费结构失衡、产品质量安全保证体系不健全等。2008年的"三聚氰胺"事件使国民消费者信心重挫，加之全球范围内的金融危机，乳制品行业进入低谷，蒙牛难逃池鱼之殃，业绩变脸终是"失守"。

对此，为了加大对乳制品行业的监管和调控，政府出台了《乳制品工业产业政策（修订）》，积极引导乳制品企业能够竞争有序、发展协调、增长持续，保障消费者的食品安全。因此，中粮集团作为国资企业，其收购乳制品行业具备政府的支持，中粮集团对蒙牛的收购也在一定程度体现了政府对调控、振兴乳制品行业的坚定意志。蒙牛面对许多国内企业和外资企业抛出的橄榄枝，最终选择中粮集团的一个重要因素是一拍即合的发展理念，双方皆致力于为消费者打造绿色、健康的优质食品。收购后的蒙牛贴上民族品牌的标签，重塑了良好的品牌形象。同时，中粮集团对不参与蒙牛具体日程经营管理的承诺，以及为其提供的全球客户网络等资源共享支持，大大推动了蒙牛的健康发展。而作为收购方的中粮集团，在其全产业链战略布局得到进一步实现的同时，积极履行了国企责任，将中国食品行业未来的整合权掌握在了中国企业的手中。

党的二十大报告提出："深化国资国企改革，加快国有经济布局优化和结构调整，推动国有资本和国有企业做强做优做大，提升企业核心竞争力。优化民营企业发展环境，依法保护民营企业产权和企业家权益，促进民营经济发展壮大。"这就需要加强国有资本的布局优化和结构调整，要求企业要以做强做优做精为目标，走上并购和专业化整合的道路；同时，该规划还要求加快培育壮大国内的消费市场，解决国内消费市场存在的问题，促进消费结构升级，提升产品和服务的质量，满足人民对更加优质的生活水平和更加丰富的精神文化生活的需求。

资料来源：新华社.新闻分析：怎样看待中粮入股蒙牛对我国乳业影响［EB/OL］.［2023-07-30］. https://www.gov.cn/jrzg/2009-07/07/content_1359647.htm.

6.3 上市公司并购活动

6.3.1 国际并购浪潮

全球市场的并购历史已经超过了百年，在一个多世纪的并购活动中，共经历了6次并购浪潮，主要包括横向并购、纵向并购、混合并购、融资并购和跨国并购五种并购方式。

1）第一次并购浪潮

第一次并购浪潮发生在1895—1904年，以横向并购为主要特征，高峰期出现在1898—1903年。横向并购是指与同行业公司之间或生产与销售相同、相似产品的公司之间的并购。19世纪下半叶，科学技术的巨大进步显著地推动了社会生产力的发展，以美国铁路网建成为开端，美国成为第一个形成统一市场的国家，从而引发了大规模的并购浪潮，其中涉及铁路、冶金、石化、通信等行业。第一次并购浪潮期间，垄断组织由原来的卡特尔商业同盟式逐渐变为紧密型的托拉斯式。二者的区别在于，卡特尔商业同盟的参与者在生产、商业与法律上仍然具有一定的独立性；而托拉斯式垄断企业被大企业的控股股东控制，其他参与者则变成了按股分红的一般股东，丧失了对企业的控制权。由于横向并购减少了同行业的竞争对手，会形成规模巨大的垄断企业，如美国钢铁公司、杜邦公司、美国烟草公司等。垄断企业的出现会导致行业价格垄断，给消费者带来不利影响，这掀起了反垄断运动的高潮，各国政府采取了抑制并购的措施；此外，美国在1903年经济衰退，导致并购资金来源不足，这两点都促使了第一次并购浪潮的结束。

2）第二次并购浪潮

第二次并购浪潮发生在1916—1929年，以纵向并购为主要特征，高峰期出现在1929年。纵向并购是指在生产工艺或经营方式上有前后关联的公司或企业之间的并购。在第一次并购浪潮后，根据产业发展的需要以及消费时代的到来，西方产业结构的重心逐渐由轻工业转向重工业，其发展离不开资本的集中，导致了第二次并购浪潮的发生。在此期间，纵向并购所占比例达到85%，所涉及的产业主要有汽车制造业、石油工业、冶金工业及食品加工业，其中汽车工业与电力工业的繁荣程度尤为突出。纵向并购的结果是形成产销一体化的寡头垄断企业，其目的不仅是要获得垄断销售价格，还要获得垄断采购价格，进而获取更高额的利润。但寡头垄断企业的出现对新的产销商进入市场造成了阻碍，导致不正当竞争的发生，这也引起了各国政府的监督。第二次并购浪潮随着美国经济危机的爆发在1929年结束。

3）第三次并购浪潮

第三次并购浪潮发生在1965—1969年，以混合并购为主要特征。混合并购是指涉及从事不相关类型经营活动的企业间的兼并。在这一时期，由于第三次科技革命的兴起，科学技术得到迅猛发展，这使得企业并购规模越来越大。混合并购的结果是形成多元化经营企业，不仅能够加强对混合型企业的有效管理，又能分散经营风险；此外，反托拉斯法的严格执行，也促使了混合并购浪潮的发生。此次并购在规模和速度上都远高于前两次并购浪潮，美国的并购最高峰出现在1969年，其并购公司数量高达6 107家。20世纪70年代爆发石油危机，第三次并购浪潮受到此次危机的影响随之结束。

4）第四次并购浪潮

第四次并购浪潮发生在1984—1989年，以融资并购为主要特征，高潮出现在1985年，杠杆并购为此次浪潮的主要手段，同时出现了大量“以小吃大”，即小企业并购大企业的现象。此次浪潮出现的主要原因是企业为了提高竞争力，掀起一股变革潮，将优势资源进行重组，将劣势资源进行出售；此外，各主要发达国家因通货膨胀存在大量游资，金融行业又为了促进杠杆并购在此期间发行了大量的垃圾债券，这使得为提高竞争力而选择并购的企业能够更轻易地筹集到并购资金，促进了融资并购的发生。与此同时，在第四次并购浪潮期间已经出现了跨国并购，并且这种并购形式延续到了第五次并购浪潮。

5）第五次并购浪潮

第五次并购浪潮开始于20世纪90年代，于2001年结束，主要以跨国并购为主要特征。全球化、信息技术的快速发展，客观推动了第五次并购浪潮的发生，所涉及的行业主要集中在信息、金融、交通运输和公用事业等第三产业中。此次并购浪潮除以跨国并购为主要特征外，其并购形式更以主动并购为主，主要是为了重新整合全球优势资源，降低产销成本，获得更高的国际地位及更高的利润；此外，越来越多的企业不只考虑短期利益，其并购目的也更注重未来长期战略发展。第五次并购浪潮的规模远高于前几次并购浪潮，美国的并购高潮出现在2001年，并购企业的数量高达9 566家，其中超过1亿美元的并购案有1 150起，超过10亿美元的有206起。例如，美国波音-麦道公司合并成为世界最大的航空生产企业。

6）第六次并购浪潮

在第五次并购浪潮过后，全球第六次并购浪潮于2003年末开始。此次从前几次的并购浪潮来看，每次浪潮兴起都在经济复苏前期，2005年世界经济复苏，同时第六次并购浪潮的高峰也出现在2005年。据统计，2005年全球并购总额高达2.9万亿美元，全球跨国并购额达7 160亿美元，特大交易额达4 540亿美元，是2004年的2倍以上，占全球跨国并购总额的63%。此次浪潮中并购企业发生的很多大宗交易，其目的与前几次浪潮的目的大体相同，都是企业期望能够通过并购降低生产成本，从中获取高额利润。在此前的五次并购浪潮中，中国只有少数的企业在第五次浪潮中稍有参与，比如联想、海尔等企业。近年来，全球并购仍在持续增长，其中中国的参与度逐步提升，随着中国经济的飞速发展，中国的并购市场已经在全球并购市场中占有重要地位，与此次浪潮初期2004年中国的并购数量相比，2014年翻了10倍，占到全球并购市场的12.8%。

6.3.2　中国上市公司并购特征

1）中国上市公司并购活动的基本情况

中国的企业并购活动随着国家经济体制改革的深入以及市场经济的发展而产生，最初开始于20世纪80年代中期。我国的企业并购最初是以政府为主导的企业并购，这种形式的并购从完全由政府选择兼并企业的“保定模式”转为可以由公司自主决定想要兼并的企业，而政府只是在中间起连接作用的“武汉模式”。该阶段的并购特点是并购通常发生在很小的范围内，并且规模较小。随后，上海证券交易所和深圳证券交易所的建立，使证券交易市场飞速发展，因此进行的市场并购活动也愈发活跃。自1992年开始，中国社会主义市场经济体制改革目标逐步确定，企业并购的数量增多，规模扩大，强强联合的大企业越来越多。政府不再主导并购活动，而是设置监督机构监管。此外，跨国并购逐渐兴起，有如可口可乐公司、雀巢公司这种国际知名企业对中国的企业进行并购，也有一些国内的大型企业收购国外公司的案例，如首钢收购美国麦斯塔工程设计公司70%的股份。自2000年中国加入世界贸易组织，我国经济的发展逐渐步入国际市场，这一阶段中国上市公司的并购以产业整合为特点，包括横向整合与纵向整合；此外，中国与国际上的公司并购关系日益密切，行业的垄断逐步形成。

随着我国上市公司并购活动逐渐活跃，企业优胜劣汰，各产业的发展进程加快，我国并购规模日益增长。据统计，1998—2012年我国发生企业并购交易近10 000宗，交易金额高达2 030亿美元。图6-1展示了2013—2021年中国企业并购市场宣布交易的趋势，从中可以看出2015年企业并购达到高潮，并购案例数量单年就接近10 000宗，这是由于我国自2013年开始，国家政府出台了一系列有关企业兼并重组的有利政策，这大大促进了并购市场的活跃，因而2013年也被称为“并购元年”，也就是从这一年开始国内企业并购额持续增加，交易规模逐渐扩张，直至2015年达到高峰。虽然2016年国内并购数量发生急剧下滑，但是随后的三年中国企业并购受国企改革、行业巨头合并和政策监管加紧等多重因素影响，并购市场整体趋稳回落。

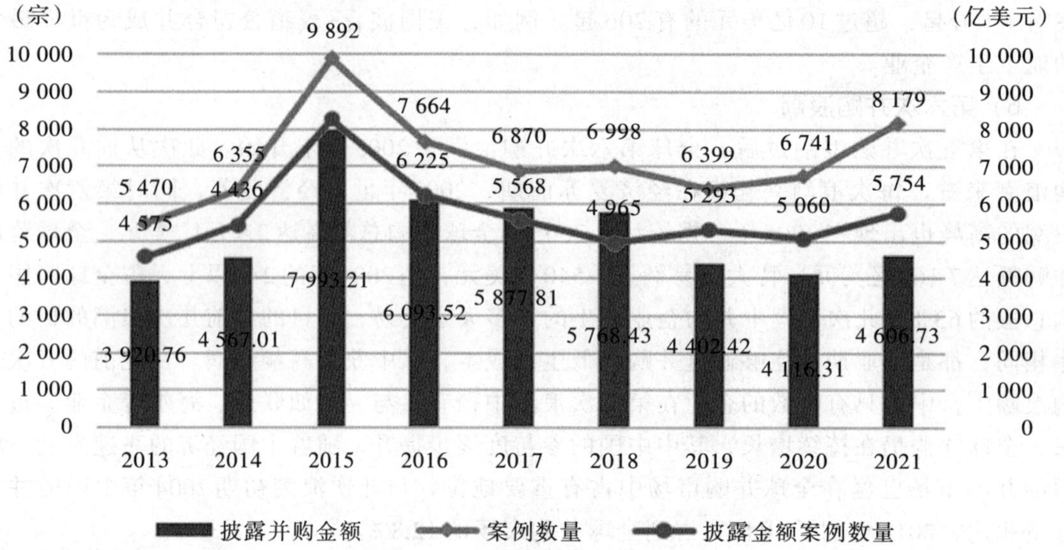

资料来源：投中数据.

图6-1　2013—2021年中国企业并购市场宣布交易趋势图

近年来，股权交易始终为我国上市公司并购活动的主要方式。如图6-2所示，将2017—2021年中国上市公司并购股权交易数与资产交易数进行对比，可以发现，股权交易数一直以来都高于资产交易数。在2005年以前，中国的上市企业并购活动以资产交易为主；而在2005年以后，上市公司并购活动则以股权收购为主要方式，同时股权转移的并购也不断增多。

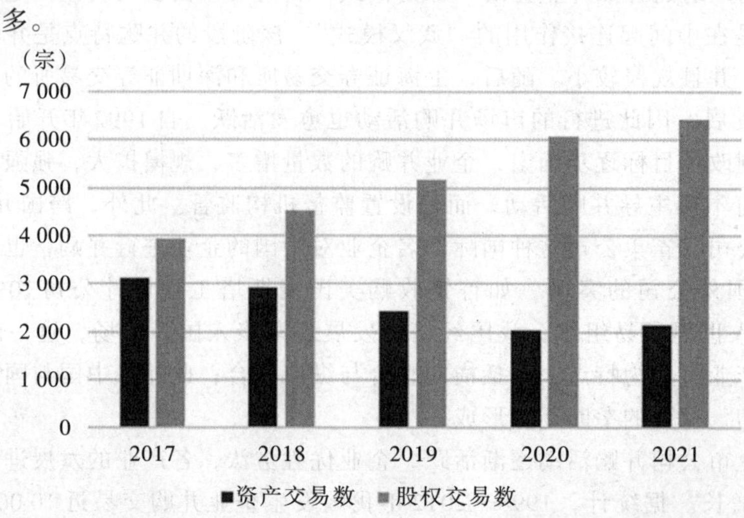

资料来源：国泰安数据库.

图6-2　2017—2021年中国上市公司并购资产交易与股权交易数目对比图

2）中国上市公司并购活动特征

（1）进行市场化的业务结构调整和行业整合

自改革开放以来，我国各个产业的企业长期处于分散状态，不利于产业健康发展；加之经济全球化的出现，我国企业同时面临着海外国际巨头公司的激烈竞争。因此进行市场化的业务结构调整与行业整合是我国企业并购重组的必行之路，通过对同行业或不同行业的兼并，形成规范化的产业结构，重新分配有效资源，促进产业稳定发展。就历年并购交易行业分布来看，制造业始终为并购高发行业，IT、金融、互联网等行业的并购也相当活跃，建筑建材行业的并购规模明显扩大，在2018年，建筑建材的并购额只有61.06亿美元，而到2021年其并购额增长到284.68亿美元，排行也从第13位升至第2位。2021年中国企业完成并购交易金额按行业规模分布如图6-3所示。

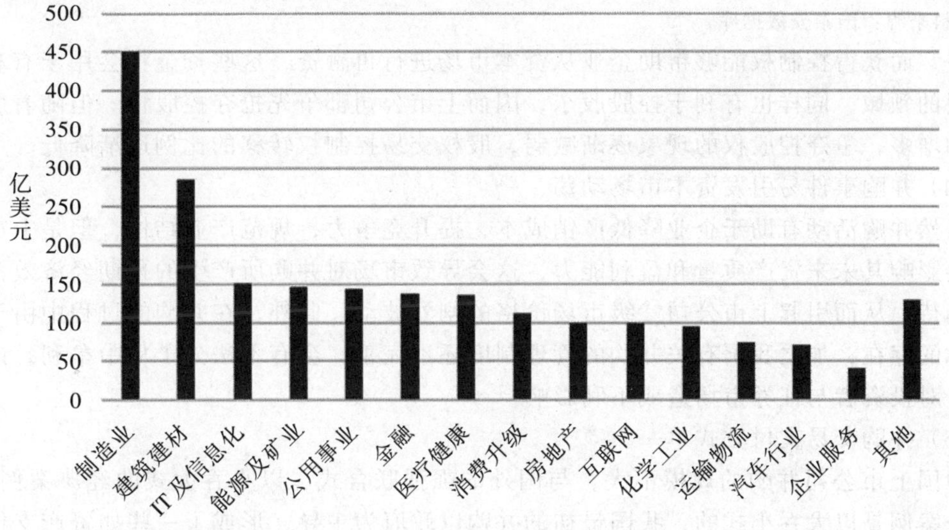

资料来源：投中数据.

图6-3　2021年中国企业完成并购交易金额按行业规模分布图

“十四五”规划强调要加快国有经济布局优化和结构调整，推进战略性重组和专业化整合。时任国务院国资委党委书记郝鹏在《激发各类市场主体活力》中指出，加快国有经济布局优化和结构调整，是激发国有企业活力的重要前提。近年来，我国力求清除部分行业的劣势资源，推进互联网、大数据、人工智能等产业的深度融合，未来在相关行业的并购可能会增多。

但是由于我国资本市场对上市公司资产和股权的不正常溢价的存在，这种整合机会也给了上市公司进行资产套现和再融资的借口。

（2）封闭型并购占重要比重

封闭型并购是指关联企业之间或者在政府主导的同一管辖范围内的企业之间的并购重组，与之相对应的是开放型并购。表6-1是近年属于关联交易并购的数据。

从表6-1的数据可见，在股权交易中，关联交易数平均占并购总数的10%，在资产交易中，关联交易数约占30%。

（3）对控股权的争夺稳中有降

在中国并购活动初期，上市公司控制权存在较大溢价，其控股股东的目的是获得更多

表6-1　　关联交易并购数据表　　计量单位：起

年份	资产交易			股权交易		
	并购数	其中：非关联交易数	占比	并购数	其中：非关联交易数	占比
2021年	2 147	1 323	62%	6 419	5 537	86%
2020年	2 028	1 250	62%	6 072	5 332	88%
2019年	2 422	1 526	63%	5 179	4 570	88%
2018年	2 920	2 003	69%	4 519	4 111	91%
2017年	3 120	2 163	69%	3 943	3 649	93%

资料来源：国泰安数据库.

的利益，而获得控制权能够帮助企业从资本市场进行再融资，这些资金将会用于有利于企业发展的领域，同样也有利于控股股东，因而上市公司都争先抢夺控股权。但随着股权交易量的增多，争夺控股权的现象逐渐减弱，股权交易控制权转移的比例逐渐降低。

（4）并购事件易引发资本市场动荡

虽然并购活动有助于企业降低产销成本，提升竞争力，规范产业结构，但是上市公司并购会影响其未来资产质量和盈利能力，这会导致市场对并购所产生的预期经济效益有较高的期待，从而引起上市公司二级市场价格的剧烈波动。此外，在并购的过程中由于信息不对称的存在，加之我国有关并购的管理制度还不完善，会有不法分子从中牟利，误导投资者，对投资者与证券市场造成不利影响。

（5）并购交易支付方式单一

中国上市公司并购的规模不大，与国外的强强联合式、以小吞大式的经典案例不同，大部分案例是以大吞小式的，我国最初的并购以政府为主导，形成了一些如资产支付、承债支付等特有的支付方式。然而现如今国内并购案的支付方式单一，80%以上都是现金支付，而非国际流行的方式，例如股票支付、综合证券支付方式少之又少。

【学思践悟】中信集团并购隆平高科

我国的国有企业是国民经济的重要支柱，也是国家收入的重要来源。自我国1978年首次提出国企改革的概念以来，国企改革经历40多年的发展，已进入全面深化推进的新阶段，国有资本运营围绕国家战略目标和优化国资结构布局的服务目标越来越突出。新形势下，国有资本产业布局加快，并购成为我国国有企业探索存量资源结构重组与战略调整的重要实现途径。国有企业并购民营企业作为发展混合所有制改革的一种方式，一方面给面临财务危机的民企带来生机，另一方面国企自身也获得了战略机会。

中信集团并购隆平高科发生在十八届三中全会确定国企混改框架不久后的国资并购元年。中信集团是一家实业和金融并举的跨国性企业，实际控制人是财政部。隆平高科是一家以科研单位为依托的农业高科技股份有限公司，2014年，中信集团及其子公司认购隆平高科约18.79%的股权后，于2016年1月成为隆平高科的实际控制人，最终控制人为财政部，隆平高科的治理结构也从民营控股变成了混合所有制。在中信集团正式成为隆平高科的实际控制人后，隆平高科不管是在国内市场还是在国外市场，发展速度都得到了显著提升。引入中信集团后，隆平高科一方面通过引入中信集团的管理理念和资源渠道提升自身实力，另一方面借助中信集团的全球化业务布局开拓海外市场。在投入中信集团的第一年，隆平高科“米质差，成本高”的劣势已得到改善。公司年报显示，2016年隆平高科全年营业收入为22.99亿元，同比增长13.5%；2017年全年营业收入为31.9亿元，同比增长38.73%，之后年份业绩仍然保持持续增长状态。同时，隆平科技成立海外研发中心，在东南亚、美洲及非洲等国家建立运营中心，推动了隆平高科国际化进程。

此次中信集团并购隆平高科，是维护我国粮食安全，壮大我国农业产业的重要举措，是中信集团布局新型农业，寻求新的经济增长点，寻求资源互补和战略协同的突破口，是推动农业发展的重要力量，也是国企、民企并购的一次成功的尝试。

6.4　公司并购理论

在公司金融理论中，公司并购理论一直是热门议题并处于重要地位。公司并购理论认为，公司并购活动是现代经济活动中企业自身发展的一个重要内容，能为整个社会带来潜在收益并能够提高并购参与者的效率。通过并购活动，企业可以实现资源的合理配置，扩大生产经营规模，实现协同效应和多元化经营，降低交易成本进而提高企业的价值。

随着时间的发展，企业并购理论也逐步向前发展。许多学者从不同角度对企业并购的动机及其社会效应进行了大量的理论研究。提出了多种理论假说，已形成较为完整的理论研究体系，主要有以下五种：协同效应理论、多元化经营理论、交易费用理论、信息理论以及管理主义理论。

6.4.1　协同效应理论

中外金融学家提出了许多理论来解释公司并购行为产生的原因即并购的动机。1971年，德国物理学家赫尔曼哈肯第一次提出了协同的概念，并于1976年系统地论述了协同效应理论。协同效应原本是一种物理化学现象，又称“增效作用”，是指两种或两种以上的组分相加或调配在一起，所产生的作用大于各种组分单独应用时作用的总和。而从公司并购的角度来看，协同效应就是指并购后公司竞争力提高，使得现金净流量超过两家公司原预期现金流量之和，或者并购后公司的整体价值大于各个企业的独立价值之和。历史上成功的并购案例不胜枚举，2010年，吉利以18亿美元收购沃尔沃100%的股权、相关资产以及知识产权，创造了中国民营企业至今为止金额最大的海外汽车收购案。本次并购使得吉利集团摆脱了低端品牌形象，成功实现了战略转型。同时，沃尔沃汽车的销量也稳步上升。

由此可见，协同效应是企业并购成功的必要条件。那么，企业并购是如何产生协同效应的呢？协同效应的来源是什么？理论分析表明，企业并购的协同效应主要有以下三种来源：管理协同效应、经营协同效应以及财务协同效应。

1）管理协同效应理论

管理协同效应理论又称“效率理论”，该理论认为公司的并购活动能够撤换效率低下的管理者，改进管理层的经营业绩，提升管理水平。管理协同效应在公司并购活动中产生的原因在于交易双方的管理效率不同。即管理效率较低的公司被管理效率较高的公司并购后，其管理效率将会被提升到更高的水平，而高水平的管理效率有利于提高公司的工作效率，进而获得收益。

例如，在公司并购中，目标公司的管理者能力不高，工作效率较低，进而导致公司的潜在价值无法实现。而当这家公司被管理效率较高的企业并购时，通过裁员或撤换效率低下的管理者，该公司的管理效率就会得到改进，公司的价值也会相应地提高。20世纪80年代早期，西方石油行业受到经济衰退和生产规模过剩的影响，油价下跌，亏损增大。而1987年，BP公司（British Petroleum，英国石油公司）成功收购了标准石油公司，并通过削减亏损业务和过剩的生产规模，调整经营战略，最终扭亏为盈，并一跃成为欧洲最大及世界第三大的石油企业。

2）经营协同效应理论

经营协同效应理论认为，公司并购行为的发生会使得并购后的联合企业比两个独立的企业产生更多的收入，同时发生更少的成本。

经营协同效应的产生对于公司并购行为最明显的作用在于规模经济效益的取得。规模经济是当企业的产量规模达到一定的水平后，由于各生产要素的有机结合产生了1+1>2的效应，平均成本呈现下降的趋势。公司并购活动可以产生规模经济效益，其主要原因有以下几点：首先，公司并购后，确定数额的固定成本可以在更多数量的产品和人员中分摊，进而降低了单位产品的固定成本。其次，公司并购使得企业的规模扩大，有利于企业的筹资与借贷，充足的财务能力也有利于企业采用新设备、新技术，适应经济环境变化，更好地抵御风险。企业并购获得规模经济收益的前提是：在并购之前，企业生产经营水平低于最优规模的要求。

除了产生规模经济效益之外，公司并购后，并购方与被并购方可以相互利用对方的广告和营销网络进行宣传，可以有效地减少曾经作为独立企业宣传的营销费用并拓宽销售渠道，进而使双方的销售额都大幅度增加。例如，1970年，Miller啤酒公司被Philip Morris公司收购后，利用其发达的营销网络和广告优势，从美国啤酒业排名中的第七名一跃成为第二名，并实现了巨大的收益。

3）财务协同效应理论

财务协同效应理论是指公司并购行为的发生会在财务方面为公司带来收益。具体来说，就是指在企业并购发生后通过将收购企业的低资本成本的内部资金投资于被收购企业的高效益项目上，从而使并购后的企业资金使用效益提高。例如，在1987年，受到“无烟社会”运动影响而规模逐渐缩小的烟草企业Philip Morris公司选择将其资金投向食品企业，相继并购了Kraft公司、The General Foods和Nabisco，成立了Kraft Foods，这一成功的并购使得资金流向了更高回报的投资机会，产生了显著的财务协同效应，不仅股东的财富因此增加，Kraft Foods也成为了全球第二大食品有限公司。

6.4.2 多元化经营理论

多元化经营理论是指公司并购可以使得企业将投资分散于各类不同的产业和业务，分散公司的经营风险，降低企业的管理者和员工的人力资本投资风险，免于因为单一经营而陷入困境。

对于多元化经营是否有利于股东财富最大化和分散公司的经营风险，理论界和实务界存在着不同的观点。理论界认为：从股东的角度来看，只要购买不同风险程度的股票，股东就可以有效地分散风险。可见，股东可以比企业更容易地分散风险。而从企业的角度来说，并非所有企业的资产都可以进行随意组合且分散风险仍存在着复杂的技术性问题。因此，企业的多元化经营对于股东财富最大化和分散企业的经营风险没有帮助。而实务界认为，从现实角度出发，有一些股东如持有公司控股权的股东和小股东，往往不愿意或者没有能力去购买多家不同风险程度的股票，这就使其无法依靠自身的力量来分散风险。同时，从企业角度来看，多元化经营有利于企业通过多种经营模式来稳定收益，保护债权人债权的完整性，增强企业凝聚力，还可以增加职员的升迁机会，这明显是符合股东利益并可以分散企业经营风险的。

6.4.3 交易费用理论

所谓交易费用是指企业用于寻找交易对象、订立合同、执行交易、洽谈交易、监督交易等方面的费用与支出。1937年，罗纳德科斯首次提出，企业作为一种交易形式，可以把若干个生产要素的所有者和产品的所有者组成一个单位参加市场交易，从而减少交易者的数目和交易中的摩擦，因而降低了交易成本。在20世纪70年代后期，西方经济学家威廉姆森系统地研究了交易费用理论，从交易费用的角度解释了企业纵向并购的动机。该理论认为，企业并购行为的发生可以节约交易费用。通过公司的纵向并购可以将处于产业链不同阶段的公司联合起来，进而消除机会主义和不确定性等交易成本。此外，通过并购还可以将外部交易费用内部化并降低资产的专用性风险，从而降低交易费用。

6.4.4 信息理论

信息理论认为，企业并购行为会传递给市场参与者一定的信息或信号，表明目标公司的未来价值可能会提高，从而促使市场对目标公司的价值进行重新评估或激励目标公司的管理层贯彻更有效的竞争战略。信息理论致力于解释无论公司并购行为是否成功，目标公司的股票价值在要约收购中总要被永久性地提高，其主要有以下两种作用形式：一是目标公司会在收到收购要约信息后受到激励，进而努力致力于提高企业的管理效率和经营业绩，并依靠自身的力量贯彻更有效的战略。即所谓“背后鞭策”，不需要任何的外部动力来促进价值的重估。二是由于在公司并购活动中，目标公司收到并购要约这一事实可能会传递给市场一种信息，表示该目标公司拥有迄今为止尚未被认识到的额外的价值或者企业未来的现金流量将会增长，而目标公司本身不用采取任何特别的行动。

6.4.5 管理主义理论

管理主义理论认为在两权分离的现代公司制度下，股东和管理者的价值目标并不完全一致。1975年，马克斯和惠廷顿指出影响企业管理者收入的主要因素是公司的规模。1980年，富斯发现并购方公司管理者在公司并购后2年内平均收入增加33%，而没有发生并购活动的公司，管理者的平均年收入只增加20%。由此可见，管理者的报酬取决于公司的规模。因此，管理者有扩大企业规模的动机，希望能通过并购达到企业扩张，从而促使企业迅速发展，以实现其自身的价值，保障其职位的安全并增加自身的收入。

然而，公司并购并不一定会为企业带来最大的价值和利润。1986年，罗尔提出了“自负假说”，指出管理者由于野心、自大或过分高估自身的管理能力，可能会在评估并购机会时犯过分乐观的错误，支付给目标公司股东的价值偏高，从而导致在并购公告日附近，目标公司的累计超额收益显著大于零。

6.5 并购融资与对价方式

6.5.1 并购融资方式

确定并购的出资方式与决定并购的筹资规划是财务分析中的两个重要环节，它们从定量的角度为某一并购活动提供了是否可取的证据。在实践中，两者通常紧密联系、不可分割。无论是2021年智能家电行业高瓴资本37亿欧元收购飞利浦，还是极兔快递68亿元人民币并购百世快递，跻身中国快递行业第一梯队，并购伴随的大量资金使企业不得不做出筹资规划以满足企业价值最大化的目标。本节以内源融资和外源融资为出发点对企业常用的筹资方式展开介绍。

1）内源融资

内源融资是从企业内部开辟资金来源筹措所需的资金。内部的资金从公司经营活动结果中产生，历年实现的净利润留存于企业的部分即形成了留存收益。相比于外源融资，内源融资是自有资金，拥有更强的自主性。此外，内源融资具有较低的融资成本、风险较小。然而，内源融资的规模会受到公司盈利能力的制约、股利支付率的干扰。一方面，股东希望公司的股利支付比率维持在其能接受的水平；另一方面，合适的股利支付率有助于保持公司对投资者的吸引力。

2）外源融资

（1）债务融资

① 借款融资：并购企业可以根据借款合同或借款协议向金融机构贷款。贷款企业应偿还的债务一般包括利息和本金，且偿还日程需要遵循贷款企业与金融机构间达成的安排。相比于一般商业贷款，此方式具有金额大、偿还期长、风险高的特点。这就要求贷款企业应具备较好的商业信誉和较强的偿债能力，并且需提前向金融机构提出申请融资要求。

② 债券融资：并购企业可以依照法定程序，发行在约定时间还本付息的债券。这里所说的债券，指的是期限超过一年的公司债券。与其他债务融资方式相比，债券融资筹资对象广、市场大，但是成本高、风险大、限制条件多。

（2）权益融资

① 普通股融资：并购企业（股份有限公司）可以发行无特别权力的主权资本股份。普通股股票持有人即为并购企业的普通股股东，能够参与并购企业的经营管理并从利润分配中取得股息。与债务融资相比，发行普通股筹措的资本具有永久性、无到期日的特点，增加了并购企业的资本实力，且不会带来固定的股利负担。然而，这种融资方式会稀释原有股东的控制权，降低普通股的每股盈余、每股股利，从而可能引发股价下降。

② 优先股融资：并购企业（股份有限公司）可以发行给予投资者某些优先权的股票。优先股是介于普通股和公司债券之间的一种筹资工具。优先股有固定的股息，拥有“债券”的特征，并可以先于普通股股东领取股息。在公司破产进行财产清算时，优先股股东有权按照股票面值先于普通股股东分配公司的剩余资产，但顺序位于债权人之后。

（3）混合型融资

①附认股权证债券融资：认股权证与债券的产品组合使持有人依法在未来某一特定日期，按照约定价格（执行价格）认购并购企业的标的资产。标的资产可以是个股，也可以是一篮子股票、指数、商品或其他衍生产品。认股权证是一种不同于优先认股权的优先权形式，它通常是为促销公司债券而附加的一种权利。

认股权证交易自2005年起又重新出现在中国的证券市场上，并且逐步得到市场认可。2005年8月12日，宝钢股份临时股东大会通过引入权证进行股权分置改革的方案，并于8月22日成为我国第一家以引入权证为对价方式的上市公司。

②可转换债券融资：可转换债券可以被视为普通公司债券与期权的组合体，债券持有人可以按照事先约定在一定时间内将其转换为普通股。发行这种混合型金融产品不会威胁现有债权人的利益，其投资人也是公司的潜在股东，大大增强了筹资的灵活性。与普通债券相比，可转换债券虽然具有较低的票面利率，但在加入转股成本之后的总筹资成本会更高。

2001年证监会颁布《上市公司发行可转换公司债券实施办法》，伴随着国内可转债市场监督体系的完善，部分公司开始了可转债的尝试。2001年至2009年，可转债市场刚刚起步，市场发行可转债的公司家数和金额均较小，每年10家左右，募集资金年平均约为100亿元。2010年至2014年，可转债市场呈现“发行家数少、金额大”的特点，该阶段发行家数较前阶段保持平稳，但由于银行等主体大额可转债的出现，融资规模被个别项目拉动呈现同比高增长的态势。2015年至2016年，可转债发行的家数和金额较前阶段均有所回落，跌至2001年至2009年的水平，发行家数接近个位数。2017年再融资新规发布，新规对可转债的鼓励极大地提高了投资者的参与热情，2018年迎来了真正的爆发，2019年呈井喷式增长。2020年至2021年，可转债发行规模分别为2 714.31亿元、2 897.12亿元[①]。截至2022年8月16日，年内已有85家公司发行可转债，规模合计为1 338.44亿元，占A

---

① 中国新闻网．年内上市公司再融资近1 000亿元 可转债发行规模达125.17亿元［EB/OL］．（2022-02-17）．https：//www.chinanews.com.cn/cj/2022/02-17/9678866.shtml.

股实际再融资总规模的比例为34.90%[①]。随着市场的发展，可转债从“小众”的融资工具逐渐演变成资本市场舞台的“主角”之一，从而被越来越多的上市公司和投资者认可和接受。

（4）卖方融资收购

卖方融资是并购企业可以向目标公司实行类似“分期付款”的融资方式。收购方在实行收购时暂时不向目标公司的股东支付全部对价，而是承诺在未来分期支付。在实际运作时，这种融资方式适用于股权相对集中的目标公司，否则无法运用商业票据进行分期付款。目标公司获利不佳、卖方亟待脱手，或者收购方拥有极为出色的经营管理能力时，是运用卖方融资的主要商业情境。

收购方未来分期支付的金额通常取决于目标公司的经营业绩。这种方式使目标公司一直努力维持其正常运作，以证明公司的价值，从而有助于缩小双方在并购价格认定上的差距。对于收购方而言，此项付款可以减少收购时的现金负担、免去许多保证措施，还可以设立奖励机制。然而，这种与绩效挂钩的定价方式，具有使原所有者过度关注提升支付价格而忽略企业长远利益的风险，且支付期间过短时尤为严重。其后果是，未来的开支大幅增加，从而影响未来的正常生产和收益。对于卖方而言，分期收款使得自然税负分段支付，具有税负延后的好处，除此之外，还可以向并购企业要求高利率的利息。

特别的，在收购一些以某些个人的特殊技艺或管理才能为特性的公司时，应尤其注意人的稳定性，所以在具体价款支付上要有特别条款予以保障。若原来所有者与经营者为同一人，收购后仍保留经营者的资格，则可在商定价格时要求一半付现金，另一半视未来时点被收购公司绩效目标的完成情况而定。

目前，我国应用卖方融资方式的并购案例并不多，应用卖方融资理念也主要用在日常的经营融资管理上。一些商业银行开展了这方面的业务，应用最多的是国内信用证项下的卖方融资。为满足客户（卖方）日常的资金需求，银行以客户收到的延期付款国内信用证为依据，以信用证项下的应收账款为还款来源，向符合条件的客户发放短期融资。

例如，美国华纳传播（Warner Communications）欲将其亏损的阿泰利（Atari）电脑公司出售时，收购者即以未来偿还价款为保证，购买其全部股权。收购方提出能够拯救该亏损公司的计划，并将利用在其有效管理下所赚的盈余来偿债。在该案例中，因为华纳对收购方的拯救计划非常有信心，因而愿意以应付票据的方式达成交易，且并不要求前几年马上付清本金，使阿泰利在新业主经营下的前几年现金压力大为消除。由此可知，收购须有极佳的事业经营计划，才易取得“卖方融资”。

（5）杠杆收购

杠杆收购是一种以目标公司的资产或将来的现金流入作担保的债务融资（金融机构贷款或发行债券）方式。杠杆收购的一个重要特点是进行大量举债，即收购公司实施收购时需借入的收购资本占收购资金总额的70%至80%，贷款方可能是金融机构、信托基金、个人，甚至可能是目标公司的股东。收购公司仅在实施收购时对目标公司投资一次，不承担进一步投资义务，贷款资金以目标公司的资产或现金流量来偿还。这种融资方式使小企

① 经济参考报．可转债发行超1 300亿元 市场规范度不断提升［EB/OL］.（2022-08-17）.http://jr.guizhou.gov.cn/jrzx/jrsz/202208/t20220817_76114117.html.

业并购大企业成为可能。

杠杆收购对收购公司非常有利，但杠杆为收购公司提高财务效益的同时也伴随着高风险。由于这种收购的大部分资金依赖债务，因此沉重的债息偿还负担可能会令收购公司和目标公司都不堪重负而最终被压垮。这就需要收购公司的管理者具有较强的重组整合能力，在组织结构和文化上达到和谐统一，并最终实现各方面的协同效应，提高经营效益与偿债能力，使资产收益率和股权回报率有所增长。只有当大部分债务已经偿付完毕时，并购活动才算真正成功。

2017年6月27日，中国化工集团完成对瑞士先正达的收购，这场创中国纪录的海外并购直到今天依然是中国国有企业最大的杠杆式收购。至2017年6月7日完成第二次交割，中国化工收购先正达94.7%的股份，先正达股票从瑞交所退市、美国存托凭证（ADS）从纽交所退市。这场并购耗资约430亿美元，加上由于控制权变动导致先正达需提前偿还的50亿美元债务，总计约480亿美元。中国化工集团的自有资本难以满足此次并购的资金需求，因此，这场收购是近乎全部债务融资的高杠杆收购。首先，中国化工集团通过汇丰银行贷款50亿美元用于承接先正达的债务。其次，根据路透社报道，中国化工向监管机构申报的文件显示，为收购先正达已于2017年5月就募集了200亿美元的永久债券。余下的230亿美元对价款也主要来源于海外发债、过桥贷款支持等债务融资途径。诚然这场并购具有突出的融资风险，但五年之后，先正达集团带着一份令人赞叹的成绩单，以全新面貌再次出现在公众视野，这意味着这场并购的成功。①

管理者收购是杠杆收购的一种特殊形式。它是指目标公司的管理者和经理层融资，从公司的股东手中收购大部分股票，实现管理者以所有者与经营者合一的身份主导重组公司。由于股东权益集中于管理者，这种收购方式有助于解决“所有者缺位”问题，为管理者提供最大限度的激励，促进企业价值的最大化。相比于证券市场发达的国家，我国管理者收购起步晚20多年，有专家将2003年定为MBO（Management Buy-Outs）年。

以上对我国常见的并购融资方式进行了介绍。企业在真实的并购场景下，往往同时采用多种融资方式来拓宽融资渠道，以综合利弊达到最佳资本结构。目前，我国企业的并购融资方式以银行贷款为主，少数企业采取了普通股融资和可转债的融资方式，极少数企业采用优先股融资、认股权证融资等方式。融资方式单一，企业并购缺乏资金来源的多元化，导致收购企业的资金压力加大。这是我国企业在未来并购融资过程中需要考虑的重要问题。

现以联想集团并购IBM为例说明并购融资方式。2004年12月7日，联想集团对外宣布以6.5亿美元现金和6亿美元股票合计共12.5亿美元并购IBM公司的PC全球业务。2005年1月27日，联想集团召开股东特别大会，并以99.47%的赞成票通过了收购IBM公司的PC业务议案。2005年3月，美国外国投资委员会对联想集团并购IBM公司PC业务的审查提前通过。2005年5月1日，联想集团正式宣布以12.5亿美元完成对IBM公司全球PC业务的收购，并承担来自IBM公司约5亿美元的净负债。

在整个财务安排上，当时只有4亿美元自有现金的联想集团，为减轻支付6.5亿美元现金的压力，与IBM公司签订了一份有效期长达5年的策略性融资附属协议，从巴黎银

① 王灿．中国化工收购先正达获200亿美元“弹药”支持，中行占一半［EB/OL］．（2017-05-25）．https://www.thepaper.cn/newsDetail_forward_1693944.

行、荷兰银行、渣打银行和中国工商银行分别获得总计6亿美元的国际银团贷款。随后，联想获得全球三大私人股权投资公司的青睐，以私募的方式向美国得克萨斯州太平洋投资集团、美国泛大西洋投资集团及美国新桥投资集团发行股份，获得总计3.5亿美元的战略投资。

联想向这3家私人投资公司共发行921 636 459股价值3.5亿美元的可转换优先股以及可用作认购联想股份的非上市认股权证。获得额外投资后，联想集团再拿出1.5亿美元现金回购IBM公司股份，而另外2亿美元用作运营资金及一般企业用途，最终联想集团向IBM公司支付8亿美元现金及价值4.5亿美元的股票，IBM公司的持股比例从最初约定的18.9%下降到13.4%，公众股占有34.8%的股份。

下面以吉利收购沃尔沃为例，加深对并购融资方式的认识。2010年3月28日，吉利与福特签署最终股权收购协议，这场惊心动魄的中国车企“蛇吞象”的完美大戏暂时落下帷幕。吉利最终以18亿美元收购沃尔沃轿车公司100%的股权以及包括知识产权在内的相关资产。吉利的收购金额不及当年福特收购价的三分之一。在全球金融危机导致世界汽车行业重新洗牌的环境下，吉利收购沃尔沃抓住了历史性的机遇。

吉利实际寻求的并购资金包括收购金额与沃尔沃初期运营资金，最终共用27亿美元，主要采取了三种融资方式：一是国内外银行的低息贷款；二是海内外投资者的权益融资，在这个案例中，地方政府支持起到了至关重要的作用，并缓解了吉利后续发展的融资压力，其中上海嘉尔沃投资有限公司出资10亿元人民币现金、大庆市国有资产经营有限公司提供30亿元人民币现金支持并购；三是福特2亿美元的卖方融资。吉利收购沃尔沃是杠杆收购的典型案例，在收购过程中，吉利自有资金的出资只占收购总资金的25%。这项并购拉开了中国车企参与全球竞争的时代大幕。

6.5.2 并购对价方式

支付是整个收购交易的最后一个环节，也是决定交易最终能否成功的重要一环。并购是群体所有者之间的交易，并购方的对价方式应符合目标公司不同人的利益需求。并购方应该综合考量自身条件的限制和目标公司的要求，选择让双方股东满意的支付方式。由于公司并购的规模较大，这项活动对涉及的双方都拥有非常重大的财务意义，所以出资方式的选择应审慎考虑其对收购价格和收购实际成本的影响。

国际上较为常见的支付方式见表6-2，其中承担债务收购和国家无偿划拨是在我国特殊的制度背景和经济背景下存在的方式。由于杠杆收购与卖方融资同时联系并购方和目标公司，融资方式与对价方式在其中密不可分。因此，6.5.1中提前对两种方法进行了介绍，本部分仅做简单概括。

1）现金对价

现金对价指并购方通过支付一定数量的现金来购买目标公司的资产或股权，从而实现并购交易的一种支付方式。对于并购方及其股东而言，他们可以清楚知道需支付给目标公司的金额。其次，现金支付方式不会影响公司的资本结构。这种支付方式对目标公司的股东同样具有吸引力，因为他们卖掉股份所收到的补偿是确定的，同时他们可以在不发生股票销售成本的条件下，调整他们的投资组合。

表6-2　　　　　　　　　　　　　对价方式

现金对价		并购方通过支付一定数量的现金来购买目标公司的资产或股权，从而实现并购交易的一种支付方式
股票对价		并购方通过换股或增发新股的方式获得目标公司的控制权，进而并购目标公司的一种支付方式
债券收购		并购方通过向目标公司股东支付债券来获得目标公司的股权，进而并购目标公司的一种支付方式
承担债务收购		并购方在并购目标公司时，不向目标公司的股东支付任何现金或有价证券，而是承担目标公司所有债务进而取得对目标公司的控股权
综合证券收购		收购方对目标公司提出并购要约时，其出价不仅仅有现金、股票，而且有认股权证、可转债和公司债券等多种混合形式
杠杆收购	一般杠杆收购	通过增加并购企业的财务杠杆完成并购交易的一种并购方式。实质是并购企业用少量的自有资金，主要以借债的方式来购买目标公司的产权，继而以被并购企业的资产或者现金流来偿还债务
	管理者收购	杠杆收购的一种特殊形式，它限定收购主体是目标公司的内部管理人员，具体方式是通过借债融资获取股份
卖方融资收购		又称推迟支付或分期付款，是指卖方根据未来收益而让买方分期偿还付款
国家无偿划拨		国家通过行政手段将国有企业的控股权直接划至另一个国有资产管理主体，这种支付方式是与我国企业的产权结构联系在一起的

然而现金对价适用于收购公司现金充足的情况。倘若收购公司现金流不足够充裕，但被收购企业的股东坚持用现金作为股份转让的对价，那么收购企业需要通过债务融资来补足缺口。当收购企业为了实施收购借入大量资金时，该收购就是杠杆收购。然而，公司的杠杆率过高并不是一个好的信号，许多由于融资收购而导致高杠杆率的公司选择卖出所收购公司的部分业务以将杠杆率维持在可控水平内。一个发生在1988年美国的例子是，一家小型私人公司Kohlberg，Kravis和Roberts（KKR）通过借款和发行垃圾债券的融资方式，以250亿美元收购了RJR Nabisco，随后卖出RJR Nabisco的一部分业务来降低杠杆率。

2）股票对价

股票对价指并购方通过换股或增发新股的方式获得目标公司的控制权，进而并购目标公司的一种支付方式。在“以股权换股权”的情况下，并购公司向目标公司发行自己公司的股票，以换取目标公司的大部分或全部股票来达到控制目标公司的目的。目标公司的股东从换股中能获得两个有利条件：一是依然享有原来投资公司的股本权益。二是这种交易的交易成本为零，也无须支付由股票处置而产生的资本利得税。然而，收购公司及其股东则面临着更大的不确定性。相比于支付确定金额的现金对价方式，股票对价方式的不确定性源于收购公司股票的价值不确定。基于此，收购公司通常提供更多的股票来预防由于股票在支付期间价格下跌而失去吸引力的风险。

第二种情况是“以股权换资产”，并购公司向目标公司增发新股，以换取目标公司的资产，并购公司在有选择的情况下承担目标公司的全部或部分责任。然而，流通的股票增多也为收购公司带来了潜在的不利影响。新股的发行向市场传递了股价被高估的信号，可能会引起股价的下降。此外，发行新股会引起收购公司资本结构的改变，若收购公司本身的负债比率过高，这将有利于改善资本结构，降低资本成本；若收购公司本身处于最佳资本结构，资本成本反而会增加。

3）债券收购

债券收购指并购方通过向目标公司股东支付债券而获得目标公司的股权，进而并购目标公司的一种支付方式。在这种情况下，目标公司的原股东成为了收购企业的债券持有人。债券收购与股票对价都可以弥补收购企业现金流不充裕的缺口，但债券收购不同于股票对价的是，这种支付方式不会稀释收购企业所有者的控制权。

4）承担债务收购

并购方在并购目标公司时，不向目标公司的股东支付任何现金或有价证券，而是承担目标公司所有债务进而取得对目标公司的控股权。这种对价方式适用于目标公司资不抵债或资产债务相等的情况。当一家优势公司并购一家劣势公司时，优势公司仅通过承担债务而不支付另外的现金即可完成并购。

5）综合证券收购

收购方在并购目标公司时采用混合证券收购的方式就是将多种支付工具组合在一起，可取长补短，从而满足收购双方的需要。这样既可以少付现金，避免本公司的财务状况恶化，又可以防止控股权的转移。采用综合证券收购尽管会使并购交易变得烦琐，但同时也增加了风险套利的难度。正因为如此，在各种出资方式中，综合证券收购呈逐年递增的趋势。

当然，这种支付方式的风险也是显而易见的。如果搭配不当，非但不能发挥各种支付工具之长，反而有集它们之短的可能。此外，综合证券支付对价方式对并购双方的股东利益和并购价格的影响是十分复杂的，在不同情况下，各种证券所占权重不同，其影响也有所差异。因此，综合证券支付是一种技术含量相当高的支付方式，一般需由投资银行经过周密设计才能确定各种证券的比例，必要时还要进行模拟分析来推测市场的反应，因而操作相当复杂。

6）国家无偿划拨

无偿划拨是中国特色的贸易操作方式，通常由政府作为国有资产的代理人，通过行政手段将目标公司产权无偿划转给并购方的产权重组行为。在这种对价方式下，并购交易的成本低、阻力小、速度快、产权整合力度大。特别的，并购方可以获得地方政府的各项优惠政策。其不利之处在于，易产生与公司意愿不符的行政“拉郎配”现象，从而适得其反。例如1997年，经过短暂辉煌的云南省汽车行业明星企业蓝箭濒临破产，省委、省政府与一汽协商，将蓝箭厂的部分资产无偿划拨一汽，促成红塔集团与之联手并购蓝箭。

6.6 敌意收购与防御

6.6.1 敌意收购

敌意收购是指收购方在目标公司管理层不知情或不配合的情况下，通过要约收购、二级市场举牌等渠道，对目标公司进行的收购活动。在这种情况下，收购方没有与目标公司管理层协商或合作，而是直接与目标公司分散的小股东进行交易，因此，敌意收购一般采取股权收购的交易形式。敌意收购的目的是夺取目标公司的实际控制权。由于目标公司的实际控制人（或管理层）不愿意被收购，当事双方会在收购过程中采用各种攻防策略，激烈的收购和反并购将会持续整个过程。双方强烈的对抗性是敌意收购的基本特点。

由于在股权结构分散且价值被低估的公司中更易发生敌意收购，所以敌意收购最先起源于英美等西方国家的资本市场，《门口的野蛮人》这本书中介绍了一个敌意收购的经典案例，即“野蛮人”KKR通过杠杆收购，以250亿美元的代价击败三个竞争对手，获得雷诺兹-纳贝斯克公司的控制权的故事。近年来，随着中国资本市场的日益发展和完善，中国资本市场的历史上也不乏一些“敌意收购”的经典案例，如1993年的“宝延事件”、1998年大港口油田敌意收购爱使股份、2004年SABMiller收购哈尔滨啤酒、2014年沃尔核材举牌长园集团，以及2015年被称为中国第一股权争夺战的宝万之争。作为敌意并购与反并购的典型案例，宝万之争对中国上市公司的发展和相关监管立法等方面的建设均产生了较大影响，为后续资本市场监管政策填补了不少漏洞。

新加坡管理大学的张巍老师认为对敌意收购应辩证地看待，他认为敌意收购是“野蛮人”利用财务杠杆追逐暴利的手段。一方面，只顾短期收益的资本市场投机者很可能会损害公司的长远价值，剥夺了股东获得更大回报的机会。另一方面，敌意收购作为有效的外部公司治理监督机制，对经营效率低下、经营业绩不佳的上市公司的管理层改善经营管理和提高经营业绩起到促进作用。

敌意收购经典案例

敌意收购主要有两种方式[①]，即熊式拥抱方式、狙击式公开购买方式。

1）熊式拥抱

熊式拥抱方式，是一种先礼后兵的收购方式，是指收购者在发动收购前与目标公司董事会接触，表达收购的意愿，如果收购意愿遭到拒绝，敌意收购方再通过在二级市场进行要约收购。2001年4月，美国国际集团（AIG）收购美国大众时曾使用过熊式拥抱的方式。美国国际集团向大众公司董事会主席罗伯特·代弗发了一封信。在信中，AIG主席M.R.格林伯格指出：“市场并不看好普鲁登公司的出价，普鲁登公司股价的急剧下降反映出投资者对此项交易持谨慎态度。因此，我们提出AIG并购美国大众的可行性方案。我们将愿与您及贵公司董事会进行深入探讨以达成满意的协议。在概述了AIG的提议后表示：您可以肯定的是，我们将在我们的力量范围内做一切可以做的事情以达成这项交易。”这封信既表示要协商，又威胁即便不同意仍会收购。最终，AIG如愿以偿，收购了美国大众公司[②]。

一般来说，熊式拥抱比较适合有可能通过协商达成并购交易的目标公司，这样做的好处是省时省力，也可以降低敌意收购会带来的消极影响。不过，如果目标公司强烈反对收购，这一做法的意义就不大。

2）狙击式公开购买

这种收购方式一般是指在目标公司经营不善而出现问题或在股市下跌的情况下，收购

① 其他学者也把敌意收购的方式分为三种：熊式拥抱、要约收购和争夺代理权。
② MBA智库百科．熊抱式收购［EB/OL］．［2022-12-21］.https：//wiki.mbalib.com/wiki/熊抱．

者与目标公司既不做事先沟通，又没有警示，而直接在市场上展开收购的行为，具体包括：标购、集中竞价收购、委托书收购等。狙击式公开购买在公司股价被明显低估或股权明显分散的公司中较为有效。

（1）标购

所谓标购，是指收购方不直接向目标公司董事会发出收购要约，而是直接以高于该股票市价的报价，向目标公司股东进行招标的收购行为。

（2）集中竞价收购

敌意收购方会先在二级市场上连续竞价购买上市公司股份，通常为5%（我国规定投资者及其一致行动人拥有权益的股份达到一个上市公司已发行股份的5%时，应予以公告），然后再密切关注目标公司的举动，根据目标公司所做出的反应来采取行动，如继续增持目标公司的股份或抛售获利等。

集中竞价收购与标购，二者既有联系又有区别。标购通常发生在与第三方争夺目标公司股权或对目标公司进行敌意收购时。这时，集中竞价收购往往是标购的前奏，一旦信息披露或收购意图曝光即发动标购。两者的区别是：标购是公开向市场出价，寻求目标公司股票的出售者；集中竞价收购则是在市场中随行就市，按当前价买入目标公司股票，通常会比较隐秘。

在中国，标购方式都是使用现金。在二级市场竞价购买股票不是标购，在美国有个专门的名称，叫作街道清扫（street sweep）。实际上，有很多美国公司在标购失败后会转向市场进行股票购买，即进行街道清扫。在公开市场上争购股票很可能收集不到足够的股份来获得目标公司完全的控制权，这时收购方会十分被动。标购的优势是，如果股东提供的股票达不到期望的数量，那么收购者可以不购买这些股票。

（3）委托书收购

委托书收购也被称为“投票征集权”或“代理权竞争”。《上市公司治理准则》第十条规定：上市公司董事会、独立董事和符合条件的股东可向上市公司股东征集其在股东大会上的投票权。如果收购人通过做公司其他持股人和小股东的工作，获得较多数量的投票委托书，使自己的投票表决权超过目标公司的管理层，这样就可以对目标公司董事会进行重组以达到合并的目的。代理权之争主要有两种形式：一是争夺董事会的位置，争当具有决策权的董事，希望可以由此控制董事会、当选董事长，进而控制公司管理层及整个公司；二是在董事会中就某项具体的议题，譬如是否接受收购的议题，进行讨论时表达不同于管理层的意见，争取左右董事会的决策。当公司业绩不佳、公司董事会在股东中的支持率很低及反对者提出了很有吸引力的方案时，委托代理机制容易发挥较大的作用。

6.6.2 敌意收购的防御

由于敌意收购是“野蛮人”绕过公司的管理层直接向目标公司股东发出收购信号，且收购的目的是获得目标公司的控制权，因此，目标公司的管理层或原有股东会为了保住自己对公司的控制权而发起对敌意资本收购的抵御行为，在实际的收购案例中，董事会出于各种考虑会积极地制定措施为敌意收购者制造收购障碍。

根据目标公司制定敌意收购防御措施的时间顺序，可以将其分为两类：预防性收购防御措施与反击性收购防御措施。其核心思想是：增加收购者的收购成本，对敌意收购行为进行有效的防御和阻止。前者旨在增加敌意收购的难度，包括毒丸计划和金色降落伞计划等，后者强调目标公司主动反击的对策，包括白衣骑士和资本结构调整等。本节主要介绍几种常见的防御措施。

1）预防性收购防御措施

预防性收购防御措施是目标公司为了降低潜在敌意收购获得成功的可能性，在敌意收购发生之前就采取的反收购措施，属于未雨绸缪的安排。

（1）毒丸计划

毒丸计划（Poison Pills）起源于美国，是由美国著名的并购律师马丁·利普顿（Martin Lipton）于1982年提出，又叫作“股权摊薄反收购措施”，是一种股东购股权计划。公司设置一个“毒丸”触发点，当敌意收购者持有公司股票超过设定比例时，被敌意收购的目标公司通过大量低价增发新股，摊薄股权，以降低公司在收购方眼中的价值，抵御敌意收购。毒丸计划在对付敌意收购时往往很有效。

一个著名的“毒丸计划”案例，是当年新浪的反收购保卫战。2005年，盛大忽然宣布已经拿下新浪19.5%的股权，并希望获得控制权。为防止恶意收购，新浪迅速启动“毒丸计划”——当盛大持股权超过20%时，每位当前的新浪股东都能半价购买新增发的新浪股票。最终盛大选择减持新浪，持股比例减少到11.4%。新浪打赢敌意收购防御战。

毒丸计划从20世纪80年代被创造并应用到现在，已经衍生出多种形式，其中比较常见的有以下几种[①]：

①优先股毒丸计划

这是传统的毒丸计划，就是目标公司向普通股股东发放可转换优先股。一旦公司被收购，股东持有的优先股就可以转换为一定数额的普通股股票。此时市场上就有大量的新股，其他的股东都有机会以很低的价格买入新股。这样，收购方的股权就会被大大稀释了，这种计划可以起到提高收购成本，从而达到抵制敌意收购的目的。

②掷出毒丸计划

这是对前一种毒丸计划的改良，目标公司向公司股票持有人提供一个低价购买公司新发股票的期权，允许股票持有人在公司被收购时以一个较低的价格购买公司的股票。譬如以100元购买的优先股可以转换成目标公司200元的股票。掷出计划最初的影响是提高股东在收购中愿意接受的最低价格。如果目标公司的股价为50元，那么股东就不会接受所有低于150元的收购要约。因为150元是股东可以从购股权中得到的溢价，它等于50元的股价加上200元的股票减去100元的购股成本。这时，股东可以获得的最低股票溢价是200%。

前两种毒丸计划有两点不足：一是只有在目标公司被收购之后才生效，无法在被收购之前真正去对抗敌意收购方；二是如果敌意收购方只是用某些方式达到了对目标公司的控股权，而没有真正从形式上去收购它，那么毒丸计划也无法生效。

③掷入毒丸计划

为了弥补掷出毒丸计划的缺陷，掷入毒丸计划出现了。敌意收购方取得目标公司

---

① 有的教材把毒丸计划分类为外翻式毒丸、内翻式毒丸、负债毒丸和人员毒丸等。其中外翻式毒丸也称掷出毒丸；内翻式毒丸也称掷入毒丸；负债毒丸计划是指目标公司在敌意收购威胁下大量增加自身负债，降低目标公司被收购的吸引力，和焦土战术类似；人员毒丸计划是指目标企业的管理者共同签署协议，要求敌意收购者必须保证他们的某些特殊要求，否则将集体辞职。

10%~20%的已发行股票时，目标公司中除敌意收购者之外的股东都可以用半价购买目标公司自己的股票。于是，收购者在目标公司中的股权将被大大稀释，从而失去获取控制权的可能性。"掷入毒丸计划"起作用的关键是区别对待收购者与收购者以外的目标公司股东。当收购者希望获得公司控制权而又未购买到大多数股份时，掷入毒丸计划会非常有效，尤其是在股权分散的公司中，会增加收购者获得控制权的成本。

在目前的法律监管体系下，毒丸计划在中国并没有很好的应用土壤。与美国采取管理层中心主义不同的是，我国的立法模式为股东中心主义。2002年发布的《上市公司收购管理办法》第三十三条禁止董事会发行股份及修改公司章程，直接否定了毒丸计划的可能性。2006年修改的《上市公司收购管理办法》将这条规定修改为在股东大会批准的前提下，董事会可以发行股份和对公司章程进行修改。但是由于目标公司股东间的利益诉求往往并不一致，所以通过毒丸计划的概率十分低。

即便如此，在实际运用中我国还是出现了一些变形毒丸的案例。长园集团为了抵御沃尔核材的袭击，推出了针对高管的定增方案，稀释沃尔核材所持有的股份比例，被看作为了确保控制权使出的变相毒丸。随着我国证券市场体制的不断改革，中国资本市场日益健全，国家层面对反敌意收购表现支持，未来立法将更有可能朝有利于"毒丸计划"应用的方向发展。

（2）驱鲨剂条款

这也称为"豪猪条款"，指为防御敌意收购者（"鲨鱼"）而在公司章程中提前设立一些条款，通过这些条款来增加敌意收购者获得公司控制权的难度。常见的有以下几种方式：

① 分期分级董事会条款，也叫作"错列董事会条款"或"轮换董事制度"。这是一种比较常用的敌意收购防御措施，操作比较简单，是指在公司章程中规定将公司董事会分成若干组，并规定每一组的不同任期。此后每年都有一组董事任期届满，每年也只有任期届满的那组董事将被改选。此条款能有效预防和阻止敌意收购行为。目前，我国很多上市公司都采取了分期分级董事会条款，比如美的电器《公司章程》第九十六条规定："董事局每年更换和改选的董事人数最多为董事局总人数的1/3。"

② 超级多数条款，又称"绝大多数条款"，即在公司章程中规定，当公司进行并购、重大资产或经营管理权变更时，必须取得绝大多数股东同意才能进行，如规定需经过全体股东2/3或3/4以上同意，甚至极端情况下可要求95%的股东同意，才可以批准一项并购计划。绝大多数条款为敌意收购者设计高于法定标准的表决权障碍，增加了收购者接管、改组目标公司的难度和成本。目前我国部分上市公司对敌意收购设置了针对性的绝大多数条款，如隆平高科[①]。

③ 公平价格条款，公平价格条款规定敌意收购者在以要约购买少数股东的股票时，至少要以一个公平的价格购买。公平价格条款要求出价收购人对所有股东支付相同的价格。溢价收购主要是企图吸引那些急于更换管理层的股东，而公平价格条款无疑阻碍了这种企图的实现。所谓公平的价格，可以是一个给定的价格；也可以以目标公司股票的市盈

① 《隆平高科章程》（2016年1月修订）第七十七条第八款将收购方为实施恶意收购而向股东大会提交的关于购买或出售资产、租入或租出资产、赠与资产、关联交易、对外投资（含委托理财等）、对外担保或抵押、提供财务资助、债权或债务重组、签订管理方面的合同（含委托经营、受托经营等）、研究与开发项目的转移、签订许可协议等议案列入需以特别决议（2/3以上多数）通过的事项。

率作为衡量标准，而市盈率的确定是以企业的历史数据和行业数据为基础的。当购买者提出报价时，公平价格条款就被激活。

除了上述详细介绍外，驱鲨剂条款还包括董事资格限制条款、股东持股时间条款、股东在提名董事人数方面限制条款、累积投票制度等。

（3）金色降落伞

金色降落伞是董事会给予管理层的一种特殊补偿性条款，保证管理层在因控制权发生变动而离开公司时能够获得经济上的补偿。补偿方式可以是现金也可以是股票或者“现金+股票”的结合。降落伞通常分金、银、锡三种，对于高级管理者为金色降落伞，对于中层管理者为银色降落伞，对于一般员工为锡色降落伞。

“金色降落伞”主要有两个积极的作用：首先，对那些打算在并购完成后对目标公司进行人员重组的敌意接管者来说具有一定的遏制作用。其次，设计合理的“金色降落伞”计划会使高管层在面临收购时有足够动力为股东追求更高的溢价，而不是为了保住自己的位置对敌意收购设置不当障碍。“金色降落伞”计划也有负面的作用。如果“金色降落伞”计划设计不合理，那么就有可能为那些管理不善、股价持续下跌的公司的经理人提供保护，给公司和股东带来沉重负担。

（4）交叉持股

为了防止上市公司的股权过于分散，可采取交叉持股的股权分布形式，即关联公司、关系较密切的公司之间相互持有部分股权，交叉持股既可以实现企业之间的战略协作，又可以起到防御敌意收购等积极作用。

2004年9月中信收购广发时，广发证券员工自发出资2.48亿元成立深圳吉富创业投资股份有限公司，并联合吉林敖东（000623）和辽宁成大（600739）守住了广发证券66.17%的股份，共同绝对控股。这项举动挫败了中信的敌意收购。

2）反击性收购防御措施

反击性收购防御措施是指收购者提出要约并已经开始购买股票时，目标公司可以采取的防御策略。这些措施包括多种形式，譬如绿色邮件、白衣骑士、白衣护卫、资本结构调整、诉讼及法律手段等。

（1）绿色邮件

绿色邮件，又称“绿色讹诈”，指企业经理人溢价恶意回购本公司股票，以避免这部分股票落入公司收购者之手。在回购协议中，会有一个收购者再次购买公司股票的时间限制条款，在限制时间内，收购者不得再买入目标公司的股票。绿色邮件相当于经理人与收购者之间进行的一场“内幕交易”，很可能会损害除收购者之外的其他股东的利益，因此其合法性受到很大质疑，在很多国家是被禁止的。

（2）白衣骑士与白衣护卫

当目标公司面临敌意收购或是存在被收购的潜在威胁时，可以选择一个愿意与之合并的友好企业作为自己的收购者，友好企业就叫作“白衣骑士”。2015年，宝能系首次举牌万科，剑指万科控制权。双方经过长期的博弈之后，最终万科选择“白衣骑士”方案，用以替代“毒丸计划”。此时，国企深圳地铁集团和中国恒大同时扮演了“白衣骑士”的角色。“白衣骑士”进入战局之后，宝能系多了两个敌人，万科多了两个盟友：深圳地铁和中国恒大。在宝能系持股25.4%，深铁持股15.31%，恒大持股14.07%，万科管理层持股

7.12%，安邦保险持股6.18%，刘元生持股1.21%的情况下，恒大将所持有的万科股份表决权委托给深圳地铁集团。同时，将所持有的万科股份作为“可供出售金融资产”质押给中信证券，期限一年。最终，恒大、深铁、万科管理层和刘元生合计持股比例达到37.71%，超过宝能系，成功逼走了“野蛮人”。

“白衣护卫”也是一种反收购策略，它与“白衣骑士”类似。只不过这里不是将公司打包出售给友好的公司，而是将公司的部分股票转让给友好公司。“白衣护卫”和“白衣骑士”区别在于护卫取得转让股票、未取得控制权，骑士最终会成为目标公司的控股方。目标公司常采取向“白衣护卫”发行新股的方式，并使用优先股以限制其表决权，或限制其持股比例。这样一来，既可以防止敌意收购，又可以牢牢掌握控制权。

上述两种策略基本上在所有反并购案例中都会出现，如宝万之争中的深圳地铁、ST生化控制权之争中的佳兆业扮演着白衣骑士的角色，而长园集团股权争夺战中的复星也扮演了白衣护卫的角色。从这些案例中可以明显感受到，白衣骑士和白衣护卫并不等同于白衣天使，在商业规则的运作下，它们都怀揣着各自的入场目的。例如，深圳地铁是为了万科的控制权，佳兆业是出于产业目的，复星则是为了获得财务上的回报。

对于目标公司来说，运用白衣骑士和白衣护卫策略时一定要考虑好合作人选，以及希望达到的反收购防御目的，这样才能在敌意收购防御战争中掌握更大的主动权。

（3）锁定交易

从资产价值、盈利能力和发展前景诸方面衡量，目标公司最有价值、最具并购吸引力的部分（如专利、商标、某项业务或某个子公司等）被喻为“皇冠明珠”，这类公司通常会诱发其他公司的收购企图，成为兼并的目标。目标公司可将“皇冠明珠”这类经营好的部分出售给友好公司或赋予其购买期权，设置这种锁定交易的目的是通过使目标公司的吸引力减弱而使敌意收购者失去收购的兴趣。

（4）帕克曼式防御

帕克曼式防御也称反噬防御策略，即被收购方以攻为守，对收购方发动进攻，收购对方的股份，变被动为主动，以实现围魏救赵的目的。但这种进攻风险很大，反收购者本身需有较强的资金实力和外部融资能力。同时，收购方在财务状况、股权结构、股票市价等方面也要具备收购的条件。

大众反收购保时捷是帕克曼式防御的一个经典案例。2005年保时捷决定收购大众。为了收购大众，保时捷向多家银行借了贷款，然后借着贷款资金在资本市场里玩得风生水起。结果次贷危机爆发之后，保时捷资金断裂，现金流严重告急，保时捷濒临破产，只能向大众求救，并最终同意大众通过投资约84.6亿欧元，100%收购保时捷汽车。由此，保时捷汽车成为大众集团旗下的一员。

（5）焦土战术

焦土战术，即公司董事会通过贱卖公司核心资产、增加公司负债等方式使上市公司财务报表恶化，以降低公司对收购方的吸引力，但焦土战术会严重损害公司股东的利益，故在我国焦土战术为《上市公司收购管理办法》所明令禁止。常见的焦土战术主要包括出售“皇冠明珠”和“虚胖战术”两种。前者是指出售或抵押公司最有价值的核心资产；后者则是大量收购劣质资产或进行低效率的投资，使目标公司短期内资本收益率大幅下降，以此降低目标公司在收购公司眼中的价值。

（6）资本结构调整

资本结构调整主要是指通过调整目标公司的资本结构以增强公司抵御敌意收购的能力。其形式包括：

① 增加债务比例。这也是一种焦土战术，通常有两种做法：第一种是通过银行贷款或发行债券来提高公司债务比例；第二种是在债务合同中约定，当公司被并购时，提前偿还公司债务。由于债务偿付会影响公司的现金流，所以增加债务必然将增加公司的财务风险。

② 增加向股东支付的股利，从而减少现金流量，这实际上也是一种焦土战术，通过增加财务风险和降低公司价值来消除并购诱因。

③ 定向增发。增发新股是在保持现有债务水平的基础上增加股权，从而使收购的难度和费用增加。为了防止新发股票落入敌意接管者手中，目标公司会直接向那些善意公司或员工进行定向增发。这种做法的缺点是，稀释股权，使股价下跌，股东利益受损[①]。

④ 回购股票，指目标公司通过回购本公司发行在外的流通股，以增加目标公司原控股股东的持股比重，巩固控制权的一种策略。股份回购减少了市场上的流通股份额，有效地提高了目标公司的股价，增加了敌意收购者收购的难度和成本。回购股票的做法常常与白衣骑士和白衣护卫结合使用。

（7）双层股权结构

双层股权结构，也就是所谓的AB股，A型股和B型股的权利一样，唯一不同的是投票权。一般意义上讲，A型股每股1票，B型股每股10票，而B型股从来都是掌握在上市公司的高管或者是企业的创始团队手中。在2005年上市的时候，百度就采用了双层股权制度。两类股票都是普通股，一类叫作A股，另一类叫作B股。A股每股有1票的投票权，B股每股有10票的投票权，B股由创始人李彦宏和他的关联方持有。由于每股B股享有比每股A股多得多的投票权，而B类股票不在市场上流通，收购方无法从市场上收购这类股票，因此，持有少量的B股也能起到控制上市公司、抵御收购的作用。而京东则把AB股做到了极致，一般B股是一股10票，而京东是一股20票，所以它的创办者可以在股份只有13%左右的情况下掌握公司83%的投票权[②]。

（8）诉讼及法律手段

敌意收购活动主要受到《公司法》、《中华人民共和国反垄断法》（以下简称《反垄断法》）、《证券法》、《上市公司收购管理办法》等法律法规的约束。

① 我国《公司法》在收购监管中有着重要作用，因为我国《公司法》决定了股东会和董事会之间的权力分配。公司控制权转移，本质上属于“公司重大事项”，收购中防御手段的采用，无论是通过修改公司章程的方式来设置预防性收购防御手段，还是在事后采取发行新股、寻求白衣骑士、回购股份等措施，本质上都涉及公司重大事项。我国《公司

---

① 《中华人民共和国公司法》第四十三条规定，股东会会议做出修改公司章程、增加或者减少公司注册资本的决议，以及公司合并、分立、解散或者变更公司形式的决议，必须经代表三分之二以上表决权的股东通过。《中华人民共和国证券法》和《上市公司证券发行管理办法》规定，公司向特定对象定向增发的行为由于构成《证券法》下的非公开发行，需要获得证监会的核准后才能进行。法律允许定向增发，但其目的应是方便融资和降低发行成本，不鼓励以反收购为目的的定向增发。

② 股权的种类应当遵循“股权法定”原则。根据《中华人民共和国公司法》第一百二十六、第一百三十一条及《优先股试点管理办法》第二条的规定，我国的股权类型现在为“普通股”和“优先股”，暂时还未规定“AB股”。“AB股”与“普通股”的区别在于，“AB股”中的B股在享有与普通股A股相同的财产权益的前提下，享有数倍于普通股的表决权。目前在中国内地及中国香港均无适用双层股权的法律环境。

法》对公司章程的制定与修改、公司董监高的义务等做了详尽的规定，为反收购过程提供了法律支持。

② 《反垄断法》的实施目的是反对经济活动中的垄断，保护公平竞争，是政府对企业收购进行管制的重要工具，将对企业收购产生重大影响。

③ 我国《证券法》详细规定了协议收购及要约收购的程序，以及发行新股的业绩回顾要求及行政审批程序。对收购人信息公开提出了明确要求，兼顾股东平等对待规则。在证券交易中，禁止内幕交易、操纵市场、虚假陈述以及欺诈等行为，股份收购必须严格满足《证券法》规定的信息披露义务以及慢走规则。

④ 《上市公司收购管理办法》是目前规范上市公司收购活动的核心规则，虽然没有明确提到“敌意收购”和“收购防御措施”等用词，但包含了很多针对收购防御措施的指导性条款。如，第七条强调不得损害公司和股东的利益；第八条要求公司管理层尽到忠实和勤勉义务，维护股东及公司利益；第十三条、第十四条规定了收购者披露信息的义务等。2014年，证监会推出《关于修改〈上市公司收购管理办法〉的决定》，进一步规范上市公司的收购及相关股份权益变动活动，从而促进了证券市场资源的优化配置。2018年7月，证监会修改了《中国证券监督管理委员会上市公司并购重组审核委员会工作规程》，以加强对并购重组进行制度建设，从而进一步提升并购市场投资质量。2019年，证监会修订了《上市公司重大资产重组管理办法》，以规范上市公司重大资产重组行为。

诉讼是经常使用的敌意收购防范手段，其目的是拖延收购进程，从而可能产生竞价收购或者有充足时间寻找白衣骑士；其次可以诉讼作为谈判筹码，迫使收购公司提高收购价格，或者迫使收购企业为了避免法律诉讼而放弃收购。在宝万之争中，万科创始人发表了宝能信用不足的言论，指责其利用高杠杆进行无意收购，在当时引起了银监会、保监会、证监会的注意，各政府部门纷纷对宝能进行调查以阻碍其进行恶意收购。实施诉讼策略的关键是先发制人，常见的诉讼理由有公开收购手续不完备、公开内容不充分、收购程序与有关法规相违背、收购方违反《反垄断法》等。

敌意收购和敌意收购的防御是一场战争，在上市企业的运营过程中，企业管理层和股东的立场并不是完全一致的，我国的资本市场与国外的资本市场环境更是不尽相同，在制定防御计划时要充分把握国家的整体司法环境，尤其要及时预测防御措施在实际运营中可能产生的效果和风险，而且各种防御措施之间也不是独立存在的，要针对公司的实际情况制定最优的防御措施或者防御措施组合。

【本章小结】

1.近年来，随着经济的蓬勃发展，公司并购已经逐渐成为国内和国际投资的主旋律，在公司发展的道路上扮演着越来越重要的角色。我国作为并购交易的后起之秀，也在迅速成长，无论是在国内并购还是在海外并购中均取得了不俗的成绩。这为我们学习公司并购提供了很好的时代背景。

2.本章第一节是公司并购学习的基础，包括并购的基本概念、并购的发展史、并购的类型和并购可能带来的风险等基础知识，其中许多内容对我们理解和掌握后续小节有很大的帮助。

3.关于公司并购的动因，比较典型的协同效应可进一步划分为管理协同效应、经营协同效应和财务协同效应三种，而获得避税收益也可看作财务协同效应的一方面；出于时间价值的考虑，为了迅速开展多元化经营和获得特殊资产，企业往往愿意采用并购的方式快速实现；而并购发生的主要原因便是目标公司的价值被低估；同时并购作为外部控制机制，可有效降低企业的代理成本。

4.国际上先后发生6次并购浪潮，分别以横向并购、纵向并购、混合并购、融资并购和跨国并购为主要特征；中国上市公司的并购活动随着经济的发展在国际市场上愈发活跃，并形成了鲜明的并购特征。

5.有多种理论对于公司并购的动机进行了解释剖析，本章主要介绍了协同效应理论、多元化经营理论、交易费用理论、信息理论以及管理主义理论。其中协同效应理论还可以细分为管理协同效应、经营协同效应以及财务协同效应三个方面。

6.并购融资与对价是完成并购交易的实质性环节。本章将融资方式从内源融资和外源融资的角度展开讲述，并介绍了卖方融资收购和杠杆收购这两种更为复杂的收购方式。此外，在收购方综合了对风险和收益的考虑后，有多种对价方式可以选择，其中承担债务收购和国家无偿划拨是在我国特殊的制度背景和经济背景下存在的。

7.敌意收购是收购方不顾目标公司的意愿而采取非协商购买的手段。通过学习国内外敌意收购的经典案例，以识别其基本类型，并采取相应的防御策略。

【复习思考】

1.什么是公司并购？并购的类型有哪些？

2.企业并购的风险是哪些？

3.公司并购的动因有哪些？

4.请简要介绍国际并购浪潮和中国上市公司并购特征。

5.协同效应理论包括哪些方面？

6.多元化经营理论是什么？有哪些优缺点？

7.交易费用理论是什么？在并购中如何应用？

8.信息埋论是什么？在并购中如何应用？

9.管理主义理论是什么？在并购中如何应用？

10.并购融资方式有哪些？

11.并购对价方式有哪些？

12.什么是敌意收购？敌意收购的防御方式有哪些？

13.立法、管理、市场等手段如何防御敌意收购？

第6章自测题

第7章

资本成本

【学习目标】

1. 理解资本成本的含义和作用；

2. 掌握债务资本成本、优先股资本成本、普通股资本成本和留存收益资本成本的计算方法；

3. 掌握加权平均资本成本的计算方法，以及不同权数的确定方法。

【本章主要内容导图】

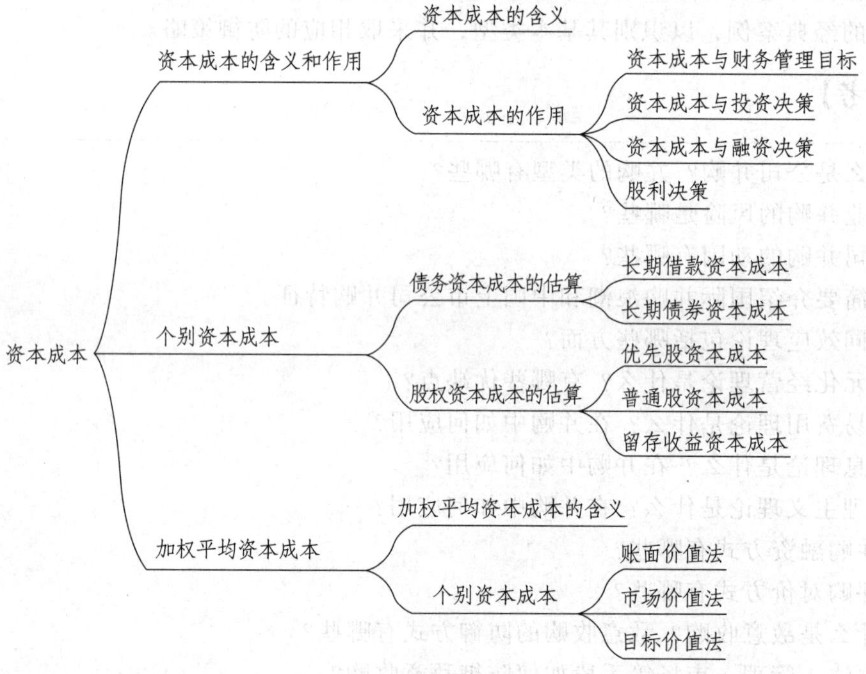

【引导案例】

英特尔是全球半导体行业和计算创新领域的领先厂商，始创于1968年。作为英特尔的核心部门之一，英特尔资本主要从事并购和股权投资的部分，其投出资金皆来自英特尔公司的利润。29年，57个国家和地区，1 560家公司，超126亿美元投资，超670家成功退出。这些数字既是英特尔资本财智双收的里程碑，也是英特尔资本的全球化视角和资深经验最具象的体现。那么，英特尔资本是如何评判项目好坏的呢？其中最重要的标准之一就是项目的资本成本。通常，公司都会设定一个项目的最低回报率，要想证明投资是有效的，项目必须达到或超过股东要求的回报率水平。在设定最低回报率时，需要考虑当前的市场风险溢价是多少、使用的无风险利率是否适当、历史数据如何设定权重等，这个过程是如何实现的，在本章的内容中将会找到答案！

资料来源：佚名.英特尔资本的投资之道：长期主义，为“虎”添翼［EB/OL］.（2020-09-01）. https://t.cj.sina.com.cn/articles/view/6372825920/17bd99b4000101t6n8?from=tech&subch=internet.

7.1　资本成本的含义和作用

7.1.1　资本成本的含义

资本是指为购置资产和进行生产而筹集的全部资金。资本成本是在资本的所有权和使用权相分离的条件下，资本使用者为了获得资本的使用权，而支付给资本所有者的费用，即资本取得和使用的成本。在财务活动中，资本成本扮演着重要的角色：既是资本的需求者为了获得资本所必须支付的最低价格，也是资本的提供者要求获得的最低收益率。因此，了解影响资本成本的因素，掌握资本成本的计算方法，是做出正确的财务决策的前提条件。

从资本所有者来看，资本成本是让渡资本使用权、对资本使用者进行投资时所要求的最低收益率。因此，资本成本通常由无风险收益率和风险收益率两部分组成。无风险收益率反映资本的时间价值（包含通货膨胀因素），通常可以采用国债利率作为计算基准。风险收益率反映资本使用者承担经营风险和财务风险所要求的补偿。

资本成本按照其成本发生的阶段，可以划分为资本的取得成本和资本的使用成本。取得成本是在获取资本使用权的过程中，形成的各种费用和成本，如各种手续费、评估费、代理发行费；使用成本是在资本日后的使用过程中支付的成本，如各种利息、股息和红利。在实务中，资本成本通常表现为相对数形式，即资本使用成本与融资净额相等时的折现率。

7.1.2　资本成本的作用

1）资本成本与财务管理目标

财务管理以价值最大化作为目标，而价值的计算离不开资本成本。从公式来看，价值的计算需要将未来现金流量按照对应的资本成本进行折现。资本成本是价值计算过程中的折现率。在其他条件相同的情况下，资本成本水平的高低直接决定着价值量的大小。在现金流量保持不变的情况下，降低资本成本是实现财务管理目标的重要途径。

2）资本成本与投资决策

在投资决策中，资本成本是决定投资项目能否被接受的重要标准。在投资决策过程中，资本成本扮演着“门槛”的角色，需要将项目的预期收益率与资本成本相比。当预期收益率大于资本成本时，项目风险得到了充分补偿，并会产生额外的价值增加，项目应当被接受。当预期收益率小于资本成本时，项目风险没有得到应有补偿，会导致价值下降，项目应当被拒绝。

3）资本成本与融资决策

在融资决策中，资本成本是确定合理资本结构的标准。融资决策通过调整债务和权益之间的比例关系，实现尽可能低的资本成本。资本成本水平越低，企业能够接受的投资项目越多，价值也会越大。在融资决策过程中，特别是资本结构的决策中，降低资本成本是核心问题。

4）资本成本与股利决策

股利政策直接影响企业留存收益水平，进而影响权益在全部资金来源中的比重，从而影响资本成本。因此，在影响股利政策的诸多因素中，资本成本水平至关重要。从理论上来看，股利政策和融资决策的出发点几乎完全相同。能够实现最低资本成本水平的股利政策，才是最佳的选择。

7.2 个别资本成本

7.2.1 债务资本成本的估算

1）长期借款资本成本

根据风险和收益的权衡关系，长期借款的资本成本由无风险收益率和风险收益率两部分组成。长期借款的风险主要是不能偿还到期利息和本金的违约风险，可以根据信用评级来确定。公司的信用等级越高，长期借款的违约风险越小，风险收益率越低；公司的信用等级越低，长期借款的违约风险越大，风险收益率越高。长期借款的资本成本应由无风险收益率与违约风险收益率之和来确定。

当难以取得公司的信用评级时，可以采用实际发生的成本近似计算长期借款的资本成本。在长期借款的资本成本中，利息占主要部分。因此，公司取得长期借款所支付的利息是计算其资本成本的基础。在现行会计制度下，借款的利息可以作为费用计入成本，在税前扣除，从而少缴纳一部分所得税，从而降低了债务的资本成本。在实际工作中，当公司向银行申请长期借款时，银行通常不会将贷款足额支付给借款人，而是将其中一部分以无息的方式保留在银行作为担保。这将造成公司不能实际足额使用贷款资金，因此，这部分担保的资金应当作为融资费用予以扣除。长期借款资本成本的计算公式如下：

$$D_0(1-f)=\sum_{t=1}^{n}\frac{I_t(1-\tau)}{(1+r_d)^t}+\frac{D_t}{(1+r_d)^n} \tag{7.1}$$

式中：I_t为每年支付的利息；τ为所得税税率；f为融资费用率；r_d为银行借款的资本

成本；D_t为第t年末银行借款本金；D_0为银行借款总额。

【例7-1】

某企业取得5年期长期借款800万元，年利率为12%，每年付息一次，借款手续费率为0.2%，公司适用的所得税税率为25%。

根据公式（7.1），该公司长期借款的资本成本计算如下：

$$800 \times (1 - 0.2\%) = \sum_{t=1}^{5} \frac{800 \times 12\% \times (1 - 25\%)}{(1 + r_d)^t} + \frac{800}{(1 + r_d)^5}$$

解得　r_d=9.02%

2）长期债券资本成本

套路贷与砍头息

采用发行债券的方式进行融资时，从债券购买者的角度来看，资本成本就是投资债券的到期收益率。因此，债券的资本成本是指使发行债券筹集到的资本与预期未来现金流量的现值相等时的折现率，其计算公式为：

$$B_0(1 - f) = \sum_{t=1}^{n} \frac{I_t(1 - \tau)}{(1 + r_b)^t} + \frac{B_t}{(1 + r_b)^n} \tag{7.2}$$

式中：B_0为债券的票面价值；B_t为第t年末偿还债券的本金；I_t为第t年末支付的债券利息；r_b为债券的资本成本；τ为所得税税率。

【例7-2】

公司发行总额500万元的5年期长期债券，票面利率为8%，每年付息一次，到期还本，发行费率为5%，企业所得税税率为25%。债券按面值等价发行，求该债券的资本成本。

根据长期债券资本成本的计算公式，公司债券的资本成本计算如下：

$$500 \times (1 - 5\%) = \sum_{t=1}^{5} \frac{500 \times 8\% \times (1 - 25\%)}{(1 + r_b)^t} + \frac{500}{(1 + r_b)^5}$$

解得　r_b=7.23%

计算表明，该公司债券的资本成本为7.23%。

在债务资本成本计算过程中，如果债券期限很长，并且每年债券利息相同，那么可以将债券视为永续年金，利用更为简单的方法来近似计算：

$$r_b = \frac{I \times (1 - \tau)}{B_0 \times (1 - f)} \tag{7.3}$$

【学思践悟】　央行定向降准支持实体经济

2017年9月30日，中国人民银行网站发布消息，根据国务院部署，为支持金融机构发展普惠金融业务，聚焦单户授信500万元以下的小微企业贷款、个体工商户和小微企业主经营性贷款，以及农户生产经营、创业担保、建档立卡贫困人口、助学等贷款，人民银行决定统一对上述贷款增量或余额占全部贷款增量或余额达到一定比例的商业银行实施定向降准政策。凡前一年上述贷款增量或余额占比达到1.5%的商业银行，存款准备金率可在人民银行公布的基准档基础上下调0.5个百分点；前一年上述贷款增量或余额占比达到

10%的商业银行，存款准备金率可按累进原则在第一档基础上再下调1个百分点。上述措施将从2018年起实施。中国人民银行自2014年即开始对小微企业和“三农”领域实施定向降准政策。特别是县域农村金融机构信贷投放集中在小微企业和“三农”领域，较早就享受了幅度较大的定向降准政策，其存款准备金率大幅低于全部存款类金融机构的平均水平，且满足新增存款一定比例用于当地贷款的达标县域农村金融机构，还可享受一个百分点的存款准备金率优惠。

此次对普惠金融实施定向降准政策，是根据国务院部署对原有定向降准政策的拓展和优化，以更好地引导金融机构发展普惠金融业务。一方面，原有定向降准的领域主要是小微企业和“三农”贷款，此次对普惠金融实施定向降准政策不仅覆盖了上述贷款，还将政策延伸到脱贫攻坚和“双创”等其他普惠金融领域贷款，政策外延更加完整和丰富。另一方面，对普惠金融实施定向降准政策还对原有政策标准进行了优化，聚焦真小微、真普惠，指向单户授信500万元以下的小微企业贷款、个体工商户和小微企业主经营性贷款，以及农户生产经营、创业担保、建档立卡贫困人口、助学等贷款，政策精准性和有效性显著提高。

此次党的二十大报告提出：“坚持把发展经济的着力点放在实体经济上，推进新型工业化，加快建设制造强国、质量强国、航天强国、交通强国、网络强国、数字中国”，强调了实体经济的重要性。从资本成本的角度来看，通过降低存款准备金率，商业银行可以减少资本占用成本，提高贷款的利润率，这有助于降低小微企业贷款的融资成本，解决小微企业融资难、融资贵的问题，从而推动经济社会的高质量发展。

资料来源：陈果静．央行对普惠金融实施定向降准［EB/OL］．（2017-10-01）.http：//finance.ce.cn/rolling/201710/01/t20171001_26429575.shtml.

7.2.2 股权资本成本的估算

1）优先股资本成本

优先股是介于股票与债券之间的一种证券。优先股股东的股息从公司税后利润中支付，并且支付次序优先于公司普通股股东。一般情况而言，优先股股息固定不变，不受公司经营情况波动和股利政策的影响。因此，优先股的性质与债券更为相似，区别在于：优先股只是没有到期日；优先股的股息用税后利润支付，不能获得税收上的利益。因此，优先股可以被视为一种无期限的债券。如果优先股的股利每年相等，则可视为永续年金而采用下列公式计算其资本成本：

$$r_p = \frac{Div_p}{P_0(1-f)} \tag{7.4}$$

式中：r_p为优先股资本成本；Div_p为优先股年股利；P_0为优先股的销售价格。

【例7-3】

公司溢价发行优先股，面值总额为1 000万元，发行总价为1 200万元，发行费率为5%，股息率为12%，则优先股的资本成本为：

$$r_p = \frac{1\,000 \times 12\%}{1\,200 \times (1-5\%)} \times 100\% = 10.53\%$$

在本例中，优先股发行价格与票面价值并不相等，这与现实中的实际情况相符。当优先股发行价格变动时，并不会影响优先股股息，只需调整计算公式分母中的销售价格即可。

【学思践悟】　市场监管部门发布优先股管理办法，强调中小投资者保护

为贯彻落实《国务院关于开展优先股试点的指导意见》，加快推进资本市场改革创新，2014年3月21日，证监会发布《优先股试点管理办法》（以下简称《办法》）。证监会新闻发言人表示，征求意见稿自2013年12月13日向社会公开征求意见以来，市场各方给予了高度关注，积极反馈意见和建议。截至2013年底，共收到来自市场各方的意见和建议459份，其中个人投资者意见434份，中介机构意见19份，发行人意见5份，其他部委1份。关于非公开发行票面股息率的限制，征求意见稿规定，"非公开发行优先股的票面股息率不得高于最近两个会计年度的加权平均净资产收益率，以扣除非经常性损益前后的净利润孰低者为计算依据。"部分意见提出，由于优先股风险溢价较高，其票面股息率较高，如限制过严，部分发行人约定的票面股息难以满足市场需求，从而可能导致发行失败，建议适当调整票面股息率的限制。该条款主要是为平衡两类股东利益，防止上市公司非公开发行优先股票面股息率过高，出现利益输送的问题，保护中小普通股股东利益。考虑到非经常性损益可以作为利润分配的来源，可用于保障优先股股息支付，《办法》删除了"以扣除非经常性损益前后的净利润孰低者为计算依据"的表述，使票面股息率的规定更为合理。

资料来源：陈鸿燕．证监会修订9个规范性文件 加强中小投资者权益保护［EB/OL］.（2014-06-06）.https：//www.chinanews.com/stock/2014/06-06/6253848.shtml.

2）普通股资本成本

与优先股不同，普通股的股利不是确定的，而是由公司的经营状况和股利政策共同决定的。由于股东所获得收益是在支付利息和税款之后，因此其承担的风险也最大，相应的要求得到的补偿也最高。因此，理论上，普通股的资本成本应当高于债务的资本成本。通常用于计算普通股资本成本的方法有三种。

（1）现金流量折现法

现金流量折现法的原理与债务资本成本的确定相似。从内在价值来看，普通股具有价值的原因在于，普通股持有者能够获得股利。因此，普通股的价值应当等于公司未来发放股利的现值。在确定普通股价值时，投资者需要将预计的公司未来股利进行折现，其所使用的折现率是其对购买普通股所要求的最低收益率。从公司角度来看，如果想要成功发行股票筹集到资本，那么支付给投资者的成本至少要达到其要求的最低收益率。换言之，投资者要求的最低收益率与普通股的资本成本相等。据此，可以通过普通股股东要求的最低收益率来计算普通股资本成本。

$$P_0 \times (1-f) = \frac{Div_1}{1+r_s} + \frac{Div_2}{(1+r_s)^2} + \cdots + \frac{Div_t}{(1+r_s)^t} + \cdots + \frac{Div_n + P_n}{(1+r_s)^n} \tag{7.5}$$

式中：r_s为普通股的资本成本；Div_1为预计的下期股利；P_0为股票的发行价格；P_n为股票的第n期价格；f为融资费率。

只要掌握公司未来普通股股利情况和公司普通股价格，就可以通过上面公式计算得出公司的普通股资本成本。按照上面的思路进一步分析，公司股票第n期的价格也是此后各期发放股利的现值，因此只要掌握公司未来股利情况和现实股票价格，就可以确定公司普通股的资本成本。由于公司的股利政策会受到各种因素影响，而且由于普通股没有到期日，很难预计所有各期的股利情况。为此，人们通常对股利未来增长率设定假设来解决这个问题。例如，如果假设此后每年股利按照固定增长率g持续增加，那么上面的公式就可以简化为：

$$r_s = \frac{Div_1}{P_0(1-f)} + g \tag{7.6}$$

式中：r_s为普通股的资本成本；Div_1为预计的下期股利；P_0为股票的发行价格；f为融资费率；g为每年的股息预计增长率。

从这个公式中，我们不难发现，普通股的资本成本主要由两部分构成：一部分是公司的预计股票收益率，另一部分是公司的预计股利增长率。股利是因公司占用普通股股东资金，而向其支付的资金使用成本。

【例7-4】

公司发行股票50 000股，每股发行价格60元，发行费占发行价格的比例为5%，预计明年分配现金股利每股5元，股利每年增长2.5%。那么，普通股资本成本为：

$$r_s = \frac{5}{60 \times (1-5\%)} \times 100\% + 2.5\% = 11.27\%$$

在实务中，公司的股利政策受到诸多因素影响，即便是采用预计股利增长率的方法也很难准确预计未来各期的股利情况，因为公司的股利很少会按照预计的增长率持续稳定增长。更何况普通股没有到期日，随着时间的推移，预期未来股利的难度越来越大，据此计算出的普通股资本成本的准确度也会受到影响。这种方法对于股利稳定的公司较为适用。

（2）资本资产定价模型法

在市场均衡的条件下，普通股的资本成本在数值上与普通股股东要求的最低收益率相等。因此，除了采用现金流量折现法之外，还可以根据风险和收益之间的权衡关系来确定普通股的资本成本。资本资产定价模型是最常用的衡量风险和收益之间关系的方法。根据风险和收益权衡的关系，投资者要求的最低收益率等于无风险收益率和风险补偿收益率之和。风险补偿收益率，或称为风险溢酬，是普通股股东因购买股票承担的风险而要求的额外补偿。普通股承担的风险通常用公司相对于市场平均风险水平的程度，即贝塔系数（β）进行衡量。根据资本资产定价模型，公司普通股的资本成本可以表示为：

$$r_s = r_f + \beta(r_m - r_f) \tag{7.7}$$

式中：r_m为市场组合的收益率；r_f为无风险收益率；β为资产相对于市场组合的风险水平。

这个公式表明，普通股的资本成本与公司的风险正相关。公司的风险越高，购买该公司普通股的股东承担的风险越大，因此会要求更高的收益率来弥补其承担的风险。对于公司而言，只有支付更高的成本才能获得使用股东资金的权力。

【例7-5】

某公司普通股的贝塔系数为1.3，无风险利率为8%，市场投资组合的收益率为12%，那么该公司普通股的资本成本可以根据资本资产定价模型计算如下：

r_s= 8%+1.3×（12%-8%）=13.2%

采用资本资产定价模型来确定公司资本成本，需要掌握无风险收益率、市场组合收益率和公司贝塔系数等数据。贝塔系数计算过程复杂，需要大量的数据演算才能取得。对于上市公司而言，有专门的市场中介机构计算并提供公司的贝塔系数，但是对于非上市公司而言，贝塔系数则难以取得。

（3）债券成本加风险溢价法

为了避免数据获取的困难和计算过程的烦琐，在不适合使用资本资产定价模型法的情况下，债券成本加风险溢价法也可以用于普通股资本成本的确定。债券成本加风险溢价法的思路与资本资产定价模型相类似，都是通过计算普通股股东承担的风险及相应的要求收益率来确定普通股资本成本。两种方法的区别在于计算的基础不同。债券成本加风险溢价法是以公司债券作为基础，比较公司发行的股票与相同公司发行的债券，根据股票的额外风险来对普通股股东加以补偿，并据此确定普通股的资本成本。

普通股资本成本=长期债券资本成本+风险溢价

与公司发行的长期债券收益相比，普通股的收益次序排在其后：股利的支付从净利润中支出，而在计算净利润的过程中，作为债务资本成本的利息已经支付给债权人了；当公司进行清算时，也是先偿还债权人的本金之后才可以将剩余的财产用于股东的分配。因此，与债权人相比，普通股的股东承担的风险更大，也会要求更高的收益率。除了风险之外，同公司的长期债券与普通股在其他各方面均比较相似，将其作为比较基础最为恰当。债券成本加风险溢价法的难点在于风险溢价的确定，通常的做法是根据历史平均风险溢价来估算现在和未来的风险溢价。

3）留存收益资本成本

从表面来看，留存收益似乎并不存在资本成本：公司动用留存收益，既不需要支付股利，也不需要支付利息。其实留存收益同样存在资本成本，只不过与前面几种资本成本不同，留存收益的资本成本并没有真实发生，而是一种潜在的机会成本。留存收益是股东权益的一部分，是股东放弃股利的结果，对股东而言，这意味着期望在将来获得更多的股利。因此，留存收益与普通股在根本性质上是一致的，其最低成本应当和普通股资本成本相同，唯一的差别在于留存收益不必考虑发行费用。留存收益资本成本的计算公式如下：

$$r_e = \frac{Div_1}{P_0} + g \tag{7.8}$$

式中：r_e为留存收益的资本成本；Div_1为预计的下期股利；P_0为股票的发行价格；g为每年的股息预计增长率。

【例 7-6】

某公司平价发行普通股500万元，筹资费率为5%，最近一期的股利支付率为12%，预计股利每年增长5%，那么留存收益的资本成本为：

$$r_e = \frac{500 \times 12\% \times (1 + 5\%)}{500} + 5\% = 17.6\%$$

值得注意的是，与债务资本不同，股权资本的使用成本，比如优先股股息和普通股股息，都是从公司扣除所得税后的净利润中支付的。从会计账务处理来看，这部分资本使用成本无法作为费用在税前扣除，因此无法享受税收上的利益。这也是造成公司股权资本成本高于债务资本成本的原因之一。

7.3 加权平均资本成本

7.3.1 加权平均资本成本的含义

公司的资金有不同的来源可供选择，既可以选择单一来源获得全部资本，也可以通过不同渠道获取资金。从理论上看，公司可以选定某一特定来源获取全部资本，但是从实践来看，出于种种考虑，绝大部分公司选择不同渠道共同为公司筹集资金。根据上节的内容，我们知道不同来源的资本，其资本成本不同。从公司理财角度来看，在其他因素不变的条件下，公司整体资本成本水平越低，公司价值越大。只有多种资本来源渠道有效组合，才能实现公司整体资本成本水平最低。因此，一旦确定个别资本成本之后，就需要从公司整体的角度出发，计算加权平均资本成本。

7.3.2 加权平均资本成本的估算

加权平均资本成本是以公司的个别资本成本为基数，以各类资本在资本总额中所占的比重为权重形成的各类资本的总成本。加权平均资本成本的计算公式为：

$$r_w = \sum_{j=1}^{n} w_j r_j \tag{7.9}$$

式中：w_j为第j种资本来源占资本总额的权重；r_j为第j种资本来源的个别资本成本；n为公司融资方式的种类数。

根据加权平均资本成本的公式，计算加权平均资本成本不但需要确定个别资本成本，更需要确定各种资本来源的资本占全部资本的比重，即权重。如何确定各类资本来源在资本总额中所占的权重是正确计量加权平均资本成本的关键。权重的确定方法主要有三种：账面价值法、市场价值法和目标价值法。

1）账面价值法

账面价值法是以公司期末编制的资产负债表作为确定权重依据的加权平均资本成本确定方法。公司编制的资产负债表，列示各种资本来源的账面价值，将不同资本来源占总资本的比重作为权重，数据容易获得。资产负债表反映公司过去财务活动形成的最终财务状况，如果从事后评价的角度来看，账面价值法比较适用，因为确定权重的依据与公司报表的账面价值相一致。

【例7-7】

某公司期末资产负债表中，长期借款1 000万元，长期债券3 000万元，优先股1 000万元，普通股5 000万元，留存收益2 000万元。长期借款、长期债券、优先股、普通股和留存收益的资本成本分别来自【例7-1】、【例7-2】、【例7-3】、【例7-4】和【例7-6】。根据账面价值法，计算公司加权平均资本成本见表7-1。

表7-1 加权平均资本成本计算表（账面价值法）

资本来源	个别资本成本 (1)	账面价值（万元） (2)	各类资本权重 (3)	加权平均资本成本 (4) = (1) × (3)
长期借款	9.02%	1 000	8.33%	0.75%
长期债券	7.23%	3 000	25.00%	1.81%
优先股	10.53%	1 000	8.33%	0.88%
普通股	11.27%	5 000	41.67%	4.70%
留存收益	17.60%	2 000	16.67%	2.93%
合计	—	12 000	100.00%	11.07%

虽然采用账面价值法比较容易获得不同资本来源的权重，但是由于公司资产负债表只能反映公司在某一时点上的财务状况，并不能实时进行调整，如果公司的各种证券在证券市场上进行公开交易，那么市场价值与其在资产负债表上所列示的账面价值相去甚远。此时，继续使用账面价值法计算得出的加权平均资本成本准确度不高，据此做出的决策缺乏科学性。

2）市场价值法

市场价值法采用各项资本来源的市场价值作为计算权重的依据。在计算个别资本成本时，我们曾分析过，公司的资本成本与资本提供方要求的最低收益率在数值上相等，其中隐含着证券的市场价格与内在价值相等的假设。在证券的账面价值与市场价格相背离的情况下，继续采用账面价值计算权重显然不恰当。特别是以普通股为代表的股权资本来源，账面价值只反映其历史成本，并没有反映现时因素对其产生的影响。以市场价值作为基础计算不同资本来源的权重，反映了当前实际的资本成本水平，更有利于财务决策的制定。

【例7-8】

沿用【例7-7】的数据，如果该公司长期债券市场价格比账面价值上涨了10%，普通股市场价格比账面价格上涨了8%，则按照市场价值计算公司加权平均资本成本见表7-2。

表 7-2 加权平均资本成本计算表（市场价值法）

资本来源	个别资本成本 （1）	市场价值（万元） （2）	各类资本权重 （3）	加权平均资本成本 （4）=（1）×（3）
长期借款	9.02%	1 000	7.87%	0.71%
长期债券	7.23%	3 300	25.98%	1.88%
优先股	10.53%	1 000	7.87%	0.83%
普通股	11.27%	5 400	42.52%	4.79%
留存收益	17.60%	2 000	15.76%	2.77%
合计	—	12 700	100.00%	10.98%

3）目标价值法

每个公司都会为自己量身定做一个协调风险与收益的资本来源组合，这就是公司的目标资本结构。目标资本结构的确定也是公司理财的重要内容之一。公司建立目标资本结构之后，将通过各种财务行为和手段，确保公司的资本结构与目标资本结构相一致，即实际的资本来源组合与设定的资本来源组合相一致。目标价值法就是采用目标资本结构设定的资本来源组合计算加权平均资本成本的方法。从公司决策的前瞻性来看，采用目标价值法计算加权平均资本成本最为恰当。

【例 7-9】

承【例 7-6】，公司设定的目标资本结构为：在全部资本来源中，长期借款占 20%，长期债券占 15%，优先股占 15%，普通股占 40%，留存收益占 10%，则按照目标价值法计算公司加权平均资本成本见表 7-3。

表 7-3 加权平均资本成本计算表（目标价值法）

资本来源	个别资本成本 （1）	目标资本结构 （2）	加权平均资本成本 （3）=（1）×（2）
长期借款	9.02%	20.00%	1.80%
长期债券	7.23%	15.00%	1.08%
优先股	10.53%	15.00%	1.58%
普通股	11.27%	40.00%	4.51%
留存收益	17.60%	10.00%	1.76%
合计	—	100.00%	10.73%

各种计算加权平均资本成本的方法，并无优劣之分。在选择方法时，要考虑计算加权平均资本成本的决策用途和数据可获得性，据此选择最为适当的方法，只有这样计算得出的加权平均资本成本才具有经济意义。

【本章小结】

1.资本成本是公司取得和使用资本而付出的代价。从理论上看，各种来源的资本成本取决于风险和收益的权衡。而在实践中，通常采用实际支付的资本取得和占用费用来衡量资本成本。

2.债务资本成本可以通过债务方式取得的资本与为占有资本而支付的成本之间的比例关系表示。由于债务的利息能够在税前支付，所以计算债务的资本成本需要考虑所得税效应。

3.优先股可以被视为一种无期限的债券。如果股利每年相等，优先股的资本成本可以采用永续年金的方法计算。

4.普通股资本成本的计算方法有三种：现金流量折现法、资本资产定价模型法和债券成本加风险溢价法。现金流量折现法的原理与债券资本成本的计算相一致，但是股利在税后支付，因此无法产生税收节余效应；资本资产定价模型法是采用资本资产定价模型，根据风险确定资本成本；债券成本加风险溢价法，是根据普通股和长期债券的风险差异，在长期债券资本成本的基础上，增加额外的风险补偿以确定资本成本。

5.留存收益的资本成本并没有真实发生，而是一种潜在的机会成本。留存收益与普通股在根本性质上是一致的，其最低成本应当和普通股资本成本相同，唯一的差别在于留存收益不必考虑发行费用。

6.加权平均资本成本是以公司的个别资本成本为基数，以各类资本在资本总额中所占的比重为权数形成的各类资本成本的总成本。权数的确定方法主要有三种：账面价值法、市场价值法和目标价值法。

【复习思考】

1.什么是资本成本？它对企业决策有什么作用？

2.债务资本成本的估算方法有哪些？它们的优缺点分别是什么？

3.股权资本成本的估算方法有哪些？它们的优缺点分别是什么？

4.什么是加权平均资本成本？它的计算公式是什么？

5.加权平均资本成本的作用是什么？它如何帮助企业做出投资决策？

6.加权平均资本成本的估算中，权益资本和债务资本的比例如何确定？

7.在实际应用中，加权平均资本成本有哪些限制和局限性？

第7章自测题

第7章计算业务题

第8章

杠杆效应与资本结构

【学习目标】

1. 理解杠杆效应的形成机制和作用原理；
2. 掌握经营杠杆系数、财务杠杆系数和总杠杆系数的计算方法；
3. 理解各种杠杆效应和各类型风险之间的对应关系；
4. 了解资本结构无关论、所得税、代理问题和不对称信息对资本结构的影响。

【本章主要内容导图】

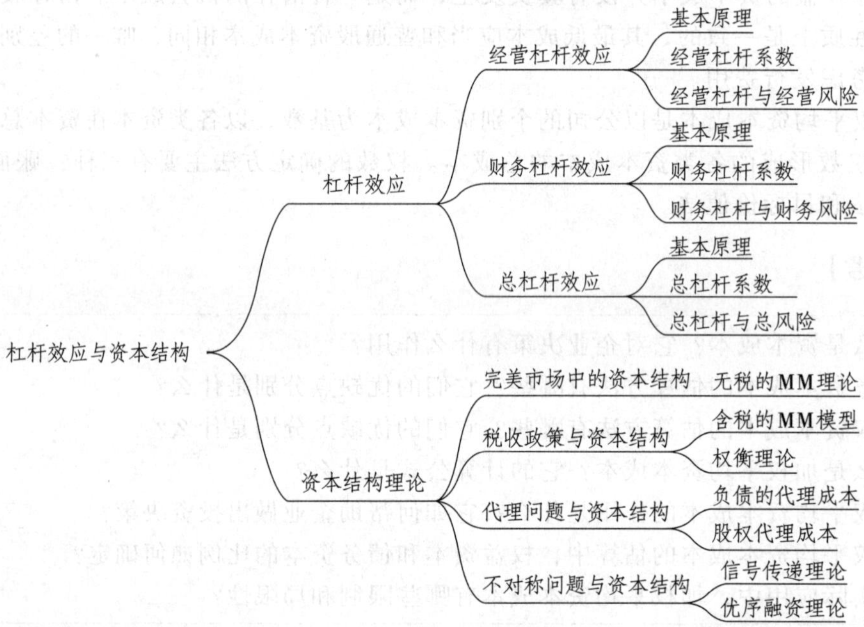

【引导案例】

2016年2月15日，《经济日报》发表文章称，中央经济工作会议指出，去杠杆是2016年经济工作的重点内容。在经济领域，“杠杆”指的是通过借债，以较小的投入撬动大量资金、扩大经营规模。如个人融资融券、企业向银行借贷、政府发行地方债等，都属于“加杠杆”的行为。“去杠杆”则是在提高生产效率、推动经济增长中改善债务结构，以行政力量与市场手段并举、以可控方式和可控节奏逐步消化泡沫和杠杆问题。“杠杆”是一把“双刃剑”，适度的杠杆对经济有益，但如果杠杆率过高，债务增速过快，杠杆反而会拖累经济发展。杠杆化还有明显的顺周期特征，经济上行时加杠杆能获得更多收益，经济下行时则会加大风险，损失更大。

资料来源：陈果静．去杠杆［N］.经济日报，2016-02-15.

8.1 杠杆效应

在财务管理中，杠杆作用是指由于存在固定性费用（固定性的经营费用或固定性的财务费用），当生产经营过程中某项因素（销售收入或者息税前利润）产生较小变化时，对应的其他因素（息税前利润或者每股收益）会产生较大变动。根据不同的固定性费用，杠杆可以被划分为经营杠杆和财务杠杆。为了便于分析，对公司的经营活动做如下假设：（1）公司仅销售一种产品，且价格不变；（2）经营成本中的单位变动成本和固定成本总额在相关范围内保持不变；（3）公司的资产规模保持不变；（4）公司的资产结构和资本结构均保持不变，资产结构保持不变是指公司的非流动资产和流动资产比例不发生改变，资本结构保持不变是指公司各项资本来源所占的比重不发生改变。

在分析过程中，我们采用下列符号：Q为产品销售数量；P为单位产品价格；V为单位变动成本；F为固定成本总额；MC=P-V为单位边际贡献；EBIT为息税前利润；I为利息费用；τ为所得税税率；Div_p为优先股股息；N为普通股股数；EPS为普通股每股收益。

8.1.1 经营杠杆效应

1）经营杠杆效应基本原理

经营杠杆是指由于存在固定性的经营费用，在其他条件不变的情况下，销售量的变动会导致息税前利润产生更大幅度变动。销售量和息税前利润的关系可用下式表示：

$$EBIT=Q\times(P-V)-F=Q\times MC-F \tag{8.1}$$

上式表明，边际贡献与销售量同比例变化，但固定成本总额不受销售量变动的影响，因而会导致息税前利润以大于销售量变动幅度的水平变动。当销售量增加时，分摊到单位产品上的固定成本下降，提高单位产品的息税前利润水平，从而导致息税前利润以超过销售量增长率的幅度增长；当销售量下降时，分摊到单位产品上的固定成本增加，降低单位产品的息税前利润水平，从而导致息税前利润以超过销售量降低率的幅度下降。

2）经营杠杆系数

在财务管理中，通常采用经营杠杆系数衡量经营杠杆大小和经营风险水平。根据经营杠杆的作用原理，经营杠杆系数（DOL）是指息税前利润变动率相对于销售量变动率的倍数，计算公式为：

$$DOL=\frac{\Delta EBIT/EBIT}{\Delta Q/Q} \tag{8.2}$$

式中：DOL为在销售量为Q时的经营杠杆系数。

值得注意的是，在不同的销售量水平上，经营杠杆系数的水平并不相同。经过简单的推导，经营杠杆系数的计算公式还可以被改写为：

$$DOL=\frac{Q\times(P-V)}{Q\times(P-V)-F}=\frac{Q\times(P-V)}{EBIT} \tag{8.3}$$

通过对公式（8.3）的分析不难发现，经营杠杆系数受到销售量（Q）、销售单价（P）、单位变动成本（V）和固定成本总额（F）四个因素的影响。其中，销售量和销售单价与经营杠杆系数呈反向变动关系：在其他条件不变的情况下，随着销售量水平（销售单价）的不断提高，经营杠杆系数不断下降；随着销售量水平（销售单价）的不断下降，经营杠杆系数不断上升。单位变动成本和固定成本总额与经营杠杆系数呈同向变动关系：在其他条件不变的情况下，随着单位变动成本（固定成本总额）的不断提高，经营杠杆系数不断上升；随着单位变动成本（固定成本总额）的不断降低，经营杠杆系数不断下降。在盈亏平衡点处，经营杠杆系数达到最大。在盈亏平衡点处，销售量的变动会导致出现盈利或者亏损，息税前利润的不确定性最高，因此经营杠杆系数达到最大。

【例 8-1】

某公司生产A产品，现行销售数量为10 000件，销售单价为20元，单位变动成本为5元，固定成本总额为50 000元，息税前利润为100 000元。假设销售单价及成本水平均保持不变，当销售数量为10 000件时，公司的经营杠杆系数计算如下：

$$DOL=\frac{10\,000\times(20-5)}{10\,000\times(20-5)-50\,000}=1.5$$

根据上述计算结果，在销售量为10 000件的情况下，销售量每增加1%，息税前利润就会增加1.5%；销售量每降低1%，息税前利润将下降1.5%。这主要是由于固定成本的存在，放大了销售量变动对息税前利润变动的影响。表8-1列示了在不同销售量水平下的EBIT和DOL。

表 8-1　　不同销售水平下的经营杠杆系数

销售量Q（件）	息税前利润EBIT（元）	经营杠杆系数DOL
0	-50 000	0
1 000	-35 000	-0.43
2 000	-20 000	-1.5
3 000	-5 000	-9
3 333	0	无穷大
4 000	10 000	6
5 000	25 000	3
6 000	40 000	2.25
7 000	55 000	1.91
8 000	70 000	1.71
9 000	85 000	1.59
10 000	100 000	1.5

根据表8-1，在不同销售量水平上，经营杠杆系数存在差异。在盈亏平衡点，公司经营杠杆系数达到最大。当销售数量逐渐远离盈亏平衡点时，公司的经营杠杆系数的绝对值逐渐下降，这意味着销售量变化对息税前利润产生的影响在减弱。特别是，销售量超过盈亏平衡点的幅度越大，经营杠杆系数越倾向于1。

3）经营杠杆与经营风险

经营杠杆效应存在的原因是固定性经营成本的存在。正常情况下，大多数企业都存在固定性经营成本，因此经营杠杆效应普遍存在于各种类型企业之中。企业固定经营成本的大小反映企业的经营风险。经营风险是指经营状况等发生变化给企业盈利能力带来的不确定性。影响经营风险的因素有很多，主要包括市场需求的变化、销售价格的变动、投入要素价格的变动等。特别需要指出的是，经营杠杆系数本身并不是造成经营风险的原因，而是度量经营风险对企业影响幅度的方法。如果上述因素不发生变化，经营风险就不会发生变化，即便经营杠杆系数再高，都不具有任何实际意义。经营杠杆系数只是衡量经营风险的方法。

8.1.2　财务杠杆效应

1）财务杠杆效应基本原理

财务杠杆是指由于存在固定性的财务费用，在其他条件不变的情况下，息税前利润的变动会导致每股收益产生更大幅度的变动。财务杠杆体现息税前利润和每股收益的关系：

$$EPS=\frac{(EBIT-I)\times(1-\tau)-Div_p}{N} \tag{8.4}$$

上式表明，由于在计算过程中固定性财务费用数额不受息税前利润变动的影响，因此会导致每股收益以大于息税前利润变动的幅度变动。之所以会有财务杠杆存在，是由于存在固定性财务费用，比如债务的利息和优先股的股利。在不同的经营情况下，即在不同的息税前利润水平下，利息和优先股股利不会随着经营情况的变化而发生改变。当息税前利润增加时，分摊到每股的息税前利润同比增加，而固定性财务费用保持不变，分摊到每股的固定性财务费用下降，从而导致每股收益以超过息税前利润变化的幅度变化。与经营杠杆类似，财务杠杆也具有双向作用：在息税前利润增加时，每股收益将以更大的幅度增加；但是当息税前利润减少时，每股收益也会以更大的幅度下降。与经营杠杆不同的是，并非所有公司都存在固定性财务费用，因此并非所有公司都有财务杠杆。

2）财务杠杆系数

在财务管理中，通常采用财务杠杆系数衡量财务杠杆大小和财务风险水平。根据财务杠杆的作用原理，财务杠杆系数（DFL）是指每股收益变动率相对于息税前利润变动率的倍数，计算公式为：

$$DFL=\frac{\Delta EPS/EPS}{\Delta EBIT/EBIT} \tag{8.5}$$

式中：DFL为在息税前利润EBIT点处的财务杠杆系数。

值得注意的是，在不同的息税前利润率水平上，财务杠杆的大小也有差异。经过简单的推导，财务杠杆系数的计算公式还可以被改写为：

$$DFL=\frac{EBIT}{EBIT-I-Div_P/(1-\tau)} \tag{8.6}$$

【例8-2】

假设【例8-1】中的公司资本来源为：债券500 000元，年利率为8%；优先股500股，每股面值100元，年股利率9%；普通股100 000股，每股面值1元，每股收益0.32元；公司适用的所得税税率为25%，则其财务杠杆系数计算如下：

$$DFL=\frac{100\ 000}{100\ 000-500\ 000\times 8\%-\dfrac{500\times 100\times 9\%}{1-25\%}}=1.85$$

根据上述计算结果，在息税前利润为100 000元时，息税前利润变动1%，每股收益将变动1.85%。

3）财务杠杆与财务风险

财务杠杆效应来自于固定性财务费用。与经营杠杆不同，如果企业没有固定性财务费用，那么将不存在任何财务杠杆效应，此时财务杠杆系数为1。财务杠杆与财务风险密切相关。财务风险是指负债经营给收益带来的不确定性。负债水平越高，固定性财务费用越大，财务杠杆效应越显著。

从本质上看，财务杠杆产生于索取权的差异。不同的资本来源，索取权性质存在差异：债务和优先股拥有固定索取权，即按照事先约定的利率或者股利率获取收益；当经营情况好转的时候，债权人和优先股股东向公司索取的收益不会增加；当经营情况恶化的时候，债权人和优先股股东向公司索取的收益不会减少。普通股股东拥有剩余索取权，在偿还债务利息和支付优先股股息后，剩余的收益均归属于普通股股东。因此，当息税前利润增加时，债权人和优先股股东仍然按照事先约定的收益率索取收益，所以普通股股东获得的每股收益增长幅度会超过息税前利润的增长幅度；同理，当息税前利润下降时，普通股股东获得的每股收益下降幅度会超过息税前利润的下降幅度。在资产规模不发生改变时，公司的负债比例越高，索取固定收益的资本比例越高，公司普通股股东获得的每股收益就会越高。

【例8-3】

假设【例8-1】和【例8-2】中的公司准备调整资本结构，现在有三个方案备选：

方案1：将500股优先股按照1∶100的比例转化为普通股。

方案2：发行500 000股普通股，赎回公司在外流通的债券。

方案3：发行500 000股普通股，赎回公司在外流通的债券；同时，将500股优先股按照1∶100的比例转化为普通股。

在三种方案下，公司的财务杠杆系数和普通股每股收益见表8-2。根据表8-2可以看出，公司财务杠杆系数受到固定性财务费用的影响：固定性财务费用水平越高，财务杠杆作用越强，在其他情况相同的条件下，财务风险水平越高。

不同方案下，普通股股数计算方法如下：

方案1：普通股股数=100 000+500×100=150 000（股）

表 8-2　　　　不同资本结构下的财务杠杆系数

项目	现行资本结构	方案1	方案2	方案3
资本总额（万元）	65	65	65	65
其中：普通股（万元）	10	15	60	65
优先股（万元）	5	0	5	0
公司债券（万元）	50	50	0	0
息税前利润（万元）	10	10	10	10
利息（8%）	4	4	0	0
税前利润（万元）	6	6	10	10
所得税（25%）	1.5	1.5	2.5	2.5
税后利润（万元）	4.5	4.5	7.5	7.5
优先股股利（万元）	0.45	0	0.45	0
归属于普通股股东的税后利润（万元）	4.05	4.5	7.05	7.5
普通股股数（万股）	10	15	60	65
每股收益（元/股）	0.41	0.3	0.12	0.12
财务杠杆系数	1.85	1.67	1.06	1

方案2：普通股股数=100 000+500 000=600 000（股）

方案3：普通股股数=100 000+500 000+500×100=650 000（股）

【学思践悟】　海航重整

2021年3月13日，海南省高院裁定对海航集团等321家公司进行实质合并重整。审计和债权登记后暴露出海航总负债高达1.1万亿元，资产只有5 000亿元，资不抵债约6 000亿元。如此巨额的债务、涉及9万多个机构及个人债权人，如何在市场化、法治化的框架下处置债务危机，联合工作组、监管机构、主管部门都面临着前所未有的挑战。2021年9月24日晚间，海航集团公告称，今接到海南公安机关通知，海航集团有限公司董事长陈某、首席执行官谭某因涉嫌违法犯罪，被依法采取强制措施。24日傍晚，海南省海航集团联合工作组组长、海航集团党委书记顾某主持召开海航集团党员干部大会。顾某表示，当前海航集团风险处置工作进入冲刺时期，集团上下要进一步坚持和加强党的全面领导，确保风险处置工作统一意志、统一行动、步调一致向前进。

党的二十大报告提到了："营造市场化、法治化、国际化一流营商环境"，要求在市场化、法治化的框架下推进风险处置工作，要坚持党对经济工作的全面领导，加强党在经济工作中的核心领导地位，确保党的路线方针政策在经济领域得到贯彻落实。

资料来源：马云飞. 海航董事长陈峰、CEO谭向东被抓，顾刚连夜发全员信［EB/OL］.（2021-09-25）.https：//www.thepaper.cn/newsDetail_forward_14647375.

8.1.3 总杠杆效应

1）总杠杆效应基本原理

总杠杆主要用于反映销售量和每股收益之间的关系，每股收益和销售量之间的关系如下式所示：

$$EPS = \frac{[Q \times (P - V) - F - I] \times (1 - \tau) - Div_P}{N} \tag{8.7}$$

固定性财务费用，导致每股收益以大于息税前利润波动的幅度波动；固定性经营费用，导致息税前利润以大于销售量波动的幅度波动。因此，通过经营杠杆和财务杠杆的共同作用，销售量波动将会引发每股收益以更大的幅度波动。

2）总杠杆系数

在财务管理中，这种效应采用总杠杆系数加以衡量。总杠杆系数（DTL）描述的是每股收益变动率相当于销售量变动率的倍数，其计算公式为：

$$DTL = \frac{\Delta EPS/EPS}{\Delta Q/Q} \tag{8.8}$$

公式（8.8）可以简化为：

$$DTL = \frac{Q \times (P - V)}{EBIT - I - Div_p/(1 - \tau)} = DOL \times DFL \tag{8.9}$$

根据公式（8.9），总杠杆系数可以表示为经营杠杆系数和财务杠杆系数的乘积。这与总杠杆系数的经济含义相一致，即销售量变动通过经营杠杆以更大的波动幅度传递给息税前利润，然后息税前利润变动再通过财务杠杆以更大的波动幅度传递给每股收益。

【例 8-4】

根据【例 8-1】和【例 8-2】的资料，当销售量为 10 000 件时，总杠杆系数为：

$$DTL = DOL \times DFL = 1.5 \times 1.85 = 2.78$$

$$= \frac{10\,000 \times (20 - 5)}{100\,000 - 500\,000 \times 8\% - \dfrac{500 \times 100 \times 9\%}{1 - 25\%}} = 2.78$$

根据上述计算可知，公司的总杠杆系数是经营杠杆系数和财务杠杆系数共同作用的结果。当销售量增加1%时，由于存在固定性经营费用，通过经营杠杆的作用，息税前利润增加1.5%；由于存在固定性财务费用，每股收益增长幅度是息税前利润增长幅度的1.85倍。在经营杠杆和财务杠杆的共同作用下，销售量增加1%时，每股收益增长2.78%。总杠杆系数也是双向的，当销售量增长时，每股收益会以更快的速度上涨；但是当销售量下降时，每股收益会以更快的速度下降。在不同销售数量水平上，公司的总杠杆系数也存在差异：销售数量越高，总杠杆系数越低。

3）总杠杆与总风险

总杠杆系数衡量公司的总体风险，根据总杠杆系数的计算公式，公司总体风险可以被分解为经营风险和财务风险两部分。经营杠杆来自固定性经营费用，所有公司都在不同程度上存在固定性经营费用，因而任何公司都存在经营风险。财务杠杆来自固定性财务费用，当公司不存在负债或者优先股时，财务杠杆系数为1，即不存在任何财务风险。相对而言，财务风险更容易受到管理人员决策的影响，经营风险主要取决于公司所处行业的性质。因此，经营风险的控制难度较大，而财务风险可以通过管理人员的融资决策加以调整。在实践中，管理人员更多地从公司整体风险着眼，对不同类型风险进行调配：在预先设定的总体风险水平下，若公司的经营风险较高，管理人员可以适当降低负债比率以调低财务杠杆水平，从而确保总体风险水平不超出既定的限额；反之，若公司的经营风险较低，管理人员可以更多地使用财务杠杆。

国有企业去杠杆的困难与应对

8.2　资本结构理论

8.2.1　完美市场中的资本结构

资本结构是指公司长期资本（负债、优先股、普通股）的构成及其比例关系。注意这里不包括短期负债，如果考虑短期负债，也就是将整个资产负债表的右方考虑进去，则称为财务结构，在实务中用资产负债率表示。资本结构有两种表示方法：一是负债比率，表示长期负债与公司价值之间的比例关系；二是杠杆比率，表示长期负债与股东权益之间的比例关系。

对当代资本结构理论影响最为深远的当属美国经济学家莫迪格利尼和米勒（Modigliani & Miller，以下简称MM）。他们提出的资本结构理论成为人们研究资本结构问题的起点。1958年，MM首次明确提出了不含税的资本结构模型，共含有三个命题。他们的结论建立在如下的假设基础之上：

（1）公司的经营风险可衡量，有相同经营风险的公司处于同类风险等级；

（2）现有的和将来的投资者对公司未来的息税前利润的估计完全相同，即投资者对公司未来收益的预期和这些收益所面临风险的预期保持一致；

（3）证券市场完善，即没有交易成本，投资者可以按照相同的利率获得借款；

（4）公司及个人的负债均无风险，因此负债利率为无风险利率；

（5）投资者预期的息税前利润不变，亦即假设公司的增长率为零，从而所有现金流量都是年金；

（6）没有公司和个人所得税，没有财务危机成本。

命题1：公司价值为公司预期的息税前利润按照适用于该公司风险等级的折现率进行资本化的现值，而与公司的资本结构无关。用公式表示为：

$$VU=VL=\frac{EBIT}{r_{eU}}=\frac{EBIT}{r_w} \tag{8.10}$$

$$VL=\frac{EBIT}{r_w}=\frac{EBIT-I}{r_{eL}}+\frac{I}{r_d} \tag{8.11}$$

式中：VL为有负债公司L的价值；VU为无负债公司U的价值；r_{eU}为处于既定风险等级的无负债公司U的股权资本成本；r_{eL}为处于既定风险等级的有负债公司L的股权资本成

本；r_w为公司加权平均资本成本；r_d为负债资本成本。

命题1的证明是利用套利原理进行的。根据假设，当两个公司的预期息税前利润相同时，如果仅因为有无负债而导致公司价值存在差异，那么投资者就可以通过卖出被高估公司的股票而买进被低估公司的股票从中获利。这种投资者的套利行为，会使两个公司的价值趋向一致。当两个公司的市场价值相同时，投资者的套利行为才会消失，市场到达均衡状态。

命题1表明：在不存在公司所得税和个人所得税的情况下，公司价值与资本结构无关。无论公司是否存在负债，公司的加权平均资本成本不变，由公司所处的风险等级来确定。因此，就任何息税前利润确定的公司而言，其价值也是确定的。

【例8-5】

假设有U和L两个公司，其经营风险相同，但资本结构不同，U公司的资本全部为股权资本，L公司的资本由负债和股权资本两部分组成。为简化，假设两个公司的营业净利润全部作为股利发放，公司的预期增长率为0，其他资料见表8-3。要求：分别计算U公司和L公司的价值。

表8-3 **负债公司和无负债公司价值比较表（不考虑所得税）** 金额单位：元

项目	U公司（负债=0）	L公司（负债=500 000）
股权资本（E）	1 000 000	500 000
股权资本成本（r_e）	10%	14%
负债资本（D）		500 000
负债资本成本（r_d）		6%
息税前利润	100 000	100 000
减：利息费用（I）		30 000
股东收入（股利）（Div）	100 000	70 000
证券持有者收入（Div+I）	100 000	100 000

根据表8-3的资料，U、L两个公司的价值可计算如下：

$$VU=\frac{EBIT}{r_{eU}}=\frac{100\ 000}{10\%}=1\ 000\ 000（元）$$

$$VL=\frac{EBIT-I}{r_{eL}}+\frac{I}{r_d}=\frac{100\ 000-30\ 000}{14\%}+\frac{30\ 000}{6\%}=1\ 000\ 000（元）$$

上述计算结果表明，在不考虑所得税的条件下，处于同一风险级别的不同资本结构的两家公司的总价值相等。

L公司的加权平均资本成本等于U公司的股权资本成本：

$r_w=r_{eU}=14\%\times50\%+6\%\times50\%=10\%$

命题2：负债公司的股本成本等于相同风险等级的无负债公司股本成本加上风险溢

价。风险溢价取决于无负债公司股本成本和负债成本之差与负债比率的乘积。用公式表示为：

$$r_{eL}=r_{eU}+(r_{eU}-r_d)\frac{D}{E} \tag{8.12}$$

式中：r_{eL}为负债公司的股本成本；r_{eU}为无负债公司的股本成本；r_d为负债的资本成本；D为负债的价值；E为股本的价值。

命题2表明：当负债比率不断上升的时候，负债公司的股本成本也随之增加。把命题1与命题2联系起来，MM理论的含义是：通过举债而获得的资本成本优势，正好被负债公司不断上升的股权成本所抵消。因此，当负债增加的时候，负债公司的加权平均资本成本仍然与处于同一风险级别的无负债公司相同，公司价值因此也保持不变。

命题3：公司应当投资于那些收益率大于或者等于r_w的项目。在投资决策中，该命题已经被广泛接受，并作为投资决策的标准之一，因此不做过多论述。

8.2.2 税收政策与资本结构

1）含税的MM模型

不含税的MM模型中的各项假设在现实中很难实现，因此，在现实中资本结构与公司价值之间并非完全无关。1963年，MM在不含税模型的基础上，放松了“不存在公司所得税”的假设，从而推导出了含税的MM模型。在考虑公司所得税的条件下，由于负债所产生的利息作为成本能够在税前予以扣除，因此公司因负债而增加公司价值。

命题1：负债公司的价值等于同一风险等级的无负债公司的价值加上税负节余价值。用公式表示为：

$$VL=VU+\tau\times D \tag{8.13}$$

式中：τ为公司的所得税税率。

命题1表明：在考虑公司所得税的条件下，负债公司的价值要大于无负债公司的价值，其超出的数额为公司的所得税税率与负债总额的乘积。负债公司的价值随着负债比率的增加而增加，当负债率达到100%时，公司价值达到最大。命题1同样可以用套利原理加以证明。

【例8-6】

沿用【例8-5】的数据，假设公司所得税税率为25%，相关资料见表8-4。要求：确定U、L两个公司的价值。

表8-4　**负债公司和无负债公司价值比较表（考虑所得税）**　金额单位：元

项目	U公司（负债=0）	L公司（负债=500 000）
股权资本（E）	1 000 000	500 000
股权资本成本（r_e）	10%	14%
负债资本（D）		500 000
负债资本成本（r_d）		6%
息税前利润	100 000	100 000

续表

项目	U公司（负债=0）	L公司（负债=500 000）
减：利息费用（I）		30 000
税前利润（EBT）	100 000	70 000
减：所得税（τ）	25 000	17 500
股东收入（股利）（Div）	75 000	52 500
证券持有者收入（Div+I）	75 000	82 500

$$VU=\frac{EBIT\times(1-\tau)}{r_{eU}}=\frac{100\,000\times(1-25\%)}{10\%}=750\,000\text{（元）}$$

$$VL=\frac{(EBIT-I)\times(1-\tau)}{r_{eL}}+\frac{I}{r_d}=\frac{(100\,000-30\,000)\times(1-25\%)}{14\%}+\frac{30\,000}{6\%}=875\,000\text{（元）}$$

或 VL=VU+25%×500 000=875 000（元）

通过上述计算我们发现，在存在所得税的情况下，负债公司价值比无负债公司增加了125 000元，这是利息减税造成的。因为利息支付减少了公司应纳税所得额，因此可以直接通过利息乘以税率得出每年节约额。每年税金节约额称为利息减税或税负节约，计算公式如下：

利息减税=负债成本×所得税税率×负债总额

如果利息减税额的风险与负债风险等价，那么它的现值就等于永续年金的现值，折现率为负债的利率，因此公司未来利息减税的现值为：

利息减税现值=所得税税率×负债总额

命题2：负债公司的股本成本等于同一风险等级的无负债公司股本成本加上风险溢价，风险溢价由负债比率和所得税税率高低共同决定。用公式表示为：

$$r_{eL}=r_{eU}+(r_{eU}-r_d)\times(1-\tau)\times\frac{D}{E} \tag{8.14}$$

与公式（8.12）相比，公式（8.14）中多了一项（1-τ）。由于（1-τ）小于1，因此在考虑所得税后，负债公司的股本成本要低于无税模型下负债公司的股本成本。

命题2表明：在考虑所得税后，负债公司的股本成本会随着负债比例的增加而提高。但是，由于所得税的存在，股本成本上升的速度要慢于通过举债而获得的资本成本优势，即通过负债能够使公司的整体资本成本降低。因此，当负债增加的时候，负债公司的资本成本低于处于同一风险级别的无负债公司，公司价值因负债而增加。我们可以计算负债公司的加权平均资本成本，用公式表示为：

$$r_w=r_d\times\frac{D}{D+E}\times(1-\tau)+r_{eL}\times\frac{E}{D+E} \tag{8.15}$$

将公式（8.14）代入公式（8.15）中，我们得到：

$$r_w=r_{eU}\times(1-\frac{D}{D+E}\times\tau) \tag{8.16}$$

命题3：公司应当投资于那些收益率大于或者等于r_w的项目。

2）权衡理论

MM理论在考虑负债杠杆对公司价值的影响的同时，只考虑了所得税给公司带来的税负节余，而没有考虑公司因负债所产生的成本，因此，才会得出负债越高公司价值越大，当负债达到100%时，公司价值达到最大的结论。显然，该结论与我们经济生活中的常识不符。为了修正MM理论的不足，人们开始考虑负债在带来税负节余的同时所产生的相关成本，这就形成了权衡模型的基本思路。

当公司不能够及时足额地偿还债务时，公司就会陷入财务危机。财务危机泛指公司从资本管理出现技术性失败到破产之间的全部状态。轻度的财务危机只是导致公司不能进行正常的支付，而严重的财务危机则会导致公司陷入破产之中，破产是财务危机的一种极端形式。财务危机成本是指公司因陷入财务危机而产生的成本，财务危机成本包括直接成本和间接成本两部分。

（1）财务危机直接成本

财务危机直接成本是与破产相关的成本，其内容主要包括有形费用和无形费用两个方面：①有形费用。由于陷入破产之中，公司需要经历各项法律程序并雇用相关专业人士提供必要的服务，所支付的费用包括在破产清算过程中公司支付的律师费、会计师费、庭审费用及其他行政开支。这部分费用与破产公司的资产总额相比较，只占很小的比例。②无形费用。破产发生时，股东与债权人长期争执不休，公司生产经营活动不能正常进行，从而导致存货和固定资产损坏或过时等资产损失。无形费用还包括公司因发生财务危机而错过的发展机会、丧失的技术优势和流失的人力资源。这些无形资产对于公司的正常健康发展至关重要，一旦破产，这些资源将会随着公司的终结而消失。对高科技公司来说，这部分成本相当大。

（2）财务危机间接成本

公司的财务危机间接成本包括很多内容，概括起来分为两个部分：①公司在尚未破产时，由于陷入财务危机，在经营管理各方面遇到的各种麻烦和困难。当公司面临财务危机时，公司管理人员为了缓解财务危机造成的压力，往往会采取一些短期行为，诸如变卖长期资产、推迟机器设备维修、为节约成本而降低产品质量、减少公司的技术开发等长期支出。在公司陷入财务危机时，公司的债权人会纷纷上门讨债，公司不得不用高利率来举债，以缓解公司的现金压力，这样会使公司进一步丧失财务上的优势，加重财务上的负担。同时，公司的客户和供货商也会采取逃避的方法，供货商拒绝提供商业信用，并停止向其提供原材料，客户也会停止购买该公司的产品。②公司陷入财务危机，由于债务人和债权人在利益上存在冲突，其在投资决策时产生的差异。债务人通常会考虑个人的利益而选择有可能伤害债权人利益的项目，这种利益冲突的存在会导致公司价值下降，在财务危机存在时，这种情况尤为严重。债务人和债权人在财务危机中的利益冲突主要表现在三个方面：

第一，风险转移。在公司陷入财务危机时，股东（债务人）向债权人承诺，将现金用于一个风险比较小的项目上，而实际上可能会选择一个风险较高的项目。如果这些投资项目成功，那么股东就能偿还全部借款，并且享受剩余的收益。如果项目不成功，股东仅仅是拖欠借款的问题，债权人最后只能够接收到一个空壳公司。如果某公司的负债价值已经超过了公司的市场价值，那么当面对风险不同的两个投资项目时，公司会选择风险较高的项目，以期望通过高风险的投资来使公司摆脱财务危机。而选择风险较低的项目，虽然会增加公司的价值，降低债权人的损失，但是由于风险低的项目收益较小，即便投资获得成功，公司仍然无法摆脱财务危机，仍然会走向破产。因此，在公司处于财务危机的条件下，股东（债务人）会选择风险较高的项目而放弃风险较低的项目。

比如，处于财务危机中的某公司无法偿还的债务数额为1 000万元，该公司目前面临甲、乙两个项目。两个项目的投资额都是200万元，甲项目一年后收益现值为2 000万元的概率为0.05，收益现值为0的概率为0.95。投资甲项目的净现值为-100万元。乙项目一年后收益现值为500万元的概率为0.6，收益现值为1 000万元的概率为0.4。投资乙项目的净现值为500万元。如果公司处于正常生产经营状况下，应当选择净现值大的项目。但是，如果该公司选择了乙项目，那么公司投资的全部收益都用于偿还债务，转移到债权人的手中，债权人因公司破产所遭受的损失减小，而公司的股东（债务人）的财务情况没有任何改变，仍然处于财务危机之中。若选择甲项目，如果投资收益现值为0，则公司股东没有任何损失，只是债权人因投资失败而丧失了200万元；但若是投资成功（即一年后的收益现值为2 000万元），则公司的股东不但可以偿还全部债务，而且可以从投资中获得高额的投资收益，从而彻底走出财务危机。因此，从公司股东的角度来看，股东会选择风险比较大的投资项目。

第二，放弃投资。与风险转移恰恰相反，当公司处于财务危机中时，股东（债务人）不是想办法去寻找能够带来正的净现值的投资项目，从而使公司摆脱财务危机，而是放弃投资项目坐以待毙。这种现象发生的原因是在存在财务危机的条件下，公司的任何收益都必须首先用于偿还债权人，因此即便股东找到了净现值为正的投资项目，股东也无法从中获得任何好处，所有的投资收益都将由债权人获得。换句话说，当股东看到自己的资产大部分已经丧失，即使如何努力都不可能从根本上改变公司破产的最终命运，而努力所带来的收益又将被债权人所享有时，股东（债务人）会放弃寻找帮助公司摆脱财务危机的方法。

假设陷入财务危机的某公司一年后到期的债务本息额为4 000万元，现有一投资项目，其投资额为1 000万元，投资净现值为1 700万元。由于该公司处于财务危机中，项目的投资额只能由公司的股东自己支付。如果该项目成功，公司获得的1 700万元收益将全部用于偿还债权人，而股东（债务人）得不到任何收益。因此，公司的股东没有动力用自己的资本来换取公司债权人收益的提高。在这种情况下，由于真正的受益人是公司的债权人而不是股东，因此股东会放弃这一净现值为正的投资项目，听任公司破产。

第三，资产转移。在处于财务危机中，公司面临着破产威胁的情况下，公司股东不但会拒绝将自己的资本投入公司，以拯救公司使其摆脱财务危机，相反，还会想方设法把公司的资本转移出去，从而保护自身的利益少受损害。比如，公司可以采用发放现金股利的方法将资本转移到股东的手中，这种做法的结果是公司资产价值下降，从而导致债权人获得的偿还额减少，利益受损。公司也会因此而陷入更深的财务危机之中。

8.2.3 代理问题与资本结构

代理成本是指为了正确处理股东与经理之间、股东与债权人之间的代理关系所发生的成本，包括设计和实施各种监督、约束、激励和惩罚等措施的成本。

1）负债的代理成本

负债的代理成本问题在早期破产成本的讨论中就已经涉及。负债作为公司资本结构的一部分，随着负债数量的不断增加，债权人所承担的公司经营风险份额会相应增加，但是公司的投资决策权及运营决策权仍然掌握在股东与经营者手中。这样经营者就有动力利用债权人的财富为自己及其所代表的股东谋利。

第一，债权侵蚀问题。对债权人财富的侵占，最常用的方法就是债权的侵蚀。公司发行债券，从债权人手中获得资本，而后将资本作为股利分发给公司的股东，或者为了增加利润而增大财务杠杆，公司违反事先的借款合约，发行同一偿还次序或者更优偿还次序的债券或者贷款，从而将公司原有的债券提高到较高的风险级别。我们不难发现，无论是用债务来发放股利，还是增加新的债务，债权人所遭受的损失，都恰好是公司股东获得的利益。

第二，资产替代问题。股东侵害债权人的另外一种形式就是资产替代。股东在向债权人借款时，向债权人承诺将资本用于风险较低的项目，然后在实际投资时，将资本投放于一个高风险的项目。如果债权人相信股东会谨慎地使用他们的资本，他们就会接受较低的利率，因此，经营者和股东采用这种方法就能找到足够多的债权人，从而保证公司以较低的成本获得资本，而后将其投放于"高风险-高收益"的投资项目。如果投资的项目成功，股东能够在偿还债权人的借款之后获得额外的剩余收益。如果项目不成功，股东只是拖欠借款而已，债权人最后所获得的也只是一个空壳公司。

面对上述侵害债权人的各种行为，债权人不是被动接受，而是在意识到他们的利益将会受到损害之后，积极采取各种防御措施来预防这种行为的发生，防御措施包括：①债权人在向公司贷款（或购买公司债券）时订立"保护性约束条款"，对借款公司的行为进行种种限制。这些保护性约束条款会在一定程度上限制公司的经营，影响公司效率，从而导致效率损失。②对公司的投资行为加以限制，以防止公司股东滥用职权，转移危机，从而避免债务人转移资产。③为确保这些保护性约束条款的有效实施，必须以一定的方式方法对公司实施监督，从而发生直接的监督成本。当债权人认为公司发生财务危机的概率较大时，就会提高要求的利率予以补偿。这些措施都会降低公司的价值。

2）股权的代理成本

股权融资的代理成本产生于管理者的所谓"非货币收益"，主要表现为在职消费。当管理者（企业家）不是内部股东而是代理人时，其在职消费的好处由自己享有，而消费成本却由公司承担。如果管理者持有公司百分之百的股权，他就会做适当的权衡，因为此时在职消费的成本和好处完全由他自己承担。但如果进行外部股权融资，管理者拥有公司的部分股权，管理者只承担在职消费的部分成本，却得到了在职消费的全部好处。这样管理者就会选择更多的在职消费，从而降低了公司价值。Jensen & Mecking（1976）认为，管理者持有的内部股权融资越少，或外部股权融资越多，股权代理成本就越高。如果管理者持有的公司股票和公司总资产不变，提高负债率就相应增加了管理者持有公司股票的百分比，可能有助于减少公司管理者与股东间的利益冲突。[①]

此外，为使管理者按照股东的权益进行最优决策，既要对管理者进行适当的激励（工资、奖金、认股权证和额外津贴），又要予以监督，如用契约对管理者进行约束、审计财务报表和直接对管理者的决策进行限制等。不论是激励措施还是监督措施都需要支付一定费用，表现为一定的代理成本。在确定公司资本结构时应充分考虑这些代理成本的存在。

① 在现代大型上市公司里，经营者持股的份额都很少，提高负债率对经营者持股份额的影响是很小的，不足以调整经营者与股东间的利益冲突。

不过，债务融资也可能会减少公司的代理成本，这主要表现在：（1）减少股东监督经营者的成本。只要公司发行新债，潜在的债权人就会仔细分析公司的情况以确定该债务的公平价格，于是每发行一次新债，现有债权人和股东就免费享受一次对公司的外部“审计”。这种外部审计降低了为确保代理人（经营者）尽职尽责而花费的监督成本。（2）举债并用借款回购股票会在两方面减少股权融资的代理成本。第一，用债券回购股票一方面减少了公司股份，另一方面也减少了公司现金流量中归属于股东的部分。由于经营者必须用大量的现金偿还债务，因此，归属于债权人的份额增加了，这意味着能被经营者用来“在职消费”的现金流量或支配的现金流量减少了。第二，如果经营者已经持有部分股权，那么公司增加负债后，经营者持股的份额就会相对增加，即使他们拥有股权资产的量没有改变。这样会促使经营者为股东的利益而工作，因为负债融资将经营者和股东的利益紧密地联系在一起，使它成为减少代理成本的一个工具。（3）举债引起的破产机制会减少代理成本。如果公司不发行债券融资，公司就不会有破产风险，这会使经营者丧失追求公司价值最大化的积极性，从而降低市场对公司价值的评价。相反，如果公司发行债券融资，由于偿债压力和破产风险，经营者必须努力工作，如果公司经营不好，或破产倒闭，或成为兼并的目标公司，其结果是经营者被解职或被驱出经理人市场。因此，从某种意义上说，举债融资可以说是一种“无退路”的融资方式，经营者为了保证在职好处会努力追求公司价值最大化。

负债融资与股权融资的代理成本会对公司价值产生相反的影响，因为当一个公司增加负债时，它的债务代理成本就会随之增加，公司价值和股票价值有时会随之下降（额外的负债成本是很昂贵的），但与此同时，公司股权融资代理成本会降低，这又会引起公司价值和股票价值的上升。至于最后的结果，则取决于两种作用哪个更大。

综合考虑负债的所得税效应、财务危机成本和代理成本之后，负债公司的价值和无负债公司价值之间的关系可以用下面的公式表示：

$$VL=VU+\tau B-FPV-APV \tag{8.17}$$

式中：VL代表负债公司的价值；VU代表无负债公司的价值；τB代表负债公司因负债而产生的税负节余；FPV代表财务危机成本的现值；APV代表代理成本的现值。

公式右边的前两项表示含税的MM模型，负债公司的价值随着负债的增加而增加。但是在税负节余的同时，公司的财务危机成本和代理成本也随着负债的增加而增加，并不断抵消税负节余。当税负节余大于财务危机成本现值和代理成本现值之和时，公司可以继续增加负债的比重，从而使公司的资本结构接近最佳。反之，当税负节余小于财务危机成本现值和代理成本现值之和时，公司应当减少负债的比重，从而使公司的资本结构接近最佳。当公司负债的税负节余等于财务危机成本现值和代理成本现值之和时，公司的资本结构达到最佳状态。

8.2.4 不对称信息与资本结构

从信息经济学的角度来说，代理理论研究的是事后的道德风险（moral hazard）问题，信息不对称理论研究的则是事前的逆向选择（adverse selection）问题。代理成本理论讨论的是减少道德风险的激励问题，信息不对称理论讨论的则是资本结构对投资者的信号作用。

1）信号传递理论

在MM理论中，假设投资者和管理者在获得公司信息的能力和可能性上都是均等的。事实上，公司管理者总是更了解公司的内部经营情况，总是掌握着投资者所无法知道的信息，这就是所谓的信息不对称性。在资本结构理论中，Ross（1972）完全保留了MM理论的全部假设，仅仅放松了关于充分信息的假设。他假设公司管理者对公司的未来收益和投资风险有充分的信息，而投资者没有这些信息，只知道对管理者采取激励和监督措施。投资者只能通过管理者输送出来的信息间接评价市场价值。Ross认为，公司收益分配是按照索取权的优先顺序排列的，如果公司市场价值提高，管理者会由此受益；如果公司破产，管理者就会受到惩罚。由于在任何债务水平上，低质量公司都拥有更高的边际预期破产成本，所以低质量公司的管理者就不会仿效高质量公司进行过多的债务融资。也就是说，越是公司发展前景看好的公司，债务融资水平就越高；越是公司发展前景看淡的公司，债务融资水平就越低。投资者可以凭借公司债务融资比率来判断公司预期市场价值的高低或公司质量的高低，从而确定自己的投资组合。如果管理者没有增加公司市场价值的动机，那么他就不会通过改变公司融资结构中的负债融资比率来向市场发布有关公司方面的融投资信息。为了使债务融资成为正确的信号传递机制，Ross对破产公司的管理者加上了惩罚约束，从而使公司债务融资比率变成可靠的信息。这一模型的主要经验结果是，破产概率与公司质量负相关，而与负债水平正相关，公司市场价值和债务比例正相关。

Leland，H.& D.Pyle（1977）提出了在存在不对称信息的情况下，为了使投资项目的融资能够顺利进行，借贷双方就必须交流信息。他们认为，这种交流可以通过信号的传递来进行。例如，掌握了内部信息的经理也对申请融资项目进行投资，这本身就向贷方传递了一个信号，即项目本身包含着“好消息”，也就是说，经理进行投资的意愿本身就可以作为一个投资项目质量好的信号。通常，市场上的投资者认为项目质量是经理拥有股份的函数，经理拥有的股份越高，预示着投资项目的价值越大。不仅如此，公司举债越多，经理持股比例越高，预示着公司的质量就越好，因为经理大多数都是风险规避者，只有投资项目的真实收益大于其承担的风险时，他们才会投资。因此，举债融资给市场传递的信号一般是一个“好消息”。

Myers & Majluf（1984）在Ross理论的基础上，进一步考察了不对称信息对公司投资活动及融资方式的影响。他们认为在不对称信息下，管理者（内部人）比投资者（外部人）更为了解公司收益和投资的真实情况。外部人只能根据内部人所传递的信号来重新评价他们的投资决策。公司的融资结构、股利政策等都是内部人传递信号的手段。假设公司为投资新项目必须寻找新的融资方式，为简化只考虑举债融资或股票融资两种情况，由于管理者比潜在的投资者更为知道投资项目的实际价值，如果项目的净现值为正数，说明项目具有较好的获利能力，这时，代表老股东利益的管理者不愿意发行新股以免把新项目的投资收益转让给新股东。投资者在知道管理者的这种行为模式后，自然会把发行新股当成一种坏消息。在有效市场假说下，投资者会根据项目价值重新进行估价，从而影响投资者对新股的出价。

2）优序融资理论

Myers & Majluf（1984）以不对称信息理论为基础，考察不对称信息对融资成本的影响。他们认为，股权融资会传递公司经营的负面信息，因为在投资者看来，公司发行新股可能是因为股价被高估了，或公司前景暗淡，出于保护自身利益的考虑，他们会抛售股票，造成股价下跌，结果使股票融资的成本较高。相对来说，发行债券融资时，债券价值被错估的可能性较小，但是发行债券又会使公司受到财务危机的约束。在这种情况下，Myers & Majluf（1984）指出，如果公司利用留存收益为新项目融资，不需要发行新股融资，就不存在信息不对称的问题，所有净现值为正的项目都会被公司采纳。在此基础上，Myers（1984）提出了不对称信息条件下优序融资理论（pecking order theory）。根据这一理论，公司应按下列顺序进行融资，首先是内部积累资金；如果需要外部融资，公司将首先进行债务融资，直到因债务增加引起公司陷入财务危机概率达到危险区时，才发行股票进行融资。这个结论与美国1965—1982年公司融资的结构基本相符，这一期间内公司内部积累资本占总资本的61%，债务融资占23%，新发行股票平均每年仅占2.7%。

优序融资理论认为，一些经营好的公司负债率低，不是因为这些公司的目标负债率低，而是因为高收益的公司有足够的内部融资资源，而低收益的公司只能依靠外部融资，且不断积累负债。优序融资理论认为不存在明确的目标负债率，当实际的现金流量、股利和实际的投资机会出现不平衡时，负债率就会发生变化。而债务的税收收益、财务危机成本、代理成本等因素在融资排序中并不重要。

畸形资本结构拖累上市公司长期盈利能力

【本章小结】

1.在财务管理中，杠杆作用是指由于存在固定性费用，当生产经营过程中某项因素产生较小变动时，对应的其他因素会产生较大变动。根据不同的固定性费用，杠杆可以被划分为经营杠杆和财务杠杆。杠杆作用可以采用杠杆系数加以衡量。

2.经营杠杆作用是指由于存在固定性经营费用，当销售收入产生较小变动时，息税前利润会产生较大变动；经营杠杆反映经营风险，可以采用经营杠杆系数加以衡量。财务杠杆是指由于存在固定性财务费用，当息税前利润产生较小变动时，每股收益会产生较大变动；财务杠杆反映财务风险，可以采用财务杠杆系数加以衡量。通过经营杠杆和财务杠杆的共同作用，销售收入的变化会导致每股收益更大幅度的变化，被称为总杠杆，可以采用总杠杆系数加以衡量。

3.在不存在所得税、财务危机成本、代理成本和信息不对称的情况下，公司价值取决于经营活动产生的现金流量和经营活动风险要求的收益率。资本结构与公司价值不相关，无论采用何种资本结构均不能影响公司价值。这就是MM定理的资本结构无关论。

4.在存在公司所得税，而其他MM定理的假设条件仍然成立的条件下，负债公司的价值等于同一风险等级的无负债公司的价值加上税负节余价值；负债比率越高，公司价值越大。当公司的全部资金来源均为负债时，公司的价值达到最大。这就是修正的MM定理。

5.在修正的MM定理的基础上，当考虑负债所带来的财务危机成本和代理成本时，虽然负债公司的价值随着负债的增加而增加，但是公司的财务危机成本和代理成本也随着负债的增加而增加，并不断抵消税负节余。当公司负债的税负节余等于财务危机成本现值和代理成本现值之和时，公司的资本结构达到最佳状态。

6.当存在信息不对称时，价值高的公司能够并愿意承担较高的负债，而价值低的公司没有能力去增加负债以模仿高价值的公司，只能更多地依赖股票融资。所以，在信息不对称的情况下，资本结构可以作为信号用以判别公司的价值高低。据此，研究人员提出优序融资理论：相对于外部融资而言，公司更喜欢从内部进行融资；如果公司必须进行外部融资，经营者会按照无风险的债券、有风险的债券、可转换债券、优先股、普通股的顺序进行融资。

【复习思考】

1.什么是经营杠杆效应？它如何影响企业的利润？

2.什么是财务杠杆效应？它如何影响企业的利润和股东权益？

3.什么是总杠杆效应？它如何影响企业的股东权益？

4.完美市场中的资本结构理论是什么？它有什么假设？

5.税收政策如何影响企业的资本结构？哪种税收政策能够促进企业选择负债融资？

6.代理问题如何影响企业的资本结构？代理成本对资本结构的影响是正面的还是负面的？

7.不对称信息如何影响企业的资本结构？企业在选择融资方式时如何应对信息不对称问题？

第8章自测题

第8章计算业务题

第9章

长期融资

【学习目标】

1. 了解长期银行借款融资的条件、利率和偿还方式，掌握长期借款融资的优缺点；

2. 熟悉债券的基本要素和特征，了解债券的种类，掌握债券发行价格的影响因素，掌握债券融资的优缺点；

3. 了解我国公司首次公开发行股票审批制度、询价制度和退市制度，掌握股票融资的优缺点；

4. 熟悉可转换债券、优先股的特征，掌握可转换债券和优先股融资的优缺点。

【本章主要内容导图】

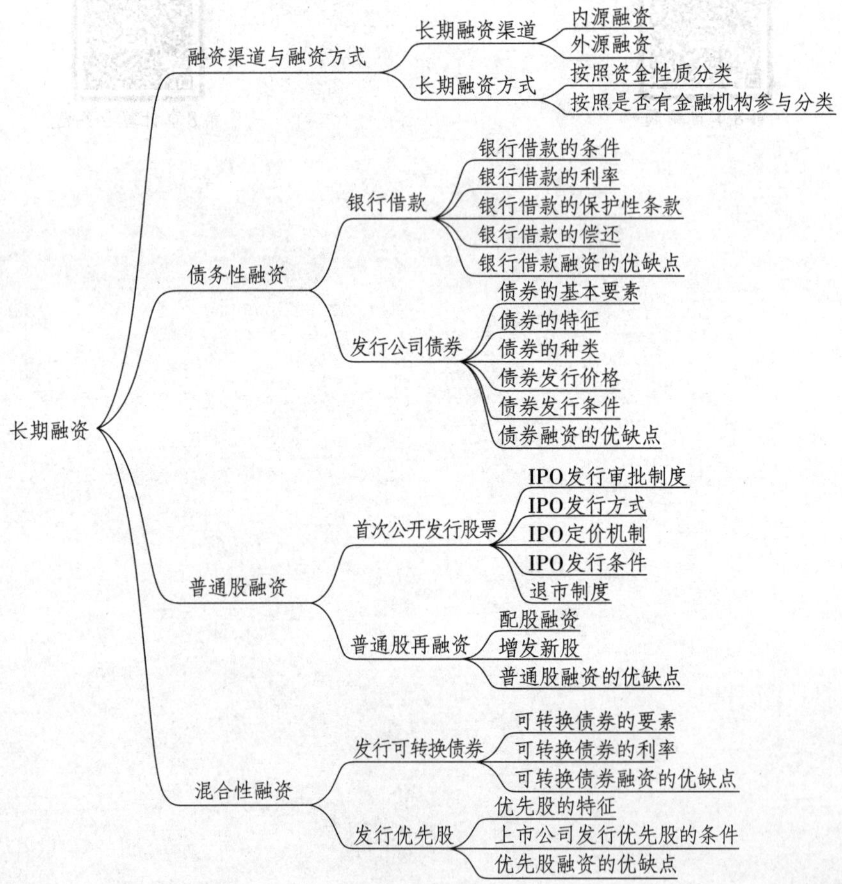

【引导案例】

科创板、注册制相关规则的公布，引发了市场及科创企业的热议。2019年1月，中央深改委会议审议通过了《在上海证券交易所设立科创板并试点注册制总体实施方案》。会议指出，在上海证券交易所设立科创板并试点注册制是实施创新驱动发展战略、深化资本市场改革的重要举措。要增强资本市场对科技创新企业的包容性，着力支持关键核心技术创新，提高服务实体经济能力。要稳步试点注册制，统筹推进发行、上市、信息披露、交易、退市等基础制度改革，建立健全以信息披露为中心的股票发行上市制度。从保荐制到注册制，资本市场需要一个接受和适应的过程，此次推行注册制，资本市场传来了很多质疑的声音："注册制了，企业上市是不是更容易了?""我如果是家科创企业，怎样做可以更快上市?"的确，注册制是中国资本市场的一个创新制度安排，这是无数拟上市企业翘首以盼的。此次推出的注册制，确定在科创板先行先试，既显示了大力推进改革的决心，又兼顾了改革节奏与市场发展的平衡，是资本市场基础性制度的一次突破。注册制会对科创企业上市带来怎样的影响？创业板与主板的股票发行条件有什么差别？除了股权融资还有哪些创新的融资方式？带着这些问题，我们来学习一下长期融资的相关知识。

资料来源：谢卫群．解码注册制（经济聚焦）[EB/OL]．(2019-02-01).http：//finance.people.com.cn/GB/n1/2019/0201/c1004-30604157.html．

9.1 融资渠道与融资方式

9.1.1 长期融资渠道

融资渠道，是指协助企业的资金来源，主要包括内源融资和外源融资两个渠道。

1）内源融资

内源融资是指企业不需要利用外部资金，只利用内部自身积累的资金满足企业资金需求。内源融资没有到期日，所以均属于长期融资渠道。企业自身积累的资金主要有留存收益、累计折旧等资金。留存收益是指企业的净利润扣除支付给股东的股利后剩余的部分。从会计定义上讲，本期的留存收益等于本期的盈余公积加上本期的未分配利润。留存收益的大小取决于企业的净利润创造和股利政策。企业实现的净利润越多，积累的留存收益越多；企业支付的股利越多，剩余的留存收益则越少。

另一个通常被忽视的内部融资来源是折旧，折旧在会计上被计入成本费用，会抵减利润，但折旧的计提并不会产生现金流出，这就相当于企业开立一个折旧账户，在这个账户里积攒资金，目的是将来购置新的机器设备或者更新改造维修现有设备。当企业有资金需求，而折旧账户中有剩余资金时，也可以将折旧账户中的资金用来满足企业的资金需求，因此在实务中，折旧也是一种内部融资来源。

企业都倾向于依靠内源融资，不需要因为融资而向外披露信息，保密性好，企业不必向外支付借款成本，因而风险很小，但资金来源数额与企业利润有关。

2）外源融资

外源融资与“内源融资”相对，是指公司通过资本市场或某些投资者从企业外部筹集所需资金。外源融资按照期限分为短期融资和长期融资。融资期限一年以内属于短期融资，融资期限一年以上属于长期融资。短期融资将在第十二章进行介绍，常见的长期外源融资方式包括银行贷款、股权融资、债权融资、租赁融资等。

9.1.2 长期融资方式

融资方式是指企业融资的具体形式。融资方式越多，意味着可供企业选择的融资机会就越多。

1）按照资金性质分类

按照资金性质分类，融资方式可以分为债务融资和股权融资。

（1）长期债务融资

长期债务融资是指由公司与资金提供者通过签订的期限为一年以上的债务契约来实现借贷关系，公司是融资方，是债务人；资金提供者是投资方，是债权人。由于债务融资需要签订债务契约，所以债务契约中约定的债权人的权利和债务人的义务将受到法律约束。债权人享有收取利息和本金的权利，债务人负有还本付息的义务。常见的长期债务融资有长期银行借款、发行债券、发行长期票据等方式。从融资渠道看，债务融资均为外源融资。

（2）股权融资

股权融资是指资金提供者以购买公司股权的方式向公司提供资金，公司是融资方，是受资人；资金提供者是投资方。资金提供者向公司提供资金，获得股权，享有股权带给投资者收益的权利，而公司需要向资金提供者支付使用资金的报酬，即股权融资的代价，通常以分红或股利的形式支付。股权融资中，融资方什么时候发股利、发多少股利、以什么形式发股利等股利支付决策不受法律约束，由公司股东大会表决通过。因为股权融资没有到期日，因此均属于长期融资。常见的股权融资方式有：私募股权融资、公开发行股票、定向发行股票等。从融资渠道看，股权融资大部分属于外源融资，但这里需要明确的是，内源融资也属于股权融资，因为净利润归属于股东所有，留存收益相当于股东对公司的再投资，因此，留存收益属于股权融资。

2）按照是否有金融机构参与分类

按照是否有金融机构参与分类，融资方式可分为直接融资和间接融资。

（1）直接融资

直接融资是指没有金融中介机构介入的融资方式。这种融资方式下，在一定时期内，资金提供者通过直接与资金需求者达成协议，或在金融市场上购买资金需求者所发行的有价证券，将货币资金提供给资金需求者。直接融资是资金直供方式，与间接金融相比，投融资双方都有较多的选择自由。而且，对投资者来说收益较高，对筹资者来说成本却又比较低。但由于筹资者资信程度很不一样，造成了债权人承担的风险程度很不相同，且部分直接金融资金具有不可逆性。

长期直接融资是以股票、债券为主要金融工具的一种融资机制，这种资金提供者与资金需求者通过股票、债券等金融工具直接融通资金的场所，即为直接融资市场，也称证券市场。直接融资也可以不依附于证券市场，资金需求方出售股权，资金提供者获得股权，此时投资者进行直接投资，融资者直接融资。常见的私募股权融资、风险投资等都是不依附于证券市场的直接融资。

（2）间接融资

间接融资是指有金融中介机构介入的融资方式。这种融资方式下，资金提供者与资金需求者之间不发生直接关系，而是分别与金融机构发生一笔独立的交易，即资金提供者通过存款，或者购买银行、信托、保险等金融机构发行的有价证券，将其暂时闲置的资金先行提供给这些金融中介机构，然后再由这些金融机构以贷款、贴现等形式，或通过购买资金需求者发行的有价证券，把资金提供给资金需求者，从而实现资金融通的过程。最常见的间接融资方式是银行借款。

9.2　债务性融资

9.2.1　银行借款

银行借款是指银行根据该银行所在国家政策以一定的利率将资金贷放给资金需求的个人或企业，并约定期限归还的一种经济行为。银行借款按照还款期限，可分为短期借款和长期借款。短期借款一般用于满足日常营运资金需求；长期借款主要用于购建固定资产和满足长期流动资产占用的需要。目前，我国金融机构提供的长期借款种类主要有：固定资产投资借款、更新改造借款、科技开发和新产品试制借款等，这是依据借款的用途来划分的；长期借款按借款公司是否提供抵押品，还可分为信用借款和抵押借款；按发放借款的金融机构的性质，又可分为政策性银行借款和商业银行借款等。

1）银行借款的条件

公司申请借款一般应具备的条件有：（1）独立核算、自负盈亏、有法人资格；（2）经营方向和业务范围符合国家产业政策，借款用途属于银行贷款办法规定的范围；（3）借款公司具有一定的物资和财产保证，担保单位具有相应的经济实力；（4）具有偿还借款的能力；（5）财务管理和经济核算制度健全，资金使用效益及公司经济效益良好；（6）在银行开立账户，办理结算。

公司具备上述条件后，可向银行提出借款申请，陈述借款原因与金额、用款时间与计划、还款时间与计划。银行对借款公司的财务状况、信用情况、盈利水平、发展前景、投资项目的可行性等进行审查。银行审查符合贷款条件后再与借款公司进一步协商贷款的具体条件，确定贷款的种类、用途、期限、金额、利率、还款的资金来源及方式、保护性条款、违约责任等，并以借款合同的形式将其法律化。借款合同生效后，公司即可取得借款。

2）银行借款的利率

银行借款的利息率取决于资本市场的供求关系、借款的期限、借款有无担保及公司资信状况等。一般情况下，长期借款的利息率要高于短期借款的利息率。长期借款的利息率可采用固定利率、变动利率和浮动利率三种。

（1）固定利率

固定利率是在贷款合同签订时即设定好的利率。此利率一经确定，不得随意改变。不论贷款期内市场利率如何变动，借款公司都按照借款合同中约定的固定利率支付利息。

（2）变动利率

变动利率是指在长期借款的期限内，利率可以定期调整，一般根据金融市场的行情每半年或一年调整一次。调整后尚未偿还的借款余额按新利率计息。

（3）浮动利率

浮动利率是指随资本市场利率变动而调整的利率。公司借入资金时一般开出浮动利率期票，期票注明借款期限，利率则在“优惠利率”（又称主要利率）基础上加成计算。通常将市场上信誉最好的公司借款利率或商业票据利率作为优惠利率，并在此基础上加0.5至2个百分点作为浮动利率，浮动利率票据到期按面值还本，平时按规定的付息期定期按浮动利率付息。

3）银行借款的保护性条款

银行的长期借款的期限长、风险高、金额大，按国际惯例，银行通常对借款公司提出一些有助于保证贷款按时足额偿还的条件，这些条件写进借款合同中，形成了合同中贷款的保护性条款。这些条款的主要内容包括：

（1）一般性保护条款

大多数借款合同都包含一般性保护条款，其内容包括对借款公司流动资金保持量的规定：如要求借款公司保持最低的流动资金净额、规定最低的流动比率，以保证借款公司持有资金的流动性和偿付能力；对借款公司股利支出、工资支出和回购股票的限制，以防止借款期间现金过分外流；资本支出规模的限制，以防止投资收益不确定给银行带来过大的风险；对其他长期债务的限制，如未经银行同意，不得借入新的长期借款，不得以资产抵押举债等，其目的是防止其他债权人取得对公司资产的优先索偿权。

（2）例行性保护条款

大多数借款合同中也包括例行性保护条款，其内容有：要求公司定期向银行提交财务报表，以便银行及时、充分地了解公司的财务状况及经营情况；不准在正常情况下出售较多资产，以保持公司正常的生产经营能力；如期清偿应缴的税金和到期债务，以防止被罚款造成现金流失；限制租赁固定资产的规模，防止公司高额的租赁费用支出，降低偿债能力。

（3）特殊性保护条款

在某些特殊情况下，借款合同中将包含此部分内容，其目的在于防止公司发生不利于借款银行的行为。这些条款有：明确贷款用途，借款公司不得将借款挪作他用；要求公司主要领导人在合同有效期内不得调离领导职务；限制借款公司的投资，以防止公司投资于短期内不能收回资金的项目。

4）银行借款的偿还

长期借款需要按期还本付息。长期借款的偿还方式主要有一次性偿付法、等额利息法、等额本金法和等额本息法等。

一次性偿付法是指在借款到期时一次性偿还本金和利息的方法，它对借款公司的财务影响是，使借款公司一次性发生较大额度的现金流出。

等额利息法是指借款期内每期末按借款利息率偿还固定利息，到期一次偿还本金，较之一次性偿付本息，等额利息法使借款公司的现金流出更为分散，减缓了借款公司集中支付的压力。

等额本金法是指借款期内每期偿还固定的本金及按借款余额计算的利息，这一还款方式每期偿还的本金数相等，但每年支付的利息数额随着每期剩余本金余额的减少而逐年降低。

等额本息法是指借款期内每期偿还相等数额的本金和利息的合计数，但每年偿还的本金和利息是不同的，随着本金的不断偿还，每期剩余的未偿还本金逐期减少，从而每期偿还额中包含的利息逐期减少，而每期偿还额中包含的本金逐期增加。

后两种还款方式使借款公司现金流出分散在各期，减少了公司集中支付的压力，比较适合于数额大、期限长的借款偿还。

5）银行借款融资的优缺点

（1）银行借款的优点

银行借款的优点主要表现在：①融资速度快。与发行股票、债券相比，长期借款免去了证券发行过程中不可缺少的报批、宣传、印刷、发行等环节，程序比证券融资简单，能较快取得资金。②借款成本较低。长期借款利息可在所得税前支付，这就减轻了公司的利息负担，使借款成本低于股票成本；长期借款和长期债券利息都是税前支付，但长期借款是由公司直接融资，不需经过证券机构，减少了融资费用，故银行借款融资成本低于债券成本。③借款弹性较大。公司在借入款项时，可与银行商定借款的数额、期限、利率、偿还方式等；借款后，如公司财务状况发生变化，也可与银行协商，变更借款数额、期限、偿还方式等。而证券融资的对象是社会广大投资者，协商改变融资条件不现实。④可发挥财务杠杆作用。公司借入款项后，如能使投资收益率大于长期借款的利息率，公司即可获得财务杠杆利益。

（2）银行借款的缺点

银行借款的缺点主要表现在：①融资风险较高。借款通常有固定的利息负担和固定的偿付期限。在公司经营状况不佳时，可能产生不能偿付的风险，如公司严重亏损，且无法支付到期债务，就会面临破产。②限制条件较多。贷款银行为了保护自身利益，在与公司签订的贷款协议中通常附加许多限制性条款。这些条款限制了借款公司的经营活动，降低了借款的使用效果。③融资数量有限。长期借款难以取得债券、股票融资形式所能取得的资金数额。

9.2.2　发行公司债券

债券是指公司依照法律程序发行，承诺按约定的日期支付利息和本金的一种书面债务凭证。它代表债权人与债务人之间的契约关系，这种关系使债权人对公司收益具有固定索取权，对公司财产具有优先（先于股东）求偿权。

1）债券的基本要素

尽管债券的种类多种多样，但在内容上都要包含一些基本要素。这些要素是指发行的债券上必须载明的基本内容，这是明确债权人和债务人权利与义务的主要约定，具体包括：

（1）债券面值

债券面值是指债券的票面价值，是发行人向债券持有人在债券到期后应偿还的本金数额，也是企业向债券持有人按期支付利息的计算依据。债券的面值与债券实际的发行价格并不一定是一致的，发行价格大于面值称为溢价发行，小于面值称为折价发行，等于面值称为平价发行。

（2）偿还期

债券的偿还期是指企业债券上载明的偿还债券本金的期限，即债券发行日至到期日之间的时间间隔。公司要结合自身资金周转状况及外部资本市场的各种影响因素来确定公司债券的偿还期。

（3）付息日

债券的付息日是指企业发行债券后的支付利息的时间。它可以是到期一次支付，或1年、半年、3个月支付一次。在考虑货币时间价值和通货膨胀因素的情况下，付息日对债券投资者的实际收益有很大影响。到期一次付息的债券，其利息通常是按单利计算的；而年内分期付息的债券，其利息是按复利计算的。

（4）票面利率

债券的票面利率是指债券利息与债券面值的比率，是发行人承诺以后一定时期支付给债券持有人报酬的计算标准。债券票面利率的确定主要受到银行利率、发行者的资信状况、偿还期限和利息计算方法以及当时资金市场上资金供求情况等因素的影响。

（5）发行人名称

发行人名称指明债券的债务主体，为债权人到期追回本金和利息提供依据。

上述要素是债券票面的基本要素，但在发行时并不一定全部在票面印制出来，例如，在很多情况下，债券发行者是以公告或条例形式向社会公布债券的期限和利率。

2）债券的特征

债券作为一种重要的融资手段和金融工具具有如下特征：

（1）偿还性

偿还性是指债券有规定的偿还期限，债务人必须按期向债权人支付利息和偿还本金。

（2）流动性

流动性是指债券持有人可按需要和市场的实际状况，灵活地转让债券，以提前收回本金和实现投资收益。

（3）安全性

安全性是指债券持有人的收益相对稳定，不随发行者经营收益的变动而变动，并且可按期收回本金。

（4）收益性

收益性是指债券能为投资者带来一定的收入，即债券投资的报酬。在实际经济活动中，债券收益可以表现为三种形式：一是投资债券可以给投资者定期或不定期地带来利息收入；二是投资者可以利用债券价格的变动，买卖债券赚取差额；三是投资债券所获现金流量再投资的利息收入。

3）债券的种类

（1）按发行主体划分

债券按照发行主体，可分为政府债券、金融债券和公司（企业）债券。

政府债券是政府为筹集资金而发行的债券，主要包括国债、地方政府债券等，其中最主要的是国债。国债因其信誉好、利率优、风险小而被称为"金边债券"。

金融债券是指依法在中华人民共和国境内设立的金融机构法人在全国银行间债券市场发行的、按约定还本付息的有价证券。除了一般的金融债以外，还包括三农、小微、绿色、双创等体现政策性、专项用于特定领域的专项金融债。金融机构一般有雄厚的资金实力，信用度较高，因此金融债券往往有良好的信誉。

公司债券和企业债券是发行主体和监管结构有所差别的两种债券。公司债券是除地方政府融资平台公司以外的所有公司制法人通过沪深交易所或全国中小企业股份转让系统审批，面向公众投资者公开发行的"大公募"、面向合格投资者公开发行的"小公募"、面向特定投资者非公开发行的私募公司债。企业债券是境内具有法人资格的企业通过国家发展和改革委员会的审批，债券募集资金用于固定资产投资项目的，省级发展改革部门应对募投项目出具符合国家宏观调控政策、固定资产投资管理法规制度和产业政策的专项意见，并承担相应责任的债券。

（2）按是否有财产担保划分

债券按照是否有财产担保，可分为抵押债券和信用债券。

抵押债券是以企业财产作为担保的债券，按抵押品的不同又可以分为一般抵押债券、不动产抵押债券、动产抵押债券和证券信托抵押债券。以不动产如房屋等作为担保品的，称为不动产抵押债券；以动产如适销商品等作为担保品的，称为动产抵押债券；以有价证券如股票及其他债券作为担保品的，称为证券信托债券。一旦债券发行人违约，信托人就可将担保品变卖处置，以保证债权人的优先求偿权。

信用债券是不以任何公司财产作为担保，完全凭信用发行的债券。政府债券属于此类债券。这种债券由于其发行人的绝对信用而具有坚实的可靠性。除此之外，一些公司也可发行这种债券，即信用公司债。与抵押债券相比，信用债券的持有人承担的风险较大，因而往往要求较高的利率。为了保护投资人的利益，发行这种债券的公司往往受到种种限制，只有那些信誉卓著的大公司才有资格发行。

（3）按是否可转换划分

债券按照是否可转换，可分为可转换债券和不可转换债券。

可转换债券是指在特定时期内可以按某一固定的比例转换成普通股的债券，它具有债务与权益双重属性，属于一种混合性筹资方式。由于可转换债券赋予债券持有人将来成为公司股东的权利，因此其利率通常低于不可转换债券。若将来转换成功，转换前发行企业达到了低成本筹资的目的，转换后又可节省股票的发行成本。根据《公司法》的规定，发行可转换债券应由国务院证券管理部门批准，发行公司应同时具备发行公司债券和发行股票的条件。

在深、沪证券交易所上市的可转换债券是指能够转换成股票的企业债券，兼有股票和普通债券双重特征。一个重要特征就是有转股价格。在约定的期限后，投资者可以随时将所持的可转换债券按发行时约定的价格转换成股票。可转换债券的利率是年均利息对票面金额的比率，一般要比普通企业债券的利率低，通常发行时以票面价发行。转换价格是转换发行的股票每一股所要求的公司债券票面金额。

不可转换债券是指不能转换为普通股的债券，又称为普通债券。由于其没有赋予债券持有人将来成为公司股东的权利，所以其利率一般高于可转换债券。

(4) 按付息的方式划分

债券按照付息方式，可分为零息债券、定息债券和浮息债券。

零息债券，也叫贴现债券，是指债券券面上不附有息票，在票面上不规定利率，发行时按规定的折扣率，以低于债券面值的价格发行，到期按面值支付本息的债券。

定息债券是将利率印在票面上并按期向债券持有人支付利息的债券。该利率不随市场利率的变化而调整，因而定息债券可以较好地抵制通货紧缩风险。

浮息债券是指债券的息票率随市场利率的变动而调整的债券。因为浮息债券的利率同当前市场利率挂钩，而当前市场利率又考虑到了通货膨胀率的影响，所以浮息债券可以较好地抵制通货膨胀风险。浮息债券的息票率通常根据市场基准利率加上一定的利差来确定。浮息债券往往是中长期债券。

(5) 按能否提前偿还划分

债券按是否能够提前偿还，可分为可赎回债券和不可赎回债券。

可赎回债券是指在债券到期前，发行人可以以事先约定的赎回价格收回的债券。公司发行可赎回债券主要是考虑到公司未来的投资机会和回避利率风险等问题，以增加公司资本结构调整的灵活性。发行可赎回债券最关键的问题是赎回期限和赎回价格的制定。

不可赎回债券是指不能在债券到期前收回的债券。

(6) 按偿还方式划分

债券按照偿还方式，可分为一次到期债券和分期到期债券。

一次到期债券是发行公司于债券到期日一次偿还全部债券本金的债券。

分期到期债券是发行公司在到期前分几次偿还本金的债券，可以减轻发行公司集中还本的财务负担。

(7) 按募集方式划分

债券按照募集方式，可分为公募债券和私募债券。

公募债券（public offering bond）是指向社会公开发行，任何投资者均可购买的债券，是向不特定的多数投资者公开募集的债券，可以在证券市场上转让。

私募债券（private placement bond）是指向与发行者有特定关系的少数投资者募集的债券，其发行和转让均有一定的局限性。私募债券的发行手续简单，一般不能在证券市场上交易。公募债券与私募债券在欧洲市场上区分并不明显，可是在美国与日本的债券市场上，这种区分是很严格的，并且也是非常重要的。

(8) 按能否上市划分

债券按照能否上市，可分为上市债券和非上市债券。

可在证券交易所挂牌交易的债券为上市债券；反之为非上市债券。上市债券信用度高，价值高，且变现速度快，故而容易吸引投资者，但上市条件严格，并要承担上市费用。

4）债券发行价格

公司债券的发行价格是发行公司（或其承销机构）发行债券时所使用的价格，也是投资者向发行公司认购其所发行债券时实际支付的价格。影响公司债券发行价格的因素主要包括：（1）发行者的类型。债券市场是按发行人的类型分类的，不同的发行人被称为不同的市场部门（market sector），如公司、政府等。（2）发行人的资信。如果发行人资信状况好，债券信用等级高，投资者承受的风险相对小，债券的票面利率就可以定得比其他条件相同的债券低一些，反之就高一些。（3）债券期限。债券价格的波动与债券期限密切相关，期限越长，价格波动的风险越大，票面利率会高于期限较短的债券。（4）赎回与转换条款。在债券契约中，通常设置某些条款，如允许债券发行人全部或部分提前偿还债务的赎回条款（call provision），持有可转换债券的债权人可根据情况将手中的债权转换为股权等。一般来说，市场投资者对含有利于发行人的赎回条款的债券会要求较高的收益，而对含有利于投资者的转换条款的债券则要求较低的收益。

债券的买卖价格，包括发行价格和转让价格，都是根据债券的现值来确定的。当然，其他许多经济的、非经济的因素也在同时影响债券的发行价格，但无论这些因素的作用有多大，债券的发行价格始终围绕债券的内在价值上下波动。在实务中，公司债券的发行价格通常有等价、溢价、折价三种情况。

5）债券发行条件

不同种类的债券，其发行条件也不同，由于公司理财以非金融企业为主体，所以下面介绍企业债券和公司债券的发行条件。根据2020年《证券法》的规定，企业债券发行必须符合以下条件：企业债券发行人应当具备健全且运行良好的组织机构，最近三年平均可分配利润足以支付企业债券一年的利息，应当具有合理的资产负债结构和正常的现金流量，鼓励发行企业债券的募集资金投向符合国家宏观调控政策和产业政策的项目建设。

公司债券根据发行对象分为大公募公司债和小公募公司债，其发行条件存在差异。大公募公司债发行人需具备以下条件：（1）发行人最近三年无债务违约或者迟延支付本息的事实。（2）发行人最近三个会计年度实现的年均可分配利润不少于债券一年利息的1.5倍（对于需要编制合并财务报表的公司，其可分配利润是指合并报表归属于母公司所有者的净利润）。（3）债券信用评级达到AAA级。如未达到上述条件的发行人仅能发行小公募公司债。

公开发行公司债券（包括大公募和小公募），应当符合下列条件：（1）具备健全且运行良好的组织机构。（2）最近三年平均可分配利润足以支付公司债券一年的利息。（3）公开发行公司债券筹集的资金，必须按照公司债券募集办法所列资金用途使用；改变资金用途，必须经债券持有人会议做出决议。公开发行公司债券筹集的资金，不得用于弥补亏损和非生产性支出。存在下列情形之一的，不得公开发行公司债券：（1）最近36个月内公司财务会计文件存在虚假记载，或公司存在其他重大违法行为；（2）申请材料存在虚假记载、误导性陈述或者重大遗漏；（3）对已发行的公司债券或者其他债务有违约或者迟延支付本息的事实，仍处于继续状态；（4）严重损害投资者合法权益和社会公共利益的其他情形；（5）发行人属于地方政府融资平台公司；（6）违反证券法的规定，改变公开发行公司债券所募资金的用途。

6）债券融资的优缺点

（1）债券融资的优点

债券融资的优点主要表现在：①债券成本较低。公司债券的利息费用可在税前支付，从而可以享受扣减所得税的优惠，因而其实际负担的资本成本较低。②可利用财务杠杆。债券持有人一般只能收取固定的利息，不能参加剩余利润的分配，当公司资本收益率高于债券利率时，可以为普通股股东带来更多的收益。③便于调整资本结构。在公司发行可转换债券或可提前赎回债券的情况下，公司可根据需要主动合理地调整资本结构。④保障股东控制权。债券持有人无权参与公司经营管理，因此，发行债券融资不会分散股东对公司的控制权。

（2）债券融资的缺点

债券融资的缺点主要表现在：①财务风险较高。债券有固定的到期日，并需要定期支付利息，发行公司必须承担按期还本付息的义务。在公司经营不景气时，也需要向债券持有人支付本息，这会给公司带来更大的财务困难，有时甚至会导致破产。②限制条件较多。发行债券的限制条件一般要比定期借款、租赁融资的限制条件多且严格，从而限制了公司对债券融资方式的使用，有时还会影响公司以后的融资能力。

9.3 普通股融资

普通股融资是指通过发行普通股股票进行融资。股票融资按照发行对象不同可以分为公开发行股票和定向增发股票两种方式。

9.3.1 首次公开发行股票

公开发行是指没有特定的发行对象，面向广大投资者公开推销的发行方式。发行人通过中介机构向不特定的社会公众广泛地发售证券。在公募发行情况下。所有合法的社会投资者都可以参加认购。公开发行的股票不一定要求上市，但是上市必须要求公开发行股票。

首次公开发行股票（IPO）是指股份有限公司首次向社会公众公开招股的发行方式。

1）IPO发行审批制度

世界证券市场股票发行的审批制度有三类：审批制、核准制和注册制。

审批制一般是在证券市场发展初期，在特殊的市场环境下，一些国家和地区采用的一种股票发行制度。审批制也称严格实质管理，即股票发行不仅要满足信息公开的各种条件和各项标准，还要接受计划指标前提下的更为严格的实质性审查。中国在证券市场发展初期也实行过以“额度控制”和“两级审批”为特点的审批制。

核准制也称实质审查制。它要求证券监管机构依据法定标准对拟发行股票的公司营业性质、资本结构、资金投向、收益水平、管理人员素质、公司竞争力、公司治理结构等方面进行实质性审查，并据此做出发行公司是否具备发行条件的判断。具有代表性的是美国的部分州、中国大陆、中国台湾等国家和地区。

注册制也称申报制。它要求拟发行股票的公司将应公开的各种信息向证券发行监管机构申报注册。申报公司须对所提供信息的真实性、准确性、完整性和及时性承担法律责任，证券监管机构只对申报公司所公开信息的形式要件和真实性进行审查，不做实质条件的限制。其代表国家是美国、日本和韩国。2019年3月，我国证券监管委员会颁布了第153号令《科创板首次公开发行股票注册管理办法（试行）》，开启了我国注册制的试点运行机制。

我国现行的核准制和注册制的区别

2）IPO发行方式

发行方式是指发行公司及承销商采用什么方式、通过何种渠道发售新股。我国IPO发行方式的演变可分为两个阶段。第一阶段是证券市场建立以前，这一阶段股票发行的特点是：面值不统一；发行对象多为内部职工或当地投资者；由于技术条件和认知水平的限制，较多采用的是认购证、与储蓄存款挂钩、全额预缴款等网下发行方式。第二阶段是20世纪90年代初证券市场建立到现在。在这一阶段，电子交易技术的发展使得股票发行方式不断创新。网下发行方式逐步被淘汰，网上发行方式逐渐成为主流且形式多样，主要有网上竞价发行、网上定价发行、网上询价发行、新股配售等方式。

3）IPO定价机制

我国证券市场建立后，IPO定价主要采用过如下方式：（1）网上竞价。它是拍卖机制的一种形式，买方报价的高低决定其能否获得股票分配及股票的分配数量。发行时主承销商为唯一的“卖方”，其卖出数为新股发行数，卖出价格为发行底价，投资者在规定时间内以不低于发行底价的价格申购，申购结束后证券交易所按照“时间优先、价格优先”的竞价原则，确定申购成功者和实际发行价格。（2）网上定价。它是固定价格机制的一种形式，投资者只能以固定的发行价格申购。（3）网上或网下询价。网上询价也称网上累计投标询价，是一种事先确定发行数量，而发行价格不定的发行方式。它与网上定价的区别在于，申购时发行公司和主承销商只给出发行价格区间，而不是固定的发行价格，投资者在价格区间进行申购。申购结束后，根据申购结果按照一定的超额申购倍数确定发行价格，高于或等于该发行价格的申购为有效申购，再由证券交易系统统计有效申购总量和户数，根据发行数量、有效申购总量和有效申购户数确定申购者的认购股数。2006年6月，我国开始采用网下累计投标询价与资金申购网上定价相结合的方式。

4）IPO发行条件

在资本市场上，不同的投资者与融资者都有不同的规模大小与主体特征，存在着对资本市场金融服务的不同需求。投资者与融资者对投融资金融服务的多样化需求决定了资本市场应该是一个多层次的市场经济体系。我国资本市场主要包括深交主板、中小板、创业板、新三板和科创板等板块，其中新三板属于场外市场，其他板块均属于场内市场。自1993年我国证券市场建立股票发行审核制度，IPO发行审核制度经历了从审批制到核准制再到注册制的发展历程。2019年，科创板在上交所开市，我国股票发行注册制试点正式落地。2020年，深交所创业板开启注册制试点。2021年，《“十四五”规划纲要》提出，全面实行股票发行注册制。2023年《证券法》修订，新《证券法》第九条取消核准制，明确规定公开发行证券由国务院证券监督管理机构或者国务院授权的部门注册，通过顶层制度设计，全面确立了证券发行注册制。

在不同板块的资本市场公开发行新股的条件不同，主要关注以下几个方面：(1) 公司类型。不同板块资本市场对公司规模、增长性、创新性有不同要求，比如主板上市的公司都是大型成熟企业，科创板主要是成长型科技创新型企业。(2) 公司存续期。除了新三板要求公司存续期在2年以上，其他板块均要求在3年以上。(3) 盈利要求。无论哪个板块都重视公司的累计营业收入和累计净利润指标，只不过不同板块上市的公司类型不同，所以对累计营业收入和累计净利润的要求不同。(4) 现金流要求。除了创业板对现金流没有要求外，其他板块对现金流均有要求，但要求标准不同。(5) 净资产要求。除了科创板对净资产没有要求外，其他板块对净资产都有要求，但要求标准不同。(6) 股本要求。各板块对股本要求的关注点不同，主板、中小板和创业板关注发行前股本规模，而新三板和科创板关注发行后股本规模。在数量标准上，主板市场要求发行前股本总额不少于5 000万元，其余板块对股本数量要求均以3 000万元为标准。

5) 退市制度

资本市场遵循优胜劣汰的原则，股票在资本市场的表现会影响投资者的利益，当公司经营状况恶化，不再适合在二级市场进行交易时，应该有健全的退市制度帮助其退出资本市场。退市制度是资本市场的一项基础性制度，是证券交易所制定的关于上市公司暂停、终止上市等的相关机制，以及风险警示等退市配套机制的制度性安排，也是市场经济优胜劣汰铁律的一个体现，是市场经济健康稳定运行的基石。

不同板块资本市场IPO发行条件（截止到2020年）

退市制度分为三个层次：退市风险警示处理、暂停上市、终止上市。退市风险警示处理是指对存在股票终止上市风险的公司，对其股票交易实行“警示存在终止上市风险的特别处理”，简称“退市风险警示”。具体措施是在公司股票简称前冠以“*ST”标记，以区别于其他公司股票。暂停上市是指已上市公司若出现法定原因，应依法暂时停止其发行的上市股票的交易。终止上市是彻底取消上市公司的上市资格，或者取消上市证券挂牌交易资格的制度。

退市制度中判定公司属于哪一层次的退市条件，主要关注以下几个方面：(1) 财务类指标，包括连续亏损、净资产为负、营业收入低于1 000万元等方面的状况。(2) 交易类指标，主要关注股票成交量、收盘价、交易股东数量等方面的状况。(3) 规范类指标，主要关注审计报告意见、财务报告中的重大差错或虚假记载、披露年报或中期报告的及时性、股权分布等方面的状况。

不同板块退市条件（截止到2020年）

9.3.2　普通股再融资

上市公司融资按其发生的时间不同，分为初始融资和再融资。上市公司首次向社会公开发行股票并上市的行为称为初始融资，其后的融资行为统称为再融资。再融资如果通过资本市场以股权的形式直接获得，就是股权再融资。目前，股权再融资的主要形式有配股和增发新股。

1）配股

配股是上市公司获得证券管理部门批准后，向现有股东按其持股的一定比例配售股份的行为。其实质是上市公司增发股票，原有股东享有优先认购权，是向原有股东定向募集资金。

尽管配股融资是公司上市后融资的主要方式，但并不是所有的上市公司都可以运用配股方式融资。为了保护投资者利益，促进证券市场健康发展，证券监管部门对上市公司配股融资的条件进行了限制，规定了配股资格线。目前，上市公司配股融资应具备的条件主要包括：①上市公司配股距上一次发行时间间隔不得少于一个完整会计年度。②上市公司最近3个会计年度连续盈利。③上市公司最近3年以现金和股票方式累计分配的利润不少于最近3年实现的年均可分配利润的20%。④上市公司募集资金用途应符合国家的产业政策，配股比例的上限为10：3。

在我国，配股是公司上市后融资的主要方式之一。通过大比例配股，将更多的优质资产注入上市公司，实现上市公司的快速发展。配股后的填权行为使原有股东获得远高于现金股利的资本利得。但由于配股条件的限制，一些业绩不好的上市公司很难通过自身的努力进行融资，错失良好的投资机会；而那些已经实施了资产重组并已恢复生机，急需资金注入的公司，却可能由于达不到配股条件不能配股融资而重新陷入困境。

2）增发新股

增发新股是指已经历过IPO并已挂牌交易的上市公司，根据其发展战略和经营需要，经证券监管部门批准，再次通过证券市场向社会投资者发售股票的融资行为。

增发新股募集资金的对象是社会投资者，包括原有股东、机构投资者和社会公众。如果增发新股募集资金的对象是经过发行公司或承销商选择的机构投资者或个人，这种增发就是定向增发。对于证券市场来说，定向增发经常被作为一种并购技术和支付方式，在成熟资本市场中运用得较为普遍，通常用于公司并购、资产收购、产业整合，是一种股权置换资产的方法。

定向增发是指上市公司向符合条件的少数特定投资者非公开发行股份的行为。《上市公司证券发行管理办法》（2020年修订）中规定，定向增发股票要求发行对象不得超过35人；发行价不得低于定价基准日前20个交易日市价均价的80%；发行的股份自发行结束之日起6个月内（控股股东、实际控制人及其控制的企业认购的股份18个月内）不得转让；募集资金的使用应满足募资用途需符合国家产业政策等规定；上市公司及其高管不得有违规行为等。除了这些规定外，没有其他条件，这就是说，非公开发行并无盈利方面的要求，即使是亏损企业也可申请发行。

9.3.3 普通股融资的优缺点

1）普通股融资的优点

普通股融资的优点主要表现在：①普通股没有到期日，是一项永久性资本来源，除非公司清算时才予以偿还（但公司可在允许的条件下，通过二级市场回收股票）。②普通股没有固定的股利负担。其股利分配的多少与公司盈利与否、是否有投资机会等有关。③普通股融资风险小。普通股没有固定的到期日，一般也不用支付固定的股利。④普通股融资能增强公司的信誉，是公司筹措债务资本的基础。⑤普通股比债券更容易出售，这是因为普通股的预期收益高于优先股和债券，而且在通货膨胀时期，普通股增值优于优先股和债券。

2）普通股融资的缺点

普通股融资的缺点主要表现在：①股票发行费用比较高。发行费用是指发行公司支付给与股票发行相关的中介机构的费用，如承销费、注册会计师费（审计、验资、盈利预测审核等费用）、资产评估费、律师费等，其中承销费所占的比例最高。不仅如此，普通股的融资成本从税后收益中支付，不能享受减税优惠，从而导致普通股融资成本比较高。②普通股融资一方面会影响公司的控制权或管理权，另一方面新股东对公司已积累的盈余具有分配权，这就会降低普通股的每股净收益，从而可能引起普通股市价下跌。③股票上市后要向社会披露信息，要接受证券监管部门的监管等。

9.4 混合性融资

9.4.1 发行可转换债券

可转换债券是指在一定时期内，可以按规定的价格或一定的比例，由持有人自由选择转换为普通股的债券。

1）可转换债券的要素

可转换债券通常通过设计可转换条款来体现债券的特征，在可转换条款中通常列明下列要素：

（1）不可转换期

可转换债券通常赋予债券持有者在债券到期前的任何时间内，将债券转换成股票的权利，但也有些债券在可转换条款中规定可转换债券在发行之后一段特定时期内不允许转换，这个特定时期称为不可转换期。

（2）转换比率

转换比率是指将每份债券转换为普通股的数量。转换比率越大，债券持有人将债券转换成股票后持有的股票数量越多，对投资者越有利。

（3）转换价格

转换价格是指债券的面值除以转换比率，即转换成普通股时每股的持有价格。通常债券持有者通过比较转换价格和股票市场价格来做出转换决策，如果股票市场价格高于转换价格，将选择行使转换权，否则将不行使。

2）可转换债券的利率

可转换债券持有人有将债券转换成股票的权利，但没有一定要转换的义务，因此，可转换债券赋予债券持有人将持有债券转换成普通股的选择权，可以把它看作一种期权。债券持有人总是会在对自己最有利的时候选择转换债券，因此这种选择权总是有价值的。那么可转换债券的价值等于对应的不可转换的普通债券的价值加上选择权（期权）的价值，所以对于投资者来说，相对于同等条件下的普通债券，可转换债券的价值更高。因此，可转换债券的发行价格更高，利率更低。

3）可转换债券融资的优缺点

（1）可转换债券融资的优点

可转换债券融资的优点有：①融资具有灵活性。可转换债券融资将传统的债务融资功能和股票融资功能结合起来，在融资性质和时间上具有灵活性。②资本成本较低。可转换债券的利率低于同一条件下普通债券的利率，降低了公司的融资成本；此外，在可转换债券转换为普通股时，公司无须另外支付融资费用，又节约了股票的融资成本。③融资效率高。可转换债券在发行时，规定的转换价格往往高于当时本公司的股票价格。如果这些债券将来都转换成了股权，这相当于在债券发行之际，以高于当时股票市价的价格新发行了股票，以较少的股份代价筹集了更多的股权资金。

（2）可转换债券融资的缺点

可转换债券融资的缺点有：①存在不转换的财务压力。如果在转换期内公司股价处于恶化性的低位，持券者到期不会转股，会造成公司集中兑付债券本金的财务压力。②存在股价大幅度上扬的风险。如果债券转换时公司股票价格大幅度上扬，公司只能以较低的固定转换价格换出股票，这便会降低公司的股权融资额。

9.4.2　发行优先股

优先股是指股份持有人优先于普通股股东分配公司利润和剩余财产，但参与公司决策管理等权利受到限制的其他种类股份。上市公司可以发行优先股，非上市公众公司可以非公开发行优先股。

1）优先股的特征

优先股被认为是一种混合证券，因为它的特征在某些方面和普通股相似，而在另一些方面和债券相似。优先股的特征表现在以下几个方面：

（1）股息固定

与债券一样，优先股有面值，我国优先股每股票面金额为一百元。优先股股息等于面值与股息率的乘积，其数额固定并且必须在普通股股利分配前支付，这与债券的利息一样。但优先股股利以公司的税后利润发放，没有抵税效应，这与普通股的股息一样。

（2）优先求偿权

相对于普通股股东，优先股股东和债权人一样对收益具有优先求偿权。但当公司收益不足以支付优先股股利时，公司对优先股股利支付不具有法律约束力，因此优先股股东不能通过破产清算要求保护股利优先权。而当公司无力支付利息时，债券持有人可以对公司破产财产享有优先求偿权。在公司破产清算分配剩余财产时，优先股的索偿权先于普通股，而次于债权人。

(3) 无公司控制权

几乎所有的优先股股东不列席股东大会，对于公司的经营决策都没有投票权，也没有对股东和董事的选举权，这与债权人一样。出现以下情况之一的，优先股股东有权出席股东大会会议，就以下事项与普通股股东分类表决，其所持每一股优先股有一份表决权：修改公司章程中与优先股相关的内容；一次或累计减少公司注册资本超过10%；公司合并、分立、解散或变更公司形式；发行优先股等。

公司累计三个会计年度或连续两个会计年度未按约定支付优先股股息的，股东大会批准当年不按约定分配利润的方案次日起，优先股股东有权出席股东大会与普通股股东共同表决，每股优先股股份享有公司章程规定的一定比例表决权。

(4) 无到期日

优先股通常没有特定的到期日，这与普通股相同，而债券都有固定的到期日。虽然优先股没有特定到期日，但发行人可以加入回购条款，使得公司实质上加入了一个有关到期时间的限制性条款。优先股赎回价格通常为优先股票面金额加已决议支付但尚未支付的优先股股息。

2）上市公司发行优先股的条件

(1) 发行主体

上市公司公开发行优先股，应当符合以下情形之一：①其普通股为上证50指数成分股。②以公开发行优先股作为支付手段收购或吸收合并其他上市公司。③以减少注册资本为目的的回购普通股的，可以公开发行优先股作为支付手段，或者在回购方案实施完毕后，可公开发行不超过回购减资总额的优先股。若证监会核准公开发行优先股后不再符合上述情形的，上市公司最近三个会计年度应当连续盈利，仍可实施优先股发行。

(2) 一般发行规定

上市公司发行优先股的一般规定如下：①最近三个会计年度实现的年均可分配利润应当不少于优先股一年的股息。②上市公司报告期不存在重大会计违规事项。③上市公司发行优先股募集资金应有明确用途，募集资金用途符合国家产业政策和有关法律、行政法规的规定。④已发行的优先股不得超过公司普通股股份总数的50%，且筹资金额不得超过发行前净资产的50%，已回购、转换的优先股不纳入计算。⑤同一次发行的优先股，条款应当相同。每次优先股发行完毕前，不得再次发行优先股。

《公开发行证券的公司信息披露内容与格式准则第34号——发行优先股募集说明书》

3）优先股融资的优缺点

(1) 优先股融资的优点

优先股融资的优点有：①有利于股票市场的稳定。优先股作为事先约定股息的股票，可以为股东提供较为固定的投资回报，使理性投资和长期投资成为可能。②提高公司的偿债能力。由于优先股股利的支付不构成公司的法定义务，在公司财务状况不佳时，公司可以暂停优先股股利的支付，不会由此导致偿债危机及公司破产。优先股融资可以增加权益基础并改善原有的资本结构，从而提高公司的偿债能力。③回收灵活。优先股没有规定最终到期日，实质上是一种永续性借款。其收回时间由企业决定，企业可在有利条件下收回优先股，具有较大的灵活性。④保持原有股东控制权。优先股无表决权，虽在某些特殊情况下享有投票权，但不参与公司的经营管理，不会稀释原有股东的控制权。

（2）优先股融资的缺点

优先股融资的缺点有：①资金成本高。优先股股利不能抵减所得税，因此其成本高于债务成本。这是优先股融资的最大不利因素。②股利支付的固定性。因优先股股利的支付具有固定性，当发行优先股数量过多或没有适当留取足够的利润进行分配时，会造成较大的资金压力，影响企业的扩大再生产。

【本章小结】

1.融资渠道，是指协助企业的资金来源，主要包括内源融资和外源融资。融资方式是指企业融资的具体形式。按照资金性质，融资方式可以分为债务融资和股权融资；按照是否有金融机构参与可分为直接融资和间接融资。

2.一般情况下，长期借款的利息率要高于短期借款的利息率。长期借款的利息率可采用固定利率、变动利率和浮动利率三种。长期借款的偿还方式主要有一次性偿付法、等额利息法、等额本金法和等额本息法等。后两种还款方式使借款公司现金流出分散在各期，减少了公司集中支付的压力，比较适合于数额大、期限长的借款偿还。银行借款的优点主要有：融资速度快、借款成本较低、借款弹性较大、可发挥财务杠杆作用。其缺点主要有：融资风险较高、限制条件较多、融资数量有限。

3.债券的基本要素包括：债券面值、偿还期、付息日、票面利率、发行人名称。债券的特征有偿还性、流动性、安全性、收益性。影响公司债券发行价格的因素主要包括：发行者的类型、发行人的资信、债券期限、赎回与转换条款。在实务中，公司债券的发行价格通常有等价、溢价、折价三种情况。

4.债券融资的优点主要有：债券成本较低、可利用财务杠杆、便于调整资本结构、保障股东控制权。债券融资的缺点主要有：财务风险较高、限制条件较多。

5.首次公开发行股票（IPO）是指股份有限公司首次向社会公众公开招股的发行方式。世界证券市场股票发行的审批制度有三类：审批制、核准制和注册制。注册制也称申报制，它要求拟发行股票的公司将应公开的各种信息向证券发行监管机构申报注册，证券监管机构只对申报公司所公开信息的形式要件和真实性进行审查，不做实质条件的限制。

6.普通股融资的优点主要有：普通股没有到期日，没有固定的股利负担，融资风险小，能增强公司的信誉，比债券更容易出售。其缺点主要有：股票发行费用比较高，可能引起普通股市价下跌，股票上市后要向社会披露信息，要接受证券监管部门的监管等。

7.可转换债券是指在一定时期内，可以按规定的价格或一定的比例，由持有人自由选择转换为普通股的债券。可转换债券的要素有不可转换期、转换比率、转换价格。可转换债券持有人有将债券转换成股票的权利，但没有一定要转换的义务，因此，可转换债券赋予债券持有人将持有债券转换成普通股的选择权，可以把它看作一种期权。相对于同等条件下的普通债券，可转换债券的发行价格更高，利率更低。

8.可转换债券融资的优点有：融资具有灵活性，资本成本较低，融资效率高。其缺点有：存在不转换的财务压力，存在股价大幅度上扬的风险。

9.优先股是指股份持有人优先于普通股股东分配公司利润和剩余财产，但参与公司决策管理等权利受到限制的其他种类股份。优先股的特征有：股息固定、优先求偿权、无公司控制权、无到期日。优先股融资的优点有：有利于股票市场的稳定，提高公司的偿债能力，回收灵活，保持原有股东控制权。其缺点有：资金成本高，股利支付的固定性。

【复习思考】

1.什么是长期融资？有哪些融资渠道和方式？

2.什么是债务性融资？包括哪些方式？

3.什么是普通股融资？包括哪些方式？

4.什么是混合性融资？包括哪些方式？

5.在选择融资方式时，有哪些因素需要考虑？

第9章自测题

第9章案例分析题

第10章

股利分配

【学习目标】

1. 了解有关股利政策的各种传统和现代理论；
2. 掌握影响股利政策的各种因素；
3. 熟悉股票股利和股票分割的关系；
4. 熟悉股票回购和现金股利的关系；
5. 熟悉不同类型的股利政策，掌握股利支付的程序。

【本章主要内容导图】

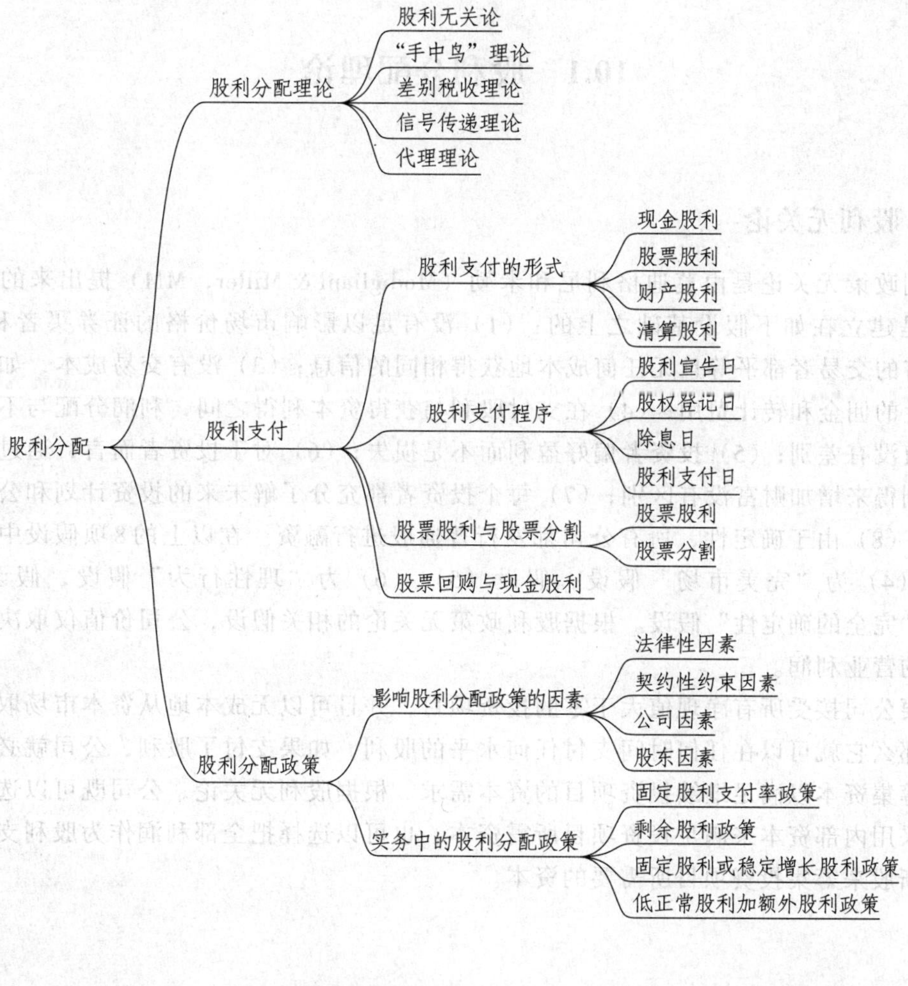

【引导案例】

当前，分红与否被认为是上市公司是否尊重投资者的重要市场诚信标志，而在股利政策的分红方式中，相对于股票股利（送股），能否以真金白银对投资者进行现金分红是检验上市公司勤勉尽职、真心回报股东的“试金石”。在普遍不分红、少分红的市场背景下，佛山照明公司长期坚持以真金白银的现金分红方式大比例分红，成为我国资本市场的一大亮点。佛山照明公司上市以来年年连续分红，创造了我国股票市场长期、持续分红的新纪录，是沪深两市唯一一家现金分红超过股票融资的公司，有“现金奶牛”的美誉。佛山照明长期高额派现所形成的“佛山照明现象”引起了金融界人士的极大关注。多数投资者认为，该公司年均红利支付率高达60%～80%，使一些稳健的投资者获利颇多，投资者通过现金分红可以稳定地获取远高于银行定期储蓄的收益率，这是中国资本市场价值投资的典型。不少投资者评选该公司为中国最诚信上市公司，为A股的典范。

资料来源：节选自中国教育网《课程思政教学案例》，http：//kjxy.haue.edu.cn/__local/C/0E/B2/A75D9C77546F9E674D15AE396AA_62778DFE_C4863.pdf.

10.1 股利分配理论

10.1.1 股利无关论

股利政策无关论是由莫迪格利尼和米勒（Modigliani & Miller，MM）提出来的。他们的理论是建立在如下假设基础之上的：（1）没有足以影响市场价格的证券买者和卖者；（2）所有的交易者都平等且无任何成本地获得相同的信息；（3）没有交易成本，如证券交易时发生的佣金和转让费用；（4）在支付股利与获得资本利得之间，利润分配与不分配之间，税负没有差别；（5）投资者偏好盈利而不是损失；（6）对于投资者而言，通过股利还是资本利得来增加财富没有区别；（7）每个投资者都充分了解未来的投资计划和公司未来的利润；（8）由于确定性，所有公司都发行普通股进行融资。在以上的8项假设中，假设（1）～（4）为“完美市场”假设，假设（5）、（6）为“理性行为”假设，假设（7）、（8）为“完全的确定性”假设。根据股利政策无关论的相关假设，公司价值仅取决于当期和后续的营业利润。

只要公司接受所有净现值大于零的投资项目，并且可以无成本地从资本市场取得资金来源，那么它就可以在任何时间支付任何水平的股利。如果支付了股利，公司就必须发行新股来筹集资本以满足继续投资项目的资本需求。根据股利无关论，公司既可以选择保留利润，采用内部资本来满足投资项目所需资本，也可以选择把全部利润作为股利支付，通过发行新股来筹集投资项目所需要的资本。

【例10-1】

某公司本年的税后净利润为400万元，发行在外的普通股股数为400万股，当期公司价值4 000万元，现有一个初始投资为1 000万元、净现值为1 000万元的投资项目。公司有两个方案可供选择：甲方案是公司将1 000万元作为初始投资，投资于净现值为1 000万元的项目；乙方案是公司将1 000万元作为股利发放给股东，同时以每股10元的价格发行1 000万元的新股募集投资新项目所需资本。不同方案下的公司价值情况见表10-1。

表10-1 公司价值比较

项目	甲方案（不发放股利）	乙方案（发放股利）
每股股利（元）	0	1 000÷400=2.5
当期普通股股数（万股）	400	400
发行新股的数量（万股）	0	100
新股发行价格（元）	0	10
新股发行募集资本（万元）	0	1 000
新股发行后普通股股数（万股）	400	400+100=500
投资后公司市场价值（万元）	4 000+1 000=5 000	4 000−1 000+1 000+1 000=5 000
股票价格（元/股）	5 000÷400=12.5	5 000÷500=10
投资者收益率	（12.5−10）÷10×100%=25%	（2.5+10−10）÷10×100%=25%
当期公司市场价值（万元）	4 000	4 000

如果公司采用甲方案，那么公司既不发放股利，也不必发行新股，因此在接受新项目之后的价值等于公司原来的价值加上新项目的净现值，即4 000+1 000=5 000（万元）。而股东在该期间内获得的投资收益率为（5 000−4 000）÷4 000×100%=25%。此时，公司当期的价值应当为（0+5 000）÷（1+25%）=4 000（万元）。

如果公司采用乙方案，那么公司将当期的经营现金流量1 000万元作为股利发放，每位股东获得股利1 000÷400=2.5（元）。此时，公司需要通过发行新股来募集1 000万元的项目初始投资。公司按照现时股票价格10元发行股票100万股来完成资本的募集任务。此时，公司发行在外的股票达到400+100=500（万股），公司的价值为10×500=5 000（万元）。在该段时期内，公司的股票价格没有发生变动，股东的投资收益来自公司发放的现金股利，股东的投资收益率为2.5÷10×100%=25%。公司当期的价值为（4 000+100×10）÷（1+25%）=4 000（万元）。

从表10-1可以看出，对于投资项目，无论是使用留存收益，还是发放股利之后在资本市场上发行新股募集资金，都不会对公司的价值产生影响。这两种方案的区别在于股东控制权发生变化。如果采用甲方案，投资项目前后公司的普通股股数都是400万股，原有股东仍然拥有对公司100%的控制权。如果采用乙方案，投资新项目后公司的普通股股数增加为500万股，原有股东对公司的控制权下降为400÷500×100%=80%，发行新股导致老股东的控制权被稀释。

10.1.2 “手中鸟”理论

“手中鸟”理论是Myron Gordon和John Lintner于1963年，针对MM的股利无关理论提出的。根据MM的股利无关论，观察【例10-1】的计算结果，发现无论是否发放股利，公司投资者的投资收益率都没有改变，因此公司的股权资本成本没有改变。而Gordon和Lintner对此结论持有异议。他们认为投资者对收到的现金股利比较有信心，认为其属于相对稳定的收入；而对收到由于留存收益而产生的股票资本利得信心较小，认为其属于相对不稳定的收入。由于投资者属于风险厌恶型，他们更倾向于相对可靠的股利收入。因此，当公司股利支付率增加时，公司的股权资本成本会随之下降。换言之，由于投资者认为在投资收益率中，相对于通过股票价格增长获得收益，通过股利获得收益，比通过股票价格增长获得收益的风险较小，因此1元的股利比1元的资本利得更有价值。这种理论被称为“手中鸟”理论，即“双鸟在林，不如一鸟在手”。

10.1.3 差别税收理论

MM的股利无关论只存在于理想状态的资本市场中。当引入资本市场的现实因素后，股利无关论的有效性受到影响。税收是现实经济中对公司产生重要影响的因素，如果考虑所得税因素后，会得出与MM股利无关论不同的结论。

如果对公司发放的现金股利征收个人所得税，那么公司应当不发放股利而保留所有净利，股东可以从股票的资本利得中获得投资收益。

【例10-2】

接【例10-1】，在没有所得税的情况下，如果公司不发放股利，股东可以通过资本利得来获得投资收益；如果公司发放股利，股东的投资收益直接来源于现金股利。股东所收到的现金股利与获得的资本利得相等。如果只对公司的股利征收个人所得税，假设所得税税率为40%，那么公司发放现金股利25万元，而股东实际得到的投资收益只有15万元（25×（1-40%））。此时，公司发行新股来募集项目初始投资时，新的投资者会对公司的项目进行评估。由于这些股票会发放现金股利，股东需要支付所得税，因此股东会把这些股票看作需要对其收益支付税金的证券，股东不再愿意支付25万元来购买该公司的股票，而只愿意支付15万元。所有需要缴纳个人所得税的投资者都宁愿获得资本利得收入而不愿意取得股利收入。

如果对资本利得也征收同样的个人所得税，投资者也会选择资本利得而非现金股利。虽然从表面上看，对资本利得征收40%的所得税与对现金股利征收40%的所得税对股东的影响相同，但是，资本利得征收的所得税只有在股票售出的时刻才能实现。因此，除非无论股票是否卖出，都对每个阶段的股票升值全部征税，才能保证所得税对资本利得的影响与对现金股利的影响相一致。若仅在股票售出的时候才征收资本利得所得税，这种税收延期作用降低了资本利得所承担的真实税负，因此即便对资本利得和现金股利按照相同的税率征税，投资者也会偏好于资本利得而非股利收入。在现实生活中，现金股利所得税税率要高于资本利得所得税税率，资本利得还可以通过将有价证券捐赠给慈善机构等措施获得税收的减免，这些都导致资本利得的实际税负要低于现金股利的税负，这就意味着支付股利的股票必须比具有同等风险但不支付股利的股票提供更高的预期税前利润率，才能补偿纳税义务给股东造成的价值损失。

10.1.4　信号传递理论

股利税、投资者持股时间和特有风险波动率

在传统的股利政策理论中，假定管理人员和投资者之间的信息完全对称，处于外部的投资者与公司内部的管理者了解经营信息的程度相同。在现实生活中，由于投资者和管理者所处的位置不同，他们对信息的了解和掌握也存在很大区别。投资者不能参与到具体经营活动中去，因此对公司未来发展信息的掌握远逊于管理人员。在信息不对称的情况下，为了获得关于公司未来发展的信息，投资者必须收集各种信号来判断管理人员所掌握的信息。股利政策可以作为这样的信号。

根据信号传递理论，股利政策变动能够向市场传递管理人员对未来业绩的预期，但股利本身并不具有信号作用。股利通常具有“黏性”，即管理人员轻易不会改变既定的股利政策，所以从股利政策的变动能够推测出管理人员对未来业绩的预期。当盈利水平提高时，管理人员不会立即增加股利，只有确定盈利水平提高并非暂时性后，管理人员才会提高股利水平；同样，当盈利水平下滑时，管理人员不会立即减少股利，只有确定盈利水平下降具有持续性后，管理人员才会降低股利水平。因此，根据股利政策的变动，投资者可以推断管理人员对公司未来业绩的判断。当公司首次发放股利或者增加股利时，投资者会将其视为公司未来业绩持续好转的信号，并给予正面反应，因此当该类消息发布时，公司股票价格通常会上涨。当公司终止发放股利或者减少股利时，投资者会将其视为公司未来业绩持续恶化的信号，并给予负面反应，因此当该类信息发布时，公司股票价格通常会下跌。

10.1.5　代理理论

从代理理论的角度来看，股利分配能够减少企业持有的现金水平，从而降低由经理人员控制的自由现金流量，进而降低股东和经理人之间的代理成本。由于与股东的目标存在分歧，管理人员可能将公司资源投资于净现值小于零的项目，比如进行在职消费或者进行并购。从财务上来看，这些项目不能为公司创造价值，与股东的利益相悖，但是能够满足管理人员某种心理需求，增加其控制的资产规模。降低管理人员能够控制的自由现金流量，是避免管理人员和股东之间委托代理矛盾的方法之一。自由现金流量是指对所有净现值大于零的项目进行投资后，公司所剩余的资本。根据定义，若将自由现金流量继续用于投资，公司所得到的净现值小于零，会破坏股东价值。因此，应当将自由现金流量用于发放股利，以现金的方式返还给投资者。由此看来，股利能够降低自由现金流量，从而解决股东和管理人员之间的委托代理矛盾。

10.2 股利支付

10.2.1 股利支付的形式

严格意义上，股利是指公司采用现金的方式给予投资者回报的方式，因此股利是现金股利的简称。但是，在实务中，公司将股票作为投资回报分配给投资者的行为，也被视为股利分配的方式。

1）现金股利

现金股利是公司将持有的现金按照相同的比例分配给普通股股东的股利支付方式。现金股利通常被称为分红或者红利，是最为严格意义上的股利分配方式。现金股利会导致现金流出公司，因此备受市场各方关注，是最为重要的股利支付方式。

2）股票股利

股票股利是公司将公司自身股票分配给普通股股东，作为投资回报的股利支付方式。由于股票股利并不涉及现金流出企业，因此，从严格意义上来看，股票股利并不属于股利支付的范畴。但是，在实务中，股票股利被我国上市公司广为采用，也被视为股利支付的一种方式。

3）财产股利

财产股利是公司将其持有的非现金资产作为投资回报分配给普通股股东。财产股利也被称为实物股利。财产股利与现金股利颇为相似，都会导致企业拥有的资源流出，并转换为股东的个人资产。最为常见的财产股利分配方式是将公司产品作为股利分配给公司股东。2013年，我国上市公司南方食品（股票代码 000716，现已更名为“黑芝麻”）将公司生产的黑芝麻乳产品作为股利分配给投资者。

4）清算股利

现金股利、股票股利和财产股利都是公司在正常经营过程中采用的股利支付方式。而当公司处于清算过程中，在支付清算费用、偿还债务后，公司权益将全部返还给出资者，即为清算股利。如果公司资产不足以偿还债务，那么公司权益为负，将不支付清算股利。

10.2.2 股利支付程序

根据我国《公司法》的规定，公司股利政策的确定，先由董事会根据公司盈利水平提出股利分配预案，然后提交股东大会审议决定；股东大会审议通过股利分配预案之后，向股东宣布股利支付的方案，并确定股权登记日、除息日和股利支付日等。

1）股利宣告日

股利宣告日是股东大会审议通过董事会制订的股利分配方案，并对外公布的日期。

2）股权登记日

股权登记日是确定股东是否有权取得股利的截止日期。在股权登记日持有公司股票的投资者，方可获得股利；即便在股权登记日之后，将公司股票出售，其仍然能够获得股利。在股权登记日之后取得公司股票的投资者，则不再享有获得股利收益的权利。

3）除息日

除息日是指领取股利的权利与股票相互分离的日期。在除息日前，持有股票者享有领取股利的权利；从除息日开始，新购入股票的股东不能分享股利，股票按照不含股利后的价格进行交易。股权登记日后的第一个交易日就是除息日，这一天或以后购入该公司股票的股东，不再享有公司此次股利分配权。由于除息日，股利价值不再包括在股票价值之内，所以当天的股票价格会有所下降。从理论上来看，股票价格下降的水平应当与宣告发放的股利水平相一致。

4）股利支付日

股利支付日是公司实际向股东支付股利的日期。在股利支付日，公司根据股权登记日的记录，将股利支付给在股权登记日持有股票的投资者。股利的具体支付通常由上市公司交由证券公司完成。

10.2.3 股票股利与股票分割

1）股票股利

股票股利是指向公司的现有股东无成本地发行新股以作为股利的支付方式。从会计处理的角度来看，发放股票股利只是将相应的未分配利润转变成为股本和资本公积，同时通过交易所的登记系统增加股东持有股票的数量而已。从公司价值的角度来看，股票股利只是改变流通在外的股票数量，并不会对公司现金流量产生实质性的影响，因而不会增加股权价值总量。同时，由于公司的价值总量不变而发行在外的股票数量增加，这样会导致公司每股收益和每股价格的下降。支付股利后的公司每股收益的计算公式为：

$$EPS' = \frac{EPS}{1 + Div_s} \tag{10.1}$$

式中：EPS′表示发放股票股利后的每股收益；EPS表示发放股票股利前的每股收益；Div_s为公司股票股利支付率。

支付股利后的公司每股价格为：

$$P' = \frac{P}{1 + Div_s} \tag{10.2}$$

式中：P′表示发放股票股利后的每股价格；P表示发放股票股利前的每股价格；Div_s为公司股票股利支付率。

【例10-3】

某公司利润分配前的股东权益项目资料见表10-2。

表10-2　**发放股票股利前的股东权益项目资料**　单位：万元

股本（面额1元，发行在外400万股）	400
资本公积	300
盈余公积	700
未分配利润	2 600
股东权益合计	4 000

本年税后利润为1 500万元，公司计划本年按比例10%提取盈余公积，按照每10股送1股的方案发放股票股利，每股市场价值10元，公司发放股票股利后的股东权益项目资料见表10–3。

表10–3　　**发放股票股利后的股东权益项目资料**　　单位：万元

股本（面额1元，发行在外440万股）	440
资本公积	660
盈余公积	850
未分配利润	2 050
股东权益合计	4 000

随着股票股利的发放，公司流通在外的股票数量从400万股增加到440万股，每股市场价格10元，共有550万元（40×10+1 500×10%）从未分配利润中转出，盈余公积从700万元增加到850万元，40万元计入股本，其余的资本溢价360万元（9×40）计入资本公积。

从公司的角度来看，在提取盈余公积、发放股票股利后，股票的价值并没有改变，仍然是4 000万元，而公司发行在外的股票数量增加了10%，每股股票的价值从10元下降到了9.09元，每股收益从原来的3.75元（1 500÷400）降低为3.41元（1 500÷440）。

从股东的角度来看，股票股利并没有对股东财富造成影响，假设在股票股利发放前，某股东拥有该公司50万股股票，则该股东在股票股利发放前后的财务状况见表10–4。

表10–4　　**投资者股票股利发放前后的收益**

项目	发放前	发放后
每股收益（EPS）（元）	1 500÷400=3.75	1 500÷440=3.41
持股比例	50÷400=12.5%	55÷440=12.5%
持股收益（万元）	3.75×50=187.5	3.41×55=187.5

从表10–4我们可以看出，发放股票股利前后，公司股东的财务状况没有任何变化，持股比率也没有改变，但是，股东所拥有的公司股票的绝对数量有所增加。如果在股票股利发放之后，公司发放现金股利，那么投资者就可以因为手中所持有的股票绝对数量的增加而获得更多的收益。

股票股利作为股利支付的一种方式，其主要优点在于：（1）发放股票股利之后，股票流通数量增加，因而引起每股市价的下降，公司的股票价格会被人为调整到一个比较适于交易的范围，避免股价过高而不利于投资者进行投资。（2）股票股利将增发股票和支付股息有机结合在一起，支付股票股利并不增加公司的现金流出量，留存了大量现金。但是，股票股利的处理费用比现金股利要高，这是股票股利的缺点。特别需要强调的是，股票股利与增发新股不同，股票股利只是将资本在股权内部项目之间进行转移，不产生现金流动，而增发新股则是将新股东手中的现金变成股东权益，公司增加现金，同时增加相同金额的股东权益。一般而言，股票股利占股票总数的比例较小，而增发股票往往规模较大。

2）股票分割

股票分割是将面值较高的股票分割成面值较低的股票的转变过程。例如，将原来的一股股票拆分成两股股票。股票分割不属于某种股利，但其所产生的效果与发放股票股利十分相近。

从会计处理的角度来分析，股票分割不会产生任何财务结构上的变化，只是公司流通在外的股票数量会大幅度增加，股票面值和股票市价会大幅度下降。至于资产负债表中的各个项目，都不会发生变化。

【例10-4】

接【例10-3】，假设前述公司决定不再采用股票股利，而是实施股票分割计划，将现有的股票一股分割为两股，分割前后公司的股东权益情况见表10-5。

表10-5　**股票分割前后的股东权益**　单位：万元

分割前		分割后	
股本（面额1元，发行在外400万股）	400	股本（面额0.5元，发行在外800万股）	400
资本公积	300	资本公积	300
盈余公积	700	盈余公积	700
未分配利润	2 600	未分配利润	2 600
股东权益合计	4 000	股东权益合计	4 000

从公司角度来看，在实施股票分割后，公司股票数量增加，每股收益和每股市价下降，但股东权益总额不变；从股东角度来看，股票分割前后，股东财富不变，股东持股比例不变。假设某股东持股50万股，其具体情况见表10-6。

表10-6　**某股东持股和财富情况**

分割前		分割后	
持股数（万股）	50	持股数（万股）	100
每股市价（元）	10	每股市价（元）	5
每股收益（元）	3.75	每股收益（元）	1.875
持股收益（万元）	187.5	持股收益（万元）	187.5
持股比例	12.5%	持股比例	12.5%
股东财富（万元）	500	股东财富（万元）	500

股票股利和股票分割，除了对权益部分科目的处理不同之外，其他基本上相同：两者都没有增加股东的现金流量；都使公司流通在外的普通股股数增加，且使股票市场价格下降；都没有改变股东权益总额。

从公司管理层的角度出发进行股票分割的目的在于，希望将公司的股票价格保持在一个特定变动范围之内。如果股票价格的上升超过了这个范围，通过股票分割就能够使股价回落到该范围之内。这样做的目的是促进投资者购买该公司的股票。当股票价格过高时，只有部分投资者和公共机构投资者才有可能购买，减少了股票的潜在市场。降低股票价格之后就可以增加潜在股票购买者的数量，导致股票升值。由于可以降低股票价格，股票分割也有利于公司发行新股，有利于提高股票的可转让性和促进市场交易活动，由此增加投资者对股票的兴趣，促进新发行股票的销售。此外，在并购过程中，并购方通过对自己的股票进行分割，可提高对被兼并方股东的吸引力，有助于公司兼并、合并政策的实施。

10.2.4 股票回购与现金股利

股票回购是指公司出资购回其本身发行的流通在外的股票。股票回购使流通股数量减少，相应地股价上涨，股东从而获得资本利得。因此，股票回购可以看作现金股利的一种替代方式。

【例 10–5】

接【例 10–3】，假设公司本年度拿出 400 万元发放现金股利或者进行股票回购，则公司的资产负债表见表 10–7。

表 10–7 **股票回购与现金股利** 金额单位：万元

股利分配前资产负债表			
资产		负债和股东权益	
现金	3 200	负债	4 000
其他资产	4 800	股东权益	4 000
合计	8 000	合计	8 000
		流通在外普通股股数：400 万股 每股市价=4 000÷400=10（元）	
发放现金股利后资产负债表			
资产		负债和股东权益	
现金	2 800	负债	4 000
其他资产	4 800	股东权益	3 600
合计	7 600	合计	7 600
		流通在外普通股股数：400 万股 每股市价=3 600÷400=9（元）	
股票回购后资产负债表			
资产		负债和股东权益	
现金	2 800	负债	4 000
其他资产	4 800	股东权益	3 600
合计	7 600	合计	7 600
		流通在外普通股股数：360 万股 每股市价=3 600÷360=10（元）	

从表10–7我们可以发现，对公司而言，发放现金股利和进行股票回购之后，公司的价值都有所降低。但是与现金股利不同，股票回购会导致公司发行在外的流通股数量减少，因此在公司价值下降的情况下，公司的股票价格并不会变动。对于投资者而言，两种方法对其财富整体状况影响相同。假设某股东持股50万股，在发放现金股利和股票回购后该股东的财富情况见表10–8。

表10–8　　**某股东持股和财富情况**　　金额单位：万元

项目	发放现金股利	进行股票回购
股东持股价值	450（9×50）	450（$50\times10-40\times\frac{50}{400}\times10$）
现金股利	50（400÷400×50）	0
出售收益	0	50（5×10）
股东总财富	500	500
持股数（万股）	50	45
持股比例（%）	12.5	12.5

根据表10–8，发放现金股利和进行股票回购之前，股东所拥有的股票价值为500万元。发放现金股利之后，股东拥有股票的价值为450万元，同时获得现金股利50万元，股东财富总额仍然是500万元，持有公司的股数50万股、持股比例12.5%保持不变。公司进行股票回购之后，股东将手中的5万股股票卖给公司，此时拥有股票的价值为450万元，获得股票出售收益50万元，股东财富总额仍然是500万元。这时股东所拥有的股票数额减少为45万股，但是由于公司流通在外的股票数额减少，股东的控股比例仍然保持为12.5%。

从上述分析可知，在现金股利和股票回购两种政策下，公司都需要支付一定数量的现金给股票的持有者，因此股票回购本质上是现金股利的一种替代选择，但如果发放现金股利，投资者将要支付较高的所得税。

虽然与现金股利性质相同，但是股票回购还是具有自身独特的优点：

（1）与定期股利相比，股票回购通常被看作一次性的现金回报，因此对于那些暂时取得了超额现金流量，但是不能保证未来继续创造这些现金流量的公司而言，股票回购更为适当。因此，采用股票回购不会调高投资者对公司未来股利的预期。

（2）股票回购可以更加集中地向那些需要现金的股东支付现金。这种好处来源于股票回购的自愿原则：需要现金的股东可以将股票卖给公司，相反，不需要现金的股东可以继续持有股票。

《公司法》修订对回购做重要修改

（3）股票回购可以加强内部人对公司的控制。因为通过回购股票，流通在外的股票数量减少。如果内部人不将自己持有的股票卖给公司，他们将持有公司更大比例的股份，因此控制能力得到增强。

10.3 股利分配政策

10.3.1 影响股利分配政策的因素

1）法律性因素

为了保护公司出资人的权益，我国现行的《公司法》和《证券法》等相关法律法规均对股利的发放条件加以一定程度的限制。

（1）资本保全性要求。根据我国现行的法律规定，公司的注册资本不得抽回，因此股利的发放不能动用公司的资本金及其溢价部分。公司只能将生产经营过程中产生的累计经营收益作为股利的来源。这种做法能够确保法定资本金的完整，避免股东通过股利抽逃自有资本，保护债权人的合法利益不受侵害。

（2）公司积累。根据法定的分配程序，在发放股利之前，公司首先要按照当年收益的10%提取法定盈余公积，还可以酌情提取一定的任意盈余公积。当法定盈余公积的累计额达到注册资本的50%时，公司可以不再提取。提取公积金能够增强公司自有资本的实力。

（3）净利润。发放股利时，公司的累计税后利润必须为正，即公司必须在弥补此前年度亏损的基础上，方能发放现金股利。这种做法能够避免公司的资本金受到侵蚀。

（4）超额累计利润。就大多数国家而言，资本利得适用的所得税税率较低，而股利适用的所得税税率较高，这会促使公司少发放现金股利，从而协助股东获得税收方面的优惠。为了避免这种情况的发生，很多国家都对公司的累计利润加以限制。当留存收益超过一定限额，公司将被征收额外的税款，从而促使其发放现金股利。目前为止，我国法律尚未对超额累计利润加以约束。

2）契约性约束因素

除了股权融资外，公司还会采用发行债券、举借贷款或者进行融资租赁等债务筹资方式筹集资本。与股东相比，这些资本提供者处于劣势地位。为了避免股东侵害债权人的利益，在上述债务性契约中，通常会对公司的股利政策加以限制。比如：股利只能来源于债务性契约生效后产生的收益；当公司偿债能力或盈利能力低于特定水平时，不得支付股利。这种做法的目的在于防止股东通过股利转移资本，可以更好地保护债权人的利益。

3）公司因素

（1）变现能力。无论采用何种股利政策，股利均需采用现金形式，因此公司的变现能力直接影响股利政策的选择。股利支付导致现金流出，从而对公司正常经营活动产生影响。公司的变现能力直接决定现金股利的支付水平。变现能力较高的公司可以支付较高的股利，变现能力较差的公司不宜支付较高的股利。

（2）举债能力。除了资产变现外，举债也能为公司提供现金来源，进而影响公司的股利政策。股利会降低自有资本水平，可能导致公司通过举债方式筹集资本。当举债能力较强时，公司可以采用债务方式弥补资本的不足，从而发放较高的股利；反之，则应采用较低的股利政策。

（3）盈利能力。盈利能力直接影响公司的股利政策。一旦开始发放股利，公司股利政策通常在一段时间内保持稳定。因此，股利政策取决于公司盈利能力的稳定性。盈利能力相对稳定的公司，能够持续获得较高的收益，可以采用高股利政策；盈利能力相对不稳定的公司，应当采用低股利政策。

（4）投资机会。股利支付会导致现金流出，影响公司的投资行为，所以在制定股利政策时，需要对公司面临的投资机会加以分析。当公司面临良好投资机会时，应当减少股利发放，从而确保有足够资本进行投资；反之，公司应当将闲置资本发放股利，以回报投资者。处于生命周期不同阶段的公司，其股利政策通常存在显著差别，其原因在于生命周期的不同阶段公司所面临的投资机会存在显著差异。

（5）资本成本。股利来源于留存收益，发放现金股利会影响公司的资本成本水平。当支付较高的股利时，公司需要采用各种方式从外部筹集资本。筹集外部资本需要支付的各项费用较高，且耗时较长。相对而言，内部资本来源不需要支付融资费用，并且能够节省时间。

4）股东因素

（1）稳定收入。与资本利得相比，股利收入的稳定性更高，因此也更受风险规避型投资者青睐。不同类别的股东对于公司的股利需求存在差异。若投资者年纪较大、收入来源较少且收入水平较低，较高的股利能够满足其获得稳定收入的需求；而若投资者较年轻，收入来源较多且收入水平较高，股利政策对于其财务状况影响较小，因此关注较少。

（2）控制权稀释。公司较高的股利支付水平会导致权益资本所占比重降低。为了调整资本结构，公司有可能增发新股以筹集权益资本。若原有股东无力支付增发新股的价格，会导致原有股东控制权比例下降。因此，为了避免控制权被稀释，具有控制权的股东多倾向于减少股利发放，以保持其对公司的控制能力不会受到威胁。

（3）所得税。由于资本利得和股利适用的所得税税率不同，处于不同税率区间的股东对于股利的偏好也有所不同。特别是在累进税制下，收入较高的股东承担的税率也较高，额外的股利收入会导致支付高额的所得税，导致获得的真实收益下降。

10.3.2　实务中的股利分配政策

1）固定股利支付率政策

股利支付率是当期每股股利与当期每股收益的比率。固定股利支付率政策是指企业将每股收益按照固定比例发放给投资者的股利政策。在固定股利支付率下，每期支付的股利数额会存在差异，但每股股利占当期每股收益的比率始终保持不变。比如，企业将股利支付率设定为50%，那么在每股收益为2元时，每股股利为1元；若每股收益下降至0.8元，则每股股利相应下调至0.4元。值得注意的是，采用固定股利支付率发放现金股利，仅适用于盈利公司。若公司出现亏损，每股收益为负值，固定股利支付率不再适用。此外，在固定股利支付率下，股利支付水平以会计盈余作为计算基准，而股利需要采用现金加以支付。因此，公司在决定股利政策时，需要合理调配资金以确保有足够的支付能力。

2）剩余股利政策

如果从公司收益的角度来考虑股利政策，那么股利政策可以被视为公司剩余的盈余。公司将其资本投资于所有净现值为正的项目之后，将剩余部分作为投资收益以股利的形式发放给公司股东。公司的股利政策是基于以下两点的：股利政策的目标是实现公司价值最大化；公司的现金流量属于公司的股东。在同样的风险水平下，如果公司运用资本进行投资的收益率高于股东自行投资产生的收益率，那么管理层应当将利润作为留存收益而不应当发放股利。否则，管理层应将利润以现金股利的方式返还给投资者，由投资者自行进行投资。此外，由于留存收益的资本成本低于发行新股融资的成本，这也促使公司保留盈余。这种股利政策称为剩余股利政策。

根据剩余股利政策，公司最佳的股利支付率的确定需要考虑四个因素：①投资者对于股利和资本利得的偏好；②公司的投资机会；③公司的目标资本结构；④外部资本的可获得性与成本。

具体而言，公司目标股利支付率的确定程序如下：①确定最佳的资本预算总额；②在确定的目标资本结构下，决定资本预算所需股权资本数量；③尽可能使用留存收益来满足对股权资本的需求；④最佳资本预算的资本需要量已经满足后，如果还有剩余的盈余，公司才会支付股利。

【例10-6】

假设某公司本年税后净利润为1 500万元，流通在外普通股股数为400万股，计划投资1 000万元建设新厂，目标资本结构为权益资本占50%。按照剩余股利政策，公司预计的股利发放额见表10-9。

表10-9 **公司预计的股利发放额** 金额单位：万元

资本支出预算	1 000
现有留存收益	1 500
资本预算所需要的股东权益资本（1 000×50%）	500
股利发放额（1 500-500）	1 000
股利支付率（1 000÷1 500）	66.7%

如果公司所需资本为1 000万元，保持目标资本结构不变，则应当有500万元来自权益融资，其余1 000万元可用于发放股利，每股发放2.5元；如果公司所需资本为3 000万元，为保持目标资本结构不变，那么应当有1 500万元来自权益融资，净利润应当全部用于新投资，股利分配为0；如果公司所需资本为3 600万元，应当有1 800万元来自权益融资，而公司当年的净利润只有1 500万元，此时公司需要发行300万元的新股进行融资。

公司的剩余股利政策也可以被视为公司资本结构政策的组成部分。公司将收益的剩余部分作为股利支付给股东。股利政策一定是公司某方面财务政策的“剩余”所导致的。由于每期的盈余都是不确定的，要使公司的价值达到最大化，必须为公司所有净现值为正的项目提供资本，所以公司的管理者必须有意识地制定公司的资本结构、股利政策和证券发行政策，从而保证流入公司的现金流量与流出公司的现金流量相等。在公司的资本结构和证券发行政策确定的情况下，股利政策就成为“剩余”的财务政策。因此，可以将股利政策视为公司资本结构的“剩余”。

采用剩余股利政策，公司每年的股利发放额会随着投资机会和盈利水平的变动而变动。当盈利水平不变时，公司的股利发放额随着投资机会的增加而减少，随着投资机会的减少而增加，投资机会与股利呈反方向变动。在投资机会确定的情况下，公司的股利发放额与盈利水平呈正方向变动，公司盈利水平越高，股利发放额也就越高。采用剩余股利政策，公司的股利变动很大。在现实生活中，股利政策并不能随意变动，因而很少有人直接照搬剩余股利政策，但都会在制定股利政策时考虑到股利与投资机会及盈利水平之间的关系。

【学思践悟】国有企业分红政策

逐利是资本的一般属性，一般投资者对单个企业的利润分配进行决策时，遵循投资回报最大化的原则。主要在短期回报和长期回报之间做出抉择，是当期高比例分红，投资者再以红利投资于回报率更高的领域？还是低比例或零分红，通过未来股价上涨或更多分红实现更高回报？国有经济在我国的特有地位和作用，决定了国有资本有其特殊属性。代表国家履行出资人职责的各级政府在确定分红政策时，与一般投资者必然有所区别。即首先要遵循有利于国有经济布局和结构战略性调整的原则。在不违背这个原则的前提下，再去考虑投资回报最大化。

换言之，效率不是政府决定分红遵循的唯一原则。或者说，在国家这个层面，“合理配置国有资本”的内涵不仅限于追求资本回报最大化。比如，有些国有企业效益很好，如批发、零售和餐饮业近年来的净资产利润率保持在20%以上，比其他许多行业高得多，但是它们所处的行业不属于国民经济的重要行业和关键领域，而是国有资本要逐步退出、避免与民争利的一般竞争性行业。

这也符合党的二十大报告提出的“弘扬企业家精神”，国有企业应树立开放的心态，积极支持民营企业的发展，通过技术合作、资本合作等方式，促进两类企业间的合作共赢，实现互利共生的局面。

3）固定股利或稳定增长股利政策

从实务来看，公司的股利通常具有“黏性”，即一旦开始发放股利，公司股利政策在较长一段时间内保持稳定。如果下调股利或者终止股利发放，公司股票价格将出现大幅度的下降。因此，很多公司都奉行固定股利政策，将股利设定在某个固定水平上，并在很长一段时间内保持稳定。固定股利政策最大的特点就是不降低股利发放水平。固定股利政策并不意味着股利永远保持不变，而是在业绩没有实质性变化的期间，保持原有的股利水平不变。当管理人员确定公司业绩水平出现根本性改善后，再提高股利水平，并在此后一段时间内保持稳定不变。受到通货膨胀因素的影响，在固定股利政策下，公司实际发放的股利水平会出现稳定增长的局面。为此，很多公司选用稳定增长股利政策，即公司设定目标股利增长率，并努力实现股利按照此速度稳定增长。从股利和收益的关系来看，固定股利和稳定增长股利基本相同，差别在于是否考虑了通货膨胀因素。

4）低正常股利加额外股利政策

在正常年度，公司仅发放较低的现金股利；当盈利出现意外增加时，公司在正常的低股利基础上，发放额外的股利；当意外增加的盈利消失时，公司的股利政策也恢复到原有的低股利水平。这种股利政策被称为低正常股利加额外股利政策。采用该股利政策的优点在于，能够拥有较好的股利发放记录，无论在何种情况下，公司保证至少发放较低水平的股利。在业绩出现意外增加时，还可以通过额外股利来使得股东分享到意外增加的盈利。在使用这种股利政策时，应当注意额外股利产生的市场反应，避免投资者将额外股利视为公司盈利永久性提高的信号，从而产生更高的预期，迫使公司发放更高的股利。

格力分红

【本章小结】

1.当“完美市场”假设、“理性行为”假设和“完全的确定性”假设成立时，公司采用何种股利政策和公司的价值无关；当考虑所得税的影响时，由于现金股利和资本利得所适用的所得税税率存在差异，并且两者纳税的方式也存在差异，因此相比之下，现金股利会给股东造成价值损失；从不确定角度加以考虑时，与资本利得相比，现金股利的风险更小，因此相同数额的股利比同数量的资本利得更有价值。

2.由于股利与公司未来盈利能力密切相关，只有在未来盈利出现根本性提高时，管理人员才会提高股利水平；同样，只有当未来盈利能力出现根本性下降时，管理人员才会减少支付的股利；因此，股利政策的变动能够反映出管理人员对未来盈利能力的预期，投资者可以此为信号，获取关于公司未来业绩的信息。股利能够减少公司的自由现金流量，避免管理人员将其投资于净现值小于零的项目，从而能够降低股东和管理人员之间的委托代理冲突。

3.股票股利是指向公司的现有股东无成本地发行新股，以作为股利的支付方式。从公司价值的角度来看，股票股利只是改变流通在外的股票数量，并不会对公司现金流量产生实质性的影响，因而不会增加股权价值总量。同时，公司的价值总量不变而发行在外的股票数量增加，这样会导致公司每股收益和每股价格下降。

4.股票分割是将面值较高的股票分割成面值较低的股票的转变过程。股票分割不会产生任何财务结构上的变化，只是公司流通在外的股票数量会大幅度增加，股票面值和股票市价会大幅度下降。

5.股票回购是指公司出资购回其本身发行的流通在外的股票。股票回购使得流通股数量减少，相应地股价上涨，从而使股东获得资本利得。股票回购和现金股利很相似，但是股票回购会导致公司发行在外的流通股数量减少，因此在公司价值下降的情况下，公司的股票价格并不会变动。

6.公司的股利政策主要受到法律性因素、契约性约束因素、公司因素和股东因素等方面的影响。

7.固定股利支付率政策，是指企业将盈利按照固定比例支付给股东作为投资回报的股利政策。在固定股利支付率政策下，因盈利水平的差异，每期现金股利的支付水平可能会不同，但是，现金股利占盈利水平的比例始终保持固定不变。

8.剩余股利政策，是指公司将其资本投资于所有净现值为正的项目之后，将剩余部分作为投资收益以股利的形式发放给公司股东。

9.固定股利或稳定增长股利政策，是指将股利设定在某个固定水平上，并在很长一段时间内保持稳定。当存在通货膨胀时，公司的股利政策将随着通货膨胀水平稳定增长。

10.低正常股利加额外股利政策，是指在正常年度，公司仅发放较低的现金股利；当盈利出现意外增加时，公司在正常的低股利基础上，发放额外的股利；当意外增加的盈利消失时，公司的股利政策也恢复到原有的低股利水平。

11.股利支付程序须经历股利宣告日、股权登记日、除息日和股利支付日四个步骤。

【复习思考】

1.什么是股利无关论?

2.“手中鸟”理论是什么?

3.差别税收理论对股利分配的影响是什么?

4.信号传递理论如何解释公司股利分配行为?

5.代理理论如何解释公司股利分配行为?

6.股利支付有哪些形式?

7.股利支付程序是什么?

8.股票股利与股票分割有什么关系?

9.股票回购与现金股利的区别是什么?

10.影响公司股利分配政策的因素有哪些?

第10章自测题

第10章计算业务题

第11章

流动资产管理

【学习目标】

1. 掌握公司目标现金持有量确定方法、现金日常收支管理方法；
2. 掌握公司信用政策确定方法和信用风险的防范措施；
3. 熟悉存货成本的内容以及经济订货批量的基本模型；
4. 理解存货ABC管理法和适时供应法的管理思想。

【本章主要内容导图】

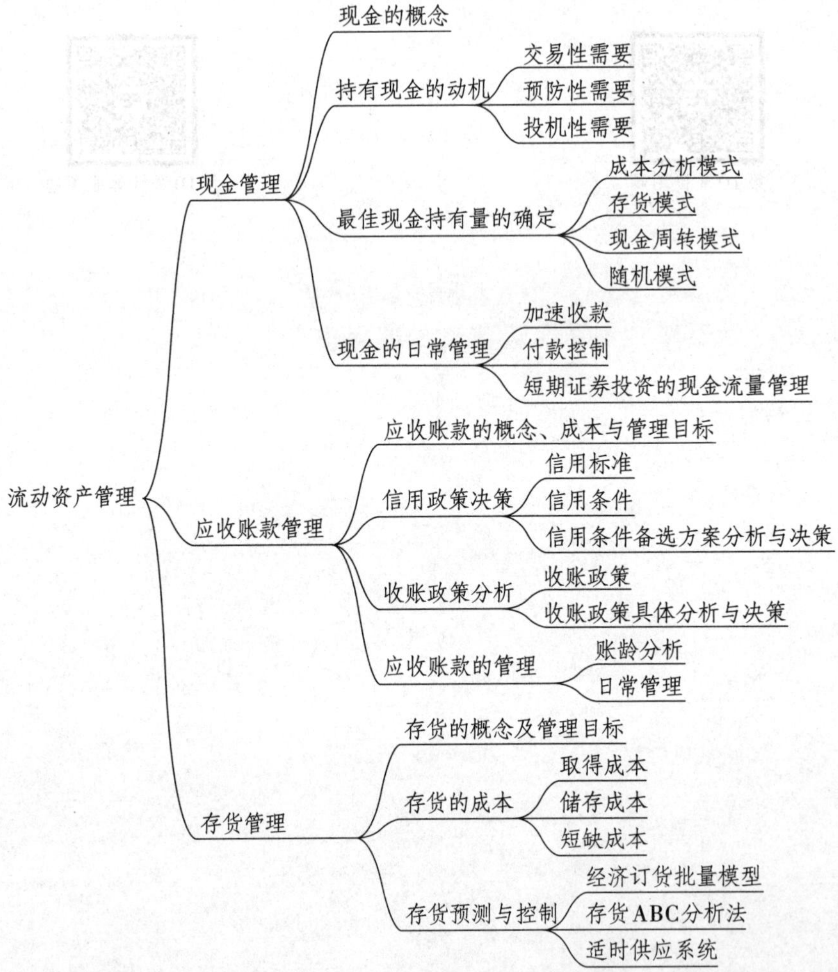

【引导案例】

四川长虹于1958年创立，一度成为彩电业的霸主，净资产从3 950万元迅猛扩张到133亿元。1997年5月，它的股价更是达到每股66.18元的历史最高位，成为“中国彩电大王”。但好景并没有持续太久，彩电价格战愈演愈烈，1998—2000年三年间，四川长虹的净利润由20亿元骤降至2.7亿元。面对一路下滑的经营业绩，四川长虹选择另辟蹊径，拓展海外市场，与当时美国DVD市场的新霸主APEX家电进口公司签订了巨大批量的销售合同，而忽略了APEX公司对国内多家企业负债千万美元，信用记录糟糕不堪。不出所料，截至2003年底，仅来自APEX公司的应收账款就高达44.51亿元。2004年，四川长虹计提了约25.97亿元的坏账准备，股价暴跌。2005年4月，四川长虹年报披露上市以来的首次亏损，高达36.81亿元。同时，在2004年12月14日，四川长虹以与APEX公司签订的一系列协议为据，向美国加利福尼亚州洛杉矶高等法院申请禁止APEX公司转移资产及修改账目，开始了漫长的追讨过程，直至2010年才彻底解决APEX公司的“陈年旧账”。

应收账款隶属于多个会计期间，是一个连续的过程，“龙头企业”四川长虹在交易前没有预估其面临的潜在损失，在相应的会计期间也没有计提合理的坏账准备，在之后的年度更是没有积极地收回应收账款，应收账款的内部控制环节存在重大纰漏才导致其陷入财务危机。由此我们可以看出，应收账款管理对企业运营发展的重要性。

资料来源：佚名.追踪报道：四川长虹巨额海外坏账始末［EB/OL］.［2023-08-07］.https：//business.sohu.com/20050629/n226126349.shtml.

11.1　现金管理

11.1.1　现金的概念

现金是公司资产中变现能力及流动性最强的资产，具体包括库存现金、各种形式的银行存款、银行本票、银行汇票等。有价证券是现金的一种转换形式。有价证券变现能力强，可以随时兑换成现金，所以当公司现金暂时闲置时，常将现金兑换成有价证券；待现金流出大于流入，需要补充现金不足时，再出让有价证券，换回现金。在这种情况下，有价证券就成了现金的替代品，是“现金”的一部分。

11.1.2　持有现金的动机

公司持有一定数量现金，主要是出于交易性需要、预防性需要和投机性需要。

交易性需要是指满足日常业务的现金支付需要。公司在经营过程中，经常发生现金流入量和现金流出量不能同步同量的情况。流入量大于流出量时，形成现金置存；流入量小于流出量时，则需补充现金不足。公司只有保持适当的现金结余，才能维持其业务活动正常、顺利进行。

预防性需要是指意外支付的准备需要。公司在经营过程中有时会发生预料之外的开支，从而使现金流量具有一定的不确定性。现金流量的不确定性越大，预防性现金数额就应越多；反之亦然。当然，预防性现金流量的多少与公司的借款能力有关。如果公司有能力随时筹措短期资金，也可以减少预防性现金的数额；若融资能力有限，则应增加预防性现金的数额。

投机性需要是指持有现金用于不寻常购买机会的需要。市场上各种商品及证券的价格随时会发生变动，这使人们产生“为买而卖”的投机心理。当公司确信得到了有利的购买时机而需要动用现金时，拥有一定数额的现金储备可以为捕捉有利的投机机会提供方便。

公司持有现金，一方面可以满足交易性、预防性与投机性的需要，另一方面又会增加持有现金的机会成本。在市场正常情况下，一般流动性较强的资产，其收益相对较低，这就意味着公司应适当地持有现金，并合理分布和应用资本，避免资本闲置或者过多地用于低收益项目而带来损失。由此看来，公司经常面临现金不足和现金过量两方面的威胁。公司现金管理的目标，就是在资产的流动性和盈利性之间做出抉择，合理确定现金持有量，以便提高现金使用效率。

11.1.3 最佳现金持有量的确定

公司最佳现金持有量的确定，应根据公司的经营管理范围和现金管理特点，选择适当的模式。确定最佳现金持有量的模式主要有成本分析模式、存货模式、现金周转模式、随机模式。

1）成本分析模式

成本分析模式是通过分析持有现金的相关成本，寻求持有成本最低的现金持有模式。公司持有现金的成本主要表现为置存成本、管理成本和短缺成本三种。

（1）置存成本。现金作为公司的一项资本占用，是有代价的，这种代价就是它的持有成本，现金持有额越大，持有成本越高。现金置存成本通常按公司资本收益率或有价证券投资收益率计算。

（2）管理成本。公司拥有现金，就会发生管理费用，如管理人员工资、安全措施等。这些费用是现金的管理成本。管理成本是一种固定成本，与现金持有量之间无明显的比例关系。

（3）短缺成本。短缺成本是指公司在经营时因缺乏必要的现金，不能应付业务开支所需，而使公司蒙受损失或为此付出的代价。现金的短缺成本随现金持有量的增加而下降，随现金持有量的减少而上升。

在成本分析模式下，现金置存成本、管理成本和短缺成本之和最小时的现金持有量即为公司最佳现金持有量。

【例11-1】

某公司有4种现金持有方案，假设公司资本收益率为10%。各方案的相关成本和持有成本计算见表11-1。

表 11-1　　现金持有量与持有成本　　单位：元

项目	甲	乙	丙	丁
现金持有量	30 000	60 000	90 000	120 000
置存成本	3 000	6 000	9 000	12 000
管理成本	20 000	20 000	20 000	20 000
短缺成本	12 000	8 000	2 500	0
持有成本	35 000	34 000	31 500	32 000

根据表 11-1 的资料，丙方案的持有成本最低，也就是说当公司持有 90 000 元现金时，各方面的总成本最低，故 90 000 元是公司的最佳现金持有量。

2）存货模式

存货模式类似于存货的经济批量模型。采用这种模型确定最佳现金持有量的基本假设前提是：(1) 公司的现金流入量是稳定并且可以预测的；(2) 公司的现金流出量是稳定并且可以预测的；(3) 在预测期内，公司的现金需求量是一定的；(4) 在预测期内，公司不能发生现金短缺，并且可以出售有价证券来补充现金。

存货模式可用来解决公司现金在一定时期内最佳变现次数的问题，公司现金不足时，就将变现一部分有价证券。不论是持有现金还是变现证券，都要付出代价。持有现金，就丧失了投资与证券所得的相应利息，即置存成本；若要降低置存成本，就要降低现金置存量，加大证券变现次数，而证券每次变现又要支付各种佣金和手续费等，我们称之为交易成本。置存成本与交易成本变化相反，置存成本随着现金持有量的增大而增大，交易成本却随着现金持有量的增大而减少。公司现金持有成本等于置存成本与交易成本之和，而现金持有成本最低时对应的现金置存量，应该是一定时期公司现金的最佳持有量。具体如图 11-1 所示。

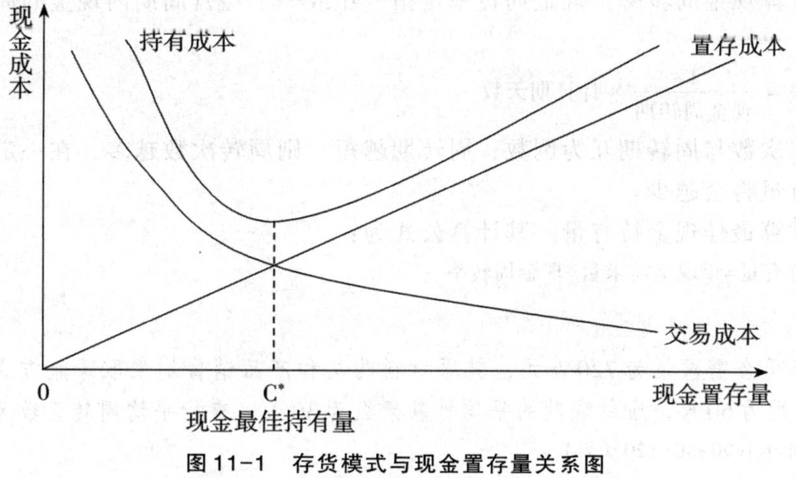

图 11-1　存货模式与现金置存量关系图

在存货模式下，现金置存成本与现金交易成本之和为持有现金的总成本，计算公式如下：

$$现金持有的总成本(TC)=\frac{C}{2}\times K+\frac{T}{C}\times F \tag{11.1}$$

式中，C表示现金持有量；K表示有价证券利率；T表示一定时期现金总需求量；F表示每次转换有价证券的交易成本。

将公式（11.1）中的C作为变量，TC作为C的函数，对该公式求一阶导数并令其等于零，即可得出现金持有总成本最低时的最佳持有量C^*的计算公式：

$$最佳现金持有量C^*=\sqrt{\frac{2TF}{K}} \tag{11.2}$$

$$最低现金持有成本TC(C^*)=\sqrt{2TFK} \tag{11.3}$$

$$有价证券最佳交易次数N=\frac{T}{C^*} \tag{11.4}$$

【例11-2】

某公司预计一个月经营所需现金为640 000元，公司现金支出较稳定，故准备用短期有价证券变现取得，平均每次证券固定变现费用为100元，证券的市场利率为6%，则：

$$最佳现金持有量=\sqrt{\frac{2\times 640\,000\times 100}{6\%\div 12}}=160\,000（元）$$

$$最低现金持有成本=\sqrt{2\times 640\,000\times 100\times \frac{6\%}{12}}=800（元）$$

$$一个月内最佳变现次数=\frac{640\,000}{160\,000}=4（次）$$

3）现金周转模式

现金周转模式是从现金周转的角度出发，根据现金周转速度来确定最佳现金持有量的模式。该模式的运用包括以下三个步骤：

第一，计算现金周转期。现金周转期是指公司从购买材料支付现金至销售商品收回现金的时间，即现金周转一次所需要的天数。其具体计算为：

现金周转期=应收账款周转期+存货周转期-应付账款周转期 (11.5)

第二，计算现金周转率。现金周转率是指一年或一个经营周期内现金的周转次数。其计算公式为：

$$现金周转率=\frac{1}{现金周转期}\times 计算期天数$$

现金周转次数与周转期互为倒数，周转期越短，则周转次数越多，在一定现金需求量下，现金持有量将会越少。

第三，计算最佳现金持有量。其计算公式为：

最佳现金持有量=年现金需求量÷现金周转率

【例11-3】

某公司年现金需求量为720万元，其原材料购买和产品销售均采取赊账方式，应收账款的平均收款天数为60天，应付账款的平均付款天数为30天，存货平均周转天数为90天，则：

现金周转期=60+90-30=120（天）

现金周转率=360÷120=3（次）

最佳现金持有量=720÷3=240（万元）

现金周转模式的使用条件是：第一，公司预计期内现金总需求量可以预知；第二，现金周转天数与次数可以测算，测算结果应符合实际，保证科学与准确。

4）随机模式

随机模式就是根据随机现象出现大量次数时，运用数学中的概率和数理统计方法测算各种可能出现结果的平均水平的一种方法。如果公司的现金支出是随机的，且一定时期现金需求量事先无法确定，则可根据公司一定时期内现金的随机支出中的最高支出额和最低支出额，制定一个现金控制区域，再确定其平均水平。在控制区域内，当现金金额达到上限时，将现金转换成有价证券或通过资本市场短期拆借给需用单位、短期投资于其他项目；当现金余额降到下限时，则转让有价证券或贷款拆借。现金持有量上下限额（即控制区域）的确定则取决于货币资金持有量的机会成本和筹集货币资金的相关成本。这里介绍一种实务中运用得较为广泛的模型，即“米勒-欧尔模型”（Miller-Orr Model），测定控制极限如图11-2所示。

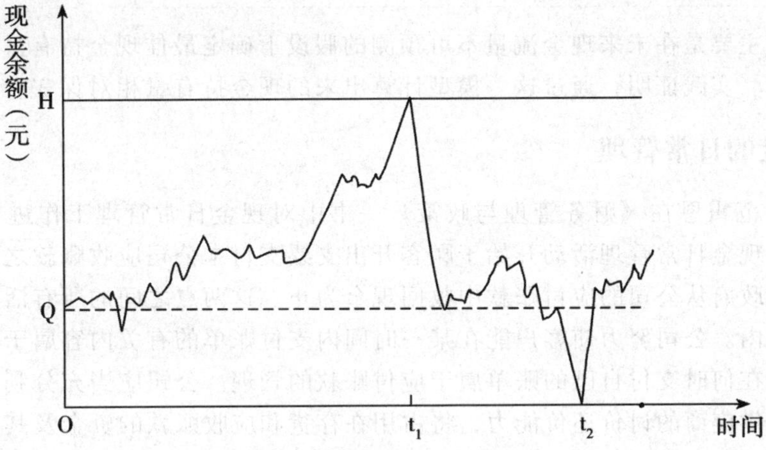

图11-2　随机模式现金持有量图

在图11-2中，H为控制区域中的上限，O为下限，Q为预测现金最佳持有量。当现金余额达到H时（t_1），买进（H-Q）数量的有价证券。当现金余额降到O时（t_2），则卖出Q数量的有价证券，使现金余额保持在Q的数量上。注意，最低现金余额也可设在较O点稍高的水准上（即现金持有量不为0），这样图中的H与Q也均往上移动。

该模式中H与Q的确定，不仅根据机会成本和相关成本，而且将现金余额可能出现的波动程度（σ^2）也考虑进去，然后通过数学模型来预测最佳现金持有量。其计算公式为：

$$最佳现金持有量(Q)=\sqrt[3]{\frac{3F\sigma^2}{4K}} \tag{11.6}$$

$$最优现金返回线(R)=O+Q \tag{11.7}$$

$$控制区上限（H）=O+3Q \quad 或者\ H=3R-2O \tag{11.8}$$

式中，F表示每次有价证券的固定转换成本；σ表示预期每日现金余额变化的标准差；K表示有价证券的日利率；O表示控制区下限。

该模式可使现金持有总成本（即机会成本加相关成本）最小。由于现金流量是随机的，其平均现金余额无法事先准确确定，但根据模型测算，大约是（H+Q）÷3。

【例11-4】

某公司每天现金净流量的标准差是2 250元，资本短期拆借利率为12%，每次筹集资本的相关成本为1 000元。公司认为，现金的保险储备最低限度为5 000元，则年最佳现金持有量、控制区域上限和平均现金余额分别计算如下：

$$Q=\sqrt[3]{\frac{3\times 1\,000\times 2\,250^2}{4\times 12\%\div 360}}=22\,500（元）$$

$H = 3Q + O = 3 \times 22\,500 + 5\,000 = 72\,500$（元）

平均现金余额$=(H + Q) \div 3 = (72\,500 + 22\,500) \div 3 = 31\,667$（元）

$R = 22\,500 + 5\,000 = 27\,500$（元）

因此，当公司现金余额达到72 500元时，应该及时以45 000元（72 500–27 500）投资于有价证券，使现金总持有量回落为27 500元；若公司现金余额降至5 000元时，应转让22 500元的有价证券，使现金总持有量回升为27 500元。

随机模式主要是在未来现金流量不可预测的假设下确定最佳现金持有量，因此，其准确性是相对的。实践证明，通过这一模型计算出来的现金持有量相对保守。

11.1.4 现金的日常管理

詹姆斯·范霍恩在《财务管理与政策》一书中对现金日常管理工作进行了详细的描述。他认为：现金日常管理活动开始于顾客开出支票支付本公司应收账款之时，结束于供应商、雇员或政府从公司的应付账款中收回现金为止。这两点之间的所有活动都包括在现金管理活动之内。公司努力使客户能在某一时间内支付账单的有关内容属于应收账款的管理；公司决定在何时支付自己的账单属于应付账款的管理。公司应当充分利用做大规模的优势，增强与供应商的讨价还价能力，将占用在存货和应收账款的资金及其资金成本适度合理转嫁给供应商负担，以增强本公司营运的现金弹性，现金管理中可以借助于关键性指标即现金转化周期（cash conversion cycle），予以观测公司在行业中的现金弹性状况。

现金周转期越短，表明公司在运营资本管理中所采用的战略越成功，这不仅有助于增强公司的财务弹性，还可增加经营活动产生的现金流量。

表11-2列示了A公司和B公司基期与分析期现金周转期的计算过程。

表11-2 A公司和B公司现金周转期

项目名称	A公司		B公司	
	基期	分析期	基期	分析期
存货（百万元）	1 109	2 725	769	2 017
应收账款（百万元）	128	236	64	206
应付账款（百万元）	3 193	6 805	912	2 767
存货周转天数（天）	42	55	31	46
应收账款周转天数（天）	5	5	3	5
减：应付账款周转天数（天）	120	138	37	63
现金周转期	–73	–78	–3	–12

可见，A公司和B公司在运营资本管理中对现金周转期战略的运用都很成功，尤其是A公司更是运用自如。这种盈利模式虽然高明，为其股东带来丰厚的回报，但却蕴含着极大的经营风险和财务风险。现金日常管理的重要目标之一，是尽快收回应收账款；此外，在保持公司信誉的前提下，尽可能延迟支付账单。

1）加速收款

为了提高现金的使用率，加速现金周转，公司应尽快加速收款，即在不影响销售的前提下，尽可能加快现金回笼。公司加速收款的任务不仅在于尽量让客户早付款，还要尽快地使这些付款转化为现金。为此，公司应该力争缩短公司收到客户支票的兑换时间；加速现金存入自己往来银行的过程。在现代信息技术飞速发展、金融全球化步伐加快的前提下，现金管理方式发生了根本性变革。网上银行作为以高新信息技术支持金融业发展的产物，对加速收款、降低收款成本具有重要作用。

网上银行又称网络银行、在线银行，是指银行利用Internet技术，通过Internet向客户提供开户、销户、查询、对账、行内转账、跨行转账、信贷、网上证券、投资理财等传统服务项目。网上银行又被称为“3A银行”，因为它不受时间、空间限制，能够在任何时间（anytime）、任何地点（anywhere）、以任何方式（anyhow）为客户提供金融服务。

随着网上银行同业竞争的加剧，公司可以以较低费用在网上银行进行“汇划即时通”“集团理财”“银企对接”“对公账户查询”“报关即时通”“境外账户管理”等业务，网银将提供资金汇划、批量委托、授权模式定制、到账时间查询、E-mail付款通知、预约付款、定向支付、期货保证金出入金支付、交易数据下载；本外币账户实时余额、当日交易、历史余额、历史交易查询；集团内部资本集中管理、统一对外收付等个性化页面定制等服务。

虽然通过“网上银行”系统可以完成上述现金与非现金交易，但互联网是一个开放的网络，银行交易服务器是网上的公开站点，网上银行系统也使银行内部网向互联网敞开了大门，因此，如何保证网上银行交易系统的安全，是公司现金流量安全管理的重要环节。

2）付款控制

公司在收款时，应尽量加快收款的速度，而在付款时，应尽量延缓现金支出的时间。快速收款与慢速付款相结合，将产生更多的可用现金。付款控制有以下两种策略：

（1）合理运用浮游量。所谓浮游量是指公司账户上现金余额与银行账户上所示的存款余额之间的差额。有时，公司账簿上的现金余额已为零或负数，而银行账簿上该公司的现金余额还有不少。这是因为有些支票虽已开出，但顾客还没有到银行兑现。如果能正确预测浮游量并加以利用，可节约大量资本。当一个公司在同一国家内有多个银行存款户时，则可选用一个能使支票流通在外的时间最长的银行来支付货款，以扩大浮游量。

利用现金的浮游量，公司可适当减少现金数量，达到节约现金的目的。但是，一个公司的利益，就是另一个公司的损失，因而利用浮游量往往对供应商不利，有可能破坏公司和供应商之间的关系，这一因素应谨慎考虑。

（2）控制付款时间。为了最大限度地利用现金，合理地控制现金支出的时间是十分重要的。例如，公司在采购材料时，如果付款条件是“2/10，N/45”，应安排在发票开出日期后的第10天付款，这样，公司可以最大限度地利用现金而又不丧失现金折扣。

3）短期证券投资的现金流量管理

对于将多余现金投资于有价证券的决策，作为公司的财务经理，首先要了解短期证券的投资类型，比如国库券、政府机构债券、银行承兑汇票、商业票据、可转让存单、回购协议等。

（1）利用银行不同期限的存款进行资本运作。在实务中，银行通常提供7天通知存款业务，它给予储户在定期、活期储蓄之外的一个选择，具有定期收益、活期便利的特点，适用于短期内需要支付大笔现金又没有明确支付日期的客户。公司一次性存入大额款项后，针对分批动用的现金，只需提前电话通知银行，将该笔资本从通知存款账户转入活期账户，原有部分依旧按通知存款利率计息。此外，如公司现金富余达3个月以上，因各种限制，不能投资证券时，可以采取3个月定期与通知存款相结合的方式，实现了资本收益最大化。

（2）依托证券一级市场进行资本运作。把公司短期资本投入证券市场并不意味着一定要购买高风险的证券，公司也可以选择在一级市场申购新股的办法。具体操作如下：公司在证券公司开立资金账户，当一级市场没有新股发行时，可按上面提到的通知存款或3个月定期存款方式进行资金运作；当一级市场有新股发行时，可利用银行的银证划款系统划转资金，申购新股。按目前的新股申购办法，资金至多占用期限为5天，公司损失的是活期存款利息，获得的是低风险收益。近几年，一级市场的新股申购中签率虽然有所降低，新股上市后的市场溢价也有不断下降的趋势，但年平均收益仍在5%～10%，远高于同期银行定期存款利率。需要注意的是，不是所有的新股申购都能获利，增发和配售的股票申购要慎重，公司应组织专门的人员进行新股定价的研究或接受专业机构的建议，公司要制定严格的资金管理制度，确保资金的安全，避免资金投入二级市场购买高风险证券。

（3）购买国债。当公司的预计资本闲散时间较长时，除了在银行定期存款以外，还可以购买国债。国债有“金边债券”之称，购买国债不仅风险小，而且可以享受免利息所得税待遇。现在国家发行的国债多以记账式为主，而且其流动性大为增强，公司急需资本时，可以到银行提前兑取，银行在兑付时，超过6个月后，一般会分阶段计算利息。国债票面利率本来就高于银行同期贷款利率，考虑到免税因素，购买国债比定期存款更划算。

（4）委托信誉较好、规模较大的专业机构理财。专业投资管理机构具有专家理财、内部控制严密、组合投资、规模效益等特点，在面对风险多变的证券市场和众多投资品种时，它们往往比公司自身具有更强的抗风险能力。虽然新的委托理财管理办法出台以后，委托理财不能像过去一样承诺保底收益，但与公司直接参与二级市场投资相比，委托专业机构进行委托理财仍是风险较小的一种选择。

（5）适当利用商业信用和银行信用进行融资，增大公司的可支配现金量。当公司的现金并不充裕时，公司可以利用自己的商业信用和银行信用，通过办理银行承兑汇票，减少对外采购中现金的支付；或者通过进行短期融资和中长期融资等方式，调节公司可支配现金流量。由于办理银行承兑汇票不需银行动用现金，手续简便，近年来越来越为银行和大多数公司所接受，成为公司进行现金管理、弥补日常经营用现金不足的重要手段。办理银行承兑汇票需要以公司之间的购销合同为基础，公司一般交纳一定比例的保证金即可办理，根据公司实力、信誉和与银行关系的不同，保证金的比例一般在10%～50%，期限一般在6个月以内。

【学思践悟】　国家实施新的组合式税费支持政策，为企业提供现金流，提振市场信心

2022年，我国实施了新的组合式税费支持政策。国家税务总局数据显示，截至5月16日，已累计为企业减轻税费负担和增加现金流超1.6万亿元，特别是为中小微企业和个体工商户纾困解难，提振了市场主体信心。

在减税降费方面，财政部门在组合式税费减免政策主要包括制造业中小微企业缓缴税费、增值税留抵退税、“六税两费”减征、小规模纳税人阶段性减免等。为了确保组合式税费政策顺利实施，财政部门在坚决执行相关政策的基础上，把资金保障作为重点工作内容，在库款中预留充足的资金，确保退付及时顺畅。在退付效率方面，坚持即到即审的办事原则，决不影响纳税人及时享受政策优惠。截至2022年4月份，共计退付资金398.78万元，实现当日审核，次日退付到账。此项减免政策给示范32户困难企业解决了燃眉之急，进行了实实在在的帮扶。

调研企业和地区普遍反映，新的组合式税费支持政策对提振市场主体信心、稳定市场预期、扩大有效投资、拉动最终消费、推动经济平稳健康发展发挥了重要作用。特别是大规模留抵退税通过实实在在的真金白银，直接为企业提供现金流，促进其加快技术改造、设备更新，增强了发展的内生动力，提振了市场的信心。

党的二十大报告提出“健全现代预算制度，优化税制结构”，可以考虑减税降费措施的延续和完善，加大对中小微企业和个体工商户的税费减免支持，促进他们的发展和壮大，推动经济的平稳健康发展，并为市场主体创造良好的发展环境和信心。

资料来源：王观.为企业减负担增现金流超1.6万亿元（新数据 新看点）[N].人民日报，2022-05-18.

11.2　应收账款管理

11.2.1　应收账款的概念、成本与管理目标

1）应收账款的概念

应收账款是指企业在正常的经营过程中因销售商品及产品、提供劳务等业务，应向购买单位收取的款项，包括应由购买单位或接受劳务单位负担的税金、代购买方垫付的包装费等各种运杂费。一般而言，企业愿意采用现销方式出售商品，以迅速地收回现金。但是随着市场竞争的日益激烈，为了提高竞争能力，扩大销售，企业往往需要暂时为客户垫付购买商品所需要的资金，即采用赊销方式销售商品，这是企业为扩大销售而采取的一种主动行为，属于信用销售，这也是应收账款产生的主要原因。

2）应收账款的成本

应收账款的成本是指公司持有一定应收账款所付出的代价，主要包括机会成本、管理

成本和坏账成本三种。

机会成本是指公司资本如果不投放于应收账款，便可用于其他投资并获得收益。比如投资于有价证券便会有利息收入。这种因投放于应收账款而放弃的其他收入，即为应收账款的机会成本，这种成本一般按有价证券利息率计算。

管理成本是指公司对应收账款进行管理所耗费的各种费用，主要包括对客户的资信调查费用、应收账款账簿记录费用、收账费用、收集相关信息的费用、其他相关费用。

坏账成本是指应收账款因故不能收回而给公司带来的损失。此项成本一般与应收账款的额度成正比。为避免坏账成本给公司生产经营活动的稳定性带来不利影响，公司应按规定提取一定的坏账准备。

3）应收账款管理的目标

随着市场经济的不断发展，商业竞争日趋加剧，公司的应收账款数额明显增多，因此，应收账款管理已成为流动资产管理中的重要内容。应收账款管理的目标，就是正确衡量信用成本和信用风险，合理确定信用政策，及时收回账款，保证流动资产的质量。

公司提供商业信用，采取赊销、分期付款等销售方式，可以扩大销售，增加利润，但是应收账款的增加也会造成资本成本、坏账损失等费用的增加。收益与风险并存的客观现实，要求公司在强化应收账款竞争、扩大销售功能的同时，应尽可能降低应收账款的成本，最大化应收账款的投资收益。

11.2.2 应收账款信用政策决策

应收账款信用政策的主要内容包括信用标准、信用条件和收账政策。信用政策分析决策的基本原则是将实施信用政策或改变信用政策所引起的销售收入变化带来的收益增加额与应收账款成本增加额进行比较，从中选择能够使公司收益增加的信用政策方案。

1）信用标准

信用标准是指客户获得公司的交易信用所应具备的条件。如果客户达不到信用标准，便不能享受或较少享受公司的信用，公司信用标准的高低将会直接影响公司的销售收入和销售利润。公司信用标准若定得较高，仅对信用卓著的客户给予赊销待遇，其结果，一方面可以使坏账损失缩小，应收账款的机会成本降低；但另一方面将丧失一部分来自信用较差客户的销售收入和销售利润。这就要求公司权衡得失，进行信用的成本与收益的比较，较为准确地对不同客户规定相应的信用标准。

企业在制定信用标准时，是通过对客户的资信程度进行调查、分析，然后在此基础上判断客户的信用等级来决定是否给予客户信用优惠的。企业通常利用定性分析和定量分析来对客户的资信程度进行评估，常见的信用评估方法有5C评估法和信用评分法。

（1）5C评估法。它是通过对影响客户信用的5个主要因素进行定性分析，以判别客户还款意愿和能力的一种专家分析法。这五个因素英文都以C打头，故称之为5C评估法。

品质（character），是指客户的信誉，即履行偿债义务的可能性。公司必须设法了解客户的付款历史，看其是否有按期如数付款的一贯做法，与其他供货公司的关系是否良好。这是衡量客户是否信守契约的重要标准，也是决定是否赊销的首要条件。

能力（capacity），是指客户的偿债能力，即其流动资产的数量和质量以及与流动负债的比例关系等。客户的流动资产越多，即流动比率越高，其转化为现金支付款项的能力就越强。同时，公司还应注意客户流动资产的质量，看其是否存在过多的不良债权或积压存货以及影响其变现能力和支付能力的情况。

资本（capital），是指客户的财务实力和财务状况，表明客户可能偿还债务的背景。

抵押（collateral），是指客户拒付款项或无力支付款项时能被用作抵押的资产，这对于不知底细或信用状况有争议的客户尤为重要。一旦这些客户的款项不能收回，便以抵押品抵补。如果这些客户提供足够的抵押，就可以考虑向他们提供相应的信用。

条件（condition），是指可能影响客户付款能力的经济环境。比如，经济不景气等情况出现，会对客户的付款能力产生什么影响，客户会如何做等，公司需要了解客户在过去经济环境困境时期的付款历史。

（2）信用评分法。这种方法是先对一系列财务比率和信用情况指标进行评分，然后进行加权平均，得出客户综合的信用分数，并以此进行信用评估的一种方法。进行信用评分的基本公式是：

$$Y = a_1x_1 + a_2x_2 + a_3x_3 + \cdots + a_nx_n = \sum_{i=1}^{n} a_ix_i \tag{11.9}$$

式中，Y表示某公司的信用评分；a_i表示事先拟定的对第i种财务比率和信用品质进行加权的权数；x_i表示第i种财务比率或信用品质的评分。

现以客户某信息服务公司为例来说明这种方法的使用，详细情况见表11-3。

表11-3 某信息服务公司信用评分状况

项目	财务比率和信用品质（1）	分数（x_i）0~100（2）	预计权数（a_i）（3）	加权平均数（a_ix_i）（4）=（2）×（3）
流动比率	1.8	90	0.20	18.00
资产负债率（%）	60	90	0.10	9.00
净资产收益率（%）	10	85	0.10	8.50
信用评估等级	AA	85	0.25	21.25
付款历史	尚好	75	0.25	18.75
公司未来预计	尚好	75	0.05	3.75
其他因素	好	85	0.05	4.25
合计	—	—	1.00	83.50

表11-3中，第（1）栏是根据搜集来的资料及分析确定的；第（2）栏是根据第（1）栏的资料确定的；第（3）栏是根据财务比率和信用品质的重要程度确定的。

在采用信用评分法进行信用评估时，分数在80分以上者，说明其信用状况良好；分数在60~80分者，说明其信用状况一般；分数在60分以下者，则说明其信用状况较差。对于某些应收账款而言，特别是一笔数额不大的应收账款，搜集信息的成本可能会超过该项应收账款产生的潜在收益；同时，公司还必须考虑调查信用申请者所花费的时间。

实际销售业务中，向客户发货时逐一彻底评估信用在时间上并非现实，因此，信息分析者在判断客户信用时，还可以借助其他一种或多种信息，主要有：

第一，交易核查。向同一客户销售的各公司之间经常交流信息，公司可以向客户的其他供应商询证与该客户的交往经历。

第二，银行核查。许多银行设有大型信用部门，将承担信用核查作为对客户的一项服务。

与个别直接查询者相比，银行通常更倾向于与其他银行共享信息，因此，获取信息的有效方式是通过自己的开户行直接进行信用调查。

第三，公司经验。公司销售部门和销售人员在经常性甚至临时性销售业务中，对客户的信用历史和付款记录比较清楚，这些经验将为财务管理者提供相当有用的信息。当然，在信息传递过程中，销售人员会本能地倾向于客户，管理者应当具有一定的辨别力。

第四，权威机构的信用评级和信用报告。权威机构的信用评级与报告是公司了解客户的简捷路径。另外，商业信用数据库也将为公司信用分析提供相应的数据信息。

2）信用条件

信用条件是指公司要求客户支付赊销款项的条件，包括信用期限、折扣期限和现金折扣。信用期限是公司为客户规定的最长付款时间；折扣期限是为客户规定的可享受现金折扣的付款时间；现金折扣是在客户提前付款时给予的优惠。如销售合同中的“5/10，N/30”就是一项信用条件，它规定如果在发票开出后10日内付款，可享受5%的折扣；如果不想取得现金折扣，这笔货款必须在30日内付清。其中，30日为信用期限，10日为折扣期限，5%为现金折扣。提供比较优惠的信用条件能提高市场占有率，增加营业收入，但也会带来额外的负担，比如会增加应收账款的机会成本、坏账成本、现金折扣成本等。

公司在决定对客户应当核定多长的折扣期限，给予客户多大程度的现金折扣优惠时，必须将信用期限及加速收款所得到的收益与付出的现金折扣成本结合起来加以考虑。如果加速收款带来的收益能够充裕地弥补现金折扣成本，公司就可以采取现金折扣或进一步改变当前的信用条件；反之，现金优惠政策便是不恰当的。

3）信用条件备选方案分析与决策

符合不同信用标准的客户，公司给予的信用条件是不同的。公司在对客户提供信用并且规定相应的信用条件后，随着公司生产经营、竞争程度、市场等环境的不断变化，公司需要对信用条件中的某些规定进行修改和调整，并对改变条件的各个备选方案进行认真的评价和决策。

【例11-5】

某公司预测的年度赊销收入净额为1 200万元，其信用条件是：N/30，变动成本率为60%，年资本成本（或有价证券年利息率）为10%。假设公司固定成本总额不变，公司对客户可实施3个备选方案：

方案A：维持N/30的信用条件。

方案B：N/60。

方案C：N/90。

各个备选方案的赊销水平、坏账比率和收账费用等有关数据见表11-4。

表11-4 **信用条件备选方案** 金额单位：万元

项目 \ 方案	A（N/30）	B（N/60）	C（N/90）
①年赊销额	1 200	1 320	1 500
②应收账款周转率（次）	12	6	4
③应收账款平均余额（①÷②）	100	220	375
④维持赊销业务所需资金（③×变动成本率）	100×60%=60	220×60%=132	375×60%=225
⑤坏账损失	24	39.6	75
⑥坏账损失÷年赊销额	2%	3%	5%
⑦收账费用	12	15	46

根据上述资料，该公司对各个备选方案的信用条件进行分析与决策，见表11-5。

表11-5 **信用条件分析与决策** 单位：万元

项目 \ 方案	A（N/30）	B（N/60）	C（N/90）
①年赊销额	1 200	1 320	1 500
②变动成本（①×变动成本率）	720	792	900
③信用成本前收益（①-②）	480	528	600
④信用成本	42	67.8	143.5
应收账款机会成本	60×10%=6	132×10%=13.2	225×10%=22.5
坏账损失	24	39.6	75
收账费用	12	15	46
⑤信用成本后收益（③-④）	438	460.2	456.5

根据表11-5的资料可知，3个备选方案中，采用方案B（N/60）公司获利最多，它与方案A（N/30）相比增加收益22.2万元，与方案C（N/90）相比增加收益3.7万元。因此，在其他条件不变的情况下，公司应以方案B为最佳。

若公司选择了方案B，但为了加速应收账款的回收，公司将出台方案D，即“2/10，1/10，N/60”，估计约有40%的客户（按赊销额计算）将利用2%的折扣；10%的客户将利用1%的折扣。坏账损失率降为2%，收账费用降为13万元。根据上述资料，方案D有关指标可计算如下：

应收账款周转期=40%×10+10%×20+50%×60=36（天）

应收账款周转率=360÷36=10（次）

应收账款平均余额=1 320÷10=132（万元）

维持赊销业务所需要的资金=132×60%=79.2（万元）

应收账款机会成本=79.2×10%=7.92（万元）

坏账损失=1 320×2%=26.4（万元）

现金折扣=1 320×（2%×40%+1%×10%）=1 320×0.9%=11.88（万元）

根据上述计算结果，方案B、方案D相关指标对比见表11-6。

表 11-6 **信用条件分析与决策** 单位：万元

方案 项目	B （N/60）	D （2/10，1/20，N/60）
①年赊销额	1 320	1 320
减：现金折扣	—	11.88
②年赊销净额	1 320	1 308.12
③变动成本	792	792
④信用成本前收益（②-③）	528	516.12
⑤信用成本	67.8	47.32
应收账款机会成本	13.2	7.92
坏账损失	39.6	26.4
收账费用	15	13
⑥信用成本后收益（④-⑤）	460.2	468.8

上述结果表明，实行新的信用条件（方案D）后，公司收益增加8.6万元，因此，公司最终应选择方案D，方案D为最佳方案。

11.2.3 收账政策分析

1）收账政策

收账政策是指公司向客户收取逾期未付款的收账策略与措施。公司收账政策是通过一系列收账程序的组合来完成的。这些程序包括给客户打电话、发传真、发信、拜访、融通、采取法律行动等。

公司的信用政策影响着坏账损失，为了避免或减少坏账损失，提高收款的效率，公司对不同客户应制定相应的收款政策。一般公司为了扩大产品销售量，增强竞争能力，往往对客户的逾期未付款项规定一个允许拖欠的期限，超过规定的期限，公司就将进行各种形式的催收。如果公司制定的收账政策过宽，会导致逾期未付款的顾客拖延时间更长，对公司不利；收账政策过严，催收过急，又可能伤害无意拖欠的顾客，影响公司未来的销售和利润。因此，公司在制定收账政策时必须十分谨慎，做到宽严适度。

2）收账政策具体分析与决策

公司采用任何方式催收拖欠款，都要付出一定的代价，即收账费用。在一定的范围内，收账费用与坏账损失呈反向变动，收账费用适当增加，坏账损失率会相对减少，但二者并非直线线性关系。初始期，随着收账业务的展开，收账费用增加，坏账损失明显减少；以后，随着收账费用的逐渐增加，坏账损失继续减少，收账费用增加的幅度将小于坏账损失减少的幅度。到一定限度时，继续增加收账费用对坏账损失减少的影响就较小了，这个限度称为饱和点，为图11-3中的G点。

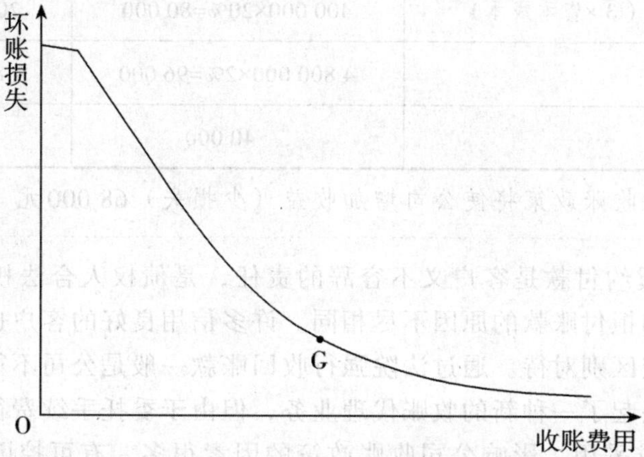

图11-3 坏账损失和收账费用的关系

在G点内，收账费用除与坏账损失有关外，与应收账款平均收回日数也有一定的关系。增加收账费用，将会减少应收账款平均收回日数。公司可以根据收账费用、坏账损失、应收账款的平均收回日数三者的关系，制定收账政策，或修改原有的收账政策。在进行收账政策决策时，遵循的原则是，所花费的收账费用必须小于回收应收账款的收益额。

【例11-6】

某公司现行收账政策和拟改变的收账政策见表11-7。

表11-7 收账政策备选方案

项目	现行收账政策	拟改变的收账政策
年赊销额（元）	4 800 000	4 800 000
应收账款周转天数（天）	30	15
年收账费用（元）	40 000	60 000
坏账损失率	2%	1%

假设同期资本成本为20%，两种收账政策分析评价见表11-8。

表 11-8 收账政策分析评价 金额单位：元

项目	现行收账政策	拟改变的收账政策
①年赊销额	4 800 000	4 800 000
②应收账款周转率（次数）（360÷周转天数）	360÷30=12	360÷15=24
③应收账款平均占用额（①÷②）	400 000	200 000
④坏账损失率	2%	1%
⑤收账成本	216 000	148 000
应收账款的机会成本（③×资本成本）	400 000×20%=80 000	200 000×20%=40 000
坏账损失（①×④）	4 800 000×2%=96 000	4 800 000×1%=48 000
年收账费用	40 000	60 000

因此，拟改变的收账政策将使公司增加收益（少损失）68 000元（148 000-216 000）。

从理论上讲，履约付款是客户义不容辞的责任，是债权人合法权益的体现。但实际上，每个客户拖欠和拒付账款的原因不尽相同。许多信用良好的客户也可能因某些原因无法如期付款，公司应区别对待。通过法院强行收回账款一般是公司不得已而为之的最后办法。国外一些国家兴起了一种新的收账代理业务，但由于委托手续费往往较高，许多经济实力较弱的公司很难采用。影响公司收账政策的因素很多，有可控因素，也有不可控因素，这就使得收账政策的制定更为复杂。一般而言，理想的收账政策应该是那种公司实施某种决策所带来的信用收益最大的政策。

11.2.4 应收账款的管理

完善信用管理部门职能，建立系统性的应收账款全过程管理体系非常重要；而完整的客户档案是信用管理的基础。客户档案应包括以下内容：客户基本资料、客户信用资料、赊销合同、以往交易记录等。信用管理部门依靠完整的客户资料评价和跟踪客户的信用状况，确定客户的信用额度，对逾期账款进行有效管理。客户档案应从与客户建立交易关系前就着手建立，并在客户关系的发展过程中及时补充和更新。

1）账龄分析

公司应收账款能否收回以及能收回多少，不一定完全取决于时间的长短，但一般来说，账款被拖欠的时间越长，发生坏账的可能性就越大。邓白氏一份调查数据显示，应收账款逾期的时间越长，追账的成功率就越低。当逾期时间为1个月时，追账成功率为93.80%，当逾期半年时，追账成功率急降至57.80%，而当逾期两年时，追账成功率只能达到13.50%。

账龄分析就是将所有赊销客户的应收账款的实际归还期编制成表，汇总反映其信用分类、账龄、比重、损失金额和百分比。

账龄分析表是显示应收账款在外天数（账龄）的报告，具体格式见表11-9。

表11-9　　　　20××年度账龄分析表

应收账款账龄	客户数量	应收金额（万元）	金额比例（%）
信用期内（一个月）	30	300	30
超过信用期一个月	15	200	20
超过信用期两个月	10	200	20
超过信用期三个月	5	100	10
超过信用期半年	3	100	10
超过信用期一年	2	50	5
超过信用期两年	1	30	3
超过信用期三年以上	5	20	2
合计		1 000	100

通过表11-9可分析如下：①尚在信用期内欠账。由于这部分款项没有超过信用期，属正常欠款，但到期后能否收回，还应具体分析，故应及时监控。②已超过信用期欠账。应分析超过时间不等的款项各占多少比例，有多少欠款最终形成坏账。表11-9显示，有700万元的应收账款已超过信用期，所占比例为70%，拖欠时间较短（如1个月内）的有200万元，所占比例为20%，其收回的可能性相对较大；账龄越长的款项，其坏账的可能性越大。公司应针对不同客户采取相应的收账方法，制定经济可行的收账政策，防止出现不良债权。此外，应借助账款逾期率、账款回收周期、账龄结构、坏账率等财务比率进行客户信用风险分析。

实际业务中，可以通过比较的方式，对应收账款账龄和客户的信用质量实施过程监控和评价。以下是WW公司对两个客户的账龄及其信用分析的简要过程，详见表11-10。

表11-10　　　　WW公司账龄分析比较表（客户A、B）

客户 应收账款账龄	客户A		客户B	
	应收账款数额（元）	结构（%）	应收账款数额（元）	结构（%）
0～10天	1 300 000	86.10	800 000	53.00
11～30天	200 000	13.20	350 000	23.20
31～45天	10 000	0.70	180 000	11.90
46～65天	0	0.00	120 000	7.90
65天以上	0	0.00	60 000	4.00
应收账款总计	1 510 000	100.00	1 510 000	100.00

通过表11-10得知，尽管A、B两客户的应收账款总额相同，但客户B的平均账龄远高于客户A，表明其发生坏账的可能性要高于客户A。如果两个客户的信用条件相同，说明WW公司对客户B在应收款管理方面存在某些漏洞，比如对客户的信用分析不够，导致较多的低信用客户享受到不该享受的商业信用，或者WW公司在收账政策上过于宽松，导致一些逾期款项无法及时收回等。

2）日常管理

应收账款发生后，公司应当制定各种控制措施，尽量按时回收款项，防止坏账呆账的出现。其具体措施包括：

（1）确定合理的收账程序。催收账款的程序一般是：信函通知、电话催收、派员面谈、法律行动。当顾客拖欠账款时，要先给顾客发一封有礼貌的通知信件；接着，可寄出一封措辞较直率的信件；进一步则可通过电话催收；如果再无效，公司的收账员可直接与顾客面谈，协商解决；如果谈判不成，就只好交给公司的律师采取法律行动。

（2）确定合理的收账方法。客户拖欠货款的原因比较多，但可以概括为两类：无力偿还和故意拖欠。无力偿还是指顾客因经营管理不善，财务出现困难，没有资本偿还到期债务，对这种情况要进行具体分析。如果客户确实遇到暂时困难，经过努力可以东山再起，公司应该帮助客户渡过难关，以便收回较多的账款；如果客户遇到严重困难，已达到破产界限，无法恢复活力，则应及时向法院起诉，以期在破产清算时得到债权的部分清偿。故意拖欠是指客户虽然有能力付款，但为了无偿使用或其他目的而想方设法不付款。这时则需要确定合理的收账方法，以达到回笼货款的目的。目前采取收账公司追账的方式比较可行。特别是涉及海外应收账款时，往往会出现时差、语言障碍、商业程序等问题。聘请专门的追账公司，会弥补公司在经验方面的不足。目前追账公司追账主要有两种方式：当公司成为追账公司会员时，交纳一定的会员费即可；对于非会员来讲，则需要交纳一定的手续费。当应收账款追回时，公司与收账公司双方分成。分成比例根据应收账款追收难度的大小确定。

【学思践悟】 建设社会信用体系有何价值？

信用是市场经济的基石。构建诚实守信的社会氛围，形成和维护良好的社会信用秩序，能够推动社会主义市场经济的发展。国务院2014年颁布了《社会信用体系建设规划纲要（2014—2020）》，开启了社会信用体系建设的新阶段。

加快推进社会信用体系建设，具有鲜明的时代特征和重大的现实意义。诚信，对个人而言，是立足于社会的通行证，也是我们做人的基本准则。一个人一旦失信，不仅会损害自己的声誉，而且会影响到消费、理财等生活各个方面。信用，对企业而言，是企业的立业之本，既是创业者成功创业的秘诀，又是守业的根本。企业失信，会影响企业的日常经营和企业声誉，严重时甚至会遭到政府部门联合惩戒，威胁到企业的生存和发展。对社会而言，信用是良好社会秩序的保证。加强以信用为核心的事中、事后监管，可以保障市场规范有序运行。

加快推进社会信用体系建设，是完善社会主义市场经济体制的重要基础。市场经济本质上是信用经济。要完善社会主义市场经济体制，充分发挥市场在资源配置中的决定性作用，必须建立健全社会信用体系，打造良好的市场信用环境。其次，加快社会信用体系建设是加强和创新社会治理的重要举措。通过褒扬诚信，惩戒失信，不断提高社会公共生活的透明度，可以有效降低社会交往的风险和成本，减少社会生活中的矛盾和冲突，为社会治理奠定良好的微观基础。总之，社会信用体系的建设对于国家治理体系和治理能力现代化的实现，完善社会主义市场经济体制以及调动凝聚社会力量都有着十分重要的意义。

11.3　存货管理

11.3.1　存货的概念及管理目标

1）存货的概念

存货是指企业在日常活动中持有以备出售的产成品或商品、处在生产过程中的在产品、在生产过程或提供劳务过程中耗用的材料或物料等，包括各类材料、在产品、半成品、产成品或库存商品以及包装物、低值易耗品、委托加工物资等。一般情况下，企业的存货包括下列三种类型的有形资产：第一，在正常经营过程中存储以备出售的存货。这是指企业在正常的经营过程中处于待销状态的各种物品，如工业企业的库存产成品及商品流通企业的库存商品。第二，为了最终出售正处于生产过程中的存货。这是指为了最终出售但目前处于生产加工过程中的各种物品，如工业企业的在产品、自制半成品以及委托加工物资等。第三，为了生产供销售的商品或提供服务以备消耗的存货。这是指企业为生产产品或提供劳务耗用而储备的各种原材料、燃料、包装物、低值易耗品等。

2）存货管理的目标

企业进行存货管理的目标主要有以下两个方面：

（1）保证生产和销售的正常进行

一般来说，企业的原材料购买、生产进度安排以及产品的销售在数量上和时间上难以保持绝对的平衡。因此，企业持有一定的存货可使生产和销售环节具有弹性，不会因物资短缺而导致生产和销售中断。否则，企业可能会失去现在甚至将来的销售机会。

（2）降低存货成本

企业持有存货是为了保证生产和销售的需要，但是过多的存货则占用较多资金，并会增加仓储费、保险费、破损费等各项开支，因此，存货管理的目标就是要加强存货的规划和控制，在保证生产和销售需要的前提下，使存货保持最优水平，最大限度地降低存货成本，提高经济效益。

11.3.2　存货的成本

虽然存货管理不直接隶属于财务经理的职责范围，但是，在存货上的资金投资却是财务管理的重要组成部分，财务经理必须掌握控制存货的各种有效方法，以达到资本的有效配置。存货的成本包括以下三项：

1）取得成本（TC_a）

取得成本是指为取得某种存货而支出的成本，包括订货成本和购置成本两类。

（1）订货成本。订货成本是指取得订单的成本，比如办公费、差旅费、邮资、电报费、电话费支出。订货成本中有一部分与订货次数无关，比如常设采购机构的基本开支等，称为订货的固定成本，用F_1表示。另一部分与订货次数有关，如差旅费、邮资等，称为订货的变动成本。每次订货的变动成本用K表示；订货次数等于存货年需要量D与每次进货量Q之商（D/Q）。订货成本的计算为：

$$订货成本 = D/Q \times K + F_1 \tag{11.10}$$

（2）购置成本。购置成本是指存货本身的价值，经常用数量（D）与单价（U）的乘积来确定。年需要量用D表示，于是购置成本为DU。

订货成本加上购置成本就等于存货的取得成本，可用公式表达为：

$$TC_a = F_1 + D/Q \times K + DU \tag{11.11}$$

2）储存成本（TC_c）

储存成本是指为保持存货而发生的成本，包括存货占用资本应计的利息（若公司用现有现金购买存货，便失去了将现金存放于银行或投资于证券本应取得的利息，称为“放弃利息”；若公司借款购买存货，便要支付利息费用，称为“付出利息”）、仓库费用、保险费用、存货破损和变质损失等，通常用TC_c来表示。

储存成本也分为固定成本和变动成本。固定成本与存货数量的多少无关，如仓库折旧、仓库职工的固定月工资等，常用F_2表示。变动成本与存货的数量有关，如存货资本的应计利息、存货的破损和变质损失、存货的保险费用等，单位成本用K_c表示。储存成本可用公式表达为：

$$TC_c = F_2 + K_c \times Q/2 \tag{11.12}$$

3）短缺成本（TC_s）

短缺成本指由于存货供应中断而造成的损失，包括材料供应中断造成的停工损失、产成品库存短缺造成的拖欠发货损失和丧失销售机会的损失（还应包括需要主观估计的商誉损失）；如果生产公司以紧急采购代用材料解决库存材料中断之急，那么短缺成本表现为紧急额外购入成本（紧急额外购入的开支会大于正常采购的开支）。短缺成本用TC_s表示。

如果以TC来表示储备存货的总成本，则它的计算公式为：

$$TC = TC_a + TC_c + TC_s = F_1 + D/Q \times K + DU + F_2 + K_c \times Q/2 + TC_s \tag{11.13}$$

公司存货的最优化，即使上式总成本TC最小。

11.3.3 存货预测与控制

存货预测与控制方法主要有经济订货批量模型、存货ABC分析法、适时供应系统等。

1）经济订货批量模型

经济订货批量是指通过平衡采购进货成本和保管仓储成本，以实现总库存成本最低的最佳订货量。确定经济订货批量模型的假设条件主要是：（1）公司能够及时补充存货，所需存货市场供应充足，在需要存货时，可以立即到位。（2）存货集中到货，而不是陆续入库。(3) 不允许缺货，即无缺货成本。(4) 一定时期的存货需求量能够确定，即需求量为常量。(5) 存货单价不变，不考虑现金折扣，单价为已知常量。(6) 公司现金充足，不会因现金短缺而影响进货。在设定上述条件后，存货相关总成本的公式简化为：

$TC = TC_a + TC_c$

即：$TC = F_1 + \frac{D}{Q}K + DU + F_2 + K_c\frac{Q}{2}$　(11.14)

经济批量：$Q^* = \sqrt{\frac{2KD}{K_c}}$　(11.15)

经济批量下的存货总成本：$TC(Q^*) = \sqrt{2KDK_c}$　(11.16)

最佳订货次数：$N^* = \frac{D}{Q} = \sqrt{\frac{DK_c}{2K}}$　(11.17)

最佳订货周期：$t^* = \frac{1}{N}$　(11.18)

经济批量占用的资金：$I^* = \frac{Q^*}{2} \times U$　(11.19)

式中，TC表示存货总成本；D表示存货年需要量；Q表示每次进货批量；K表示每次订货的变动成本；K_c表示存货的单位储存变动成本；F_1表示订货固定成本；F_2表示储存固定成本；U表示单位购置成本。

根据以上存货经济批量的基本模型，即可对公司各项存货（原材料、在产品等）的采购、投产等批量进行决策。

【例11-7】

德博化工厂生产所需A材料的年度采购总量为180 000千克，材料单价为500元，一次订货成本为240元，每千克材料的年平均储存成本为0.60元。根据上述资料，存货决策如下：

(1) A材料的经济采购批量：12 000千克。

(2) A材料年最佳采购次数：N^*=180 000÷12 000=15（次）

(3) 经济采购批量下的最低总成本：7 200元。

不同采购批量下的相关成本见表11-11。

表11-11　不同采购批量下的相关成本　金额单位：元

采购批量（千克）	采购批次（次）	年订货成本	平均储存量（千克）	年储存成本	存货总成本
(1)	(2) =180 000÷ (1)	(3) = (2) ×240	(4) = (1) ÷2	(5) = (4) ×0.60	(6) = (3) + (5)
9 000	20	4 800	4 500	2 700	7 500
10 000	18	4 320	5 000	3 000	7 320
12 000	15	3 600	6 000	3 600	7 200
15 000	12	2 880	7 500	4 500	7 380
18 000	10	2 400	9 000	5 400	7 800

表11-11的结果表明，当采购批量为12 000千克时，年存货总成本最低，则该采购批量即为经济采购批量。通过进一步分析还可以看出，当某一订货批量的年订货成本等于年储存成本时，存货总成本最低，即在经济订货批量下，年订货成本与年储存成本相等。

一般情况下，公司的存货不能做到随时补充，因此不能等存货用光再去订货，而需要在没有用完时提前订货。在提前订货的情况下，公司再次发出订单时，尚有存货的库存量，称为再订货点，它的数量等于交货时间和每日平均需用量的乘积。假设公司订货日至到货期的时间为10天，每日存货需用量为10千克，则经济订货点的采购量为100千克（10×10），即公司尚存100千克存货时，就应当再次订货，等到下批订货到达时（再次发出订单10天后），原有库存刚好用完。此时有关存货的每次订货批量、订货次数、订货间隔时间等并无变化，与瞬时补充时相同。这就是说，订货提前期对经济订货批量并无影响，可仍以原来瞬时补充情况下的300千克为订货批量，只不过在达到再订货点（库存100千克）时即发出订货单罢了。交货时间与经济订货点的关系如图11-4所示。

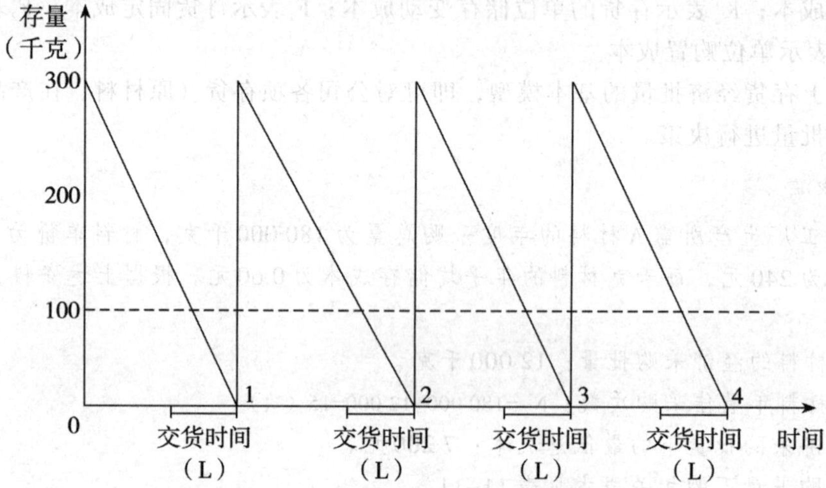

图11-4　交货时间与经济订货点关系图

2）存货ABC分析法

存货管理的ABC分析法是意大利经济学家巴雷特于19世纪首创的，以后经过不断的发展与完善，现已被广泛用于现代公司的存货管理与控制。ABC分析法是对存货各项目（如原材料、在产品、产成品等）按种类、品种或规格分清主次，并进行重点控制的方法。ABC分析法的操作步骤如下：第一，计算每一种存货在一定期间内（通常为1年）的资金占用额。第二，计算每一种存货资金占用额占全部资本占用额的百分比，并按大小顺序排列，编成表格。第三，将存货占用资金巨大、品种数量较少的确定为A类；将存货占用资金一般、品种数量相对较多的确定为B类；将存货品种数量繁多，但价值金额较小的确定为C类。第四，先对A类存货进行重点规划和控制，然后对B类存货进行次重要管理，最后对C类存货实行一般管理。

【例11-8】

某公司生产所需20种材料共占用材料资本100万元。其中：A类材料2种（10%比重），价值量占60%；B类材料4种（20%比重），价值量占20%，C类材料14种（70%比重），价值量占20%。存货ABC分析法具体如图11-5所示。

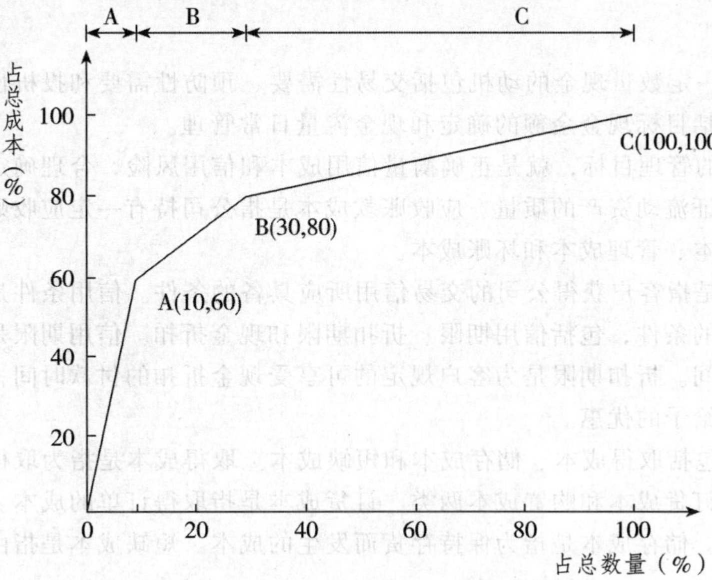

图11-5　存货的ABC分析法

通过对存货进行A、B、C分类，可使公司分清主次，并采取相应的措施进行有效的管理和控制。从财务管理的角度来看，A类存货种类虽然较少，但占用资本较多，应集中精力，对其经济批量进行认真规划，实施严格控制；C类存货虽然种类繁多，但占用资本很少，不必耗费过多的精力分别确定其经济批量，也难以实行分品种或分大类控制，因此可凭经验确定进货量；B类存货介于A类和C类之间，也应给予相当的重视，但不必像A类那样进行非常严格的规划和控制，管理中应根据实际情况采取灵活措施。

3）适时供应系统

适时供应系统（just-in-time，JIT），是指公司在生产自动化的情况下，合理规划并大大简化生产和销售过程，使从原材料进厂到产成品出厂进入市场的每个环节都能够紧密衔接，使整个公司生产经营的各个环节能够像钟表一样相互协调、准确无误地运转，从而达到降低产品成本，全面提高产品质量、劳动生产率和综合经济效益的目的的先进管理系统。它的核心思想是减少公司存货，减少浪费，降低成本，最终增加公司利润，强化公司的竞争地位。

在工艺流程中，适时供应思想是公司将存货恰好在需要时取得并且投入流程，使得生产准备成本最小，经济订货批量下降，存货占用资本量较低。因此要求公司具有高效的采购计划，极为可靠的供应商以及有效的存货处理系统，并可通过计算机网络获得即时信息，从而有利于适时供应思想成为现实。

原材料库存可以通过提高内部管理效率来降低，同时，与可靠供应商的合作，对于降低原材料库存至关重要；提高内部物流管理效率可以达到减少在产品资金占用的目标；对于产成品存货而言，受到客户满意程度的影响，适销对路必然会减少库存。适时供应将导致较快的生产流程，要求管理者一方面降低存货水平，另一方面防止缺货成本的发生，实现最佳的存货占用水平。

【本章小结】

1.公司置存一定数量现金的动机包括交易性需要、预防性需要和投机性需要。现金管理的主要内容包括目标现金余额的确定和现金流量日常管理。

2.应收账款的管理目标，就是正确衡量信用成本和信用风险，合理确定信用政策，及时回收账款，保证流动资产的质量。应收账款成本是指公司持有一定应收账款所付出的代价，包括机会成本、管理成本和坏账成本。

3.信用标准是指客户获得公司的交易信用所应具备的条件。信用条件是指公司要求客户支付赊销款项的条件，包括信用期限、折扣期限和现金折扣。信用期限是公司为客户规定的最长付款时间。折扣期限是为客户规定的可享受现金折扣的付款时间；现金折扣是在客户提前付款时给予的优惠。

4.存货成本包括取得成本、储存成本和短缺成本。取得成本是指为取得某种存货而支出的成本，包括订货成本和购置成本两类。订货成本是指取得订单的成本。购置成本是指存货本身的价值。储存成本是指为保持存货而发生的成本。短缺成本是指由于存货供应中断而造成的损失。

5.经济订货批量是在各种假设条件下，确定存货总成本最低时的订货批量，以及经济批量下的存货总成本、最佳订货次数、最佳订货周期以及经济批量占用的资本等数学模型。

【复习思考】

1.企业持有现金的目的是什么？

2.在成本分析模式和存货模式下，企业持有现金的成本分别包括哪些内容？

3.如何根据现金周转期来确定最佳现金持有量？

4.企业应怎样控制现金支出？

5.应收账款成本包括哪些内容？

6.什么是5C评估法？

7.企业在制定赊销条件时应考虑哪些因素？

8.企业应如何对收账政策进行分析和决策？

9.什么是账龄分析表？应如何采用该方法帮助管理者更有效地管理应收账款？

10.存货成本包括哪些内容？

11.存货经济订货批量模型包括哪些假设？

12.如何确定存货经济订货批量？

13.如果您是某公司的CFO，您认为应如何加强对公司现金的管理和控制，建立健全现金的内部控制制度，以确保经营管理活动合法有效？

14. 信用标准变化与销售额、坏账损失、应收账款的机会成本以及收益之间存在一定的内在联系，实践中信用标准变化还会影响公司哪些重要指标？公司在实施商业信用时，应如何规避信用风险？实践中5C评估法有何局限性？

第11章自测题　　第11章计算业务题　　第11章案例分析题

第12章

流动负债管理

【学习目标】

1. 了解短期借款的种类及信用条件；
2. 掌握短期借款成本的计算；
3. 熟悉短期借款融资的优缺点；
4. 了解发行短期融资券的相关规定及融资特点；
5. 掌握商业信用筹资方式及特点。

【本章主要内容导图】

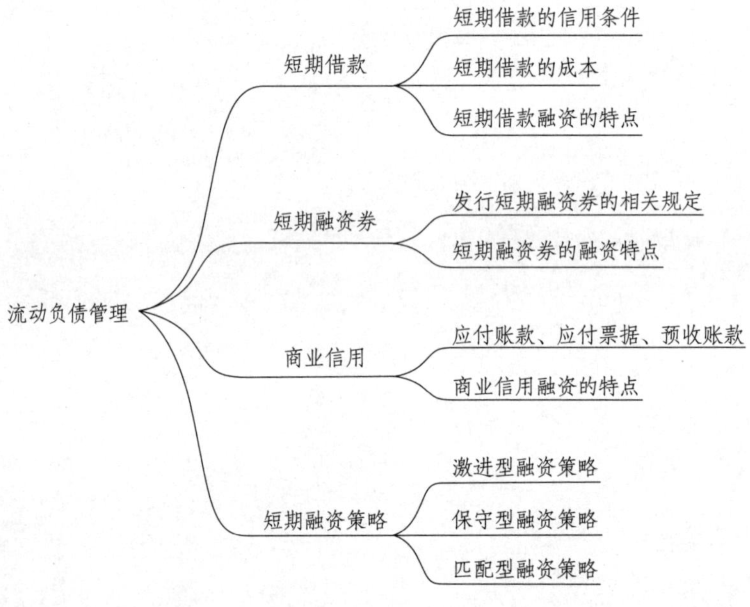

【引导案例】

中储发展股份有限公司2022年度第一期超短期融资券成功发行。本期债券发行期限270天，发行规模10亿元，认购倍数2.47倍，票面利率2.80%，综合成本3.04%。综合成本创公司债券历史发行成本新低。本次发行吸引了银行、证券公司、基金管理公司及其他非银行金融机构等众多投资者踊跃参与。超短期融资券是指具有法人资格、信用评级较高的非金融企业在银行间债券市场发行的，期限在270天以内的短期融资券。超短期融资券的推出丰富了企业直接债务融资渠道，增强了企业短期融资的灵活性和便利性，有利于解决我国社会融资长期存在着的直接融资比重偏低、股权融资与债权融资比重结构失衡的问题，降低了银行系统承担的风险。

资料来源：佚名．中储股份成功发行2022年第一期超短期融资券［EB/OL］.（2022-04-24）. http：// bank.stockstar.com/CP2022042400004599.shtml.

流动负债是指需要在1年或者超过1年的一个营业周期内偿还的债务，又称短期债务。它是支持企业流动资产的资金来源，特别是为流动资产中临时性、季节性增长进行融资的主要工具，流动负债的内容主要包括短期借款、短期融资券和商业信用等。

12.1　短期借款

短期借款是指企业向银行或其他非银行金融机构借入的期限在1年以内的借款，主要用于满足企业流动资金周转的需要。短期借款可以随企业的需要安排，便于灵活使用，但其突出的缺点就是短期内需要偿还，且可能会附带很多附加条件。

12.1.1　短期借款的信用条件

银行等金融机构对企业贷款时，通常会附带一定的信用条件。

1）信用额度

信用额度是指银行和债务人之间达成的一种协议，它规定银行愿意借给客户的最高贷款额。信用额度的有效期限通常为1年。一般情况下，企业在信用额度有效期内，可随时申请使用信用额度内的借款。但是，银行并不承担必须提供全部信用额度的义务。如果企业信誉恶化，或者银行资金紧张，即使在信贷额度内，企业也可能得不到借款，银行并不为此承担法律责任。

2）周转信贷协议

周转信贷协议是指银行具有法律义务地承诺提供不超过某一最高限额贷款的协议。在协议的有效期内，不论企业的财务状况如何，只要企业满足贷款协议的规定，银行就有义务满足企业的借款要求。通常企业除了要支付借款的利息外，还要对贷款限额内未动用的信贷额度给银行一笔承诺费，这是对银行在协议有效期保证企业随时使用贷款限额的补偿。

【例12-1】

假设公司与银行签有周转信贷协议，贷款的最高限额是5 000万元，利率为5%，承诺费率为0.5%，公司年初借入4 000万元，年底偿还，剩余1 000万元未使用，则该信贷额度贷款的总成本为：

借款的利息费用=4 000×5%=200（万元）

对贷款额度未使用部分支付的承诺费=1 000×0.5%=5（万元）

总成本=200+5=205（万元）

3）补偿性余额

补偿性余额是银行要求借款企业在银行中保持占贷款限额或实际借用额的一定百分比（一般为10%～20%）的最低存款余额。从银行的角度讲，补偿性余额可降低贷款风险；从借款企业的角度讲，补偿性余额则提高了借款的实际利率。

【例12-2】

某公司向银行借款400万元，年利率为6%，借款期限为1年，银行要求保留10%的补偿性余额，则该公司实际可用的借款只有360万元（400−400×10%），此时，该借款的实际利率计算为：

$$实际利率 = \frac{400 \times 6\%}{400 \times (1 - 10\%)} \times 100\% \approx 6.67\%$$

4）借款抵押

为了降低风险，银行发放贷款时往往需要有担保，比如第三方依法提供担保，承诺在借款人不能偿还贷款本息时，第三方按规定承担连带责任；或者要求以借款人的财产作为抵押物，比如不动产、机器设备、交通工具等实物资产，可以是土地使用权，股票、债券等有价证券，借款人不能偿还贷款本息时，银行有权处置抵押财产。

5）其他承诺

银行有时还要求企业为取得贷款而做出其他承诺，如及时提供财务报表，保持适当的债务水平等，如果企业违背所做出的承诺，银行可要求企业立即偿还全部贷款。

12.1.2 短期借款的成本

对融资企业而言，短期借款的成本主要包括利息、手续费等。银行给企业的贷款利率通常与宏观经济环境、利率政策及借款企业情况密切相关。大多数商业贷款的利率及利息支付方式通过借贷双方协商确定，下面举例说明不同的利息支付方式对实际利率的影响。

1）收款法

收款法又称利随本清法，是在借款到期时向银行支付利息的方法，采用这种方法，借款的名义利率等于实际利率。

2）贴现法

贴现法是银行向企业发放贷款时，要求借款人在期初支付利息。由于借款人得到贷款之初银行就将利息扣除，借款企业得到的实际资金金额小于贷款面额，则贷款的实际利率高于银行的名义利率。

【例12-3】

某公司2023年1月从银行取得一笔200万元的借款，期限为1年，年利率（名义利率）为5%，按贴现法付息，则：

$$借款实际利率=\frac{200 \times 5\%}{200 \times (1 - 5\%)} \times 100\% \approx 5.26\%$$

3）加息法

加息法是分期等额偿还贷款时的一种利息收取方法。在分期等额偿还贷款的情况下，银行将根据名义利率计算的利息加到贷款本金上，计算出贷款的本息和，要求借款人在贷款期内分期偿还本息之和的金额。由于贷款分期均衡偿还，借款人实际上只平均使用了借款本金的50%，却支付全额利息。这样，借款人负担的实际利率便会高于名义利率大约一倍。

【例12-4】

某公司2023年1月借入年利率为6%（名义利率）的贷款50万元，分12个月等额偿还本息，则该项借款的实际利率为：

$$借款的实际利率=\frac{50\times 6\%}{50\div 2}\times 100\%=12\%$$

12.1.3　短期借款融资的特点

与长期借款相比，短期借款融资具有以下优点：（1）融资速度快。由于长期借款的时间长、风险大，债权人出于安全性考虑，往往要对债务人进行全面的财务调查，因而融资所需时间一般较长且不易取得。短期借款在较短时间内即可归还，故债权人顾虑较少，因此获得短期借款较长期借款更容易且迅速。（2）融资富有弹性。长期借款的债权人为保护自身利益，通常会在贷款协议中加入很多限制性条款。而短期借款的限制条件较少，使融资企业使用短期借款资金较为灵活，富有弹性。（3）融资成本较低。一般而言，由于期限较短，短期借款利率低于长期借款利率。

短期借款融资的缺点表现在：（1）融资风险较高。由于短期借款需要在短期内偿还，如果企业资金安排不当，无力支付到期债务，则企业极易陷入财务危机。此外，短期借款利率波动风险较高，利率水平有时甚至会超过长期借款利率。（2）融资数量有限。由于短期借款主要用于解决企业临时性资金需求，通常银行借出的数额不会太高。

12.2　短期融资券

短期融资券是指具有法人资格的非金融企业在银行间债券市场发行的，约定在1年内还本付息的债务融资工具。通过发行短期融资券，企业可以便捷、低成本的方式进入银行间债券市场进行融资，实现融资渠道多元化，避免企业对银行借款的过度依赖。与发行股票和企业债券相比，短期融资券能有效节省融资成本。而且，发行短期融资券的速度比发行股票或企业债券要迅速得多，这相对节省了企业很多时间和精力。

12.2.1　发行短期融资券的相关规定

在我国，发行短期融资券要符合《银行间债券市场非金融企业债务融资工具管理办法》的相关规定。

（1）发行主体。在我国，短期融资券的发行主体是具有法人资格的非金融企业（以下简称“企业”）。

（2）发行方式。企业发行债务融资工具应由在中国境内注册且具备债券评级资质的评级机构进行信用评级，应由金融机构承销。企业可自主选择主承销商。需要组织承销团的，由主承销商组织承销团。

（3）发行价格。债务融资工具发行利率、发行价格和所涉费率以市场化方式确定，任何商业机构不得以欺诈、操纵市场等行为获取不正当利益。债务融资工具投资者应自行判断和承担投资风险。

（4）发行管理。企业发行债务融资工具应在中国银行间市场交易商协会（以下简称“交易商协会”）注册，在中央国债登记结算有限责任公司（以下简称“中央结算公司”）登记、托管、结算。应在银行间债券市场披露信息。信息披露应遵循诚实信用原则，不得有虚假记载、误导性陈述或重大遗漏。交易商协会依据相关规定对债务融资工具的发行与交易实施自律管理。全国银行间同业拆借中心负责债务融资工具交易的日常监测，每月汇总债务融资工具交易情况向交易商协会报送。

12.2.2 短期融资券融资的特点

1）短期融资券融资的优点

短期融资券融资的优点表现为：（1）相对于发行股票和企业债券而言，短期融资券的融资成本低，融资速度快。（2）相对于银行借款而言，短期融资券一次性融资数额比较大。短期融资券的票面利率明显低于企业债券的票面利率，所以其发行额也远远大于企业债券，成为受企业青睐一种短期融资方式。

2）短期融资券的缺点

短期融资券融资的缺点主要表现为：（1）融资风险较大。短期融资券期限短，作为债务融资方式到期必须偿还，一般没有延期的可能。如到期不能偿还，将导致企业陷入财务困境。（2）发行短期融资券的条件比较严格。并不是任何企业都能发行短期融资券，只有具备一定的信用等级的实力强的企业，才能发行短期融资券融资。

【学思践悟】 短期融资券的退出与重启

1989年，人民银行下发《关于发行短期融资券有关问题的通知》（银发〔1989〕45号），肯定了各地为弥补短期流动资金贷款的不足而发行短期融资券的做法。但大量的未兑付短期融资券使商业银行的信贷资金流失，政策运行的结果与预期完全相反，这些都表明制度的设计不够合理，且制度未能贯彻落实，使运行结果与初衷违背。1997年央行中止了短期融资券的审批发行。2005年为了货币市场的进一步发展，拓展企业直接融资渠道，央行正式颁布《短期融资券管理办法》以及《短期融资券承销规程》、《短期融资券信息披露规程》，允许符合条件的企业在银行间债券市场发行短期融资券。在发行登记托管、交易结算兑付、信息披露、监督管理等方面做出了规定，允许符合条件的企业采用备案制在银行间债券市场发行短期融资券，为企业提供了一种新的直接融资手段，由此非金融企业发行短期融资券重登历史舞台。

党的二十大报告中也提出“健全资本市场功能，提高直接融资比重”，可以看出提高直接融资比重对于发展现代经济体系、优化金融结构具有重要意义。通过拓宽融资渠道、促进资本市场发展和提高企业治理水平，直接融资可以更好地满足企业融资需求，促进经济的稳定和可持续发展。

资料来源：百度百科.短期融资券［EB/OL］.［2022-12-31］.https://baike.baidu.com/item/%E7%9F%AD%E6%9C%9F%E8%9E%8D%E8%B5%84%E5%88%B8/11027758?fr=aladdin.

12.3　商业信用

商业信用融资是指在企业间的商品交易中，以延期付款或预收货款的方式进行资金结算而形成的资金借贷关系，它是企业间的直接信用行为。由于商业信用产生于企业经常发生的商品购销活动之中，因而应用广泛，在短期负债融资中占有相当大的比重。商业信用的具体形式有应付账款、应付票据和预收账款等。

12.3.1　应付账款

应付账款是指买方企业购买商品不立即支付货款，而是在到货一段时间后才付款。这是卖方企业给买方企业提供的一种商业信用。对于卖方企业来说，可以利用这种方式促销，而对于买方企业来说，延期付款则等于向卖方企业借用资金购进商品，以满足短期资金的需要，所以应付账款就成为企业短期资金的来源，而且它随着公司的采购而自发产生，是非常灵活的短期融资方式。

企业在一定时期应付账款融资额度的大小不仅与企业生产经营状况有关，也与供应商（卖方企业）提供的信用条件有关。通常信用条件包括两种：（1）只规定信用期，不提供现金折扣，如“N/30”，表示购货方必须在信用期限（30天）内支付货款，且无现金折扣；（2）在提供信用期限的同时又提供了现金折扣和现金折扣期，如“2/10，N/30”，表示如在10天内付款享受2%的现金折扣，如在10～30天内付款，则必须支付全额价款，允许购货方支付价款的最长期限是30天。供应商在信用条件中规定现金折扣，目的主要在于加速资金回收。买方企业决定是否享受现金折扣时则需认真考虑，因为放弃现金折扣的成本通常较高。

1）放弃现金折扣的信用成本

如果买方企业购买商品后在卖方规定的折扣期内付款，可以获得免费信用，这种情况下企业没有因为取得延期付款而付出代价。例如，某应付账款的信用条件是“2/10，N/30”，如果买方在10天内付款，可获得2%的折扣，即获得免费信用；如果买方在10～30天内付款，则无现金折扣，买方延长付款期是以放弃现金折扣为代价的。下面举例说明企业放弃现金折扣的成本。

【例12-5】

假设某供应商向甲公司提供了“2/10，N/30”的付款条件。甲公司每年从供应商那里购买了价值为1 000万元的电子零件，一年按360天计算。如果你手头没有现金能够在10天之内支付给供应商来获得2%的折扣，那么，放弃现金折扣的成本是多少？

如果甲公司在第10天付清货款，则可以享受现金折扣20万元（1 000×2%），付款额为980万元（1 000−20）。如果甲公司不在10天内付款，而是选择将980万元再多使用20天，则放弃现金折扣的成本率计算如下：

$$\frac{20}{980}\times\frac{360}{20}\times 100\%\approx 36.73\%$$

一般而言，放弃现金折扣的信用成本可按照以下公式计算：

$$放弃现金折扣的信用成本=\frac{现金折扣百分比}{1-现金折扣百分比}\times\frac{360}{信用期-折扣期}\times 100\% \quad (12.1)$$

我们可以利用公式（12.1）来算出，在各种不同的信用条件下，当企业放弃现金折扣时，它所负担的隐含利息成本，见表12-1。

表12-1 **不同信用条件下隐含的利息成本**

信用条件	隐含利息成本
1/10，N/20	36%
1/10，N/30	18%
2/10，N/20	73%
2/10，N/30	37%

2）放弃现金折扣的信用决策

企业放弃应付账款现金折扣的原因，可能是企业资金暂时缺乏，如果企业可以从银行或其他来源取得资金，而且利率低于放弃现金折扣的信用成本，就不应该放弃现金折扣而增加应付账款，换句话说就是应该享受现金折扣，在折扣期付款。如果企业有临时性短期投资，其投资收益率高于放弃现金折扣的信用成本，则企业应当放弃现金折扣。

12.3.2 应付票据

应付票据是指企业在商品购销活动和对工程价款进行结算时，因采用商业汇票结算方式而发生的一种商业信用形式。根据承兑人的不同，商业汇票分为商业承兑汇票和银行承兑汇票两种。无论是商业承兑汇票还是银行承兑汇票，都可以看作购货方先收货后付款的一种融资方式。应付票据的融资期限具体可由供销双方协商确定。应付票据可以带息，也可以不带息，其利率一般低于银行贷款利率。但应付票据到期必须兑付，如果延期兑付就要支付罚金，所以债务风险较大。

12.3.3 预收账款

预收账款是卖方企业在交付货物之前向买方预先收取部分或全部货款以取得资金的信用形式。与前面两种形式不同，这是由买方向卖方提供商业信用的一种形式，对于买方来讲，预收账款相当于向卖方借用资金后用货物抵偿。预收账款一般用于生产周期长、资金需要量大的专用设备和市场紧俏商品销售。

12.3.4 商业信用融资的特点

商业信用融资的优点表现为：（1）容易取得。商业信用的载体是商品购销行为，是在购销活动中自然产生的一种持续性的信贷形式。（2）灵活性高。利用商业信用融资，企业可以根据需要选择融资的金额和期限，如果在信用期内不能付款或交货，还可以同客户协商，请求展期。商业信用融资限制条件较少，也有利于公司自主安排资金。（3）不用提供担保。通常，商业信用融资不需要第三方担保，也不要求融资企业用资产进行抵押。

商业信用融资的缺点表现为：（1）融资期限较短。商业信用筹集的资金只能用于企业短期资金的周转使用，对企业的现金流管理要求较高。如果商业信用融资使用不当，会造成企业信誉恶化。（2）放弃现金折扣的机会成本较高。在附有现金折扣条件的应付账款融资方式下，放弃现金折扣的成本较高。

12.4　短期融资策略

一般而言，短期融资与流动资产的资金融通有关。大多数企业所从事的生产经营活动都有季节性和循环性。比如建筑业企业的生产经营高潮出现在春夏两季，羽绒服企业在冬季产生销售旺季，旺季时企业的存货、应收账款等流动资产水平会大大提高，资金需要量也随之增加；而淡季时，存货、应收账款等水平会大大下降，但是企业也会保持一部分流动资产，这就是通常所指的永久性流动资产，其余的流动资产部分，则被称为波动性或临时性流动资产。短期融资策略或称为营运资金融资策略，主要是与波动性流动资产和永久性流动资产的资金融通有关的策略。一般而言，企业短期融资策略有激进型融资策略、保守型融资策略和匹配型融资策略。

12.4.1　激进型融资策略

激进型融资策略是指企业以短期资金满足全部波动性流动资产和部分永久性流动资产的资金需求。长期资金则满足非流动资产和剩余部分永久性流动资产的资金需求。假设某企业在生产经营淡季时，依旧持有800万元的流动资产和2 400万元的固定资产，即公司持有3 200万元的永久性资产（包括永久性流动资产和固定资产），但是企业所持有的由权益或长期负债构成的长期资金为2 800万元，小于永久性资产，所以该企业还需要使用400万短期资金来满足部分永久性资产的资金需求。这说明企业除了用短期资金满足波动性流动资产所需资金外，还需要满足部分永久性资产所需资金。

激进型融资策略下，短期资金在企业全部资金来源中所占比重相对较大，由于短期资金的资本成本通常小于长期负债和权益资本成本，所以激进型融资策略下企业的资本成本较低。但是，由于短期资金的使用期限较短，短期债务到期时，企业不得不重新协商新的借款，新的借款会导致额外的交易成本，企业也会暴露于利率变动的风险之中。因此短期资金的低成本收益往往也会被这些高风险所抵消。激进型融资策略是一种风险和收益均较高的短期融资策略。

12.4.2　保守型融资策略

保守型融资策略是指企业的短期资金只满足部分波动性流动资产的资金需求，剩余部分波动性流动资产、永久性流动资产以及非流动资产则由长期资金来解决。

保守型融资策略下，部分流动资产的资金需求通过长期资金满足，这样企业短期负债比例相对较低，其优点是短期债务到期后的再融资风险下降，也降低了企业因短期利率变动带来的利息成本的不确定性。但由于长期资金成本通常高于短期资金成本，特别是在企业经营淡季，仍需负担较高的利息成本，会降低企业的收益。所以，保守型融资策略是一种风险和收益均较低的短期融资策略。

12.4.3 匹配型融资策略

匹配型融资策略是指企业波动性流动资产的资金需求由短期融资解决，而长期融资正好满足非流动资产和永久性流动资产的资金需求。在这种策略下，一定时间内，企业短期融资数量反映了当时的波动性流动资产的数量。当销售旺季使波动性流动资产增加时，短期融资例如短期借款也会增加，支持波动性流动资产的增长；当销售季节性下降时，波动性流动资产减少，就会释放出资金，可以偿还短期借款。

匹配型融资策略下资金来源的有效期和资产的有效期匹配，这种匹配是一种战略性的观念匹配，而不要求实际金额完全匹配。实际上企业也做不到完全匹配，因为企业不可能为每一项资产按其有效期配置单独的资金来源，而且资产的实际有效期是不确定的，而银行还款期是确定的，所以也会出现不匹配。

【本章小结】

1.银行等金融机构对企业贷款时，通常会附带一定的信用条件。如信用额度，周转信贷协议和补偿性余额，借款抵押和其他承诺。

2.不同的利息支付方式对实际利率的影响不同。

3.发行短期融资券，企业可以便捷、低成本的方式进入银行间债券市场进行融资，实现融资渠道多元化，避免企业对银行借款的过度依赖。

4.商业信用融资是指在企业间的商品交易中，以延期付款或预收货款的方式进行资金结算而形成的资金借贷关系，它是企业间的直接信用行为。

5.商业信用的具体形式有应付账款、应付票据和预收账款等。

6.一般而言，企业短期融资策略有激进型融资策略、保守型融资策略和匹配型融资策略。

【复习思考】

1.什么是短期借款？它有哪些信用条件和成本？

2.短期借款的融资特点是什么？

3.短期融资券的发行有哪些相关规定？它的融资特点是什么？

4.商业信用融资有哪些形式？它的特点是什么？

5.应付账款和应付票据有什么区别？

6.什么是预收账款？它与应收账款有什么不同？

7.为什么商业信用融资能够帮助企业获得流动资金？

8.短期融资策略有哪些？它们各自的特点是什么？

9.激进型融资策略、保守型融资策略和匹配型融资策略，它们各自的优点和缺点是什么？

10.企业在选择短期融资策略时应该考虑哪些因素？

11.如何衡量企业的短期融资能力？

12.短期融资的风险有哪些？企业应该如何防范这些风险？

13.短期融资和长期融资有什么区别？

第12章自测题　　　　第12章计算业务题

主要参考文献

[1] 赵振全. 公司理财 [M]. 北京：高等教育出版社，2003.

[2] 鲍国明. 审计环境 [M]. 北京：中国审计出版社，2000.

[3] 李忠民. 金融家、金融行为与金融监管研究 [M]. 北京：经济科学出版社，2009.

[4] 阿罗 R R.哈佛管理百科全书 [M]. 北京：中国社会出版社，2000.

[5] 范霍恩 J C，瓦霍维奇 J M.现代企业财务管理 [M]. 郭浩，译. 11版. 北京：经济科学出版社，2002.

[6] 伯恩斯坦 L A，维欧德 J J.财务报表分析 [M]. 许秉岩，张海燕，译. 5版. 北京：北京大学出版社，2001.

[7] 罗斯 S A.公司理财 [M]. 11版. 北京：机械工业出版社，2018.

[8] 伯克，德玛佐. 公司理财 [M]. 姜英兵，等译. 北京：中国人民大学出版社，2009.

[9] 布里格姆 E F，埃哈特 M C.财务管理：理论与实践 [M]. 毛薇，等译. 14版. 北京：清华大学出版社，2018.

[10] 唐德华. 股份有限公司市场运作法律实务 [M]. 北京：人民法院出版社，1998.

[11] 芮明杰，等. 突破增长的极限：企业再创业的理论与策略 [M]. 北京：经济管理出版社，2004.

[12] 朱宝宪. 公司并购与重组 [M]. 北京：清华大学出版社，2006.

[13] 马永斌. 公司治理之道——控制权争夺与股权激励 [M]. 北京：清华大学出版社，2013.

[14] 汤谷良. 高级财务管理 [M]. 北京：北京大学出版社，2006.

[15] 祝继高，王春飞. 大股东能有效控制管理层吗？——基于国美电器控制权争夺的案例研究 [J]. 管理世界，2012，223（4）：138-152.

[16] 刘永涛. 上海证券市场β系数相关特性的实证研究 [J]. 管理科学，2004（1）：29-35.

[17] 高燕，余光英，耿思远. 基于价值创造的股权收购——对中粮集团入股蒙牛乳业的思考 [J]. 管理现代化，2012，184（6）：103-105.

[18] 毛长青. 弘扬科学家精神，为民族种业崛起接续奋斗——深切缅怀敬爱的袁隆平老师 [J]. 杂交水稻，2022，37 (S1)：204-207.

[19] 吴天. 对“联想”企业并购事件的联想 [J]. 管理现代化，2006 (2)：42-44.

[20] 肖翠云，袁明智. 吉利杠杆收购沃尔沃风险分析 [J]. 财会通讯，2014，628 (8)：111-113.

[21] 刘颖，周国强. 中国情境下反并购策略研究——以“万宝之争”为例 [J]. 财会通讯，2017，742 (14)：90-92.

[22] 张巍. 美国的上市公司收购防御及其对中国的启示 [J]. 证券法苑，2017，19 (1)：135-153.

[23] 胡海峰，史文璟. 试论毒丸计划对我国海外上市公司的影响 [J]. 未来与发展，2005 (5)：32-34.

[24] 强国令，刘克富. “野蛮人入侵”、政府干预与双层股权结构——基于万科股权之争的案例研究 [J]. 金融与经济，2018，491 (7)：53-58.

[25] 步淑段，陈彬，郭丽华. 企业应收账款风险防范案例研究 [J]. 财会通讯，2009，451 (11)：146-147.

[26] 赛迪智库电子信息研究所. “新基建”发展白皮书. 2020.

[27] Myers S C.Determinants of corporate borrowing [J]. Journal of Financial Economics, 1977, 5 (2): 147-175.

[28] P Fernández.Valuation using multiples.How do analysts reach their conclusions? [J]. Valuation Methods & Shareholder Value Creation, 2002: 145-167.

[29] Ross S A.The determination of financial structure: The incentive-signalling approach [J]. Bell Journal of Economics, 1977, 8 (1): 23-40.

[30] Leland H E, Pyle D H.Informational asymmetries, financial structure, and financial intermediation [J]. The Journal of Finance, 1977, 32 (2): 371-387.

[31] Myers S C, Majluf N S.Corporate financing and investment decisions when firms have information that investors do not have [J]. Journal of Financial Economics, 1984, 13 (2): 187-221.

[32] Myers S C. The capital structure puzzle [J]. The Journal of Finance, 1984, 39 (3): 575-592.

[33] Watson D, Head A. Corporate Finance: Principles & Practice [M]. Prentice Hall Financial Times, 2004.

[34] Bruslerie.Acquisition bid price: Is there an optimal cash-equity payment mix? [M]. SSRN eLibrary, 2007.

[35] R Brealey, S C Myers, F Allen.Principles of corporate finance [M]. 9th ed. McGraw-Hill, 2013.

[36] Jonathan Berk, Sylvan Colerman.Corporate Finance: The core [M]. 5th ed. Pearson, 2020.

[37] Stephen Ross, Westerfild, Jaffe.Corporate Finance [M]. 8th ed. McGraw-Hill, 2008.

[38] Bodie, Kane, Marcus.Investments [M]. 6th ed. McGraw-Hill, 2003.

附录

附表 1

复利终值系数表

n	1%	2%	3%	4%	5%	6%	7%	8%	9%	10%	11%	12%	13%	14%	15%
1	1.0100	1.0200	1.0300	1.0400	1.0500	1.0600	1.0700	1.0800	1.0900	1.1000	1.1100	1.1200	1.1300	1.1400	1.1500
2	1.0201	1.0404	1.0609	1.0816	1.1025	1.1236	1.1449	1.1664	1.1881	1.2100	1.2321	1.2544	1.2769	1.2996	1.3225
3	1.0303	1.0612	1.0927	1.1249	1.1576	1.1910	1.2250	1.2597	1.2950	1.3310	1.3676	1.4049	1.4429	1.4815	1.5209
4	1.0406	1.0824	1.1255	1.1699	1.2155	1.2625	1.3108	1.3605	1.4116	1.4641	1.5181	1.5735	1.6305	1.6890	1.7490
5	1.0510	1.1041	1.1593	1.2167	1.2763	1.3382	1.4026	1.4693	1.5386	1.6105	1.6851	1.7623	1.8424	1.9254	2.0114
6	1.0615	1.1262	1.1941	1.2653	1.3401	1.4185	1.5007	1.5869	1.6771	1.7716	1.8704	1.9738	2.0820	2.1950	2.3131
7	1.0721	1.1487	1.2299	1.3159	1.4071	1.5036	1.6058	1.7138	1.8280	1.9487	2.0762	2.2107	2.3526	2.5023	2.6600
8	1.0829	1.1717	1.2668	1.3686	1.4775	1.5938	1.7182	1.8509	1.9926	2.1436	2.3045	2.4760	2.6584	2.8526	3.0590
9	1.0937	1.1951	1.3048	1.4233	1.5513	1.6895	1.8385	1.9990	2.1719	2.3579	2.5580	2.7731	3.0040	3.2519	3.5179
10	1.1046	1.2190	1.3439	1.4802	1.6289	1.7908	1.9672	2.1589	2.3674	2.5937	2.8394	3.1058	3.3946	3.7072	4.0456
11	1.1157	1.2434	1.3842	1.5395	1.7103	1.8983	2.1049	2.3316	2.5804	2.8531	3.1518	3.4786	3.8359	4.2262	4.6524
12	1.1268	1.2682	1.4258	1.6010	1.7959	2.0122	2.2522	2.5182	2.8127	3.1384	3.4985	3.8960	4.3345	4.8179	5.3503
13	1.1381	1.2936	1.4685	1.6651	1.8856	2.1329	2.4098	2.7196	3.0658	3.4523	3.8833	4.3635	4.8980	5.4924	6.1528
14	1.1495	1.3195	1.5126	1.7317	1.9799	2.2609	2.5785	2.9372	3.3417	3.7975	4.3104	4.8871	5.5348	6.2613	7.0757
15	1.1610	1.3459	1.5580	1.8009	2.0789	2.3966	2.7590	3.1722	3.6425	4.1772	4.7846	5.4736	6.2543	7.1379	8.1371
16	1.1726	1.3728	1.6047	1.8730	2.1829	2.5404	2.9522	3.4259	3.9703	4.5950	5.3109	6.1304	7.0673	8.1372	9.3576
17	1.1843	1.4002	1.6528	1.9479	2.2920	2.6928	3.1588	3.7000	4.3276	5.0545	5.8951	6.8660	7.9861	9.2765	10.7613
18	1.1961	1.4282	1.7024	2.0258	2.4066	2.8543	3.3799	3.9960	4.7171	5.5599	6.5436	7.6900	9.0243	10.5752	12.3755
19	1.2081	1.4568	1.7535	2.1068	2.5270	3.0256	3.6165	4.3157	5.1417	6.1159	7.2633	8.6128	10.1974	12.0557	14.2318
20	1.2202	1.4859	1.8061	2.1911	2.6533	3.2071	3.8697	4.6610	5.6044	6.7275	8.0623	9.6463	11.5231	13.7435	16.3665
21	1.2324	1.5157	1.8603	2.2788	2.7860	3.3996	4.1406	5.0338	6.1088	7.4002	8.9492	10.8038	13.0211	15.6676	18.8215
22	1.2447	1.5460	1.9161	2.3699	2.9253	3.6035	4.4304	5.4365	6.6586	8.1403	9.9336	12.1003	14.7138	17.8610	21.6447
23	1.2572	1.5769	1.9736	2.4647	3.0715	3.8197	4.7405	5.8715	7.2579	8.9543	11.0263	13.5523	16.6266	20.3616	24.8915
24	1.2697	1.6084	2.0328	2.5633	3.2251	4.0489	5.0724	6.3412	7.9111	9.8497	12.2392	15.1786	18.7881	23.2122	28.6252
25	1.2824	1.6406	2.0938	2.6658	3.3864	4.2919	5.4274	6.8485	8.6231	10.8347	13.5855	17.0001	21.2305	26.4619	32.9190
26	1.2953	1.6734	2.1566	2.7725	3.5557	4.5494	5.8074	7.3964	9.3992	11.9182	15.0799	19.0401	23.9905	30.1666	37.8568
27	1.3082	1.7069	2.2213	2.8834	3.7335	4.8223	6.2139	7.9881	10.2451	13.1100	16.7387	21.3249	27.1093	34.3899	43.5353
28	1.3213	1.7410	2.2879	2.9987	3.9201	5.1117	6.6488	8.6271	11.1671	14.4210	18.5799	23.8839	30.6335	39.2045	50.0656
29	1.3345	1.7758	2.3566	3.1187	4.1161	5.4184	7.1143	9.3173	12.1722	15.8631	20.6237	26.7499	34.6158	44.6931	57.5755
30	1.3478	1.8114	2.4273	3.2434	4.3219	5.7435	7.6123	10.0627	13.2677	17.4494	22.8923	29.9599	39.1159	50.9502	66.2118

续表

n	16%	17%	18%	19%	20%	21%	22%	23%	24%	25%	26%	27%	28%	29%	30%
1	1.1600	1.1700	1.1800	1.1900	1.2000	1.2100	1.2200	1.2300	1.2400	1.2500	1.2600	1.2700	1.2800	1.2900	1.3000
2	1.3456	1.3689	1.3924	1.4161	1.4400	1.4641	1.4884	1.5129	1.5376	1.5625	1.5876	1.6129	1.6384	1.6641	1.6900
3	1.5609	1.6016	1.6430	1.6852	1.7280	1.7716	1.8158	1.8609	1.9066	1.9531	2.0004	2.0484	2.0972	2.1467	2.1970
4	1.8106	1.8739	1.9388	2.0053	2.0736	2.1436	2.2153	2.2889	2.3642	2.4414	2.5205	2.6014	2.6844	2.7692	2.8561
5	2.1003	2.1924	2.2878	2.3864	2.4883	2.5937	2.7027	2.8153	2.9316	3.0518	3.1758	3.3038	3.4360	3.5723	3.7129
6	2.4364	2.5652	2.6996	2.8398	2.9860	3.1384	3.2973	3.4628	3.6352	3.8147	4.0015	4.1959	4.3980	4.6083	4.8268
7	2.8262	3.0012	3.1855	3.3793	3.5832	3.7975	4.0227	4.2593	4.5077	4.7684	5.0419	5.3288	5.6295	5.9447	6.2749
8	3.2784	3.5115	3.7589	4.0214	4.2998	4.5950	4.9077	5.2389	5.5895	5.9605	6.3528	6.7675	7.2058	7.6686	8.1573
9	3.8030	4.1084	4.4355	4.7854	5.1598	5.5599	5.9874	6.4439	6.9310	7.4506	8.0045	8.5948	9.2234	9.8925	10.6045
10	4.4114	4.8068	5.2338	5.6947	6.1917	6.7275	7.3046	7.9259	8.5944	9.3132	10.0857	10.9153	11.8059	12.7614	13.7858
11	5.1173	5.6240	6.1759	6.7767	7.4301	8.1403	8.9117	9.7489	10.6571	11.6415	12.7080	13.8625	15.1116	16.4622	17.9216
12	5.9360	6.5801	7.2876	8.0642	8.9161	9.8497	10.8722	11.9912	13.2148	14.5519	16.0120	17.6053	19.3428	21.2362	23.2981
13	6.8858	7.6987	8.5994	9.5964	10.6993	11.9182	13.2641	14.7491	16.3863	18.1899	20.1752	22.3588	24.7588	27.3947	30.2875
14	7.9875	9.0075	10.1472	11.4198	12.8392	14.4210	16.1822	18.1414	20.3191	22.7374	25.4207	28.3957	31.6913	35.3391	39.3738
15	9.2655	10.5387	11.9737	13.5895	15.4070	17.4494	19.7423	22.3140	25.1956	28.4217	32.0301	36.0625	40.5648	45.5875	51.1859
16	10.7480	12.3303	14.1290	16.1715	18.4884	21.1138	24.0856	27.4462	31.2426	35.5271	40.3579	45.7994	51.9230	58.8079	66.5417
17	12.4677	14.4265	16.6722	19.2441	22.1861	25.5477	29.3844	33.7588	38.7408	44.4089	50.8510	58.1652	66.4614	75.8621	86.5042
18	14.4625	16.8790	19.6733	22.9005	26.6233	30.9127	35.8490	41.5233	48.0386	55.5112	64.0722	73.8698	85.0706	97.8622	112.4554
19	16.7765	19.7484	23.2144	27.2516	31.9480	37.4043	43.7358	51.0737	59.5679	69.3889	80.7310	93.8147	108.8904	126.2422	146.1920
20	19.4608	23.1056	27.3930	32.4294	38.3376	45.2593	53.3576	62.8206	73.8641	86.7362	101.7211	119.1446	139.3797	162.8524	190.0496
21	22.5745	27.0336	32.3238	38.5910	46.0051	54.7637	65.0963	77.2694	91.5915	108.4202	128.1685	151.3137	178.4060	210.0796	247.0645
22	26.1864	31.6293	38.1421	45.9233	55.2061	66.2641	79.4175	95.0413	113.5735	135.5253	161.4924	192.1683	228.3596	271.0027	321.1839
23	30.3762	37.0062	45.0076	54.6487	66.2474	80.1795	96.8894	116.9008	140.8312	169.4066	203.4804	244.0538	292.3003	349.5935	417.5391
24	35.2364	43.2973	53.1090	65.0320	79.4968	97.0172	118.2050	143.7880	174.6306	211.7582	256.3853	309.9483	374.1444	450.9756	542.8008
25	40.8742	50.6578	62.6686	77.3881	95.3962	117.3909	144.2101	176.8593	216.5420	264.6978	323.0454	393.6344	478.9049	581.7585	705.6410
26	47.4141	59.2697	73.9490	92.0918	114.4755	142.0429	175.9364	217.5369	268.5121	330.8722	407.0373	499.9157	612.9982	750.4685	917.3333
27	55.0004	69.3455	87.2598	109.5893	137.3706	171.8719	214.6424	267.5704	332.9550	413.5903	512.8670	634.8929	784.6377	968.1044	1 192.5333
28	63.8004	81.1342	102.9666	130.4112	164.8447	207.9651	261.8637	329.1115	412.8642	516.9879	646.2124	806.3140	1 004.3363	1 248.8546	1 550.2933
29	74.0085	94.9271	121.5005	155.1893	197.8136	251.6377	319.4737	404.8072	511.9516	646.2349	814.2276	1 024.0187	1 285.5504	1 611.0225	2 015.3813
30	85.8499	111.0647	143.3706	184.6753	237.3763	304.4816	389.7579	497.9129	634.8199	807.7936	1 025.9267	1 300.5038	1 645.5046	2 078.2190	2 619.9956

附表 2 **复利现值系数表**

n	1%	2%	3%	4%	5%	6%	7%	8%	9%	10%	11%	12%	13%	14%	15%
1	0.9901	0.9804	0.9709	0.9615	0.9524	0.9434	0.9346	0.9259	0.9174	0.9091	0.9009	0.8929	0.8850	0.8772	0.8696
2	0.9803	0.9612	0.9426	0.9246	0.9070	0.8900	0.8734	0.8573	0.8417	0.8264	0.8116	0.7972	0.7831	0.7695	0.7561
3	0.9706	0.9423	0.9151	0.8890	0.8638	0.8396	0.8163	0.7938	0.7722	0.7513	0.7312	0.7118	0.6931	0.675	0.6575
4	0.9610	0.9238	0.8885	0.8548	0.8227	0.7921	0.7629	0.7350	0.7084	0.6830	0.6587	0.6355	0.6133	0.5921	0.5718
5	0.9515	0.9057	0.8626	0.8219	0.7835	0.7473	0.7130	0.6806	0.6499	0.6209	0.5935	0.5674	0.5428	0.5194	0.4972
6	0.9420	0.8880	0.8375	0.7903	0.7462	0.7050	0.6663	0.6302	0.5963	0.5645	0.5346	0.5066	0.4803	0.4556	0.4323
7	0.9327	0.8706	0.8131	0.7599	0.7107	0.6651	0.6227	0.5835	0.5470	0.5132	0.4817	0.4523	0.4251	0.3996	0.3759
8	0.9235	0.8535	0.7894	0.7307	0.6768	0.6274	0.5820	0.5403	0.5019	0.4665	0.4339	0.4039	0.3762	0.3506	0.3269
9	0.9143	0.8368	0.7664	0.7026	0.6446	0.5919	0.5439	0.5002	0.4604	0.4241	0.3909	0.3606	0.3329	0.3075	0.2843
10	0.9053	0.8203	0.7441	0.6756	0.6139	0.5584	0.5083	0.4632	0.4224	0.3855	0.3522	0.3220	0.2946	0.2697	0.2472
11	0.8963	0.8043	0.7224	0.6496	0.5847	0.5268	0.4751	0.4289	0.3875	0.3505	0.3173	0.2875	0.2607	0.2366	0.2149
12	0.8874	0.7885	0.7014	0.6246	0.5568	0.4970	0.4440	0.3971	0.3555	0.3186	0.2858	0.2567	0.2307	0.2076	0.1869
13	0.8787	0.7730	0.6810	0.6006	0.5303	0.4688	0.4150	0.3677	0.3262	0.2897	0.2575	0.2292	0.2042	0.1821	0.1625
14	0.8700	0.7579	0.6611	0.5775	0.5051	0.4423	0.3878	0.3405	0.2992	0.2633	0.2320	0.2046	0.1807	0.1597	0.1413
15	0.8613	0.7430	0.6419	0.5553	0.4810	0.4173	0.3624	0.3152	0.2745	0.2394	0.2090	0.1827	0.1599	0.1401	0.1229
16	0.8528	0.7284	0.6232	0.5339	0.4581	0.3936	0.3387	0.2919	0.2519	0.2176	0.1883	0.1631	0.1415	0.1229	0.1069
17	0.8444	0.7142	0.6050	0.5134	0.4363	0.3714	0.3166	0.2703	0.2311	0.1978	0.1696	0.1456	0.1252	0.1078	0.0929
18	0.8360	0.7002	0.5874	0.4936	0.4155	0.3503	0.2959	0.2502	0.2120	0.1799	0.1528	0.1300	0.1108	0.0946	0.0808
19	0.8277	0.6864	0.5703	0.4746	0.3957	0.3305	0.2765	0.2317	0.1945	0.1635	0.1377	0.1161	0.0981	0.0829	0.0703
20	0.8195	0.6730	0.5537	0.4564	0.3769	0.3118	0.2584	0.2145	0.1784	0.1486	0.1240	0.1037	0.0868	0.0728	0.0611
21	0.8114	0.6598	0.5375	0.4388	0.3589	0.2942	0.2415	0.1987	0.1637	0.1351	0.1117	0.0926	0.0768	0.0638	0.0531
22	0.8034	0.6468	0.5219	0.4220	0.3418	0.2775	0.2257	0.1839	0.1502	0.1228	0.1007	0.0826	0.0680	0.0560	0.0462
23	0.7954	0.6342	0.5067	0.4057	0.3256	0.2618	0.2109	0.1703	0.1378	0.1117	0.0907	0.0738	0.0601	0.0491	0.0402
24	0.7876	0.6217	0.4919	0.3901	0.3101	0.2470	0.1971	0.1577	0.1264	0.1015	0.0817	0.0659	0.0532	0.0431	0.0349
25	0.7798	0.6095	0.4776	0.3751	0.2953	0.2330	0.1842	0.1460	0.1160	0.0923	0.0736	0.0588	0.0471	0.0378	0.0304
26	0.7720	0.5976	0.4637	0.3607	0.2812	0.2198	0.1722	0.1352	0.1064	0.0839	0.0663	0.0525	0.0417	0.0331	0.0264
27	0.7644	0.5859	0.4502	0.3468	0.2678	0.2074	0.1609	0.1252	0.0976	0.0763	0.0597	0.0469	0.0369	0.0291	0.0230
28	0.7568	0.5744	0.4371	0.3335	0.2551	0.1956	0.1504	0.1159	0.0895	0.0693	0.0538	0.0419	0.0326	0.0255	0.0200
29	0.7493	0.5631	0.4243	0.3207	0.2429	0.1846	0.1406	0.1073	0.0822	0.0630	0.0485	0.0374	0.0289	0.0224	0.0174
30	0.7419	0.5521	0.4120	0.3083	0.2314	0.1741	0.1314	0.0994	0.0754	0.0573	0.0437	0.0334	0.0256	0.0196	0.0151

续表

n	16%	17%	18%	19%	20%	21%	22%	23%	24%	25%	26%	27%	28%	29%	30%
1	0.8621	0.8547	0.8475	0.8403	0.8333	0.8264	0.8197	0.8130	0.8065	0.8000	0.7937	0.7874	0.7813	0.7752	0.7692
2	0.7432	0.7305	0.7182	0.7062	0.6944	0.683	0.6719	0.6610	0.6504	0.6400	0.6299	0.6200	0.6104	0.6009	0.5917
3	0.6407	0.6244	0.6086	0.5934	0.5787	0.5645	0.5507	0.5374	0.5245	0.5120	0.4999	0.4882	0.4768	0.4658	0.4552
4	0.5523	0.5337	0.5158	0.4987	0.4823	0.4665	0.4514	0.4369	0.4230	0.4096	0.3968	0.3844	0.3725	0.3611	0.3501
5	0.4761	0.4561	0.4371	0.4190	0.4019	0.3855	0.3700	0.3552	0.3411	0.3277	0.3149	0.3027	0.2910	0.2799	0.2693
6	0.4104	0.3898	0.3704	0.3521	0.3349	0.3186	0.3033	0.2888	0.2751	0.2621	0.2499	0.2383	0.2274	0.2170	0.2072
7	0.3538	0.3332	0.3139	0.2959	0.2791	0.2633	0.2486	0.2348	0.2218	0.2097	0.1983	0.1877	0.1776	0.1682	0.1594
8	0.3050	0.2848	0.2660	0.2487	0.2326	0.2176	0.2038	0.1909	0.1789	0.1678	0.1574	0.1478	0.1388	0.1304	0.1226
9	0.2630	0.2434	0.2255	0.2090	0.1938	0.1799	0.1670	0.1552	0.1443	0.1342	0.1249	0.1164	0.1084	0.1011	0.0943
10	0.2267	0.2080	0.1911	0.1756	0.1615	0.1486	0.1369	0.1262	0.1164	0.1074	0.0992	0.0916	0.0847	0.0784	0.0725
11	0.1954	0.1778	0.1619	0.1476	0.1346	0.1228	0.1122	0.1026	0.0938	0.0859	0.0787	0.0721	0.0662	0.0607	0.0558
12	0.1685	0.1520	0.1372	0.1240	0.1122	0.1015	0.0920	0.0834	0.0757	0.0687	0.0625	0.0568	0.0517	0.0471	0.0429
13	0.1452	0.1299	0.1163	0.1042	0.0935	0.0839	0.0754	0.0678	0.0610	0.0550	0.0496	0.0447	0.0404	0.0365	0.0330
14	0.1252	0.1110	0.0985	0.0876	0.0779	0.0693	0.0618	0.0551	0.0492	0.0440	0.0393	0.0352	0.0316	0.0283	0.0254
15	0.1079	0.0949	0.0835	0.0736	0.0649	0.0573	0.0507	0.0448	0.0397	0.0352	0.0312	0.0277	0.0247	0.0219	0.0195
16	0.0930	0.0811	0.0708	0.0618	0.0541	0.0474	0.0415	0.0364	0.0320	0.0281	0.0248	0.0218	0.0193	0.0170	0.0150
17	0.0802	0.0693	0.0600	0.0520	0.0451	0.0391	0.0340	0.0296	0.0258	0.0225	0.0197	0.0172	0.0150	0.0132	0.0116
18	0.0691	0.0592	0.0508	0.0437	0.0376	0.0323	0.0279	0.0241	0.0208	0.0180	0.0156	0.0135	0.0118	0.0102	0.0089
19	0.0596	0.0506	0.0431	0.0367	0.0313	0.0267	0.0229	0.0196	0.0168	0.0144	0.0124	0.0107	0.0092	0.0079	0.0068
20	0.0514	0.0433	0.0365	0.0308	0.0261	0.0221	0.0187	0.0159	0.0135	0.0115	0.0098	0.0084	0.0072	0.0061	0.0053
21	0.0443	0.0370	0.0309	0.0259	0.0217	0.0183	0.0154	0.0129	0.0109	0.0092	0.0078	0.0066	0.0056	0.0048	0.0040
22	0.0382	0.0316	0.0262	0.0218	0.0181	0.0151	0.0126	0.0105	0.0088	0.0074	0.0062	0.0052	0.0044	0.0037	0.0031
23	0.0329	0.0270	0.0222	0.0183	0.0151	0.0125	0.0103	0.0086	0.0071	0.0059	0.0049	0.0041	0.0034	0.0029	0.0024
24	0.0284	0.0231	0.0188	0.0154	0.0126	0.0103	0.0085	0.0070	0.0057	0.0047	0.0039	0.0032	0.0027	0.0022	0.0018
25	0.0245	0.0197	0.0160	0.0129	0.0105	0.0085	0.0069	0.0057	0.0046	0.0038	0.0031	0.0025	0.0021	0.0017	0.0014
26	0.0211	0.0169	0.0135	0.0109	0.0087	0.0070	0.0057	0.0046	0.0037	0.0030	0.0025	0.0020	0.0016	0.0013	0.0011
27	0.0182	0.0144	0.0115	0.0091	0.0073	0.0058	0.0047	0.0037	0.0030	0.0024	0.0019	0.0016	0.0013	0.0010	0.0008
28	0.0157	0.0123	0.0097	0.0077	0.0061	0.0048	0.0038	0.0030	0.0024	0.0019	0.0015	0.0012	0.0010	0.0008	0.0006
29	0.0135	0.0105	0.0082	0.0064	0.0051	0.0040	0.0031	0.0025	0.0020	0.0015	0.0012	0.0010	0.0008	0.0006	0.0005
30	0.0116	0.0090	0.0070	0.0054	0.0042	0.0033	0.0026	0.0020	0.0016	0.0012	0.0010	0.0008	0.0006	0.0005	0.0004

附表 3　　年金终值系数表

n	1%	2%	3%	4%	5%	6%	7%	8%	9%	10%	11%	12%	13%	14%	15%
1	1.0000	1.0000	1.0000	1.0000	1.0000	1.0000	1.0000	1.0000	1.0000	1.0000	1.0000	1.0000	1.0000	1.0000	1.0000
2	2.0100	2.0200	2.0300	2.0400	2.0500	2.0600	2.0700	2.0800	2.0900	2.1000	2.1100	2.1200	2.1300	2.1400	2.1500
3	3.0301	3.0604	3.0909	3.1216	3.1525	3.1836	3.2149	3.2464	3.2781	3.3100	3.3421	3.3744	3.4069	3.4396	3.4725
4	4.0604	4.1216	4.1836	4.2465	4.3101	4.3746	4.4399	4.5061	4.5731	4.6410	4.7097	4.7793	4.8498	4.9211	4.9934
5	5.1010	5.2040	5.3091	5.4163	5.5256	5.6371	5.7507	5.8666	5.9847	6.1051	6.2278	6.3528	6.4803	6.6101	6.7424
6	6.1520	6.3081	6.4684	6.6330	6.8019	6.9753	7.1533	7.3359	7.5233	7.7156	7.9129	8.1152	8.3227	8.5355	8.7537
7	7.2135	7.4343	7.6625	7.8983	8.1420	8.3938	8.6540	8.9228	9.2004	9.4872	9.7833	10.0890	10.4047	10.7305	11.0668
8	8.2857	8.5830	8.8923	9.2142	9.5491	9.8975	10.2598	10.6366	11.0285	11.4359	11.8594	12.2997	12.7573	13.2328	13.7268
9	9.3685	9.7546	10.1591	10.5828	11.0266	11.4913	11.9780	12.4876	13.0210	13.5795	14.1640	14.7757	15.4157	16.0853	16.7858
10	10.4622	10.9497	11.4639	12.0061	12.5779	13.1808	13.8164	14.4866	15.1929	15.9374	16.7220	17.5487	18.4197	19.3373	20.3037
11	11.5668	12.1687	12.8078	13.4864	14.2068	14.9716	15.7836	16.6455	17.5603	18.5312	19.5614	20.6546	21.8143	23.0445	24.3493
12	12.6825	13.4121	14.1920	15.0258	15.9171	16.8699	17.8885	18.9771	20.1407	21.3843	22.7132	24.1331	25.6502	27.2707	29.0017
13	13.8093	14.6803	15.6178	16.6268	17.7130	18.8821	20.1406	21.4953	22.9534	24.5227	26.2116	28.0291	29.9847	32.0887	34.3519
14	14.9474	15.9739	17.0863	18.2919	19.5986	21.0151	22.5505	24.2149	26.0192	27.9750	30.0949	32.3926	34.8827	37.5811	40.5047
15	16.0969	17.2934	18.5989	20.0236	21.5786	23.2760	25.1290	27.1521	29.3609	31.7725	34.4054	37.2797	40.4175	43.8424	47.5804
16	17.2579	18.6393	20.1569	21.8245	23.6575	25.6725	27.8881	30.3243	33.0034	35.9497	39.1899	42.7533	46.6717	50.9804	55.7175
17	18.4304	20.0121	21.7616	23.6975	25.8404	28.2129	30.8402	33.7502	36.9737	40.5447	44.5008	48.8837	53.7391	59.1176	65.0751
18	19.6147	21.4123	23.4144	25.6454	28.1324	30.9057	33.9990	37.4502	41.3013	45.5992	50.3959	55.7497	61.7251	68.3941	75.8364
19	20.8109	22.8406	25.1169	27.6712	30.5390	33.7600	37.3790	41.4463	46.0185	51.1591	56.9395	63.4397	70.7494	78.9692	88.2118
20	22.0190	24.2974	26.8704	29.7781	33.0660	36.7856	40.9955	45.7620	51.1601	57.2750	64.2028	72.0524	80.9468	91.0249	102.4436
21	23.2392	25.7833	28.6765	31.9692	35.7193	39.9927	44.8652	50.4229	56.7645	64.0025	72.2651	81.6987	92.4699	104.7684	118.8101
22	24.4716	27.2990	30.5368	34.2480	38.5052	43.3923	49.0057	55.4568	62.8733	71.4027	81.2143	92.5026	105.4910	120.4360	137.6316
23	25.7163	28.8450	32.4529	36.6179	41.4305	46.9958	53.4361	60.8933	69.5319	79.5430	91.1479	104.6029	120.2048	138.2970	159.2764
24	26.9735	30.4219	34.4265	39.0826	44.5020	50.8156	58.1767	66.7648	76.7898	88.4973	102.1742	118.1552	136.8315	158.6586	184.1678
25	28.2432	32.0303	36.4593	41.6459	47.7271	54.8645	63.2490	73.1059	84.7009	98.3471	114.4133	133.3339	155.6196	181.8708	212.7930
26	29.5256	33.6709	38.5530	44.3117	51.1135	59.1564	68.6765	79.9544	93.3240	109.1818	127.9988	150.3339	176.8501	208.3327	245.7120
27	30.8209	35.3443	40.7096	47.0842	54.6691	63.7058	74.4838	87.3508	102.7231	121.0999	143.0786	169.3740	200.8406	238.4993	283.5688
28	32.1291	37.0512	42.9309	49.9676	58.4026	68.5281	80.6977	95.3388	112.9682	134.2099	159.8173	190.6989	227.9499	272.8892	327.1041
29	33.4504	38.7922	45.2189	52.9663	62.3227	73.6398	87.3465	103.9659	124.1354	148.6309	178.3972	214.5828	258.5834	312.0937	377.1697
30	34.7849	40.5681	47.5754	56.0849	66.4388	79.0582	94.4608	113.2832	136.3075	164.4940	199.0209	241.3327	293.1992	356.7868	434.7451

续表

n	16%	17%	18%	19%	20%	21%	22%	23%	24%	25%	26%	27%	28%	29%	30%
1	1.0000	1.0000	1.0000	1.0000	1.0000	1.0000	1.0000	1.0000	1.0000	1.0000	1.0000	1.0000	1.0000	1.0000	1.0000
2	2.1600	2.1700	2.1800	2.1900	2.2000	2.2100	2.2200	2.2300	2.2400	2.2500	2.2600	2.2700	2.2800	2.2900	2.3000
3	3.5056	3.5389	3.5724	3.6061	3.6400	3.6741	3.7084	3.7429	3.7776	3.8125	3.8476	3.8829	3.9184	3.9541	3.9900
4	5.0665	5.1405	5.2154	5.2913	5.3680	5.4457	5.5242	5.6038	5.6842	5.7656	5.8480	5.9313	6.0156	6.1008	6.1870
5	6.8771	7.0144	7.1542	7.2966	7.4416	7.5892	7.7396	7.8926	8.0484	8.2070	8.3684	8.5327	8.6999	8.8700	9.0431
6	8.9775	9.2068	9.4420	9.6830	9.9299	10.1830	10.4423	10.7079	10.9801	11.2588	11.5442	11.8366	12.1359	12.4423	12.7560
7	11.4139	11.7720	12.1415	12.5227	12.9159	13.3214	13.7396	14.1708	14.6153	15.0735	15.5458	16.0324	16.5339	17.0506	17.5828
8	14.2401	14.7733	15.3270	15.9020	16.4991	17.1189	17.7623	18.4300	19.1229	19.8419	20.5876	21.3612	22.1634	22.9953	23.8577
9	17.5185	18.2847	19.0859	19.9234	20.7989	21.7139	22.6700	23.6690	24.7125	25.8023	26.9404	28.1287	29.3692	30.6639	32.0150
10	21.3215	22.3931	23.5213	24.7089	25.9587	27.2738	28.6574	30.1128	31.6434	33.2529	34.9449	36.7235	38.5926	40.5564	42.6195
11	25.7329	27.1999	28.7551	30.4035	32.1504	34.0013	35.9620	38.0388	40.2379	42.5661	45.0306	47.6388	50.3985	53.3178	56.4053
12	30.8502	32.8239	34.9311	37.1802	39.5805	42.1416	44.8737	47.7877	50.8950	54.2077	57.7386	61.5013	65.5100	69.7800	74.3270
13	36.7862	39.4040	42.2187	45.2445	48.4966	51.9913	55.7459	59.7788	64.1097	68.7596	73.7506	79.1066	84.8529	91.0161	97.6250
14	43.6720	47.1027	50.8180	54.8409	59.1959	63.9095	69.0100	74.5280	80.4961	86.9495	93.9258	101.4654	109.6117	118.4108	127.9125
15	51.6595	56.1101	60.9653	66.2607	72.0351	78.3305	85.1922	92.6694	100.8151	109.6868	119.3465	129.8611	141.3029	153.7500	167.2863
16	60.9250	66.6488	72.9390	79.8502	87.4421	95.7799	104.9345	114.9834	126.0108	138.1085	151.3766	165.9236	181.8677	199.3374	218.4722
17	71.6730	78.9792	87.0680	96.0218	105.9306	116.8937	129.0201	142.4295	157.2534	173.6357	191.7345	211.7230	233.7907	258.1453	285.0139
18	84.1407	93.4056	103.7403	115.2659	128.1167	142.4413	158.4045	176.1883	195.9942	218.0446	242.5855	269.8882	300.2521	334.0074	371.5180
19	98.6032	110.2846	123.4135	138.1664	154.7400	173.3540	194.2535	217.7116	244.0328	273.5558	306.6577	343.7580	385.3227	431.8696	483.9734
20	115.3797	130.0329	146.6280	165.4180	186.6880	210.7584	237.9893	268.7853	303.6006	342.9447	387.3887	437.5726	494.2131	558.1118	630.1655
21	134.8405	153.1385	174.0210	197.8474	225.0256	256.0176	291.3469	331.6059	377.4648	429.6809	489.1098	556.7173	633.5927	720.9642	820.2151
22	157.4150	180.1721	206.3448	236.4385	271.0307	310.7813	356.4432	408.8753	469.0563	538.1011	617.2783	708.0309	811.9987	931.0438	1 067.2796
23	183.6014	211.8013	244.4868	282.3618	326.2369	377.0454	435.8607	503.9166	582.6298	673.6264	778.7707	900.1993	1 040.3583	1 202.0465	1 388.4635
24	213.9776	248.8076	289.4945	337.0105	392.4842	457.2249	532.7501	620.8174	723.4610	843.0329	982.2511	1 144.2531	1 332.6586	1 551.6400	1 806.0026
25	249.2140	292.1049	342.6035	402.0425	471.9811	554.2422	650.9551	764.6054	898.0916	1 054.7912	1 238.6363	1 454.2014	1 706.8031	2 002.6156	2 348.8033
26	290.0883	342.7627	405.2721	479.4306	567.3773	671.6330	795.1653	941.4647	1 114.6336	1 319.4890	1 561.6818	1 847.8358	2 185.7079	2 584.3741	3 054.4443
27	337.5024	402.0323	479.2211	571.5224	681.8528	813.6759	971.1016	1 159.0016	1 383.1457	1 650.3612	1 968.7191	2 347.7515	2 798.7061	3 334.8426	3 971.7776
28	392.5028	471.3778	566.4809	681.1116	819.2233	985.5479	1 185.7440	1 426.5719	1 716.1007	2 063.9515	2 481.5860	2 982.6444	3 583.3438	4 302.9470	5 164.3109
29	456.3032	552.5121	669.4475	811.5228	984.0680	1 193.5129	1 447.6077	1 755.6835	2 128.9648	2 580.9394	3 127.7984	3 788.9583	4 587.6801	5 551.8016	6 714.6042
30	530.3117	647.4391	790.9480	966.7122	1 181.8816	1 445.1507	1 767.0813	2 160.4907	2 640.9164	3 227.1743	3 942.0260	4 812.9771	5 873.2306	7 162.8241	8 729.9855

附表4　　年金现值系数表

n	1%	2%	3%	4%	5%	6%	7%	8%	9%	10%	11%	12%	13%	14%	15%
1	0.9901	0.9804	0.9709	0.9615	0.9524	0.9434	0.9346	0.9259	0.9174	0.9091	0.9009	0.8929	0.8850	0.8772	0.8696
2	1.9704	1.9416	1.9135	1.8861	1.8594	1.8334	1.8080	1.7833	1.7591	1.7355	1.7125	1.6901	1.6681	1.6467	1.6257
3	2.9410	2.8839	2.8286	2.7751	2.7232	2.6730	2.6243	2.5771	2.5313	2.4869	2.4437	2.4018	2.3612	2.3216	2.2832
4	3.9020	3.8077	3.7171	3.6299	3.5460	3.4651	3.3872	3.3121	3.2397	3.1699	3.1024	3.0373	2.9745	2.9137	2.8550
5	4.8534	4.7135	4.5797	4.4518	4.3295	4.2124	4.1002	3.9927	3.8897	3.7908	3.6959	3.6048	3.5172	3.4331	3.3522
6	5.7955	5.6014	5.4172	5.2421	5.0757	4.9173	4.7665	4.6229	4.4859	4.3553	4.2305	4.1114	3.9975	3.8887	3.7845
7	6.7282	6.4720	6.2303	6.0021	5.7864	5.5824	5.3893	5.2064	5.0330	4.8684	4.7122	4.5638	4.4226	4.2883	4.1604
8	7.6517	7.3255	7.0197	6.7327	6.4632	6.2098	5.9713	5.7466	5.5348	5.3349	5.1461	4.9676	4.7988	4.6389	4.4873
9	8.5660	8.1622	7.7861	7.4353	7.1078	6.8017	6.5152	6.2469	5.9952	5.7590	5.5370	5.3282	5.1317	4.9464	4.7716
10	9.4713	8.9826	8.5302	8.1109	7.7217	7.3601	7.0236	6.7101	6.4177	6.1446	5.8892	5.6502	5.4262	5.2161	5.0188
11	10.3676	9.7868	9.2526	8.7605	8.3064	7.8869	7.4987	7.1390	6.8052	6.4951	6.2065	5.9377	5.6869	5.4527	5.2337
12	11.2551	10.5753	9.9540	9.3851	8.8633	8.3838	7.9427	7.5361	7.1607	6.8137	6.4924	6.1944	5.9176	5.6603	5.4206
13	12.1337	11.3484	10.6350	9.9856	9.3936	8.8527	8.3577	7.9038	7.4869	7.1034	6.7499	6.4235	6.1218	5.8424	5.5831
14	13.0037	12.1062	11.2961	10.5631	9.8986	9.2950	8.7455	8.2442	7.7862	7.3667	6.9819	6.6282	6.3025	6.0021	5.7245
15	13.8651	12.8493	11.9379	11.1184	10.3797	9.7122	9.1079	8.5595	8.0607	7.6061	7.1909	6.8109	6.4624	6.1422	5.8474
16	14.7179	13.5777	12.5611	11.6523	10.8378	10.1059	9.4466	8.8514	8.3126	7.8237	7.3792	6.9740	6.6039	6.2651	5.9542
17	15.5623	14.2919	13.1661	12.1657	11.2741	10.4773	9.7632	9.1216	8.5436	8.0216	7.5488	7.1196	6.7291	6.3729	6.0472
18	16.3983	14.9920	13.7535	12.6593	11.6896	10.8276	10.0591	9.3719	8.7556	8.2014	7.7016	7.2497	6.8399	6.4674	6.1280
19	17.2260	15.6785	14.3238	13.1339	12.0853	11.1581	10.3356	9.6036	8.9501	8.3649	7.8393	7.3658	6.9380	6.5504	6.1982
20	18.0456	16.3514	14.8775	13.5903	12.4622	11.4699	10.5940	9.8181	9.1285	8.5136	7.9633	7.4694	7.0248	6.6231	6.2593
21	18.8570	17.0112	15.4150	14.0292	12.8212	11.7641	10.8355	10.0168	9.2922	8.6487	8.0751	7.5620	7.1016	6.6870	6.3125
22	19.6604	17.6580	15.9369	14.4511	13.1630	12.0416	11.0612	10.2007	9.4424	8.7715	8.1757	7.6446	7.1695	6.7429	6.3587
23	20.4558	18.2922	16.4436	14.8568	13.4886	12.3034	11.2722	10.3711	9.5802	8.8832	8.2664	7.7184	7.2297	6.7921	6.3988
24	21.2434	18.9139	16.9355	15.2470	13.7986	12.5504	11.4693	10.5288	9.7066	8.9847	8.3481	7.7843	7.2829	6.8351	6.4338
25	22.0232	19.5235	17.4131	15.6221	14.0939	12.7834	11.6536	10.6748	9.8226	9.0770	8.4217	7.8431	7.3300	6.8729	6.4641
26	22.7952	20.1210	17.8768	15.9828	14.3752	13.0032	11.8258	10.8100	9.9290	9.1609	8.4881	7.8957	7.3717	6.9061	6.4906
27	23.5596	20.7069	18.3270	16.3296	14.6430	13.2105	11.9867	10.9352	10.0266	9.2372	8.5478	7.9426	7.4086	6.9352	6.5135
28	24.3164	21.2813	18.7641	16.6631	14.8981	13.4062	12.1371	11.0511	10.1161	9.3066	8.6016	7.9844	7.4412	6.9607	6.5335
29	25.0658	21.8444	19.1885	16.9837	15.1411	13.5907	12.2777	11.1584	10.1983	9.3696	8.6501	8.0218	7.4701	6.9830	6.5509
30	25.8077	22.3965	19.6004	17.2920	15.3725	13.7648	12.4090	11.2578	10.2737	9.4269	8.6938	8.0552	7.4957	7.0027	6.5660

续表

n	16%	17%	18%	19%	20%	21%	22%	23%	24%	25%	26%	27%	28%	29%	30%
1	0.8621	0.8547	0.8475	0.8403	0.8333	0.8264	0.8197	0.8130	0.8065	0.8000	0.7937	0.7874	0.7813	0.7752	0.7692
2	1.6052	1.5852	1.5656	1.5465	1.5278	1.5095	1.4915	1.4740	1.4568	1.4400	1.4235	1.4074	1.3916	1.3761	1.3609
3	2.2459	2.2096	2.1743	2.1399	2.1065	2.0739	2.0422	2.0114	1.9813	1.9520	1.9234	1.8956	1.8684	1.8420	1.8161
4	2.7982	2.7432	2.6901	2.6386	2.5887	2.5404	2.4936	2.4483	2.4043	2.3616	2.3202	2.2800	2.2410	2.2031	2.1662
5	3.2743	3.1993	3.1272	3.0576	2.9906	2.9260	2.8636	2.8035	2.7454	2.6893	2.6351	2.5827	2.5320	2.4830	2.4356
6	3.6847	3.5892	3.4976	3.4098	3.3255	3.2446	3.1669	3.0923	3.0205	2.9514	2.8850	2.8210	2.7594	2.7000	2.6427
7	4.0386	3.9224	3.8115	3.7057	3.6046	3.5079	3.4155	3.3270	3.2423	3.1611	3.0833	3.0087	2.9370	2.8682	2.8021
8	4.3436	4.2072	4.0776	3.9544	3.8372	3.7256	3.6193	3.5179	3.4212	3.3289	3.2407	3.1564	3.0758	2.9986	2.9247
9	4.6065	4.4506	4.3030	4.1633	4.0310	3.9054	3.7863	3.6731	3.5655	3.4631	3.3657	3.2728	3.1842	3.0997	3.0190
10	4.8332	4.6586	4.4941	4.3389	4.1925	4.0541	3.9232	3.7993	3.6819	3.5705	3.4648	3.3644	3.2689	3.1781	3.0915
11	5.0286	4.8364	4.6560	4.4865	4.3271	4.1769	4.0354	3.9018	3.7757	3.6564	3.5435	3.4365	3.3351	3.2388	3.1473
12	5.1971	4.9884	4.7932	4.6105	4.4392	4.2784	4.1274	3.9852	3.8514	3.7251	3.6059	3.4933	3.3868	3.2859	3.1903
13	5.3423	5.1183	4.9095	4.7147	4.5327	4.3624	4.2028	4.0530	3.9124	3.7801	3.6555	3.5381	3.4272	3.3224	3.2233
14	5.4675	5.2293	5.0081	4.8023	4.6106	4.4317	4.2646	4.1082	3.9616	3.8241	3.6949	3.5733	3.4587	3.3507	3.2487
15	5.5755	5.3242	5.0916	4.8759	4.6755	4.4890	4.3152	4.1530	4.0013	3.8593	3.7261	3.6010	3.4834	3.3726	3.2682
16	5.6685	5.4053	5.1624	4.9377	4.7296	4.5364	4.3567	4.1894	4.0333	3.8874	3.7509	3.6228	3.5026	3.3896	3.2832
17	5.7487	5.4746	5.2223	4.9897	4.7746	4.5755	4.3908	4.2190	4.0591	3.9099	3.7705	3.6400	3.5177	3.4028	3.2948
18	5.8178	5.5339	5.2732	5.0333	4.8122	4.6079	4.4187	4.2431	4.0799	3.9279	3.7861	3.6536	3.5294	3.4130	3.3037
19	5.8775	5.5845	5.3162	5.0700	4.8435	4.6346	4.4415	4.2627	4.0967	3.9424	3.7985	3.6642	3.5386	3.4210	3.3105
20	5.9288	5.6278	5.3527	5.1009	4.8696	4.6567	4.4603	4.2786	4.1103	3.9539	3.8083	3.6726	3.5458	3.4271	3.3158
21	5.9731	5.6648	5.3837	5.1268	4.8913	4.6750	4.4756	4.2916	4.1212	3.9631	3.8161	3.6792	3.5514	3.4319	3.3198
22	6.0113	5.6964	5.4099	5.1486	4.9094	4.6900	4.4882	4.3021	4.1300	3.9705	3.8223	3.6844	3.5558	3.4356	3.3230
23	6.0442	5.7234	5.4321	5.1668	4.9245	4.7025	4.4985	4.3106	4.1371	3.9764	3.8273	3.6885	3.5592	3.4384	3.3254
24	6.0726	5.7465	5.4509	5.1822	4.9371	4.7128	4.5070	4.3176	4.1428	3.9811	3.8312	3.6918	3.5619	3.4406	3.3272
25	6.0971	5.7662	5.4669	5.1951	4.9476	4.7213	4.5139	4.3232	4.1474	3.9849	3.8342	3.6943	3.5640	3.4423	3.3286
26	6.1182	5.7831	5.4804	5.2060	4.9563	4.7284	4.5196	4.3278	4.1511	3.9879	3.8367	3.6963	3.5656	3.4437	3.3297
27	6.1364	5.7975	5.4919	5.2151	4.9636	4.7342	4.5243	4.3316	4.1542	3.9903	3.8387	3.6979	3.5669	3.4447	3.3305
28	6.1520	5.8099	5.5016	5.2228	4.9697	4.7390	4.5281	4.3346	4.1566	3.9923	3.8402	3.6991	3.5679	3.4455	3.3312
29	6.1656	5.8204	5.5098	5.2292	4.9747	4.7430	4.5312	4.3371	4.1585	3.9938	3.8414	3.7001	3.5687	3.4461	3.3317
30	6.1772	5.8294	5.5168	5.2347	4.9789	4.7463	4.5338	4.3391	4.1601	3.9950	3.8424	3.7009	3.5693	3.4466	3.3321